KB210438

도서출판 대장간은
쇠를 달구어 연장을 만들듯이
생각을 다듬어 기독교 가치관을
바르게 세우는 곳입니다.

대장간이란 이름에는
사라져가는 복음의 능력을 되살리고,
낡은 것을 새롭게 풀무질하며, 잘못된 것을
바로 세우겠다는 의지가 담겨져 있습니다.

www.daejanggan.org

자유의 윤리 2

지은이	자끄 엘륄
옮긴이	김치수
초판발행	2019년 10월 23일

펴낸이	배용하
책임편집	배용하
등록	제364-2008-000013호
펴낸곳	도서출판 대장간
	www.daejanggan.org
등록한곳	충남 논산시 매죽헌로 1176번길 8-54, 101
편집/영업부	전화 (041)742-1424전송 (041) 742-1424

분류	자유	윤리	기독교 세계관
ISBN	978-89-7071-498-1
	978-89-7071-435-6 (세트) 04230
CIP제어번호	CIP2019041578

이 책은 한국어 저작권은 Editions Labor et Fides와 계약한 대장간에 있습니다.
이 책은 저작권법에 의해 보호를 받는 출판물입니다.

 값 25,000원

자끄 엘륄

자유의 윤리 2

김치수 옮김

차 례 ,

역자 서문

우리는 살아가면서 문득문득 어떻게 살아야 하는지 자문하게 되곤 한다. 그리스도인에게 이 질문의 무게는 더더욱 크게 다가올 수밖에 없다. 특히 매일같이 급변하는 현대사회에서 도덕적이거나 신학적인 처방이 아닌, 구체적인 실존의 삶에 대한 방안은 절실한 필요성을 띤다. 기독교 신앙을 표명하는 순간, 지식인 사회에서 비주류로 낙인찍히다시피 하는 프랑스 지성계에서 자끄 엘륄은 기독교 지식인으로서 이 문제에 대해 답하는 것이 시간을 다투는 긴급성을 지닌 자신의 소명임을 받아들인다. 1권에서 3권까지 시리즈로 출간된 그의 저서 『자유의 윤리』 삼부작은 그 결과물이라고 할 수 있다.

이 책의 전편에 해당하는 『자유의 윤리 1』은 현대사회에서 인간의 소외 문제를 언급하는 것으로 시작하면서, 그 문제에 대한 실존적인 방안으로 '자유의 윤리'를 제시한다. 여기서 자유는 철학이나 인간본성에 연유한 추상적이고 보편적인 자유와는 구별되는, 그리스도 안에서의 자유로서 정의된다. 이어서 저자 엘륄은 이 '자유의 윤리'가 계시에 근거하기에 가지는 그 구체적인 범위와 대상을 기술하고, 이 자유를 수용해야 할 그리스도인의 책임을 역설한다.

이 책『자유의 윤리 2』에서 그리스도 안에서의 자유는 무엇보다 개인적인 것으로 규정된다. 모든 다른 윤리들과 달리, 그리스도 안에서 자유의 윤리는 아무도 심지어 하나님조차 개개인을 대신해서 결정할 수 없고, 개개인이 책임을 지면서 자유롭게 행동하는 것이다. 저자 엘륄은 무용성, 일시성, 상대성의 세 가지 범주들을 기준으로 개인의 행위가 자유에 기인한 것인지 아닌지 그 여부를 판별할 수 있다고 한다. 여기서 그는 이 자유를 개인의 '이탈적 자유'로 규정한다. '이탈적 자유'는 프랑스어 단어 'la liberté dégagée'를 옮긴 것이다. 이는 인간사회와 역사의 필연성의 굴레에서 벗어나 그리스도의 자유를 누리는 그리스도인이 개인적인 차원에서 구체적으로 경험하는 자유를 뜻한다.

이 개인적인 차원의 이탈적 자유는 당연히 사회적 차원의 '관여적 자유'로 연결된다. 이 '관여적 자유'는 프랑스어로는 'la liberté impliquée'로서 '참여적 자유'와는 약간 구분되어 사용된다. 이에 대해 저자 엘륄은 '참여적'engagé이라는 말 대신에 '관여적'impliqué이라는 말을 사용한 이유를 후속작인 『자유의 투쟁Les combats de la liberté』부제: 자유의 윤리 3의 '서문'에서 설명한다. 먼저 그는 인간이 주어진 상황으로서 이 세상과 이 사회에 속하게 된 것이지 인간 자신의 의지적이고 능동적인 선택에 의한 것이 아니라는 점에서 의지적인 뉘앙스가 강한 '참여'를 피하고 '관여'를 썼다고 한다. 또한 그는 사회적 상황과 관계는 주어진 것이지만 거기서 그리스도인이 참여하는 행위는 의지적인 선택으로 이루어진다고 덧붙인다. 그런 맥락에서 여기서 '관여적 자유'라는 말은 인간이 주어진 사회적 상황과 관계 속에 수동적으로 연루되어 있는 가운데 자신의 의지를 따라 능동적으로 선택적인 참여를 하는 자유라는 의미를 띤다. 저자 엘륄은『자유의 윤리 2』에서 '이탈적 자유'를 주된 논지로 펼친다면, '자유의 윤리 3'에 해당하는『자유의 투쟁』에서 이 '관여적 자유'를 집중적으로 다룬다.

저자 엘륄은 긴급성을 넘어 위급함을 느끼면서『자유의 윤리』삼부작을 완성했다. 그만큼 저자는 현대사회에서 '기술-선전-국가-행정-계획화-이데올로기-도시화-인격화'의 메커니즘들로 기술체계가 시간이 갈수록 더 심화되어서, 인간이 통제할 수 있는 여지가 완전히 사라지고, 인간의 소외현상이 보편화되는 상황을 우려한 것이다. 그러면서 그는 현대사회 속에서 그리스도인의 소명은 종말론적 소망 가운데 그리스도의 자유를 구체적으로 삶 속에서 실천하는 것임을 밝혀준다.

이 책은 우리 마음속에서 스스로 던지게 되는 질문, 그리스도인으로서 어떻게 살 것인가의 문제를 다시 돌아보게 한다. 그리고 일상적으로 마주치는 사회현실을 또 다른 시각으로 바라보게 한다. 역자로서 이 책을 통해서 우리 각자가 현대사회 속에서 자신의 소명에 관한 진지한 성찰을 하는 계기가 마련되기를 바라는 마음 간절하다. 또한 이 책의 발간에 물심양면으로 격려와 응원을 아끼지 않은 〈도서출판 대장간〉의 배용하 대표에게 고마운 마음 전한다.

서문

　자유롭게 된 우리에게 중요한 것은 자유의 삶을 살아가는 것이다. 이제 우리는 결정을 내리는 중심적 위치에 있다. 자유의 윤리라는 문제는 또한 윤리 자체에 관해서 중요한 결과를 낳는다. 이것은 실제로 기독교 도덕을 여타의 나머지 도덕들과 근본적인 차이를 갖게 한다. 본회퍼는 이에 대해 정확히 지적한다. "윤리 현상은 인간이 자신의 온 생애를 통하여 다른 사람들과 함께 살 수 있는 하나의 공간을 만들고 구획하는 일에 관계되는 것인데 비해, 기독교 윤리에서 중요한 것은 하나님의 계명 가운데 사람들이 공존하는 것과 거기서 연유하는 자유의 가능성이다."[1] 기독교 윤리는 자유와 관계되는 까닭에, 자유의 삶을 살든 혹은 전혀 그렇지 않든 간에, 거기에 아무런 윤리의 흔적도 더 이상 남아있지 않게 된다. 왜냐하면 모든 것이 자유롭게 하는 계명으로 귀결되기 때문이다. 우리에게 자유가 주어진 것은 우리 자신으로 하여금 세상을 변화시키는 원천이 되게 하려는 것이다. 하나님의 선물은 결코 무의미할 수 없고 열매가 뒤따르지 않을 수 없다. 우리는 그냥 자유롭게 된 것이 아니다. 우리는 자유롭게 됨으로써 자유의 여정에 뛰어들게 된 것이다. 그 여정은 예기치 않은 뜻밖의 일이 많으며 끊임없이 새롭게 다시 시작해야 하는 여정이다. 새롭게 다시 시작하는 일은 그냥 저절로 그렇게 되는 것도 아니고, 하나님의 특별한 개입이나 상황에 의해서 생겨나는 것도 아니다. 새롭게 시작하는 일

---

1) D. Bonhoeffer, *Ethique*, p. 235.

은 그리스도 안에서 자유로운 우리 자신들이 원하고 제안하며 내어놓는 것이다.

우리는 우리 자신들이 자유로운 존재이고 실제로 변화되었다는 사실을 알았다. 이제 현실이 더 이상 기존의 상태에 머물지 않게 하는 것은 우리에게 달려 있다. 그것은 내적인 자유의 문제일 수 없는 것이기에 우리는 자유로운 존재로서 살아가고 모든 영역에서 자유를 실현한다. 우리는 자유가 정말 커다란 위선으로 보일 수 있다는 사실을 발견하게 될 것이다. 자유로운 존재로 살아가는 것은 우선적으로 하나님 앞에서 자유롭다는 걸 의미한다. 이제 우리는 늘 두려움에 떨면서 마주치는 구체적인 상황마다 하나님의 뜻이 이번엔 또 어떤 것인지 찾지 않는다. 그렇게 사는 것은 어쩌면 그리스도인으로서 살아가는 걸 포기하는 것일 수 있다. 물론 내 말은 더 이상 하나님의 뜻에 마음 쓰지 말라는 뜻이 아니고, 또 하나님의 뜻은 단지 예수 그리스도에 의해 추상적으로 성취된 객관적인 사실이라는 의미가 아니다. 하나님의 뜻은 우리 자신의 매 순간의 삶에서 우리 각자와 관련되는 것이다. 성서를 읽으면서 하나님의 응답과 가르침을 얻으려고 시도하는 것을 포함해서 '지금 여기서' 하나님의 뜻을 알려고 몰두하는 것은 정말 좋은 일이다. 결정을 내리고 착수하기에 앞서서 성서를 읽고 기도하는 것은 정말 당연하고 타당한 일이다.

그러나 역으로 그러한 경건한 태도가 하나님이 요구하는 그리스도인의 삶과는 정반대가 될 수 있다는 점도 결코 잊지 말아야 한다. 왜냐하면 그것이 자유를 포기하고 우리 자신의 책임을 회피하는 것일 수 있기 때문이다. 구체적인 상황 속에서 나를 향한 하나님의 뜻이 무엇인지 찾으려는 목적이 "아버지의 뜻이 이루어지이다"라는 말씀에 따른 것인지, 아니면 결정을 내리는 성가신 일을 벗어나서 하나님이 대신 결정을 내리도록 요청하고 그 책임을 부인하려는 것은 아닌지 분간해야 한다. 후자의 경우는 물론 악마가 배후에 있는 것으로서 우리로 하여금 창세기에서 너무나 잘 알고 있는 아담의 태도를 반복하게 하는 것이다. "아담이 '하나님께서 주셔서 나와 함께 있게 하신 여자가 그 나무 열매를 내게 주어서 먹었습니다.'라고 대답했다." 그러나 아담은 하나님이 이브를 자기 곁에 두었을 때 정말 만족했다. 그런데 이제 아담은 자신의 책임을 부인하는 것이다. 내 곁에 이브를 둔 것은 하나님이라는 것이다. 그러므로 벌어진 모든 일에 대한 책임은 하나님이 져야 한다는 것이다.

지금 여기서 하나님의 뜻을 찾는다고 하는 것이 사실은 일어날 일에 대한 책임을 면하기 위한 방편에 지나지 않는 경우가 얼마나 많은가. 물론 그렇게 하는 사람은, 흔히 말하듯이, 자신의 양심이 잠자고 있음을 스스로 느낄 수 있을 것이다. 그러나 물론 그것이 아주 분명한 것은 아니다. 왜냐하면 여기서 양심이 잠자는 것은 하나님 안에서 안식하는 것으로서 스스로를 부인하여 미리 하나님의 결정에 순복한 데서 연유하는 것일 수 있기 때문이다. 하나님과 다시 연합한 인간은 이제 자신의 뜻이 하나님의 뜻과 상반되는 데서 오는 갈등을 겪지 않기에, 어떤 일이 있더라도 하나님의 뜻에 순종하려고 한다. 그렇다면 좋은 일이다. 그러나 그렇다고 곧바로 승리의 개가를 올리지는 말자. 왜냐하면 그 안식이 그리스도 안에서 우리에게 부여된 우리의 자유와 우리의 책임을 포기한 데서 비롯된 것일 수도 있기 때문이다.

이 딜레마에서 어떻게 벗어날 수 있을까? 내적인 성찰을 함으로써, 또는 자기 자신을 돌아봄으로써, 또는 스스로를 판단함으로써 벗어날 수 있을까? 양심 성찰은 확실히 좋은 일이고, 또 해야 한다. 그러나 그것은 내가 제기한 문제에 대한 응답을 결코 허용하지 않는다. 왜냐하면 자유로운 삶을 그만두기 위해서 하나님의 뜻에 엇비슷한 것으로 도피하려는 유혹이 아주 강력하기 때문이다. 어떤 양심 성찰이라도 나에게 지금 있는 그대로의 내 상태가 좋은 것인지 아닌지 알려주지 않는다. 우리가 알아야 할 것은 가능한 유일한 대답으로서 이것이 아니면 저것이라는 것이 아니다. 오직 자유 안에서만 우리는 하나님의 뜻이 무엇인지 구할 수 있다. 자유 안에서 그것은 이제 도피처가 아닌 모험이 되며, 확신이 아닌 능력이 되며, 포기가 아닌 앙가주망이 되는 것이다. 그러므로 맨 먼저 취할 태도는 자유여야 한다. 이 자유는 나로 하여금 순종하기 위한 목적으로 하나님의 뜻을 구하도록 인도할 수밖에 없다. 포기한 사람이 아니라 자유로운 사람으로서 나는 하나님의 뜻을 구해야 한다. 흔히 우리의 찬송가에서 그러듯이, 하나님의 손에 맡기고 포기하는 것은 그 자체로는 미덕이 전혀 아니다. 자신의 뜻을 가장 고귀하게 나타내는 표현으로서 순종의 삶을 사는 사람만이 참으로 순종하는 것이다. 또는 나 자신이 온전하게 나의 삶을 떠맡을 때만이 하나님의 뜻을 개인적으로 구할 수 있는 것이다. 그 이외의 다른 모든 태도는 위선에 불과할 뿐이다.

　독자 입장에서 충격적인가? 이 글을 쓰면서 나 자신도 충격을 받는다. 너무도 강력하게 이 말에 반발하는 마음이 일어난다. 그런데 또 다음과 같은 예수의 말씀으로 나에게 반박할 사람도 있을 것이다. "수고하고 짐 진 자들아 다 내게로 오라." 중풍병자들과 맹인들과 불구자들과 정신병자들이 치유를 받으려고 다 몰려왔다. 그런 사람들이 강한 사람들이었단 말인가? 또 어린아이들은? 이 부분에서 오해를 불식시켜야 할 필요가 있음을 분명히 알겠다. 치유받기 위해서 몰려온, 다치고 연약하고 비천한 사람들은 바로 은총을 바라는 사람들이다. 그들은 자신들의 삶의 변화를 바라고 요청한다. 그들의 비참한 상황은 그들의 노예상태를 총체적으로 보여주는 가시적인 표지이다. 그러나 내가 말하는 바는 그들에 관한 것이 더는 아니다. "가라. 그리고 더 이상 죄를 짓지 말라." 이제 더 이상 죄를 짓지 말아야 하는 치유된 사람의 삶이 시작된다. 강하고 온전하게 된 자유로운 사람의 삶이 시작된다. 왜냐하면 그 사람이 그 시점에서 자신을 치유하고 용서한 주님을 만났기 때문이다. 그 사람은 이제 늘 무언가를 얻어내려고 이제 주님의 옷자락에 끊임없이 매달릴 필요가 없다. 주님은 그에게 "가라."고 했다.

이와 같이, 하나님의 뜻에 동의하는 나의 순종이 실제로 나의 자유에 기인한 것일 때, 비로소 '지금 여기서'의 하나님의 뜻을 구하고 어떤 일에서 하나님이 제공하는 해결책을 찾는 것이 온당하게 된다. 우리는 자유의 표현으로서의 순종에 대해서는 뒤에 다시 살펴볼 것이다. 그렇지만 그것이 의미하는 바는, 하나님이 침묵하는 경우에, 하나님의 말씀이 어떤 상황에서 나에게 임하지 않는 경우에, 일어난 사건들[2]에 대한 성서의 분명한 응답이 없는 경우에, 나는 길 잃은 아이처럼 갈피를 못 잡아 꼼짝 못하거나 하지 않고 나 스스로 결정을 내리고 문제를 해결할 것이라는 사실이다. 나는 그 상황 속에서 하나님의 온전한 도구라고 주장하지 않으면서 하나님에게 나 자신이 행한 일을 맡길 것이다. 바꾸어 말해서 하나님의 뜻을 구하고 기도하는 나의 행위는 이미 잘 만들어진 해결책

---

2) ▲나는 나중에 이 사건들을 하나님의 섭리로 해석할 것이다. [역주: 여기서 '▲'라는 기호는 본문에 있는 것을 역자가 각주로 옮긴 것을 표시한다.]

을 맹종하는 것보다는 나 자신의 결정을 주도하고, 내가 세상에 개입하는 일에 있어서 하나님이 제시한 방향으로 나아가며, 그 일에 나의 자유를 도입하는 것이다. 그래서 나는 하나님과 사람들 앞에서, 오직 하나님을 위해서, 나 자신의 자유의 삶을 살아가는 것이다. 하나님 앞에서라는 말은 나 자신이 결정을 내리고 그 결정에 대한 책임을 내가 담당하는 것은 하나님 앞에서 그렇게 하는 것이지 하나님으로부터 독립해서 하는 것이 아니라는 뜻이다. 하나님이 내가 해야 할 일을 지시하는 걸 기다리지 않고 나 자신이 할 일을 하는 것은, 내가 하나님을 떠나서, 마치 하나님이 존재하지 않는 것처럼 혹은 아무 말씀도 하지 않았던 것처럼, 할 일을 선택하는 것을 의미하지 않는다.

그와 반대로 나는 하나님의 현존 앞에서 결정해야 한다. 그 현존은 하나님의 편재성 3)에서 비롯된 현존이 아니고, 내가 원하는 현존이다. 나는 하나님의 현존 앞에 있기를 원하여, 하나님의 현존 앞에 나아간다. 4) 그리고 나는 하나님 앞에서 나 자신의 행동을 결정하고 내 문제에 대한 나의 해결책을 찾아낸다. 그래서 대표적인 자유로운 행동으로서 성서를 읽고 기도하는 나의 행위는, 하나님이 나를 대신해서 역사하기 때문이 아니라, 내가 원하는 바대로 나의 심판자요 나의 구원자인 하나님이 현존하는 가운데 나의 자유를 발휘하는 것이기 때문에, 정당성을 갖는다. 그래서 또한 성서를 읽고 기도하는 나의 행위는 나의 결정과 선택이 시작되는 하나의 출발점이기를 그친다. 거기서 출발해야 하는 것이 아니기 때문에, 내가 하나님에게 간구해야 하는 것은 그 행위를 시작할 때로 한

---

3) ▲그래서 나는 수동성을 띤다.
4) ▲내가 원하든 원하지 않던 간에 하나님은 현존한다. 그렇지만 하나님은 내가 하나님의 부재를 기뻐하는 것에 만족할 수 없는 분이다.

정되지 않는다. 만일 그렇다면 그 이후에는 마치 문제가 해결되었거나 성서가 나에게 행동원칙을 제공한 것처럼, 더 이상 그 행위를 열심히 하지 않아도 된다는 뜻이 된다. 사실 나의 행동은 내가 알아차리는 하나님의 뜻과 나 자신의 뜻 사이에서 긴장하는 가운데 하나님의 끊임없는 현존 안에서 이루어지는 것이다.

이 자유는 사람들 앞에서 구현되는 것이다. 이미 여러 번 말했다시피 이 자유는 영혼의 내적인 자유도 아니고 비밀스러운 자유도 아니다. 니고데모의 유일한 단점은 사람들 앞에서 자유롭지 않았다는 점이다. 그래서 결국 그가 받은 가르침의 전부는 자유에 관한 것이 된다. "바람은 임의대로 분다." "누구든지 그를 믿는 자는 죽지 않는다." "빛 가운데로 오라." 이 말씀이 사람들 앞에서 사람들과 관계된 자유에 관한 세 가지 주제가 된다. 물론 이것이 의미하는 것은 우리를 자유롭게 하는 신앙의 고백은 모든 사람들 앞에서 여론의 압박과 같은 제약이 없이 자유롭게 행해져야 한다는 것이다. 니고데모의 문제가 바로 그것이다. 그러나 이는 또한 결국 가장 어려운 것으로서 이 자유는 남들의 행동방식에 부합하거나 부합하지 않는 행동방식들을 통해서 표현될 것이라는 뜻이 된다. 그 행동방식들은 원대한 항구성과 동일성을 나타내는 것일 수도 있고 아주 변화무쌍한 다양성 가운데 한 순간을 표현하는 것일 수도 있다. 아무튼 그 동기가 사람들의 사회적 집단5)이 얼마간 나에게 부과하려고 하는 것일 수는 없다.

사람들 앞에서 내가 행하는 일의 동기는 다른 데에 있다. 그래서 나의

---

5) ▲아주 가까운 가족들이나 아주 관계가 먼 사람들로서 아주 개별화된 사람들이거나 아주 집단적인 사람들이다.

행위는 그 사람들이 내게서 기대하는 것과는 언제나 맞지 않게 된다. 반드시 거기에는 차이가 있고 예기치 않은 특성이 생긴다. "바람이 임의로 불듯이 성령으로 난 사람도 어디에서 와서 어디로 가는지 아무도 모른다." 예상할 수 없는 특성을 지닌 자유의 표명은 내게는 아주 근본적인 것으로 보인다. 물론 이 특성은 그 자체로는 아무 가치가 없다. 우리는 예상할 수 없게 하려고 행위를 선택하는 것이 아니다. 그렇지만 그 행위가 자유롭게 행해진다면, 그 행위는 반드시 예상할 수 없게 될 것이다. 그것은 또한 우리의 선택에 있어서 우리 주위의 사람들의 의견을 전혀 고려하지 않는다거나, 사람들 앞에서 행하면서 사람들의 반응에 우리가 전혀 개의치 않는다는 걸 의미하는 건 아니다. 그와는 정반대로 우리가 언급했다시피 우리의 자유는 사랑을 축으로 한다. 그래서 우리의 자유는 내가 행하고 경험하는 것에 대한 내 이웃의 생각에 무관심할 수 없다. 다른 사람을 넘어뜨리는 자에게는 화가 있을진저!

그러나 우리는 곧 이어서 그 한계와 그 차이를 알게 된다. 니고데모가 사람들 앞에서 자유롭지 않은 것은 사람들을 두려워했기 때문이다. 우리가 사람들 앞에서 자유로운 존재로서 행동해야 한다면, 그것은 강요와 관례와 무관한 외적 내적 순응주의에서 벗어나, 여론과 권력과 사람들의 판단으로부터 자유롭게 해방되어 행한다는 걸 의미한다. 그래서 사람들이 아니라 하나님에게 복종하는 것이 더 낫다는 것이다. 그러나 그것은 오직 나만 중요하다는 식의 교만한 고립을 자처하는 것이 아니다. 그런 고립은 권력의식을 표현하는 것으로서 결코 자유가 아니고 아주 무의미한 독립성을 표현하는 것이다. 이와 반대로 사회적 조건으로부터의 해방은 나로 하여금 사람을 진정으로 만나게 한다. 다시 말해서 나는 그 사람이 내게 불러일으키는 두려움과 내가 그 사람에게 가지는 경멸감이라는 양극단 사이에서 진실하게 그 사람을 대한다. 양극단 사이에서 진실하게 대한다는 것은 곧 사랑의 삶을 말한다. 이와 같이 사람들 앞에서 자유로운 존재로서 내리는 나의 결정은 그 사람들의 사랑에 의해 마음이 끌린 것일 수 있다. 나는 그 사람들에게 나 자신을 독립적인 모습으로 나타내 보인다. 그 사람들을 향한 나의 사랑의 크기는 서로간의 판단에 대한 나의 자유의 크기와 같다. 그러므로 그 사람들 앞에서 자유롭다는 것은 내가 그 사람들을 향한 사랑으로 행한다는 걸 의미한다. 어쩌면 그 사람들은 그 사랑을 인지하지 못하면서 다르게 느낄 수도 있고 받아들이지 않을 수도 있다. 왜냐하면 그 사랑은 자유로운 사랑이기 때문이다.

결국 그것은 하나님을 위한 자유이다. 왜냐하면, 이미 말했듯이, '하나님을 위한' 것이 바로 하나님이 나에게 부여한 자유의 이유가 되기 때문이다. 하나님을 위한 자유는 나의 자유의 도달점이 하나님이라는 걸 의미한다. 그것은 마치 자기력선들이 극을 향하는 것과 같다. 하나님은 나의 자유의 목적이다. 하나님은 나의 자유로운 행위에 의한 결과를 심판할 것이다. 하나님은 내가 책임 맡은 존재로서 행한 모든 것을 받아들일 것이다. 나는 하나님의 심판에 승복한다. 그것은 자유로운 존재로서 나의 가장 결정적인 숭고한 행위이다. 그러므로 이와 같은 관점에서 우리는 자유로운 존재로 살아가는 걸 배워야 한다. 중요한 문제는 그걸 배우는 것으로서 그 배움은 결코 끝마칠 수 없는 것이다. 왜냐하면, 이미 말했듯이, 자유는 매 순간 새롭게 다시 시작하는 특징을 지니고 있기 때문이다.

우리는 '상황적 자유', '이미 획득한 자유', '내재적인 자유'에 근거해서 임의로 행동할 수 있는 자유로운 사람들이 아니다. 내가 자유로운 사람인지 자유롭지 않은 사람인지는 바로 행동 자체 안에서, 즉 한 번의 선택 안에서, 한 순간의 행동 안에서 드러나는 것이다. 거기에 위험성이 있고 가장 큰 긴박성이 있다. 나는 결코 내가 계속해서 자유로운 존재가 되는 것을 보장할 수 없다. 내가 오늘 자유로운 존재였다고 해서 내일도 자유로운 존재가 되리라는 것은 결코 보장할 수 없다. 나는 타고난 자유가 없다. 그리스도의 긍휼하고 늘 새롭게 주어지는 은총에 의해 자유롭게 된 나는 원래는 자유로운 존재가 아니다. 그러므로 상황, 결정, 태도 등에 관해 우리가 시작하려는 연구에 있어서, 이 서문에서 필요한 것은 이제까지 거론한 것을 요약하며 이 모든 것을 상기시키는 일이었다. 이와 동시에 주어진 자유의 선포이자 그 실천을 향한 요청일 수밖에 없는 것을 구체화하기 위해서, 여기서 하나의 입장을 서술하지 않고 방향들을 제안하며 사례들을 제시하려는 우리의 의도를 알리는 것도 또한 필요한 일이었다.

제1부

이탈적 자유와 관여적 자유

1장 · 자유의 율법

사도 야고보는 말한다. "자유의 율법에 따라 심판받을 사람으로서 말하고 행동하라. 왜냐하면 긍휼을 베풀지 않는 사람에게는 긍휼 없는 심판이 있을 것이기 때문이다. 긍휼은 심판을 이긴다." 약2:12-13 이 구절에 앞서서 야고보는 이 자유의 법을 언급했었다. "자유를 주는 온전한 율법을 깊이 숙고하고 정진하는 사람은 듣고 잊어버리는 사람이 아니고 행하는 사람이다. 그런 사람은 그가 행하는 일에 복을 받을 것이다." 약1:25 이 구절들은 야고보서에서 실천에 관한 내용이 언급되는 부분이다. 그 서두에 야고보는 중생의 세 가지 단계를 설명하고 이어서 하나님의 말씀을 듣는 것은 실천을 위한 것임을 말하고 있다.

야고보는 그리스도 안에서의 삶은 단순히 다시 태어나서 살아가고 행동하는 것이라고 한다. 행동하지 않는 사람은 삶을 사는 것이 아니다. 말씀을 들었기에 우리는 그 말씀을 실천에 옮기는 것 이외에 달리 할 수 없는 것이다. 그러나 역으로 우리가 행동하고 실천할 수 있게 된 것은 오로지 다시 태어나는 중생과 하나님의 말씀을 듣는 사건이 있었기 때문이다. 그렇지만 하나님의 말씀은 들어서 지적으로 아는 것이 아니다. 약1:22-24 객관적이고 명백한 지식은 우리를 파멸로 인도한다. 우리는 단순히 말씀을 듣는 것에 머물거나 말씀을 잊어버리거나 거짓으로 스스로를 속일 수 있다. 약1:24-25 그래서 우리는 우리 자신의 마음을 속이고 잘못된 확신을 가질 수 있다. 그것이 바로 유명한 거울의 이미지이다. 하나님의 말씀은 우리에게 하나님이 어떤 분인지를 밝혀줄 뿐만 아니라, 우리 자신이 어떤 사람인지 보여준다. 오직 이 말씀의 거울을 통해서 우리는 우리가 누구인지 알 수 있게 된다. 그런데 우리를 바라보면서 우리 안에서 깊은 죄성을 보게 되고 하나님과의 거리[1]를 인식하게 되는 것과 함께 하나님이 지은 우리의 새로운 얼굴을 보게 된다.

행위의 필요성이 없다고 주장하는 사람은 이 두 개의 계시를 망각하고 있다. 그는 물론 하나님에 대한 순전한 계시를 간직하고 있다고 주장할 수 있다. 그렇지만 그것은 과거의 얼굴이든 새로운 얼굴이든 자기 자신과는 상관이 없다. 그러므로 그 망각을 통해서 암묵적으로 자기 자신은 관계가 없다는 사실을 스스로 공표하는 것이기에 그는 은총에서 벗어나 있는 셈이다. 이와 같은 것이 자유의 율법의 맥락이다. 자유의 율법은 그 자체가 행위의 규범이다. 이 말이 이상하고 모순적으로 보이는 것은 분명하다. 왜냐하면 율법은 우리를 강요하여 자유롭게 할 수 없기 때문이다. 우리가 율법 아래에 있다면 어떻게 우리가 자유로울 수 있겠는가? 거기서 야고보는 이중적 사실, 즉 우리가 자유롭게 되었다는 사실과 우리에게 율법이 존재한다는 사실을 확실히 밝히고 있다.

하나님은 우리를 자유롭게 하고 나서 또 다른 노예상태에 두길 원하는가? 즉, 하나님은 우리가 하나님의 뜻과 율법과 하나님의 강요에 매인 노예가 되길 원하는가? 만약에 하나님의 말씀이 법률적인 결정적 의미에서 율법이고, 우리를 강제한 것이라면, 우리로서는 저항할 수 없는 것이기 때문에 문제는 없을 것이다. 그러나 우리의 상황은 그렇지 않다. 하나님은 우리가 자유로운 존재가 되도록 우리를 자유롭게 한다. 그래서 우리는 자유를 회피하거나 남용하여 상실할 수도 있고, 말씀 안에서 우리에게 주어진 것을 망각해버릴 수도 있다. 자유를 얻은 순간부터 우리의

---

1) ▲우리는 이 하나님과의 거리를 결코 착각할 수 없다.

결정은 우리의 몫이며, 이미 정해진 것이 아니다. 그렇다면 바울과 야고보가 그랬듯이 우리에게 하나님으로부터 주어진 이 자유를 상실하지 않은 채로 자유로운 존재로서 살아가도록 권면하는 것이 가능한 유일한 것이다. 그 권면은 도덕이 아닌 자유에 관한 것이기에 단호하다. 그래서 그 권면을 듣지 않을 가능성도 있다. 이제 하나님은, 우리를 자유롭게 한 까닭에, 권면의 방식으로만 우리에게 말할 수 있는 것이다. 그런데 이 권면은 우리가 받은 자유를 실천에 옮기라는 것이다. 그러므로 그것은 더 이상 여러 계명들과 도덕을 실천하라는 것이 아니다. 하나님이 우리에게 부과하는 유일한 의무는 이제 자유로운 존재로서 행동하라는 것이다. 그것은 하나의 의무가 된다. 우리의 유일한 의무는 자유를 실천하는 것이다.

야고보는 율법을 언급함으로써 이 권면을 확고하게 한다. 그것은 정말 율법 전체의 전환이다. 거기서부터 우리는 칼 바르트가 자주 말하듯이 율법은 의무가 아니고 허용이라는 말을 이해할 수 있게 된다. 야고보가 자유를 하나의 율법으로 만들어서 자유의 율법을 거론할 때 야고보는 우리에게 세 가지 사실을 상기시킨다.

첫 번째로 먼저 하나님의 계명은 인간을 자유롭게 한다는 것이다. 계명은 허용일 뿐만이 아니라, 우리로 하여금 존재의 계명을 전하는 말씀에 접함으로써 자유의 보장을 받게 한다. 이 자유는 모호하고 미정된 것이 아니라 분명하고 정확하고 실천 가능한 것이다. 바르트가 상기시키듯이 바로 그 점에서 하나님의 계명은 인간의 모든 계율이나 모든 도덕들과 구분되는 것이다.[2] 다시 말해서 하나님이 주는 자유는 추상적이거나 이론적이지 않다. 그 자유는 살아있는 자유이고 명확한 것으로서 분명한 방향과 내용을 지니고 있다. 자유가 지닌 내용은 바로 그 계명이 지닌

---

2) K. Barth, *Dogm. IX*, p. 78.

내용이다. 왜냐하면 그 계명을 수용하고 이해하며 순종함으로써, 하나님에 의해 우리는 소외의 세상에서 나와서 하나님의 자유의 나라로 들어가게 되기 때문이다.

두 번째로 야고보는 해방과 대속에 의해 우리에게 주어진 능력으로서 자유로운 존재로 살아가는 것은 하나의 의무가 된다는 사실을 우리에게 상기시킨다. 중요한 것은 무엇보다 자유로운 존재로서 살아가는 것이다. 그렇게 하지 않는 것은 하나님의 모든 역사를 파기하는 것이기 때문이다. 우리의 자유를 잃지 않도록 깨어 있으라는 바울의 권고도 동일한 것이다.

세 번째로 자유의 율법에 대한 야고보의 말은 우리는 자유로운 삶 이외에는 달리 살 수 없다는 뜻이다. 그리스도인의 삶의 가능성 여부가 거기에 다 달려 있다. 그것은 자유 가운데 살아가는 삶 이외의 다른 그리스도인의 삶은 존재하지 않는다는 걸 의미한다. 그런 까닭에 야고보는 율법을 말한다. 자유와 율법이라는 두 가지 요소들이 모순되기는커녕 서로를 명확하게 해준다. 자유는 우리에게 진정 하나님의 계명이 무엇인지 상기시켜준다. 율법은 우리에게 우리 앞에는 자유로운 삶 이외에 다른 삶이 가능하지 않다는 사실을 환기시켜준다.

온전한 율법

"온전한 율법을 깊이 숙고하는 사람"은 '잘 바라보기 위해 스스로를 낮추는 사람'을 뜻한다는 시몽의 해석3)은 훌륭한 해석이다. 그는 하나님의 말씀은 우리 위의 하늘에 있는 것이 아니라는 사실을 상기시킨다. 하나님의 말씀을 숙고하기 위해서는 스스로를 높이지 말아야 한다. 우

---

3) L. Simon, *Une éthique de la Sagesse*, *commentaire sur l'Epître de Jacques*, Labor et Fides, 1961.

리로 하여금 이 말씀을 알고 받아들일 수 있도록 하나님이 우리에게 요구하는 태도는 우리 자신을 내리고 낮추는 태도이다. 왜냐하면 우리는 그 말씀을 그리스도의 낮아짐 가운데서 발견하기 때문이다. 여기서 사용된 '파라큅토parakupto'라는 그리스 단어는 누가복음 24장 12절에서 사용된 단어와 동일하다. 누가복음에서 '빈 무덤', 즉 부활을 보기 위해서 그 무덤에 들어가려면 제자들은 몸을 낮추어야 했다. 실제로 부활한 주님의 영광의 계시는 인간이 주님의 낮아짐의 여정을 따라가야 한다는 사실을 전제로 한다. 그러나 그것은 자유와 직접적으로 연관된다. 여기서 우리는 고전적이라고 볼 수 있는 변증법적 운동을 목격하는 것만이 아니다. 4) 여기서 자유로운 삶의 실천은 우리 편에서는 낮추고 비우고 순종하는 태도를 뜻한다. 그것은 야고보가 우리에게 상기시키는 율법의 개념과 아주 직접적인 연관성을 명백하게 가진다. 그러므로 율법은 배타성을 띤다. 여기서 말하는 자유는 좋은 의도5)로서 남들을 지배하고 제압하려는 우리 능력의 확대가 아니고, 우리 자신을 낮추는 자유이다. 그 낮아짐이 없었다면 제자들이 무덤 안에 들어가 볼 수 없었듯이 우리는 더 이상 자유의 율법을 볼 수 없게 되는 것이다. 다시 말해서 제자들이 무덤이 빈 것을 보지 못했다면 주님이 부활하신 것을 알 수 없었듯이 우리는 더 이상 자유로운 삶이 무엇인지 알 수 없게 된다. 6)

바꾸어 말해서 우리가 우리 자신을 낮추는 것을 받아들이지 않는다면, 우리는 불가능의 문턱에 걸린다. 그리스도 안에서 우리가 자유롭게 해방되었다는 복음의 소식을 듣고 이 '자유'라는 말을 접하는 수준에 계

---

4) ▲예수님이 스스로를 낮추었기에 하나님은 예수님을 주권자로 높이 올렸다는 것에 비유해서, 우리가 그리스도의 영광의 계시를 받아들이는 것은 우리 스스로를 낮추는 데 있다.

5) ▲사실은 악한 의도이다.

6) ▲야고보가 우리에게 자유의 율법을 언급한 것은 그 자유로운 삶이 어떤 확실한 일관성을 지닌다는 사실을 우리에게 전하려는 뜻을 담고 있다.

속 머물러있게 된다. 이는 마치 시청 건물 정면의 벽보에 적힌 '자유'라는 말을 읽는다고 해서 우리가 자유로운 시민이 될 수 없는 것과 같다. 자유로운 삶 안으로 깊이 들어가는 길은 자유롭게 사는 삶의 행로와 내용과 의미를 전해주는 자유의 율법을 배울 수 있도록 우리 자신을 낮추는 길밖에 없다. 우리가 스스로를 낮추는 첫걸음을 받아들이고, 자유롭게 사는 삶이 하나의 율법이 되는 것을 수용하게 되면, '자유'라는 단어는 모호하고 아무 힘없는 말이기를 그치고 진정한 존재양식이 될 것이다.

그런 까닭에 야고보는 우리에게 온전한 율법이 존재한다고 전한다. 자유의 율법은 바로 유일한 온전한 율법이다. 먼저 자유의 율법은 모든 율법의 완성이다. 위에서 언급했듯이 그 관점에서 출발하여 우리는 모든 율법의 의미가 무엇인지 알 수 있다. 그렇게 하여 우리는 율법 전체를 다시 돌아보면서 그것이 자유의 율법임을 인식하게 된다. 또한 그 말은 율법이 이제 우리의 선택으로 우리의 가슴속에 새겨져 있다는 뜻이 된다. 율법은 더 이상 우리 삶의 경직된 체계로서 외적인 굴레가 되지 않는 까닭에 온전한 것이 된다. 율법은 우리의 가슴속에 있다. 왜냐하면 우리의 가슴이 이제 돌같이 굳은 가슴이기를 그치고, 살같이 부드러운 가슴이 되었기 때문이다. 있는 그대로의 내 존재와 내가 복종해야 하는 외적인 규범인 율법이 더 이상 둘로 분리되지 않는다. 그리스도 안에서 자유롭다는 말은 이제 하나님의 모든 뜻이 사단의 새로운 권세에 정복되어 사로잡혀 있던7) 우리의 가슴속에 새겨졌고 그래서 나는 자유롭다는 뜻이다. 자유는 가슴을 비우는 것이 아니라 율법을 온전케 하는 것이다. 왜냐하면 가슴이 이제 이 율법의 기쁨으로 채워지기 때문이다. 그러므로 자유의 율법은 온전한 율법이다. 왜냐하면 이제 율법은 온전한 성취를 이

---

7) ▲깨끗이 청소되어 비어있지 않고

루고[8] 인간과 계명의 분리가 아니라 통합을 나타내기 때문이다. 이와 같이 율법이 온전하게 되는 것은 우리가 자유롭게 율법대로 살려고 결정하는 데서 연유한다.

하나님의 심판과 자유

"자유의 율법에 따라 심판받을 사람으로서 말하고 행동하라."[9]는 구절은 두 가지 의미를 가진다고 볼 수 있다. 이는 어쨌든 간에 우리는 심판을 받을 것이고 그 심판에 따라 행동을 선택해야 한다는 걸 뜻한다. 첫 번째 의미는 확실히 우리에게 하나님의 자유를 환기시키는 것이다. 주권자로서 자유로운 분은 하나님이다. 하나님이 우리를 심판하는 것은 자유로운 하나님으로서 심판하는 것이다. 자유로운 하나님에 대해서 바울은 진흙으로 귀하게 쓰이는 그릇이나 천하게 쓰이는 그릇을 만드는 토기장이에 비유해서 말한다. 이와 같이 우리의 삶의 선택은 하나님의 자유를 먼저 인정하는 것을 전제로 한다. 또한 그 선택은 "사람아 네가 누구이기에 감히 하나님께 반박하느냐?"는 바울의 호통을 수용하는 것을 전제로 한다. 그것은 결국 은총의 수용을 뜻하는 것일 따름이다. 왜냐하면 하나님이 완전한 자유 가운데 나를 심판하는 것을 내가 수용한다는 것은 하나님의 정죄가 타당하다는 걸 인정하는 것일 뿐만 아니라 구원은 오직 하나님의 은총에 의한 것임을 인정하는 것이기 때문이다.

은총에 의한 구원이라는 확고한 우리의 신학적 교리는 하나님의 절대

---

8) ▲율법은 오직 자유 안에서만 성취될 수 있다.

9) 이에 대해 코타는 적절하게 지적한다(S. Cotta, *L'herm éneutique de la liberté religieuse*, 1968). "심판의 자유는 자유에 대한 심판을 내포하고 요구한다는 사실을 인정해야 한다. 자유는 심판을 수용할 수밖에 없다. 그렇지 않으면 자유는 자유가 아니라 그 반대인 필연성이 된다. 필연적인 것만은 심판받지 않는다. 종속된 것으로 필연성을 띤 것은 심판의 대상이 될 수 없다. … 결정의 자유는 결정에 대한 자유를 내포한다.… 인간은 필연적으로 심판에 승복하는 자유를 가진다." 이와 같이 하나님의 잠재적 심판은 그리스도 안에서 우리가 얻은 자유를 구성하는 일부분이 된다.

적인 자유를 수용하는 것을 뜻한다. 하나님은 우리를 심판하는 데서 하나님의 자유 이외의 다른 법을 가지지 않는다. 이는 우리에게 또다시 순종과 겸손을 찾게 한다. 하나님이 우리에게 하나님의 좋은 뜻대로 심판하는 것을 수용하고 하나님이 완전히 자유로운 가운데 우리에게 은총을 내리는 것을 받아들이는 것은 자유가 우리 자신의 낮아짐에서 시작된다는 것을 수용하는 것이다. 게다가 자유의 율법에 의해 내가 심판받을 것을 인정하는 것은 나 자신의 자유에 의거하는 것이다. 실제로 하나님의 자유의 심판을 미리 수용하는 것은 하나님을 통제하고 강요하고 강제하려는 것을 포기하는 것이다. 그런데 인간이 하나님을 통제하려고 할 때마다 인간은 미덕과 업적과 공로를 쌓으려 한다. 그것은 계산이고 결산이고 회계이다. 다시 말해서 그것은 자신의 고유한 자유를 상실하는 것이다.

하나님이 자유로운 가운데 원하는 대로 나를 다루는 것을 수용하는 것은 동시에 하나님이 나의 공로에 따라 나를 대해야 한다는 식의 계산을 포기하는 것이다. 그러나 내가 더 이상 업적과 공로를 쌓지 않는 것은 내가 더 이상 주고받는 계산 방식에 구속되지 않는다는 것을 뜻한다. 나는 더 이상 과거의 잘못10)을 오늘의 선행11)으로 보상하는 데 매이지 않는다. 그러므로 나는 실제로 자유롭게 된다. 왜냐하면 내가 하는 행동은 더 이상 의무와 과거에 의해 결정되는 구속적 행동이 아니기 때문이다. 하나님의 심판의 자유와 하나님의 값없는 은총에 나를 맡기는 것은 나 자신이 자유로운 존재로서 살아가는 능력을 표명하는 것이다. 자유로운 나는 더 이상 심판의 공포에 마비되지 않는다. 하나님의 자유로운 선한 뜻에 맡기는 것은 구원을 받을 목적으로 한 까닭에 행동을 마비시키는 의무

---

10) ▲내가 과거의 잘못으로 판단하는 것
11) ▲내가 기필코 해야 하는 것

라는 난관을 제거하는 것이다. 다른 가능성은 존재하지 않는다. 하나님의 뜻을 제어하여 구원을 얻을 의도로 계산하면서 행동하거나, 우리를 심판하는 하나님의 자유를 인정하여서, 계산하지 않고 자유롭게 행동할 수 있게 되거나 하는 수밖에 없다. "그런 하나님의 자유는 무서운 것이니 그것은 절망적인 해결책에 지나지 않는다."는 말은 하지 말자. 그것은 형이상학에서 도출한 하나님의 이미지를 만드는 것이다. 자유로운 하나님은 예수 그리스도의 하나님이다. 예수 그리스도는 성육신을 선택함으로써 우리에게 자신의 자유를 나타냈다. 그렇게 함으로써 예수는 그가 얼마나 자유로운지를 보여주었다. 그는 더 이상 하나님이지 않기로 선택했다. 그리고 그렇게 함으로서 예수는 그의 자유가 우리를 배척하는 것이 아니라 얼마나 우리를 위한 것인지 보여주었다. 그의 자유는 오로지 임마누엘이 되고 구원의 거대한 계획을 성취하기 위한 것이었다. 그러므로 하나님의 자유의 심판에 맡기는 것에 대해 어떤 두려움도 가질 필요가 없다. 요컨대 그것은 두려움을 소멸시키고 의무라는 난관을 제거하며 우리의 자유의 여정을 열어준다.

우리는 야고보의 말에서 두 번째 의미를 발견할 수 있다. 야고보의 말은 또한 우리는 우리의 자유의 율법에 의해 심판을 받게 될 것을 의미한다. 이것은 첫 번째 의미와 상반되지 않고 다르지도 않다는 사실을 주목하자. 왜냐하면 우리의 자유는 먼저 하나님의 자유를 선택하는 데서 나타나기 때문이다. 그럼에도 불구하고 "심판받을 사람으로서 말하고 행동하라."는 데서 보듯이, 그 말은 우리가 내리는 결정의 무게를 첨가한 것이다. 그 결정은 우리가 말과 행동을 선택하는 것을 말한다. 다시 말해서 그것은 바로 우리의 자유를 행사하는 것이다. 그러므로 우리가 우리의 자유에 따라 심판받는 것은 바로 우리가 자유로운 사람으로서 살아간 삶에 대한 것이다. 우리의 행위는 그리스도 안에서 얻은 절대적인 자유에 따라 심판받을 뿐만 아니라, 다른 한편으로 우리 자신이 우리의 자유라고 설정한 것에 따라서 심판받게 된다.

우리의 소명이 자유의 소명인 까닭에 자유로운 행위로서 우리가 성취해야 할 것은, 계속적인 행위뿐만 아니라, 우리가 선택하고 제시해야 하는 자유의 율법이다. 그 자유의 율법은 우리의 행위들을 체계화하고 그 행위들에 인간적인 관점에서 일관성[12]을 부여하는 것이다. 그러므로 우리가 실행해야 할 것은 우발적인 연속적 행위가 아니라, 자유에 대한 우리의 규범으로서 보편적 방향의 선택이다. 우리 스스로 우리의 행위를 하나님의 심판에 맡기는 것은 바로 자유의 율법과 관계된 것이다. 수도 없이 강조했듯이, 하나님은 우리의 관점과 우리의 선택과 우리의 취향 속에 자리한다. 그렇게 해서 하나님은 우리의 시각을 취하여 결정하고 심판한다.[13] 하나님이 우리와 마주하는 가운데 실제로 우리 수준에 스스로 맞추어 심판한다는 사실을 상기하는 것은 정말 필요한 일이다. 왜냐하면 심판은 바로 그리스도가 하는 것이기 때문이다. 그래서 심판은 우리 자신의 체계와 우리 자신의 관점에 의거하는 것이다.

우리는 외부로부터 정죄당하는 것이 아니다. 하나님은 우리에게 삶의 법을 자유롭게 설정하는 소명을 주었다. 바로 우리가 설정한 법에 의거해서 하나님은 우리의 행위와 말을 평가한다. 하나님은 우리 스스로 우리의 자유로 규정하는 관점 속에 자리한다.[14] 우리의 행위는 이 자유의 율법의 실천으로서 평가될 것이다. 그러나 하나님은 우리에게 이 자유의 율법을 수립하라고 요구했다. 그래서 우리에 대한 진정한 심판은

---

12) ▲이 일관성은 인간적인 시각에서 본 일관성이다. 왜냐하면 그 진정한 일관성은 오직 하나님의 말씀에 있기 때문이다.

13) ▲"내가 들은 대로 심판한다." "너희 자신의 말이 너희를 정죄한다." "너는 네가 냉혹한 주인이라고 했다."

14) ▲또다시 관점이 존재할 필요성이 생긴다.

자유로운 존재로서 살지 않은 것이고, 자유를 진정으로 받아들여서 율법과 원칙과 체계를 수립하지 않는 것이다. 우리의 삶은 즉흥적으로 결정된 언행으로 점철되는 것을 그칠 것이다. 우리의 언행은 우리의 마음가짐을 그 순간에 표현해야 비로소 자유롭게 될 것이다. 우리는 더욱더 자유를 향해 나아가도록 부름 받았고, 우리의 행위는 우리가 받은 자유를 일관적으로 실천하기 위해 우리 자신이 확립한 이 자유의 율법에 따라 평가될 것이다.

이 자유의 율법은 분명코 구약의 율법에 대한 자유를 뜻한다. 이것은, 사람들이 많이 강조하지 않았다는 게 나로서는 놀라운 한 단어로서, 성서 본문들에 이미 표시되어 있다. 계명을 실행하거나 율법을 실천한다거나 하나님의 말씀을 실천에 옮긴다는 문제가 거론될 때, 우리는 아주 흔하게 '포이에오*poiéô*'라는 그리스어를 발견한다. 이 단어는 대개 '행하다'로 번역된다. 그런데 그것으로는 정말 부족하다. 이 단어는 훨씬 더 강력하고 노골적이다. 분명히 '행함'의 뜻이 있지만 그 뜻이 외적인 행함보다는 훨씬 더 근본적인 것이다. 또한 그것은 수동적으로 복종하는 노예의 자동적인 행함이 아니다. 이 단어가 내포하는 의미는 아주 능동적인 뜻으로 주도성을 띠고 있다. 이 단어는 차라리 만들고 창조한다는 뜻에 가깝다. 내 생각에는 바로 이런 의미로 우리가 율법이나 계명을 실천하라는 명령을 이해해야 한다고 본다. 우리에게는 실제로 창조의 능력이 있다.

이 말은 무슨 뜻으로 받아들여야 하는가? 물론 우리가 하나님의 자리를 대신하여 율법을 제정하고 창안해야 한다는 뜻은 아니다. 사실 이 말은 계명에서 출발해서 자유로운 방식으로 그 계명을 나타내는 방법들을 고안하고 창안한다는 뜻이다. 우리는 신약의 도덕적 부분과 율법을 늘 상존하는 것으로 보아야 한다. 그러나 우리는 불변주의자fixiste와 같이 고정된 방식으로 문자 그대로의 축자적인 분석을 하는 것이 아니다. 그와 반대로 우리는 상황과 경우에 따라서 율법의 사용, 적용, 표현, 타당성 등을 고안해야 한다. 흔히들 생각하는 것과는 반대로 율법은 모든 경우에 해당하는 지침을 제공하지 않는다. 율법은 우리에게 일반적인 방향을 제시하고 우리는 그 방향을 향해 우리 자신이 주도적인 조치를 취해야 한다. 우리는 이 율법을 활용하면서 새로운 상황들을 만들어가야 한다.

일시적인 조건들에 의해 자동적으로 만들어진 상황 속에서, 자유는 거기에 율법을 개입시키면서 경직화된 반대가 아니고 그 대립을 기점으로 가능한 새롭고 놀라운 상황을 창조하게 될 것이다. 우리는 이와 같이 새로운 율법을 만들어내는 것이 아니라, 본질적인 의미를 갖고 있는 계명을 실천하는 방법과 가능성을 창조하는 것이다. 15) 우리는 매번 새롭게 그 형식과 실천방식을 창조해야 한다. 이와 같이 율법의 실천은 율법의 새로운 상황을 창조하기 위해서 우리의 자유를 필요로 한다는 뜻을 함축한다. 자유의 율법은 계명을 부정하는 것이 아니고, 계명을 실천하는 방법을 새롭게 창조하고 만들어내는 우리의 창의성을 불러오는 것이다.

그런 측면에서 나는 에벨링과 동의하는 부분이 있고 동의하지 않는 부분이 있다. 16) 율법은 우선적으로 하나의 사건이며, 부차적으로 하나의 교훈이 된다는 에벨링의 말은 타당하다. 율법의 구체적인 내용과 현대인이 생각하고 경험하는 것의 차이를 강조하는 그의 주장은, 그가 생각하는 것보다는 그 차이가 훨씬 더 작기는 하지만, 하나의 분명한 사실을 말하는 것이다. 그러나 믿음의 자유를 전파하는 믿음의 설교가 현대인에게 더 이상 전달되지 않는 이유는 현대인이 자신과 관계없는 이 율법을 전혀 이해하지 못하기 때문이라는 논리를 펴면서, 또 다른 율법, 즉

---

15) ▲각각의 항목이 그 자체의 본질적인 의미를 지닌다는 사실을 감안할 때 우리의 현재 상황과는 완전히 다른 것으로 비치는 방법과 가능성도 포함된다.

16) Gerhard Ebeling, *Word and Faith*, 1963, p. 146 및 그 이하; p. 271 및 그 이하.

"우리와 관계된 현실을 반영하는 율법"을 선포해야 한다는 에벨링의 주장은 잘못된 착각이라고 나는 생각한다. 먼저 에벨링은 율법에 대한 자유를 선포하기 위해서 율법을 전한다는 식의 잘못된 도식을 유지한다. 내 생각에, 그것은 율법의 역할이 전혀 아니며, 현대인에게는 율법을 전하지 말아야 한다. 내가 보기에, 인간이 믿을 수 있고 관련을 갖는 것, 즉 인간의 수준에 맞춘 율법을 전파해야 한다는 에벨링의 판단은 틀린 것이다. 특히 현대인은 비종교적[17]이기 때문에 더 이상 종교적인 율법을 현대인에게 전파할 수는 없는 노릇이라는 말은 잘못된 것이다. 에벨링은 율법의 의미를 율법주의적인 내용과 혼동하고 있다. 그는 그의 염려를 완전히 불식시키는 자유의 율법에 대해서는 전적으로 무지하다. 이 자유의 율법은 현대인에게 온전히 전달될 수 있는 것이다.

자유와 사랑의 관계

이미 살펴보았듯이 바울 서신에서 자유는 사랑을 지향한다. "왜냐하면 긍휼을 베풀지 않는 사람에게는 긍휼 없는 심판이 있을 것이기 때문이다. 긍휼은 심판을 이긴다."라는 구절도 마찬가지이다. 우리는 자유와 사랑의 불가분리의 관계를 보았다. 자유를 나타내는 것은 하나님 그리고 이웃과의 사랑의 관계이다. [18] '긍휼을 베풀지 않는 사람에게는 긍휼 없는 심판이 있을 것'이라는 야고보서의 구절은 구원의 조건이나 위협적인 내용을 나타낸 것이 아니고 단지 사실을 말한 것이다. 그것은 자유가 없는 상황과 현상을 말한 것이다. 자유가 없으면, 우리와 하나님과의 관

---

17) ▲반론의 여지가 있다.
18) 보나르는 다음과 같이 말한다(P. Bonnard, "Le discernement de la volonté de Dieu dans le christianisme primitif," in *La communauté des disséminés*, 1960). 사랑은 "신자들이 윤리적으로 창의력을 키워나가게 한다. 사랑은 선행을 부추기고...결의론의 객관적인 규범보다 더 엄격하다. 사랑은 끊임없이 요령과 창조력과 구체적 적용법을 증대해간다."

계에는 계산과 거래와 두려움과 도전과 교만이 있을 뿐이다. 우리와 이웃과의 관계는 반드시 우리와 하나님과의 관계를 반영한다는 사실을 늘 기억해야 한다. 우리가 하나님이 부여하는 자유를 받아들이지 않을 때 이웃과의 관계에서 일어나는 일을 보면, 율법이 소극적인 의미의 율법으로서 군림하고 그래서 자유의 부재와 함께 긍휼의 부재가 생겨난다. '긍휼이 심판을 이긴다.'는 구절은 자유가 없는 곳에는 사랑이 없다는 사실을 보여준다.

그 구절은 정확히 자유의 율법은 사랑 그 자체라는 사실을 말한다. '왜냐하면'이라는 단어는 두 구절을 연결시켜주는 핵심적인 요소이다. "자유의 율법에 따라 심판받을 사람으로서 말하고 행동하라. 왜냐하면 사랑이 없는 곳에는 심판이 무자비할 것이기 때문이다." 그러므로 자유의 율법 자체가 곧 사랑이다. 그렇다면 우리 자신이 자유의 율법을 확정하여 결정해야 하는 데 대해서 앞에서 말한 모든 것은 더 이상 유효하지 않다는 말인가? 이 율법이 어느 정도는 복음에 의해 확정되었다면 우리는 어떤 자유를 가지는 것인가? 물론 이 자유의 율법은 사랑이다. 그러나 우리는 또한 사랑이라는 단어를 말할 때 그 말 자체로는 아무 의미도 없다는 사실을 안다. 왜냐하면 행위와 말로 구체적으로 표현되지 않은 사랑은 아무것도 아니기 때문이다. 사랑이 뜻하는 바를 어떻게 알고, 사랑을 표현하는 법을 어떻게 아는가? 거기에 우리의 역할이 있다. 하나님이 유발하는 사랑은, 하나님의 사랑이 불러일으키는 것으로서, 우리 가슴에 넘쳐나고, 그 사랑에서 우리는 우리 존재에 부여하는 의미와 전반적인 정향과 삶의 맥락을 선택한다. 이 모든 것이 자유의 율법이다. 이 자유의 율법은 사랑을 나타내고 사랑에 감응되어 어떤 의미에서 그 나아갈 경로를 확정한다. 또한 이 모든 것은 다시 평가되고 다시 검토되며 다시 시작된다. 왜냐하면 그것이 자유이기 때문이다.

다만 이 자유의 율법이 사랑을 나타낸다고 할 때 우리는 한 가지 사실을 더 말해야 한다. 그것은 이 자유의 율법은 율법을 넘어서는 것일 수밖에 없다는 사실이다. 구약의 율법이 허용을 뜻하고 우리 앞에 열린 가능성을 말하며, 그래서 자유와 상반되지 않고, 그것이 자유의 첫걸음, 첫 사례, 첫 선물이라고 해도, 그것은 단지 시작에 불과하다는 사실을 철저하게 의식해야 한다. 우리 자신이 확립해야 하는 자유의 율법은 율법을 넘어서는 것이어야 한다. 19)

구약에서 주어진 율법은 소극적으로 자유의 영역의 한계를 정하고 자유가 아닌 것을 표시한다. 율법은 거울이자 경고이다. 율법은 또한 적극적으로 자유의 율법이 될 수 있는 모범이 되기도 한다. 그러나 예수가 밝혀주듯이 그때 율법은 성취와 동시에 극복되어야 한다. 이와 같이 우리가 선택한 자유의 율법은 율법을 넘어서는 차원으로 우리를 인도한다. 우리는 자유의 율법이 율법의 차원에 머무를 수 없다는 사실을 늘 기억해야 한다. 자유는 율법보다 못하거나 율법을 완수하지 못하는 구실이 될 수 없다. 우리가 구약의 율법보다 못한 수준으로 자유의 율법을 정한다면, 우리는 결코 자유 안에 있는 것이 아니다. 그러면 구약의 율법은 더 이상 자유의 모범이 될 수 없다. 구약의 율법은 다시 율법 자체가 되고 우리는 그 율법 아래로 다시 들어가게 된다.

은총과 마찬가지로 자유는 하나님의 명령을 회피하고 율법대로 행하지 않기 위한 방편이 될 수 없다는 사실을 반드시 기억할 필요가 있다. 자유는 우리 손에서 하나의 변명거리나 방종의 구실이나 범속한 것이 되는 순간 곧바로 우리에 대한 정죄가 된다. 그 이유는 자유가 하나님을 거스르는 우리의 구실이 되기 때문이다. 자유롭다는 것은 율법보다 못한 행

---

19) ▲하나님이 우리에게 부과한 책임이 바로 여기에 있다. 즉, 자유의 율법을 확정하는 것은 우리 자신이다. 자유의 율법은 하나님이 다 작성해서 우리에게 부여한 것이 아니다.

동을 해도 된다는 것이 아니다. 예컨대 그것은 금전적인 관점에서 십일조를 덜 내는 것이 아니다. 그것은 금전의 노예가 되어 소외되는 것이다. 그 순간 우리는 은총 안에 있지 않고 아주 구속적인 율법 아래에 있는 것이다. 율법은 다시 우리에게 달성해야 할 목표가 된다. 우리는 복음을 마음속에 진정으로 받아들일 때 비로소 그 목표를 달성하게 된다는 사실을 안다. 그 순간 자유의 기쁨 가운데 우리는 율법의 요구를 뛰어넘는 도약을 하면서 율법이 요구하는 것 이상으로 성취하게 된다.

자유에 대해서 율법의 요구를 면제받는 것으로 생각하는 것은 아주 위험하다는 사실을 유념해야 한다. 만약에 자유를 율법의 요구보다 덜한 것이라고 한다면 그것은 결코 자유가 아니다. 그렇다면 우리는 율법 아래에 있는 것이다. 자유는 율법을 뛰어넘는 차원에 존재하는 것이다. 그래서 자유는 우리로 하여금 율법의 요구를 훨씬 더 넘어서는 일을 하게 한다. 그러므로 자유의 율법을 언급한 야고보서의 구절들은 타당하다. 야고보서는 우리에게 전한다. 자유 안에서 우리에게 율법이 없는 것이 아니다. 자유 안에서 우리에게 있는 율법은 더 실천적이고 더 풍요롭고 더 기쁘고 더 개인적이고 더 고양된 것으로서, 온전한 사랑의 충만함에 더 직접적으로 감응된 것이다.

2장 · 자유의 윤리에 맞는 자유의 범주들

그리스도 안에서의 자유는 철학이나 형이상학이 우리에게 자유의 범주로서 제공하는 것과 정확히 반대되는 상황으로 우리를 인도한다. 그리스도인의 신앙은 언제나 절대적인 것, 영원한 것, 주권적인 것에 도달하려고 노력한다. 사람이 접근하려고 하자마자, 절대적인 것, 영원한 것, 주권적인 것은 유용한 것과 혼동을 일으킨다. 그런데 그리스도인이 경험하는 자유는 우리로 하여금 반대로 무용한 것과 일시적인 것과 상대적인 것으로 나아가게 한다. 절대적인 것이나 영원한 것이나 유용한 것과 관련해서는 어떤 자유도 있을 수가 없다. 인간으로서 내가 절대자에게 다가가게 된다면 어떻게 나는 절대자를 감당할 수 있을까? 절대자와의 관계가 어떻게 나의 자유와 연결될 수 있을까? 내가 절대자에게 다가가면 갈수록 나의 자유는 더욱더 축소된다. 왜냐하면 나는 판단할 수도 없게 되고, 선택할 수도 없게 되고, 이해할 수도 없게 되고, 분별할 수도 없게 되고, 실천할 수도 없게 되고, 사랑할 수도 없게 되기 때문이다. 단지 내가 할 수 있는 것이라곤 거기서 헤매거나 방탕에 빠지게 되는 것이다. 누군가 결정의 순간은 자유의 순간이라고 주장할 지도 모르겠지만, 방탕은 자유의 경험이 아니다. 혁명의 자유와는 반대로 하나님은 붙잡았는가 하면 금방 사라져버리는 덧없는 순간적 자유로 우리를 부르지 않았다. 하나님은 일정한 기간 동안 자유의 삶을 살아가도록 우리를 불렀다. 그런데 그것은 절대적인 것과 영원한 것에 의해 내게는 금지되는 것이다.

　절대성과 영원성의 범주들은 자유를 엄격히 배제한다. 나는 거기서 철학적이거나 신학적인 결론을 도출하고 싶지 않다. 나에게 분명하게 생각되는 것은 우리는 그런 범주들 안에서 아브라함과 이삭과 야곱의 하나님, 예수 그리스도의 아버지 하나님을 알지 못한다는 것이다. 그와 반대로 하나님은 스스로를 알리려고 한시적이고 상대적인 것의 범주 안으로 들어왔다. 나는 거기에 무용한 것의 범주도 포함된다고 주장한다. 왜냐하면 하나님이 예수 그리스도 안에서 행한 희생의 완전한 무상성과 최종적인 권능의 포기는 하나님이 성육신과 희생의 무용성을 용납한다는 뜻이 되기 때문이다. 그런데 전능한 하나님이 그렇게 스스로를 계시한 것은 바로 그 자유의 전형 위에 인간과 관계를 맺기 위한 것이다. 하나님을 만나는 것이 불가능하다는 말은, 다름 아니라 하나님을 절대적이고 영원하고 유일한 존재로서 아는 것은 불가능하다는 뜻이다. 다시 말해서 서구의 지식인들이 하나님의 성품으로 여겼던 절대성, 영원성, 유일성을 통해서 하나님을 아는 것은 불가능하다는 말이다. 예수 그리스도 안에서 얻은 우리의 자유는 무용성과 일시성과 상대성의 세 가지 범주들 안에서만 나타날 수 있다. 그 세 가지 범주들 안에서 바로 하나님의 자유가 우리와 관련하여 모습을 드러낸다.

무용성

　나의 저서 『하나님의 정치와 인간의 정치 *Politique de Dieu, politiques de l'homme*』에서 인간의 행동은 하나님에게는 항상 무용한 것임을 밝히려고 하는 가운데 나는 이 문제의 핵심을 이미 다루었다. 하나님은 하나님의 계획을 실현시킨다. 사실 우리가 어떤 방향을 선택한다 해도 바꿀 수 있는 것은 하나도 없다. 궁극적으로는 하나님의 뜻이 이루어지는 것이다. 그러나 우리는 하나님이 인간의 우발적인 행동들을 용납한다는 점을 밝혀보려고 한다. 종국적으로 하나님의 역사는 인간의 수많은 극히 소소한 결정들을 하나님이 활용하여 하나님의 뜻을 세우며 이루어진다. 그렇지만 하나님의 자유 안에서 우리가 결행한 행위들을 활용하여 유용하게 만드는 분은 바로 하나님이다. 그러므로 하나님이 인간을 필요로 하지 않을 수 없다고 주장하는 것은 정말 어처구니없는 일이다. 당연히 하나님은 인간 없이 역사할 수 있다. 그러나 하나님은 인간을 그냥 내버려두지 않고 인간의 행위와 결정과 여정에 깊은 관심을 기울이고 그 길에 들어서기로 스스로 결정했다. 따라서 우리의 행동은 하나님의 역사가 여하튼 이루어진다는 의미에서 완전히 무용한 것이다. 또한 우리의 행동은 우리가 가지는 유용성과 효율성에 관한 인간적 관념으로 보면 무용한 것이다. 가장 명백한 예로서, 분명히 기도는 완전히 무용한 것이다. 하나님은 우리가 말하고 간구하는 모든 것을 이미 다 알고 있다. 게다가 우리의 기도는 결코 적절할 수가 없다. 우리는 우리가 생각하는 것과 우리가 구해야 할 것을 정말 잘 모른다. 그러나 기도하라는 계명은 끊임없이 환기된다. 마찬가지로 우리의 자유를 제일 높게 표현하는 것은 바로 기도이다. 그리스도인의 삶에서 이루어지는 행위들을 모두 다 이와 같이 열거할 수 있을 것이다. 우리는 결코 유용한 일을 하지 않는다. 그런 까닭에 우리는 인간적인 차원에서 효율성을 추구하지 말아야 한다. 그러나 자유와 보다 더 직접적으로 관련시켜서 우리는 두 가지 명제를 제시할 수 있다.

첫째, 유용성을 내세우는 행동은 자유가 전혀 없다.

둘째, 자유로운 사람만이 자신의 행동이 완전히 무용하다는 사실을 알면서도 행동을 취할 수 있다.

첫째 명제에 부연해서 말하자면, 결과의 유용성에 따라서 내 행동이 유발되었다면, 나는 자유롭지 않은 것이다. 실제적으로 나의 행동을 결정하는 것은 더 이상 내가 아니다. 나는 다만 일련의 문화적 판단들에 따르는 것이다. 유용성은 아주 명백하게 실재하는 것으로 모든 문화와 모든 시대에서 다 동일성을 지닌다는 말은 신뢰성이 없다. 오늘날 읽고 쓰는 것은 유용한 것이다. 현대를 사는 데 읽고 쓸 줄 모르면 앞으로 나아갈 수 없다. 아니 그보다 더할 것이다. 그러나 그런 평가는 문화적 산물이다. 우리가 유용하다고 하는 것은 전부 다 마찬가지이다. 현대인이 유용하다고 하는 것을 살펴보면 그것이 중세시대 사람이나 아프리카 사람에게 유용한 것과 일치하지 않는다는 사실을 알게 된다. 유용성이라는 개념은 인간 개개인을 문화적 틀에 가둔다.

그러나 그걸 넘어서서, 유용성의 이데올로기는 인간 개개인을 서구 기술 사회에 매어놓는다. 기술의 발전이 있은 후에 우리는 유용성에 과도하게 집착하게 된다. 인간이 유용한 물건들을 주변에 많이 가지고 있을수록, 더욱더 인간은 유용성을 따라 살아가게 되며, 사람들이 믿는 바와는 반대로, 인간의 자유는 축소되어 간다는 사실을 사람들은 인식하지 못한다. 너무나 유용성에 몰두하는 탓에 인간은 다른 사람을 사랑할 수도 없고 다른 걸 생각할 수도 없게 된다. 예를 들자면 기술자들은 시를 경멸한다. 그리고 음악이나 춤이나 독서는 단지 그것들의 오락적인 유용성 때문에 수용된다. 유용성이 진척될수록, 무상적이거나 잉여적인 것은 더욱더 용납될 수 없게 된다. 우리에게 제공되는 책들의 양산이 선택의 측면에서 우리의 자유를 증대시킨다는 말은 하지 말아야 한다. 사실 책들의 양산은 우리를 질리게 한다. 여기서 나는 소비사회에 대한 논의나 현대사회에 대한 히피족의 자유와 같은 반응에 대한 논의를 다시 펼치지 않을 것이다.

유용성의 길에 들어서는 것은 필연성의 길에 들어서는 것이다. 물론 나는 유용한 일들을 행해야 한다는 사실을 부정하지 않는다. 그렇지 않다면 사회적 삶은 불가능할 것이다. 마찬가지로, 예를 들자면 폭력 문제에 있어서, 나는 인간이 종종 필연성에 따라야 하고 또 달리 어떻게 할 수 없는 경우도 존재한다는 사실을 부정하지 않는다. 내가 부정하는 것은 인간이 필연성을 따르고 유용성을 추구하면서 자신이 자유롭다고 하는 기만적인 말이다. 모든 것을 다 가질 수는 없다. 유용한 것을 좇는데 열중하는 사람은 자신이 자유롭지 않다는 사실을 인정해야 한다.

예를 들자면 19세기 초엽의 자유주의자들에게서 '경제적 인간Homo oeconomicus' 유형이 모습을 드러냈다. '경제적 인간'은 자신의 필요 욕구를 충족시키는 데 유용한 것만을 전적으로 추구한다. 그런데 경제학자들이 그런 인간 유형을 설정하는 것은 우연이 아니었다. 유용성의 추구를 근거로 해서 그들은 비로소 인간의 행위방식을 계산하거나 예측할 수 있게 된다. 바꾸어 말해서, 인간이 유용성을 목적으로 행동해야만, 예측 가능하고 반복적인 현상들을 다루는 과학으로서 경제학이 그 시대에 성립될 수 있었다. 그런데 우리의 관심 영역과 연관시켜 보자면, 그것은 자유로운 행동방식을 배제한다는 의미가 된다. 왜냐하면 자유로운 행동방식은 유용성을 띠지 않고 예측할 수 없고 예기치 않은 것이기 때문이다.

'경제적 인간'이라는 유형을 세우면서 자유주의 경제학자들은 자유가 없는 인간을 만들어냈다. 그렇게 하여 그들은 자유주의 경제를 창안하기에 이르렀다. 거기서 그들은 자유로운 인간이 마음대로 선택하도록 내버려두는 것으로 충분하다고 주장할 수 있었다. 그러나 그 전제로서 그들은 먼저 인간을 유용성이라는 견고한 틀에 가두어버렸다. 그래서 본성적으로 인간은 자신에게 유용한 것만을 원할 수밖에 없다는 것이다. 그런데 놀랍게도 개인적으로 유용한 것이 집단적으로 유용한 것을 실현하고 부를 생산하기에 이르렀다. 개인적인 필요가 집단적인 필요와 부합한 것이었다. 그래서 19세기에 개념화된 이 유용성은 행동의 명확하고 단순한 목표들을 결정지었다. 그것은 인간을 너무 단순하게 본 것이라고 말할 수 있다. 이는 분명하다. 그러나 어느 경우에나 정확하게 들어맞는 점이 있으니, 바로 유용성이 행동이나 삶의 목적을 결정한다는 사실이다. 오로지 삶에 대한 결정론적인 엄격한 해석을 통해서 유용성이라는 개념이 성립될 수 있다. 왜냐하면 유용성은 언제나 하나의 목적과 연관되어 성립되는 것이기 때문이다. 우리는 그 목적에 따라서 어떤 것이 유용하다거나 무용하다고 말하는 것이다. 그러나 그런 양극화는 자유의 부정에 의해 이루어진다. 완전히 방임적인 태도가 아니라면, 사람들은 어떤 행동이 유용성이 없음을 지적하면서도, "그래도 별로 중요한 건 아니니, 그렇게 해."라고 덧붙인다. 그런데 자유를 드러내는 그런 태도는 유용성을 염두에 두는 사람의 태도가 아니다. 정반대로 유용성을 염두에 두는 사람은 모든 일을 진지하게 대한다.

유용성을 행동 기준이나 가치로 채택하면, 언제나 유머의 결핍, 삶에 대한 극적인 시각, 의지론, 늘 심각해야 한다는 신념 등이 뒤따른다. 심각성의 비중은 언제나 유용성의 실현 정도에 따라 달라진다. 나는 실용적인 정신[20]을 비판하는 것이 전혀 아니다. 다만 나는 여기서 자신의 삶을 유용한 일에 다 바치는 현상을 지적하는 것이다. 그것이 헛되다는 것이 아니라 단지 그것이 자유를 배척한다는 점을 깨달아야 한다는 것이다. 더욱이 유용성은 수단을 택하는 데서도 결정적이다. 이것을 버리고 저것을 수단으로 선택하는 것은 분명히 유용성에 대한 평가에 따르는 것이다. 선택된 수단은 그 효율성 때문에 선택되는 것이다.

---

20) ▲칠십여 년 전에는 다들 물질주의적이라고 비난했다.

유용성과 효율성의 관계는 분명하다. 그러나 여기서도 효율성에 몰두하여 최고의 효율성을 구하는 데 집착하는 사람은 자유를 포기하는 것이다. 자유는 사실 언제나 비효율적이다.[21] 자유로운 가운데 방향을 계속해서 바꾸고 시도한 길을 포기하며 미묘하거나 곧 사라져버릴 목표들을 추구할 수 있는 가능성은 효율성의 추구를 배제한다. 사람이 수단에 대한 완전한 독립성과 자율성을 지키고자 하면 효율적일 수 없다. 그것은 효율성의 정신을 부정하는 것이다. 사실 여기서 문제되는 것은 기술사회 전체이다.[22]

유용성과 효율성은 사실 필연성에 속하는 것이다. 유용성과 효율성의 윤리를 채택하는 것은 필연성을 따르는 것이다. 효율적이려면 그 이외에 달리 어쩔 수 없다. 그러나 거기서 또 다른 점을 인정해야 한다. 유용성은 모든 것에 필요불가결하다. 왜냐하면 사람들을 포함하여 모든 것은 유용성에 종속되기 때문이다. 지정된 목표를 달성하기 위해서 사람도 다른 모든 사물과 같이 이용되어야 한다. 사람도 다른 모든 사물과 같은 하나의 수단이 된다. 그런데 그 사실을 인정하는 것은 곧 이용된 사람들의 자유를 배제하는 것임을 잘 알 수 있다. 효율성을 우위에 두면서 17, 18세기의 흑인 노예제가 초래되었고, 19세기에 프롤레타리아의 소외가 야기되었다. 사람들이 그렇게 지배당하며 자유를 빼앗기는 것이 경제 발전에는 두말할 여지없이 유용했다. 그러나 거기서 보다 우선적인 것은 경제 발전이 아니라 끝없는[23] 유용성이었다. 부르주아사상은 유용성을 기준으로 채택하여 모든 행동의 궁극적인 가치로 삼았다. 바

---

21) ▲자유를 기반으로 하는 교육이 효율적이라는 말은 어처구니없다. 그 말에 대해 곧바로 어떤 점에서 효율적인가 묻는다면 효율성이라는 개념 자체가 소멸되는 걸 보게 될 것이다.
22) ▲나는 이미 다른 책에서 기술사회는 실제로 자유를 배척한다고 말한 바 있다.
23) ▲유용성을 기준으로 채택할 때 거기에 한계를 둘 수 있겠는가?

로 그 점에서 부르주아계층은 근본적으로 자유를 부정했던 것이다.

둘째 명제에 대해 부연하자면, 유용성을 근거로 행동할 때 자유는 존재하지 않는다고 말할 수 있다면, 자유로운 사람만이 유용성을 전혀 고려하지 않고 행동할 수 있다는 사실도 상기해야 한다. 그것은 자유로운 인간과 필연성에 굴복하는 인간 사이의 결정적인 한계들 중의 하나이다. 보통은 어린아이와 미친 사람과 바보만이 '아무 쓸데없는' 일을 한다. 세상의 깊이와 무게와 위협과 마주하는 사람은 유용한 것을 중시하여 제약을 받을 수밖에 없다. 완전히 무용한 일을 할 수 있는 의식과 지성을 지닌 인간은 그걸 통해서 자신이 자유로운 존재임을 나타낼 수 있을 것이다. 우리는 지금 무상행위 혹은 놀이의 중요성을 거론하고 있다. 그러나 우리는 놀이가 유용성을 그 타당한 이유로 삼아서 얼마나 많이 변질되었는지 알고 있다. 게다가 무상행위의 이론은 그것을 언제나 도발적인 것이나 고의적인 심각한 일탈이나 키르케고르적인 미학적인 표현으로 만들어버린다. 사회학적인 관점에서 보면 무상행위는 유용성의 세계에서 불필요하고 헛되고 쓸모없는 것으로 간주되는 행위를 가리킨다. 무상행위는 결코 유용성의 영역과는 상관이 없다. 따라서 무상행위는 실제로 자유의 표현이 될 수 없다. 더욱이 우리는 초현실주의의 끝이 어땠는지 잘 알고 있다. 무상행위의 양식을 실제로 찾을 수 없는 무력함 가운데 초현실주의는 광기의 예찬으로 귀결되었다.

그러므로 우리는 무상행위가 자유로운 사람만이 무용성에 따라 행동할 수 있다는 말이 뜻하는 바에 부합한다고 말할 수 없다. 이는 세상이 지정한 유용성과 효율성의 영역에서 유용성과 효율성을 전혀 고려하지 않은 채로 살아가는 것을 말한다. 이는 정치적인 세계나 경제적인 세계에서, 직업의 세계에서, 유용성을 추구하지 않는 것을 말한다. 그것은 아주 무용한 것임을 알면서도 헌신하는 것으로서, 그 이유는 경멸이나 허영심이 아니라 그런 일들을 통해서 죽어가는 세상에 살아있는 천국을 유입시킨다는 믿음 때문이다. 또한 그것은, 근본적인 무용성과 쓸모없음을 간파했으면서도, 자살이나 치명적인 회의주의의 전파 대신에, 그런 일들을 행하는 것을 뜻한다. 자유롭다는 것은 바로 그런 것이다.

유용성의 영역에서 무용성을 따라 행동하는 것을 받아들이려면 자유로워야 한다. 그것은 자기 자신에 대해 자유로운 것으로서 행한 일을 통해 연명하거나 남들의 칭찬과 동의를 기대하지 않는 것을 뜻한다. 이는 도덕과 삶의 의미에 관해서 사회가 인정한 기준들에 대해 자유롭고, 사회적 압력과 전체적인 문화적 환경에 대해 자유롭다는 것을 뜻한다. 그런데 무용성은 삶의 차원에 속하는 것으로서 엄청난 낭비가 없이는 어떤 생명도 꽃피울 수 없다는 것을 의미한다. 우리는 자유로운 사람으로서 우리의 시간과 힘과 우리 자신도 낭비하는 사람이 되는 것을 받아들여야 한다. 이는 남들을 부리는 것을 거부하고 권력욕으로 개발하는 것을 거부함으로써 효율성을 문제 삼는 것이다.

무용성의 중요성을 입증함으로써 우리는 정확히 하나님의 역사의 모델에 이르게 된다는 사실을 상기해야 한다. 하나님이 인간의 역사에 개입한 것은 무용한 일이었다. 성육신과 예수의 죽음은 무용한 일이었다. 마찬가지로 예수가 역사 이래로 존재하는 수많은 병자들에게는 아무것도 하지 않고 얼마간의 병자들을 고쳐주었던 것은 무용한 일이었다. 하나님에게는 훨씬 더 분명한 유용성의 길이 존재했다. 하나님은 권능으로 모든 것을 다 해결할 수 있었다. 마찬가지로 하나님이 인간의 독립적인 불순종을 존중하는 것은 무용한 일이었다. 그걸 통해서 인간을 어디로 인도한단 말인가? 하나님은 유용한 방식으로 모든 것을 질서 가운데 자리 잡게 할 수 있었다. 더욱이 성서에 계시된 하나님의 역사에 대한 몰

이해와 불가지론을 초래한 것은 일반적인 유용성의 정신이라는 사실에 주목해야 한다. 그리스도의 희생이 무슨 소용이었는가? 거기에 무슨 효율성이 있었는가? 이런 질문들을 내놓는 한 우리는 계시의 세계에 진입할 수 없다. 왜냐하면 그런 질문들은 노예적인 정신에서 나온 것으로서 하나님의 자유의 표현을 어렴풋이라도 볼 수 없게 가로막기 때문이다. 하나님은 무용한 방식들과 무용한 수단들을 취함으로써 무엇보다 우리에게 하나님의 자유를 계시한다.

역으로 인간이 바라는 자율성을 존중하는 하나님의 자유가 무용성에 속하는 것이라면, 하나님을 섬기는 것도 또한 극도로 무용한 일이 된다. 이것은 20년 전부터 드퓌리de Pury와 마이요Maillot 등이 거론해온 주제이다. 하나님을 섬기는 것은 아무 소용이 없는 일인가? 그렇다. 아무 소용 없는 일이다. 우리는 여기서 공로와 행위에 의한 구원론에 대척되는 관점을 마주한다. 그러나 구원이 궁극목적인 행위에 관한 신학은 바로 자유가 결여된 신학이다. 아무 목적 없이 무상으로 하나님을 섬기는 것을 받아들이려면 자기 자신과 자신의 운명과 의미 등에 대해서 아주 자유로워야 한다. 해방되지 않은 인간이라면 그 누구라도 은총의 그 엄청난 무상성을 감내할 수 없다. 우리의 자유는 오직 하나님만이 궁극적으로 우리가 행한 일들을 수용하여 의미를 부여하고 행동을 취하고 효율적인 수단을 제공한다는 사실에 기인한다는 점을 알아야 한다. 이것이 우리의 자유의 조건이다. 인간에게 그 역할과 그 실행을 귀속시키는 모든 신학이론들은 필연적으로 효율성과 자유의 결여에 기인한 신학이다. 그런 신학이론들은 언제나 상황과 현실과 행동에 내포되어 있는 인간을 전제로 한다. 24)

----

24) 그런데 하나의 난관이 있다. 우리는 사도 바울이 유용성을 언급한 사실을 알고 있다. "모든 것이 유용한 것은 아니다." 이미 말했다시피 그리스도 안에서의 자유는 확정된 것이지만, 거기서 말하는 유용성은 이웃의 교화와 하나님의 영광에 관한 것

일시성

인간이 항상 부딪치는 유혹은 영원한 곳에 정착하여 영원을 위하여 일하려는 것이다. 그것은 인간의 영원한 가치와 영원한 문화와 영원한 국가를 선포하려는 것이고, 너무나 명확하게 인간의 유한성을 상기시키는 일시성[25]을 질색하며 거부하려는 것이다. 일시성을 받아들이는 것은 문화적인 모든 요소들을 통해서 "형제여, 죽음은 필연적인 것이라네."라는 말을 반복하는 데 동의하는 것이다. 그리고 종교로서의 기독교는 영원에 대한 욕망을 강화시킨다. 그것은 에덴동산의 사건을 계속 반복하는 기묘한 방식에 의해서 영원성을 소유하고 영원히 지금 이곳에 안주하려고 하는 욕망이다. 그것은 스스로를 계시하며 우리를 구원하는 하나님은 영원한 분이고, 우리로 하여금 하나님의 신성을 공유하도록 부르는 분이기 때문에, 우리가 영원한 존재가 되도록 믿음으로 나아가자는 것이다.

영원성에 들어가고자 하는 욕망은, 신학자들의 논의를 통해서 나타나듯이, 3, 4세기 서구인이 기독교로 개종한 하나의 동기로 분명히 작용했다. 그 서구인은 현재 살고 있는 세계에 즉각적으로 영원성을 들여놓으려고 행동했다.

임을 기억해야 한다. 다시 말해서 우리는 세상의 유용성이라는 모든 기준들을 완전히 벗어버리고 사회적, 정치적, 경제적 유용성의 모든 표지들을 모두 버려야 한다. 우리가 말하는 유용성은 자유와 모순되지 않는다. 왜냐하면, 우리가 입증하려던 바와 같이, 이웃의 교화와 하나님의 영광의 진정한 수단이 바로 자유이기 때문이다. 이 유용성은 정확히 인간적으로는 무용성이다. 그런데 우리가 무용성은 자유의 한 범주라는 명제를 수립했을 때, 당연히 우리는 독립성을 추구하는 인간과 사회가 생각하는 유용성을 겨냥했다. 우리는 하나님이 가르치는 교육의 장에 들어가지 않았다. 거기서는 인간적으로는 무용성인 것이 하나님에게는 진정한 유용성이 된다. 따라서 이웃의 교화와 하나님의 영광이라는 유용성은 우리가 흔히 말하는 유용성과는 전혀 상관이 없다. 여기서 유용성은 필연성의 세계에 속하는 것이다.

25) 이 주제에 관해 특별히 참조할 책이 있다. R. Schutz, *Dynamique du provisoire*, 1965.

그 모든 방식은 성서와 상반되는 것이었다. 그것은 더 이상 사랑에 대해 사랑으로 응답하는 것이 아니었고, 은총에 대한 당연한 반응으로 봉사하는 것이 아니었다. 그것은 하나님의 지위를 차지하여 인간이 원하는 대로 인간 자신의 지위를 변경하려는 것이었다. 26) 하나님이 성육신하였으므로 인간은 어떤 의미에서 하나님의 주인이 된 까닭에 인간이 영원한 세계의 주인이 되는 것이다. 아무튼 그 순간부터 일종의 영원에 대한 열망이 눈에 띄게 나타났다. 대성당들의 건축은 불멸의 기념비로서 하나님의 영원성을 나타낸다. 그것들은 한시적인 성격을 지니는 세속적인 모든 활동들에 대한 일종의 경멸을 드러내는 것으로 이 땅위에 세워진 것이다. 그래도 유념할 것은, 그런 면에서 기독교가 어떤 다른 것보다 더 악한 것은 아니었다는 사실이다. 기독교는 인간의 본성적인 욕구와 취향을 충족시키는 데 만족했던 것이다.

인간은 자신이 덧없이 사라지는 것을 견디지 못한다. 인간은 자신의 위업, 자신의 정치활동, 자신이 쟁취한 것, 자신이 쓴 책, 자신의 자녀 등을 통해서 계속 살아남기를 바라고, 유력한 가문이나 영예27)와 같은 것들에 의해서 영원의 모형simulacre을 확보하기를 원한다. 28) 기독교는 이 욕구와 취향을 만족시키기 위해서 자신들의 영원한 하나님을 활용했다. 하나님이 그런 목적으로 이용되었던 것이다. 29) 그것은 또 하나의 '일치설' 30)이다. 인간이 원하고 기대하고 요구하는 것과 기독교가 제공하는 것에서 일치점을 찾는 것이다. 영원하고자 하는 욕구는 놀라운 것으로

---

26) ▲왜냐하면 아무튼 하나님이 스스로를 우리 자신에게 주었기 때문이다.

27) ▲그래서 시간을 초월하여 대대로 전해지는 명성을 누리는 명예를 중시한다.

28) ▲이는 그리스 철학자들이 이미 수없이 거론했던 주제이다.

29) ▲이는 정말 사악한 것이었다.

30) [역주] 일치설(concordisme)은 성서, 이슬람의 코란 등을 포함한 종교적 경전의 텍스트를 과학적인 지식과 일치하도록 해석하는 방식을 말한다. 창세기에 대한 근본주의적 창조론적 해석이 그 예라 할 수 있다.

서 하나님이 인간에게 원하는 바대로 신적인 존재나 그리스도와 같이 되는 것과 정확히 일치한다. 그것은 인간적인, 휴머니즘적인 연결점으로서 거기서 인간본성과 기독교가 자연스럽게 아무 장애 없이 연결될 수 있다. 일치설은 계시를 인간이 제기하는 질문들에 대한 응답으로, 또한 이상적인 임시방편으로 만든다. 사람들은 과학의 발전에 따라 의문시되던 임시방편적 신관을 많이 비판했다. 그러나 사람들은, 훨씬 더 중대한 것으로서, 인간의 욕구, 욕망, 의도, 희망, 깨달음, 지식 등과 계시 사이에서 일치점을 찾는 일치설을 간과했다.

오늘날 개신교[31]의 정치적, 신학적 좌파 진영에서 발견되는 이러한 계시의 이용은 과거보다 훨씬 더 많지만, 우리 자신이 거기서 이득을 보고 깊이 개입되어 있는 탓에 비판하기는 더 어렵다. 어찌됐든 간에 영원에 대한 기독교적 강박관념은 이 일치설을 보여주는 좋은 예이다. 내가보기에 이는 기독교 윤리와는 정반대가 되는 것이다. 삶의 궁극목표가영원한 하나님과의 완전한 관계라는 점을 인정한다 하더라도, 기독교윤리가 영원에 관한 윤리가 될 수는 없는 것이다. 오히려 나는 그 반대라고 말하고자 한다. 우리에게 스스로를 계시한 하나님은 영원한 존재이고, 어떤 것으로부터도 위해를 당하지 않으며, 생명의 근원이자 종결이고, 시간을 초월하는 존재로서 시간을 손 안에 두고 있기 때문에, 우리는이 한시적인 세계 속에서 일해야 하는 것이다.

한편으로 우리는 아담의 행위를 반복하여 하나님에게 속한 것을 탈취하려고 하지 말아야 한다. 우리는 하나님에게 속한 것을 우리 자신의 것으로 취하지 말아야 한다. 그러므로 하나님이 적절한 판단을 내려 나에게 영원성을 부여하기 전에는, 말로라도 나 자신이 스스로 영원성을 취

---

31) 최근의 일치설의 흔적은 하비 콕스(H. Cox)의 신학이다. 콕스의 일치설은 단지 현대인의 욕망이나 행동에 관한 것이다. 여타의 것에 관해서 콕스는 완전히 중세적이다. 그가 크게 성공한 이유는 바로 거기에 있다.

하려고 하지 말아야 한다. 다른 한편으로 하나님이 나에게 스스로의 영원성을 드러내지 않고 한시적인 유한한 세계와의 관계 속에서 오직 그 세계에서만 역사하는 존재로 계시한 사실을 깨달아야 한다. 32) 궁극적으로 계시의 절정은 성육신이다. 그것은 하나님이 이 유한한 시간의 세계 안으로 완전히 들어온 사건이다. 그러므로 그 사건 이후로 우리는 유한한 시간의 세계 안에서 살아가도록 부름 받았다는 사실을 인정하지 않을 수 없다. 우리의 생명은 영원한 생명이 아니다. 우리는 그 영원한 생명이 그리스도와 함께 하나님 안에 감추어진 것임을 알고 있다. 그래서 그리스도의 본을 따라 우리는 일시적인 시간 속에서 살아가는 인간조건을 수용하는 것이다.

그렇다면 영원의 욕망은 어떻게 되는 건가? 그것은 무력화하고 억제해야 하는, 또 하나의 인간의 성향인가? 일시성의 전가는 또 하나의 새로운 금욕주의를 뜻하는가? 전혀 그렇지 않다. 33) 앞에서 말했다시피 일시적인 것은 기독교 윤리의 윤리적인 한 범주이다. 그 명확한 이유는 우리는 하나님이 우리와 함께하는 하나님으로서 영원한 존재임을 알기 때문이다. 그래서 우리는 더 이상 우리와 함께하는 영원성을 걱정하지 않는다. 하나님이 영원한 존재인 까닭에 우리는 행위의 영원성도 영혼의 영원성도 바라지 않는다. 영원한 하나님이 우리의 하나님인 까닭에, 우리는 우리에게 속하게 될 영원한 것을 달성해내려고 애쓸 필요가 없다. 우리는 행위의 영원성도 영혼의 영원성도 요구하지 않는다. 우리는 영원성의 문제를 명백하게 제거한 것이다. 우리는 영원성의 욕망으로부터 벗어난 것이다.

그러나 우리가 영원성의 욕망으로부터 벗어난 것은, 단순한 형이상

32) ▲그런 까닭에 인간의 언어로는 그 영원성을 전달할 수 없다.
33) ▲여기서 우리가 다루는 문제는 그리스도인임을 자처하는 사람들을 위한 윤리라는 사실임을 또다시 유념하자.

학적 수사에 그치지 않고 실제로 현존하는 영원한 존재인 하나님이 영원성에 관련된 모든 것을 관장하기 때문이다. 만약에 신학적으로 우리가 영원성을 문화적인 하나의 신적 속성으로 보게 된다면, 우리는 불가피하게 영원성의 욕망이라는 비극으로 다시 돌아가게 된다. 그럼과 동시에 우리는 우리 자신의 진정한 상황과 지위를 인식하게 될 것이다. 사실 우리는 어떤 측면에서도 결코 영원한 존재가 아니므로, 계시 안에서 언제나 그렇듯이, 우리는 우리 자신의 실상을 인정하도록 요구된다.

여기서 또다시 해방된 자유의 존재가 실제 현실에 직면하는 것이다. 우리가 이 현실적 상황을 절망과 슬픔에 빠지지 않고 떠맡을 수 있는 것은 단지 우리와 함께하는 영원한 하나님이 존재하기 때문이다. 죽음을 맞이하여 소멸할 수밖에 없다는 사실이 무섭지 않다. 또 이루어놓은 일들이 사라지는 대로 그냥 두고 갈 수밖에 없다는 사실도 무섭지 않다. 기껏해야 한두 세대밖에 남지 않을 기억이 결국 사라지고 만다는 사실도 무섭지 않다. 왜냐하면 영원한 하나님이 우리를 자유롭게 해방하여 그런 사실에 충격과 비탄에 빠지지 않고 살아갈 수 있게 하기 때문이다.

영원을 향한 우리의 욕망은 영원한 하나님에 의해 실제로 충족된다. 달리 어떻게 그렇게 될 수 있겠는가? 영혼의 영원성과 같이 부실한 것들로 대체한다고 해서 어떻게 그렇게 될 수 있겠는가? 그러나 우리는, 자유롭게 되어 스스로 영원성을 원치 않고 한시적이고 잠정적인 불만족스러운 조건을 담당하기 위해 우리가 원하는 모습이 아니라 있는 그대로 스스로를 계시하는 이 영원한 하나님에게 감사해야 한다. 우리는 영원한 하나님이 그 자체로는 객관적으로 그럴 가치가 없는 대상을 떠맡아주는 것에 감사해야 한다. 왜냐하면 마음에 커다란 야심을 품고서 자신의 이름을 높여 세세대대로 전해지기를 원하는 인간[34]에게 일상적이고 한

---

34) ▲그것은 단 한 인간에게만 약속되었다. 그 이유는 마리아가 예수의 강생 이전에

시적인 소소한 작은 일들에 헌신하라고 해봐야 아무 소용이 없기 때문이다. 35)

　　그런 현실세계를 받아들이면서 거기서 기쁨과 활력을 가지고 살아가려면, 우리는 영원한 하나님에 의해 자유롭게 해방되어야 한다. 한편으로 "네 손이 맡은 일은 무엇이든지 힘을 다 하여라"전9:10라는 말씀이 있다. 다른 한편으로 "모든 것이 다 헛되어 바람을 잡으려는 것과 같다"전1:14는 말씀이 있는가 하면, 또한 "너는 네 양식을 물 위에 던져라"전11:1는 말씀이 있다. 그 두 가지 말씀은 서로 상반되는 것이 아니라 반대로 완전히 서로 보완되는 것이다. 영원한 하나님이 인간의 영원을 향한 갈망을 맡아서 온전히 이루어주기 때문에 인간은 하나님에 의해 자유롭게 해방되어야 한다. 영원한 하나님을 인정하지 않는 것은 예수 그리스도 안에서 스스로를 계시한 하나님을 인정하지 않는 것으로서 동시에 우리 자신의 현실적인 조건과 자유를 거부하는 것이다. 그것은 우리 스스로 영원을 쟁취하기 위한 비극 속으로 들어가는 것이다. 그러나 우리는 그 명제를 뒤집어 볼 수 있다. 즉, 과학을 통해서 인류의 영원성을 쟁취하려고 하는 한, 우리는 '우리와 함께하는 하나님'이 영원한 하나님인 것을 부정하는 것이다. 그러나 그렇다 해도 우리가 자유롭게 되는 것은 불가능하게 된다. 영원한 하나님을 부정하는 사람은 자신의 유한성을 나타내는 것이고 자유를 부정하는 것이다. 왜냐하면 그것은 하나님의 영원성을 수긍하지 않으면서, 우리 자신이 명백한 일시적인 현상들에 영원의 속성을 부여하고 있다는 사실을 알고 있다는 걸 뜻하기 때문이다. 영혼이

아무런 야심도 없었기 때문이다.

35) 우리는 이에 대한 아주 흥미로운 사실로서 현대의 여성들이 요리와 육아와 같은 가사활동을 멸시하는 것을 발견한다. 가사활동은 마음에 커다란 뜻을 품고 있는 사람에게는 정말 적합하지 않다는 것이다. 여성해방이라고 부르는 것은 아주 정확히 말하자면 직업을 갖고 정치 활동을 함으로써 사회 건설에 참여하려는 여성의 욕구를 뜻하는 것이다. 다시 말해서, 그것은 영원을 향한 욕망을 뜻하는 것이다.

든, 국가이든, 과학이든, 종족이든, 사회주의이든 간에, 우리는 영원한 업적을 이루려고 한다. 그런데 명백하게 그것은 유한하고 한시적이고 소멸하는 것이다. 그러므로 우리는 스스로를 기만하면서 크게 좌절한다. 그렇게 해서 그것이 영원하다는 주장은 기껏해야 우리 자신이 얼마나 한시적인 존재에 불과한지 밝혀주는 것뿐이다.

더 나아가서, 어떤 구체적인 조건들을 통해서 우리의 노력으로 일시적인 것을 소위 영원한 것으로 전환하고 있는지 고찰해 보면 우리는 그것이 얼마나 크게 자유를 부정하는 것인지 알게 된다. 결국 역사 속에서 자신의 이름을 영원한 것으로 만들려던 인간은 람세스, 알렉산더, 칭기즈칸, 나폴레옹 등과 같은 정복자들이다. 이는 제일 전통적인 방식이다. 전쟁의 수장, 제국의 창건자는 역사를 지배하여 자신의 이름이 영원한 것이 되게 하려고 한다. 그러나 그 영원성의 기초는 무엇인가? 그것은 노예적 예속과 대학살이다. 그것은 피라미드나 베르사이유 궁전과 같은 불멸의 거대한 작품들을 창건한 자들도 마찬가지이다. 거기에 얼마나 많은 사람들이 희생되었는지 아무도 모른다. 오늘날 거대한 산업 시설도 마찬가지다. 도네츠Donetz 중공업단지와 운하를 건설하기 위해서 오십만의 사람들이 희생되었다.

자유의 부정이라는 면에서, 이론체계들을 정립하여 불후의 명성을 얻은 모든 학자들도 똑같다. 그들이 세운 이론체계들은 다른 사람들의 사상과 신념들과 자발적인 의지를 억눌렀다. 심지어 오랜 세월 동안 그것이 계속 이어진 경우도 간혹 있었다. 위대한 철학자들이나 신학자들 혹은 정치 사상가들은 비교적 보다 못하거나 덜 위대하거나 덜 심오한 사상들을 절멸시키면서 자신들의 영원성을 획득하였다. 그러나 그런 사상들은 소박하게나마 사람들로 하여금 각기 자신의 죄와 유한성 가운데 어쨌든지 있는 그대로의 자기 자신이 될 수 있게 했을 것이다. 한 인간이나 혹은 한 그룹에 의한 영원성의 쟁취36)는 실제로 다른 수천, 수십만의 사람들이 자유를 상실하게 한다. 그 자유는 사실 독립성에 불과한 것이지만 하나님이 존중하는 것으로서, 하나님이 개입할 경우에는 잠재적인 자유가 된다.

그러므로 예수 그리스도를 통해 하나님으로부터 받은 자유는 전적으로 일시적인 것이라는 조건을 띠면서, 영원성이라고 주장되는 모든 것을 한시적인 것으로 환원시킨다고 할 수 있다. 따라서 우리는 그것을 하나의 궁여지책이라고 체념할 것이 아니라 그렇게 되도록 요구해야 한다. 그것은, 자주 내가 비판한 끔찍한 표현으로서 "불운에 굴하지 않고 용기를 내는 것"이 아니고, 바꿀 수 없는 것을 즐겁게 받아들이는 것이 아니다. 그것이 자유의 구현이고 표현인 까닭에 우리가 원하는 것이다. 사람들이 영원성을 구하는 데 치러야 할 대가를 알고 나서, 실제로 영원성에 대한 욕망을 벗어나게 되기 때문에, 그것을 원하는 것이다. 바꾸어 말해서, 이 한시적인 것을 원하는 이유는, 그것이 다른 사람들의 자유가 발현되게 허용하기 때문이고, 또 그것이 하나님의 자유를 받아들이고 우리와 함께 하는 영원한 하나님을 존중하는 것이기 때문이다.

그러한 정향은 아주 현실적인 면에서 그리스도인의 삶과 교회의 역사에 정말 중요한 것이다. 교회가 자신이 영원하다고 주장하면서 영속적인 것들을 세운다고 하는 것은 자기기만에 빠지는 것이다. 나는 성당을 매우 좋아하며, 성당을 건축한 사람들의 믿음에 경탄해 마지않는다. 그렇지만 우리가 성당을 교회의 영원성의 확립에 대한 표지로 보는 것은 착각이었다고 본다. 교회가 엄격한 제도들이나 종말론의 신학과 함께 영속적인 체계를 수립하려고 했을 때마다, 교회가 불변의 확고부동한 교

---

36) ▲영원성을 쟁취했다는 주장들 전체를 뜻하거나 또는 소위 말하는 영원성의 쟁취들 전체를 뜻한다.

리로 준엄한 정통성을 수립했을 때마다, 교회는 자기기만에 빠졌던 것이다. 또한 교회가 사회 안에 영원한 정의를 수립하고자 했을 때도 마찬가지였다.

제도화하려는 의지는 모두 다 양면성을 가진다. 그것이 하나의 사회 속에서 제도를 갖추지 않고는 사람들이 살 수 없다는 현실을 대변하여 하나의 필요성을 말한 것이라면, 아주 적합한 것이다. 거기서 우리는 우리 자신이 자유롭지 않다는 사실을 인정하고, 직접적인 인간관계만으로는 살 수 없다는 현실을 받아들인다. 37) 제도는 우리의 결함에 필요한 보조 장치이다. 그것은 불가피하고 좋은 것이다. 그러나 제도는 또한 동시에 영원을 향한 열망을 내포한다. 제도는 영원하기를 원한다. 38) 그것은 이미 얻었거나 또는 얻을 가능성이 있는 자유에 대한 기만이고 부정이다.

업적, 모임, 운동, 상황 등을 계속 존속시키기 원하는 전통도 마찬가지이다. 그것들은 어떤 시점에서 타당하고 만족스럽고 정당한 것이었다. 그런데 이제는 더 이상 아무 데도 적합하지 않고 경직화되기 시작하는데도 사람들이 한사코 그것들을 유지시키려고 노력하는 것이다. 무익한 것이 존속되는 일이 없도록 유의해야 한다. 그것은 우리의 자연적인 본성에 반한다. 우리는 어떤 활동이나 어떤 일에 너무나 집착하는 까닭에 그것들이 끝나는 것을 견딜 수 없다. 우리가 가진 자리의 경우에서도 마찬가지이다. 우리가 어떤 시점에 어떤 위원회의 위원이 되거나 어떤 활동의 수장이 되는 것은 좋다. 하지만 결코 그런 상황을 계속 유지하려고 하지 말아야 한다. 우리는 영원성의 욕망이 우리의 타성에 끼어들기 전에 거기서 벗어나야 한다.

이와 같이 그리스도인의 자유는 인간의 악의나 사회적 메커니즘에 의

---

37) ▲즉, 우리는 사랑이 없이 살아간다는 것인데 그것은 더더욱 사실이다.
38) ▲예컨대 그 사실은 법전이 편찬될 때마다 그 법전이 최종적인 것이 되기를 사람들이 바란다는 데서 드러난다.

해서 영속하려는 것을 한시적인 것으로 되돌리려는 강력한 의지를 내포한다. 그리스도인의 자유에 따른 모든 일은 하나님이 선택한 성육신의 표지로서 기쁨으로 감당하는 이 일시적인 것에 들어있다. 그것은 스스로 영원성을 지니기를 바라는 모든 사상을 거부하고, 또한 스스로 궁극적인 것이 되기를 바라는 모든 이데올로기와 모든 절대적인 정치적 행동을 부정한다. 여기서 우리는 상대화에 이르게 된다. 자유에는 그 이외의 다른 표현이나 다른 방도가 없다. 또한 그것이 방임주의나 맥없는 정치에 부합하지 않는다는 명백한 사실이 부각되어야 한다. 한시적인 것 속에서 자유를 구현하려는 의지는 현재의 흐름을 따라 변화무쌍한 상황에 맞추어 순응하는 것이 결코 아니다. 또한 그것은 "모든 것은 소멸한다." 는 사실을 확증하는 것이 아니다. 그것은 회의주의도 자유주의자의 냉소주의도 아니다. 또한 그것은 일종의 찰나주의instantéisme 39)도 아니다. 그 모든 태도들은 사실 인간이 사건과 상황과 자기 자신을 주관하는 것을 포기하는 것이다. 다시 말해서 그것은 자유와는 반대되는 것으로서 방임주의이고 되는 대로 그냥 내버려두는 것이고 자포자기하는 것이다. 결코 그것은 자유에, 더더욱 그리스도인의 자유에는 부합하지 않는다.

우리가 성취한 업적은, 일시적인 것이라 할지라도, 실재하는 업적이다. 우리는 또다시 또 다른 차원, 헛된 논의로 돌아온다. 하나님이 우리를 순전히 은총으로 구원한다면, 우리가 행하는 일이 무슨 소용인가? 그러나 바로 하나님이 우리를 순전한 은총으로 구원하는 까닭에 우리는 많은 일을 해야 하고, 또 할 수 있다. 실제로 찰나주의나 혹은 변화무쌍한 상황에 대한 순응주의는 영원에 대한 좌절된 욕망이 전도된 것이다. "영원할 수 없기 때문에 나는 순간에 살고 사라져가는 모든 것에 나를 맡긴다." 그러나 그렇다고 우리는 앞에서 기술한 조건에서 벗어나지 못한다.

---

39) ▲내가 어떤 순간에 이러다가도 다음 순간에 다른 존재가 된다.

한시적인 것 속에서 살아가려는 의지는 판단이 아닌 의지이다. 이것은 스스로를 포기하지 않고 살아가려는 의지로서 일하고 창조하려는 의지이다. 이 의지를 발견하는 것은 자유의 표지가 된다.

그런데 이 아주 명확한 문제가 우리로 하여금 궁극적인 보편적 과제를 바라보게 한다. 나는 우리 사회의 특성을, 특히 우리의 정치를 덧없이 사라지는 것으로 규정했다. 현실 정치에서는 시사적인 산재된 문제들에 대한 피상적인 대처와 일관성 없는 행동들이 주조를 이룬다. 이념과 여론은 계속 바뀌고 마땅한 대책이 아무것도 없다. 모든 것은 거대한 망각으로 귀결된다. 제도는 끊임없이 변하고, 법은 항구성을 띠지 못하고, 정치인은 어떤 기억도 없는 사람이다. 사람들은, 아주 피상적인 차원에 머무는 현재의 관심사들의 부침과 변화 속에서 살아간다.

여기서 나는 내가 지은 책40)에서 몇 가지 주제들을 상기시키고자 한다. 마찬가지로 뒤에 많은 학자들 중에 토플러는 현대 사회가 덧없이 사라지는 일시적인 것이라는 개념에 지배되는 것으로 분석했다. 41) 이 사회는 '표준규격의 인간'homme modulaire' 42)이라는 새로운 유형의 시민이 출현하면서 일회용품의 사회가 된다. 이 사회는 총체적으로 조직, 기업, 대학, 인원 등의 유동성이라는 특징과 예술43)의 끝없는 갱신이라는 특징을 갖는다. 예술은 변화와 불안정성을 극대화하면서, 순간적인 해프닝으로 표현되고, 문화는 유행과 시류를 따라 변한다. 거기서도 모든 것은 현실에 굴복하고 만다. 결국 어느 정도 안정적이라고 생각하는 관료

---

40) J. Ellul의 『정치적 착각 *L'illusion politique*』에서 "4장: 일시적인 것과 필연적인 것"을 보라.
41) A. Toffler의 *Le choc du futur*에서 "2부"를 보라.
42) ▲잠정적인 까닭에 관계는 비인격적인 것이 된다.
43) ▲물론 이 예술은 더 이상 영원한 작품을 창조한다는 주장을 펼치지 않는다.

조직조차도 임시방편적인 조직으로 바뀌어간다. 즉, 문제가 있을 때마다 그 문제가 풀릴 때까지 존속하는 임시적인 위원회를 만드는 것이다. 어떤 분야에서도 이제는 더 이상 지속적이고 견고하고 항구적인 것이 존재하지 않는다. 이것이 대중매체가 전파하는 정보에 의해 지배되는 현실문제에 몰두하는 우리 사회의 핵심적인 특징이다.

여기서 의문이 일어난다. 혹시라도 덧없이 사라질 이 사회가 하나님의 뜻에 부합하며, 그리스도인의 자유는 일시적인 것 가운데 나타나는 건 아닌가? 하비 콕스의 신학적인 정향을 취한다면, 곧바로 그렇다는 대답이 나온다. 현대의 사회적 변화가 정확히 인간을 자유롭게 하는 하나님의 해방의 뜻을 나타내는 현상을 지켜보는 것은 정말 경이로운 일이 될 것이다. 그러나 그것은 엄청난 착각으로 보인다. 44) 사실 덧없이 사라지는 것 속에서 현대사회가 해체되어가는 모습은 자유를 표출하는 것이 아니라 단지 혼란과 불안정성과 불확실성을 보여주는 것일 뿐이다.

이미 언급했듯이, 한시적인 것 속에서 살아가는 것은 영원한 존재에 대한 아주 확고한 믿음을 필요로 하는 것이다. 어떤 인간도 아무 준거점도, 아무 확실한 기간도, 정해진 목표도 없이 상황 변동의 소용돌이 속에 그냥 내던져질 수는 없다. 자기 자신만을 의지해야 하는 인간이 모든 것이 소멸한다는 사실을 확인하는 것은 끔찍하게 불행한 일이다. 그러나 그것은 우리 시대에 모든 것이 시간의 부침에 굴복한다는 사실을 인식하는 것만을 뜻하지 않는다. 그것은 약간의 지속성이나 연결성이나 항구성이나 견고성이라도 지닌 것이 하나도 없다는 사실을 말한다. 그것은 하나의 고통이다. 그것은 우리가 죽을 수밖에 없는 존재라는 사실을 인식하는 것에 그치지 않는다. 오히려 그것은 광기에 빠지는 것이고, 또한

---

44) ▲이 착각은 기독교 역사를 통해 늘 반복되는 것으로서 사회의 자연적인 진화가 성육신을 재현한다는 주장을 낳게 하는 유혹에 상응한다.

영원을 향한 갈망이 광적으로 전도된 것이다. 그러나 그리스도인으로서 우리는 그런 광기에 빠지는 가운데서, 그 지옥과 같은 비참한 상황 가운데서 하나님이 역사하는 표지로서 인간을 자유롭게 해방하는 역사를 결코 볼 수 없다.

정반대로 우리는 거기서 하나님의 역사를 조롱하는 악마적인 표지를 본다. 그것은 인간을 속박하는 또 다른 것이다. 그래서 현재 그리스도인들과 교회는 스스로의 영원을 향한 갈망과 싸워야 하는 것이다. 물론 언제나 그들은 타인의 노예화를 영구히 유지하려는 지배자들과 권력자들의 의지에 대항하여 싸워야 한다. 그러나 우리 서구사회에 속하는 인간에게 있어서, 그리스도인들이란 정반대로 현실의 불안정성과 일시성에 대항하여, 내일의 부재에 대한 불안에 대항하여 싸워야 하는 것이다. 그리스도인들은 지속가능성과 항구성과 견고성을 재천명하고 재발견해야 하는 것이다. 그리스도인들은 우리가 사는 세상이 부조리하지만 우리의 소명은 이 세상을 조리 있게 만드는 것이라고 사람들 가운데 증언해야 하는 것이다. 자유는 결코 열광이나 현실문제의 유입을 통해 임하지 않는다. 인간이 자유라고 부르는 인간의 독립성은 인간적인 차원에서는 정말 가치 있는 것으로서 인간이 원하고 개발하고 수립하는 것이다. 그것은 바라볼 미래도 사회구조도 없는 분열된 사회 안에서 존속될 수 없는 것이다. 그래서 그리스도인의 자유는 우리가 속해 있고 속해 있어야 하는 일시적인 세계를 위하여 우리 사회의 한시적인 것들에 대항하여 싸워야 하는 것이다.

상대성

상대성에 관해서도 이전에 이미 연구한 바 있다.[45] 그래서 거기서 이미 말한 내용을 요약하는 것으로 시작하고자 한다. 그러나 그보다 먼저 계속적인 오해를 다시 살펴보아야 할 것이다. 계시를 통해 절대와 마주하기에[46], 우리는 하나님이 절대자라고 결론을 내린다. 그것은 우리로 하여금 그리스도인의 삶은 절대자를 지향해야 한다고 생각하게 한다. 우리의 행동이 기독교적인 것이라면 절대성을 띠어야 한다. 절대가 아닌 것은 무익한 것이고, 하나님의 눈에도 가치 없는 것이다. 그러나 내 생각에 바로 여기서 우리는 커다란 착각을 하는 것 같다. 이는 자유를 전혀 고려하지 않기 때문이다. 인간을 위한 하나님의 역사가 인간을 자유롭게 하는 해방이라면, 그것은 인간이 자신의 삶에서 하나님의 속성을 모사하지 말아야 한다는 것을 뜻한다.[47] 자유는 바로 하나님이 사랑 안에서 인간과 둔 거리 때문에 인간을 상대적인 세계에 처하게 한다. 인간은 다른 걸 바라지 않아야 한다. 절대를 지향하는 바람은 하나하나가 다 하나님의 존재에 대한 우리의 상상을 더 확장한 것에 지나지 않는다.

상대성은 자유의 본질적인 범주이다. 자유는 실제로 절대에 속하지 않는다. 또한 자유는 하나님의 뜻에 대한 순종이나 불순종과는 상관없이 절대를 지향하지도 않는다. 절대 앞에서 어떤 자유도 있을 수 없다. 물론 나는 종종 수단들을 선택할 것이다. 그러나 바로 그것은 나로 하여금 상대적인 것 안으로 다시 빠져들게 하는 것이다. 자유는 형상학적인

---

45) J. Ellul, 『잊혀진 소망 *L'Espérance oubliée*』.

46) ▲하나님의 구원의 계획이 최종적인 것인 까닭에 우리는 그걸 절대적인 것으로 해석한다.

47) ▲인간이 하나님이 어떤 존재이고 자신을 위해 어떤 일을 했는지 증언하려고 할 경우는 근본적으로 달라진다.

것과 같은 절대적인 것 안에 자리할 수 없다. 절대적인 것을 상상할 수 있다면, 거기에는 다른 것이 될 어떤 가능성도 어떤 차이도 어떤 간극도 어떤 고유한 특수성도 존재하지 않는다. 절대적인 것은 당연히 동일한 일괄성이라는 특징을 가진다. 그런 까닭에 자유는 거기서 배제될 수밖에 없다. 절대에 속하고자 하는 모든 것은 완전한 복종을 뜻하고, 절대를 지향하는 모든 것은 절대적인 것에 의해서 완전히 엄정하게 결정되는 것을 뜻한다.

신에 대한 논쟁에서 무정부주의자들은 정말 타당한 주장을 펼쳤다. 그들은 신이 철학적인 형이상학적 의미에서 절대적인 존재라면48), 신은 필연적으로 인간의 모든 자유를 부정할 것이라고 한다. 인간의 자유를 위해서는 신은 존재하지 말아야 한다는 바쿠닌Bakounine의 주장은 일리 있다. 바쿠닌의 오류는 문제의 신이 어떤 존재인지에 관한 데에 있다. 그가 절대적인 존재를 언급했다면 더 나았을 뻔했다. 그러나 바쿠닌의 시대에는 신과 절대적인 존재는 동일했다. 우리가 살펴본 자유의 모든 측면들을 돌아보면, 우리는 곧바로 자유와 절대적인 것이 하나로 합칠 가능성은 전혀 없다는 사실을 깨닫게 된다.

우리는 명확하게 자유는 혼돈상태chaos가 아니라고 말했지만, 자유를 선택할 가능성은 언제나 계속 존재한다. 그런데 분명히 그것은 복수의 절대적인 것들 중에서나 혹은 절대적인 것과 상대적인 간에 하나를 선택하는 것은 결코 아니다. 절대적인 것은 그 정의 자체가 유일하고 공유할 수 없는 것이다. 절대적인 것이 있는 데서는 선택의 가능성은 전혀 없고 절대적인 것은 스스로 자인하며 나머지 다른 것을 배제한다. 선택이라는 개념 자체가 우리가 상대적인 것 안에 있음을 상정한다. 우리는 다양

---

48) ▲신학에서 너무나 자주 원용되는 논리이다. 이는 17세기 이래로 계속되는 이 신학의 특징이기도 하다.

한 속성들을 가늠해볼 수 있고 전혀 절대성이 없는 위험성과 만족감이 있는 것들을 따라 나아간다. 자유가 존재하기 위해서는 움직일 수 있는 여지가 있어야 한다. 퍼즐 조각들이 완전히 맞추어져서는 안 되고 구성의 여지가 있어야 하며, 전체를 구성하는 요소들 간에 움직일 수 있는 여지가 있어야 한다. 형태들을 다양화하고 불완전한 것들을 활용할 수 있는 가능성 안에서 자유는 존재하는 것이다.

사회적인 차원에서 우리가 '태양의 도시'[49]라는 이상적인 사회주의적 공동체의 흠 없이 완벽한 형상을 구현하게 된다면, 거기에 자유가 들어설 가능성은 전혀 없을 것이다. 자유는 하나의 완벽한 체계에 완전히 일치하고, 완전히 순응하게 된다. 그것은 자유와는 반대되는 反자유로 보인다. 물론 내 말은 절대성에 대한 고전적 시각을 유지할 때만 이해될 수 있다. 유일한 절대성은 우연성일 뿐이라고 상정한다면, 형이상학적인 것은 아닐지라도 실제적 자유의 가능성은 분명히 존재한다. 또한 자유는 변화를 내포한다. 삶의 틀을 형성하는 것을 변경하려는 계획이나 의도가 없이는 자유의 삶이란 존재할 수 없다. 그 의도가 정당한지 아닌지는 전혀 중요하지 않다. 인간은 불변의 완전한 상태로 살아가지 않고, 자신의 존재와 행위를 끊임없이 다시 개편하고 조정해야 한다. 여기서 다시 상대성이 성립된다. 모든 현실은 다 상대성을 띠기 때문에 그것을 변화시킬 기투企投를 수립해야 한다. 그 기투는 인간의 삶 자체이기도 하다. 기투가 없다면 노예와 같이 활기 없는 속박 상태가 존재할 뿐이다. 우리가 상황을 어떤 차원에서 보든 간에 거기서 우리는 자유와 상대성이 가지는 이런 관계를 발견한다.

그런데 여기서 인간에게 이상한 상황이 벌어진다. 절대성 가운데 살

---

49) [역주]이탈리아 철학자 Tommaso Campanella(1568-1639)가 1602년에 저술한 저서 *La Vivitas Solis*(태양의 도시)에서 제시하는 이상향이다. 거기서 생산수단의 사유화는 폐지되고 노동은 시민의 권리가 된다.

아갈 수 없는 인간은 상대성 가운데 더더욱 견뎌낼 수 없다. 기투에 대해 방금 언급했던 바는 정말 명확하다. 기투는 오로지 상대적인 가치를 따라 상대적인 상황에 대해서 가질 수 있는 것이다. 그런데 자신의 기투를 실행하여 구현하기 위해서 인간은 그 기투를 절대화시켜서 절대성을 띠게 한다. 절대적인 명분이 있어야만 인간은 헌신할 수 있다. 인간은 자유로운 존재로 살아갈 수 있는 가능성을 주는 이 상대성을 경멸한다. 그럴 만한 가치가 있는 것이 되려면 절대성을 띠어야 한다. 인간은 상대적인 것에 헌신하는 것을 용납할 수 없다. 인간은 가치, 실재, 사실, 감정, 이론, 이념 등을 명명하고 고양하여 절대화시켜서 명분으로 삼아 행동한다. 그렇지 않으면 인간은 거기에 흥미를 잃는다. 그렇게 함으로써 자신의 자유와 타인의 자유를 부정하게 된다는 사실을 인간이 알 수도 있지만, 그건 중요하지 않다. 인간은 오로지 그렇게 하는 데서 열정을 갖기 시작한다. 이는 확실히 자유에 반대되는 메커니즘에 속하고, 권력욕과 쟁취욕이 발현되는 것이다. 아주 구체적으로 우리는 그것이 바로 정치적, 사회적, 역사적 세계에서 하나의 상대적인 이념을 절대적인 것으로 탈바꿈시킨 사례라는 것을 확인한다. 그와 같이 탈바꿈시킨 것이 곧 대학살과 자유의 박탈과 같은 인류의 대재앙들을 일으키는 원인이 된다.

우리는 앞에서 일시성과 영원성에 관해 언급했던 바를 다시 거론할 수 있다. 이념적으로 혹은 감정적으로 국가가 조국으로 절대화되는 순간부터 전쟁을 제지하는 것은 불가능하게 된다. 이제 전쟁은 종교 전쟁이 된다. 종교 전쟁이 잔혹하기 그지없는 것이라면, 그 이유는 거기에 걸린 문제가 절대적인 진리이기 때문이다. 이웃에 있는 국가가 우리를 괴롭히거나, 아주 매혹적인 작은 땅덩어리를 탐내서거나, 모욕에 대한 응징을 원해서거나 등등의 이유로 발생한 전쟁들은 당연히 제한적인 전쟁들이 된다. 사람들은 최후의 힘을 다해서까지 극렬하게 싸우지 않고 모든 것을 걸고 싸우지 않는다. 이와 같은 전쟁에서 싸우는 것은 아주 상대적인 중요성을 차지하는 데 그친다. 이와 반대로 응징의 대상인 모욕이 절대적인 명예에 대한 모욕이 되는 순간부터, 또는 대상 집단이 신, 정의, 진리 등을 구현하고 역사적인 메시아사상으로 추앙되는 교리를 갖추는 순간부터, 전쟁을 제지할 수 없게 된다. 죽든지 살든지 끝을 보는 것 이외에는 다른 해결책이 없다. 승리는 상대방의 완전한 진멸을 뜻할 뿐이다. 상대방이 구현하는 악은 절대적인 악이다. 우리는 혁명에 대해서도 똑같이 말할 수 있다. 절대적인 진리의 천명이나 절대적인 행복의 달성이나 혹은 역사의 종결을 주장할 때 비로소 혁명은 극렬하게 된다.

절대화는 인간이 스스로 자신의 저열한 행위를 정당화하는 아주 상습적인 방법이다. 그런데 이 정당화는 곧 인간과 자유의 모든 가능성에 대해 부정적인 태도를 불러일으킨다. 그러므로 윤리적인 측면에서 자유와 절대성은 근본적인 모순성을 띤다. 존재하기 위해서 자유는 인간이 끊임없이 자신의 주변에 만들어가는 모든 절대화된 것들을 공략할 수밖에 없다.

여기서 나의 자유에 대한 언급은 독립성이라는 측면과 연관될 수밖에 없다. 인간의 독립성이 가능하게 되는 것은 이유, 가치, 이론doctrine 등을 상대화하는 데 연결되어 있다. 우리는 절대화된 것들을 죽을힘을 다해서 없애야 한다. 그렇지 않으면 우리 자신이 필연적으로 그것들에 의해 무력화된다. 인간적인 문제는 모두 다 상대화시켜야 한다. 인간의 독립성을 위해서 그렇게 해야 한다면, 하나님이 내려준 자유에 대해서는 더더욱 그래야 하지 않겠는가. 또한 오직 그렇게 하는 데서 인간은 인간 자신을 부정하는 절대화된 것들을 무너뜨리는 데 필요한 힘을 얻게 될 것이다. 이것을 가장 분명하게 표명하는 것은 정치와 모든 정치 행위들을 완전히 상대화시키는 일이다. 인간 공동체를 관리하는 것이든, 가능한 한 최선의 조직체계를 찾고 기능, 임무, 재화 등을 아주 공정하게 배분하는 것이든 간에, 이는 명백한 사실이다. 그 일을 반드시 해야 한다.

그러나 구체적으로 정치가 무엇인지 파악하게 될 때 우리가 완전히 상대적인 세계에 있다는 사실을 확실하게 인식하게 된다. 절대적인 선도 진리도 정의도 문제가 아니다. 정치를 통해 얻는 것은 모두 다 반드시 상대적인 것이다. 물론 더 좋은 분배가 이루어지고 확실하게 평등이 정립되고 사람들이 함부로 잘못된 판결을 받지 않는 것은 좋은 일이다. 그러나 그것은 장사하는 사람이 영업을 잘하는 것과 같은 차원의 일에 지나지 않는다. 서로 증오할 것도 없고 대립할 것도 없고 죽일 것도 없다. 더 좋은 쪽이 이기면 상대적으로 상황을 개선시킬 것이다. 그건 아주 좋은 일이다. 더 나쁜 쪽이 승리하면 새로운 불의와 탄압이 전개될 것이다. 그러나 정치적인 일을 절대적으로 받아들여 거기에 절대성을 두지 않는 한, 그것은 어떤 의미에서건 아주 상대적인 것일 수밖에 없다. 그런데 정치적인 일을 절대적으로 받아들이게 된다면, 그 유일한 결과가 절대적인 불의, 절대적인 억압이 될 것은 명약관화하다. 이것은 자유를 완전히 부정하는 것이다. 어느 쪽이 이기든 간에, 정치에 절대성을 둔다면, 그 유일한 결말은 전체주의적이고 독재적인 절대 국가의 탄생이다. 그런데 정치를 아주 중요하고도 결정적인 것으로 평가하지만 철학적인 개념의 절대성을 띤 것으로 생각하는 사람은 아무도 없다고 누군가 반론을 펼수도 있다. 혹은 그런 생각은 히틀러와 같은 끔직한 독재자나 편집광에게나 일어난다고 말할 수도 있다. 하지만 나는 그와 같은 주장을 받아들일 수 없다. 유일한 문제는 정치에 절대성을 두는 것을 어떻게 감지하느냐는 것이다. 내 생각에 그 문제는 다음과 같이 두 가지 질문으로 표현될 수 있다. 당신은 당신의 정치적인 적의 죽음을 지켜보는 것을 받아들이겠는가? 당신은 모든 정치적인 문제, 모든 정치적인 독트린, 모든 정치적인 변화는 단연코 상대적이라는 것을 받아들이겠는가? 누군가 성공을 위해서는 약간의 희생은 불가피하다고 답한다면, 나는 그것이 절대화의 첫 번째 표지라고 말할 것이다. 누군가 모든 정치적 독트린들을 거의 다 같은 것으로 볼 수 없고 그 중에 최상의 정의와 진리[50]를 구현하는 것이 존재한다고 답한다면, 나는 거기에 절대화의 또 다른 표지가 있다고 말할 것이다.

적정한 희망사항들과 같이 상대적으로 더 나은 것을 제안하는 정치적 독트린들은 인간의 모든 불행에 대한 최후의 해결책으로 제시하는 정치적 독트린들과 확연한 차이를 드러낸다. 히틀러가 말하는 최후의 해결책이 무엇인지 우리는 잘 안다. 그런 까닭에 최후의 해결책이라고 주장하는 모든 정치적 독트린은 적의 말살을 내포한다. 자유의 삶은 절대적인 의미의 선, 정의, 진리 등을 표방하는 모든 정치에 대한 치열한 투쟁을 전제로 한다.

이제 최고의 난제가 우리를 가로막는다. 그것은 인간이 자신에게 제시된 대의가 절대적인 것이 아니면 참여하려고 하지 않는다는 문제이다. 회의적인 가벼운 일이나 미미한 개선책들이라면, 인간은 별로 반응하지 않는다. 또한 그것은 자유의 문제이기도 하다. 인간은 강제와 결단이 있어야 일에 나선다. 위험성이나 필요성이나 절대적 이상의 요청이 있어서 인간을 결단케 해야 인간은 행동에 나선다. 여기서 우리는 자유의 문제를 다시 발견한다. 자유가 오직 상대적인 차원 가운데 존재하고, 절대성을 주장한 모든 것과 싸워 나아가는 것이라면, 우리는 이 상대적인 차원을 정말 진심을 다해 받아들여야 한다. 이 상대적인 차원의 임무들에 헌신하여, 지고의 절대적인 차원인 경우에서와 같은 동일한 마음과 열정과 기쁨으로 행하려면, 완벽할 정도로 자유로워야 한다.

---

50) ▲물론 절대적이라고 주장하지는 않지만

상대적인 것을 사랑하는 법을 배우는 길은 자유로운 존재가 되는 것이다. 상대적인 것을 진심으로 받아들여야 한다. 왜냐하면 그것이 인간의 조건이고 삶 자체이며, 모든 행위의 결과물이기 때문이다. 인간의 관념이 아니라 인간을 진심으로 받아들인다면 상대적인 것도 진심으로 받아들여야 한다. 그것은 자유를 뜻한다. 참여하기 위해서 출정가의 열광을 필요로 하는 사람이라면 자유로운 사람이 아니다. 아주 평범한 일상 속에서, 아주 범속한 사랑 속에서, 아주 미미한 일들 속에서 전심을 다하고 전력을 기울일 수 있는 사람은 자유로운 사람이다. 내가 할 만한 가치가 없어 보이는 일을 열심히 하고, 나만한 가치가 없는 존재를 전심으로 사랑하기 위해서는, 경이로울 만큼 자유로운 사람이 되어야 한다. 그런데 인간이 아무리 절대적인 것 속에서 고조된다 하더라도, 인간은 여전히 오직 상대적인 차원에서 살아가는 존재일 뿐이다. 인간이 행하는 모든 일은 단지 상대적인 것에 지나지 않는다. 그러므로 우리는 여기서 일시성의 경우에서와 같이 자유란 현실주의와 결합된 것으로서 상대적인 것을 사랑하는 것이다. 왜냐하면 모든 인간은 오로지 상대적인 세계에서 살아가는 존재이기 때문이다.

완전히 상대적인 것인 줄 알고 있지만 궁극적으로 인간의 모든 것이 달려 있는 일이기에 그 일에 전심을 다해 참여하기 위해서는, 경이로울 만큼 자유로운 사람이 되어야 한다. 이 자유는 하나님이 행하는 역사와 정확히 일치한다. 우리는 성서에서 하나님이 우상과 거짓 신들을 물리치는 역사를 발견한다. 다시 말해서 그것은 상대적인 차원에서 결코 벗어나지 말아야 하는 사물이나 현실이나 가치를 절대적인 차원으로 바꾸어놓는 것을 물리치는 일이다. 하늘의 달이나 여자의 다산과 같은 것은 정말 훌륭하고 중요한 현상들이고 그것들이 없다면 우리는 살아갈 수 없을 것이다. 그러나 그것들에 사랑을 쏟아 부으며 인간을 희생하고 그것들을 경배하는 것은 용납할 수 없는 일이다. 그런 자연적인 현상들을 단지 자연적인 현상들로 돌리는 것은 인간을 자유롭게 하는 것이다.

그러나 그렇게 되면 인간은 세계와 자신의 삶에 의미를 부여하는 것을 박탈당하게 된다는 사실을 간과하지 말아야 한다. 거기에 문제의 핵심이 있다. 인간에게 의미를 부여하는 것이 인간을 노예로 만든다. 인간이 해방되어 자유롭게 될 때 아무것도 더 이상 의미가 없게 된다. 그런 까닭에 오직 예수 그리스도의 하나님으로부터 오는 자유만이 하나님이 선택한 유일한 길인 성육신-죽음-부활을 통해 은총으로 성취된 것으로서 궁극적인 명백한 의미와 함께 자유를 불러오는 것이다. 그 이외의 다른 어떤 종교도, 다른 어떤 가치체계도 그런 의미와 자유를 함께 불러올 수 없다. 왜냐하면 그것은 비궁극적인 존재를 전적으로 존중하는 궁극적인 존재의 이해할 수 없는 행동을 필요로 했기 때문이다. 초월적인 존재가 내재적인 존재 안에 육화되고 무한한 존재가 유한한 존재 안에 제한되어야 했다. 그리스도 안에 계시된 하나님의 역사 안에서 용인할 수 없고 납득할 수 없는 모든 것은 오로지 하나님이 사랑의 하나님일 때만 이해될 수 있다. 이는 또한 절대자인 하나님이 인간을 소외시키지 않는 이유를 설명해준다. 51)

그러나 절대적인 존재가 상대적인 존재 안에 구현되는 데서 절대자인 하나님은 인간이 택할 길을 제시한다. 예수 그리스도의 하나님과의 관계가 없이는 인간이 만드는 절대화된 것들에 대한 해방은 낙담이나 망상을 불러온다. 그렇지만 우리는 하나님이 이룩한 역사를 눈앞에 두고 있다. 그것은 이것이냐 저것이냐의 선택의 문제이다. 그것은 인간이 절대화한 것들과 순전히 상대적인 것 간의 선택이 아니라, 인간이 만든 절대

---

51) 이 주제에 관한 더 깊은 이해는 1971년에 출간된 나의 저서 『잊혀진 소망L'Espérance oubliée』(대장간 역간, 2009)을 참조하라.

화된 것들과 인류를 사랑하는 예수 그리스도인의 아버지인 창조주 하나님 간의 선택의 문제이다. 우리가 확인한 사실[52]은 절대자가 아니라 아버지로서 인간을 자유롭게 하는 하나님의 역사와 일치한다. 상대적인 세계는 그리스도인의 삶의 조건이다. 단 이 상대적인 세계를 전적으로 중요하게 받아들이는 것을 전제로 한다. 성서에서 우리가 계속 보게 되는 것이 바로 그 사실이다. "작은 일에 충성하였으니 네게 큰일을 맡기겠다."라는 비유를 그 예로 들 수 있다. 하나님의 계명들을 지키거나 못 지키는 것은 완전히 상대적인 문제임이 분명하다. 그것은 구원이나 하나님과의 친교나 천국의 수립을 보장하지 못한다. 물론 그 계명들은 하나님의 절대적인 뜻을 나타내지 않는다. 그것은 소소한 좋은 규범들로서 인간이 함께 살아갈 수 있게 한다. 정말 그것은 소소한 아주 작은 것이다.

그러나 동시에 그것은 이 상대적인 세계의 중요성을 증언하는 것이다. 우리가 그 계명들을 열심히 완수할 때 주님은 우리에게 천국의 참된 일을 맡기면서 기쁨을 드러낸다. 왜냐하면 하나님은 이 상대적인 세계를 중요하게 여기기 때문이다. 그래서 하나님에 대한 믿음은 모든 것을 완전히 상대화하게 하고, 인간의 행위와 열정을 아주 겸허한 수준으로 인도한다. 그러나 그 믿음은 우리로 하여금 거기에 모든 것을 걸고 이 상대적인 세계에 참여하게 한다. 왜냐하면 하나님의 사랑이 향하는 곳은 바로 이 상대적인 세계이기 때문이다. 자유는, 권력과 절대와 최고를 갖춘 존재를 사랑하는 데 있지 않고 하등의 중요성도, 영예도, 가치도 없는 존재를 사랑하는 데 있다. 그 존재는 절대자로 자처하지 않고 심히 비참한 상황을 드러내는 존재이다.

그러나 그러한 근본적인 상대화에 있어서 우리가 자주 접했던 논리

---

52) ▲절대화된 것이 없다면 인간을 위한 자유가 있을 수 없다.

를 고려해야 한다. "그것은 취미로 하는 것과 같다. 53) 가난하고 굶주리고 억압받는 사람이 자신의 반란을 어떻게 무용하고 한시적이고 상대적인 것으로 여기겠는가? 인간이 상대적인 차원에서 살아갈 수 없는 상황들이 존재한다. 혁명 54)은 오로지 절대적일 수밖에 없다. 왜냐하면 배고픔으로 죽어가고 불의에 희생당하는 것이 상대적인 일일 수 없기 때문이다. 인간은 거기서 삶의 의미를 보게 된다. 결국 모든 것을 상대화한다는 것은 배부른 까닭에 거리를 둔 채로 사물들을 관조하는 안락한 부르주아의 태도가 된다."

나는 여기에 세 가지로 답변하고자 한다. 첫째로, '배부른 사람'의 말이라는 주장 자체가 논쟁거리라는 것이다. 왜냐하면 언제나 편안하고 안정되고 나서야 비로소 사람들은 절대적인 것을 지향하고 효율성을 찾기 때문이다. 가난하고 억압받는 사람들은 반란을 즉각적인 것으로 경험하면서 그것이 상대적인 것도 잘 알고 있다. 부르주아 지식인들이 그 반란을 혁명으로 진전시켜서 절대적인 것으로 만든다. 55) 절대적인 것은 언제나 삶의 이유를 얻으려고 과도한 일을 찾아 행하려는 부자들이 만드는 것이다.

둘째로, 기본적으로 언제나 인간에게 자신이 하는 일의 실상에 관해 밝혀주어야 한다는 것이다. 혁명적인 과업을 상대화하는 것은 혁명을 무너뜨리는 것이 아니고 사람들을 더 명료하게 각성시키고, 사람들이 행동을 취하도록 인도한다. 그 행동은 사람들이 극도의 절망과 환멸에 빠지지 않으려면 그 상대적인 특성을 미리 알고 있어야 하는 것이다. 혁

---

53) ▲이는 잘못된 것이다. 만약에 이 상대화의 길이 성육신의 길과 같다고 여긴다면, 그것은 잘못된 것이다.

54) ▲수년 전에는 조국이라고도 했을 법하다.

55) ▲물론 이 절대화는 반란하는 대중들에게 영향을 미쳐서 그들로 하여금 절대성의 유혹에 빠지게 한다.

명가의 의무는 환상을 가지지 않고 혁명적인 과업에 참여해야 하는 것이다. 그렇지 않고 절대적이기를 바라면 혁명은 언제나 실패하고 좋은 결실을 맺지 못한다. 그러므로 가난한 사람들이 끝에 가서 더 크게 탈취와 억압과 기만을 당하지 않도록 신중을 기해야 한다.

셋째로, 이미 언급한 바와 관련 있는 것이다. 절대적인 것을 타파하는 것은 인간으로 하여금 혼란과 의심과 체념에 빠지게 할 위험이 있다. 그렇지만 상대적인, 그러나 사랑받는 현실의 일에 참여할 때에야 비로소 자유가 임한다는 소망과 증언의 말을 내놓아야 한다. 바꾸어 말해서, 가난한 사람들에게 혁명을 상대화하는 것은 예수 그리스도를 명백하게 증언하는 것을 뜻한다. 예수 그리스도는 상대적인 일들을 크게 중시하면서 전력을 다해 행할 용기를 부여한다. 거기에 자유가 있다. 혁명적인 그리스도인들이나 그리스도인인 혁명가들이 억압당하는 사람들과 관계하는 데서 취해야 할 태도가 바로 그런 것이다. 그것은 내가 늘 확인하게 되는 사실, 즉 사람들이 혁명적 의지나 사상을 더 절대화하기 위해 기독교를 이용하는 것과는 정반대가 된다. 그런 것은 노예적 예속으로 가는 확실한 길이다. 노예적 예속이란 곧 혁명적 대중들이 얼마 지나지 않아서 새로운 지배자들에게 진압당하고, 그리스도인들이 증언자로서의 특성을 상실하고 세상의 절대화된 것들 속에 묻혀버리는 것이다.

3장 • 지 혜

우리가 우리 스스로 선택해야 하는 자유의 율법은 결국 오직 지혜를 통해 발견된다. 여기서 지혜라는 말의 통상적인 의미는 배제된다. 성서적 지혜는 비전문가의 철학과 같은 일종의 값싼 철학이 아니다. 또한 성서적 지혜는 상식도 아니고 경험에서 나온 결과도 아니고 사건들과 의견들 속에서 취한 적절하고 합당한 균형도 아니다. 성서적 지혜는 '사물에 관한 적절한 지식'이나 '재능에 신중함과 덕행을 겸비한 사람의 자질'이나 '이성적으로 억제하는 절제'나 또 '여성에게 있어서의 정숙과 정절'을 뜻하지 않는다. 56) 성서에서 지혜는 결코 지적, 도덕적 형태를 띠지 않고 소극적인 의미를 뜻하지도 않는다. 세상으로부터 물러나는 것은 '지혜자'의 태도가 아니다. 지혜는 행동하고 길에 나서고 창조하는 것이다. 그것은 사실 우리가 흔히 지혜라고 부르는 것과는 정반대가 된다.

루이 시몽은 아주 적절하게도 지혜는 하나의 다스리는 방식으로서 하나의 행동방식이고 하나의 정치라고 밝혀주었다. 57) 그러나 동일한 단

---

56) ▲이 문장에서 지혜에 관해 나열된 문구들은 〈Littré〉라는 별칭으로 불리는 프랑스어 사전에서 따온 것이다. [역주: 참고로 이 프랑스어 사전은 프랑스 철학가 Emile Littré 에 의해 1863−1873년에 편찬된 것이다.]

57) Louis Simon, *Une Ethique de la Sagesse: Commentaire de l'Epître de Jacques*, Librairie Protestante, 1961. 또한 지혜에 관한 폰 라드의 명저를 참조하라. G. von Rad, *Israel et la sagesse*, Labor et Fides, 1971.
틸리히는 욥기에 관한 탁월한 주석서(P. Tillich, *L'Eternel Maintenant*, éd. fr., 1968)에서 "깊은 어둠과 죽음이 전하는 말을 우리는 들었다"는 구절로 지혜에 대한 주장을 펼쳤다. 그것은 지혜가 인간의 능력이 아니라는 걸 뜻한다. 지혜를 찬양하는 것은

어가 하나님의 태도와 인간의 태도에 같이 사용된다는 점을 분명히 유의
해야 한다. 왜냐하면 인간의 태도가 하나님의 태도에 영향을 주고 인간
의 태도가 하나님의 태도를 나타내게 되기 때문이다. 우리는 이 하나님
의 지혜를 간략하게 특징적으로 규정할 필요가 있다.

하나님의 지혜

하나님은 행동한다. 하나님은 이미 정해진 법칙대로 모든 일이 스스
로 이루어지도록 내버려두지 않는다. 하나님은 법칙이나 작용 메커니즘
에 다 일임하지 않는다. 하나님은 행동하고 개입한다. 하나님은 정태적
이지 않고 고정불변하지 않으며, 인간의 역사에 개입한다. 한편으로 하
나님이 창조세계에 물리적, 생물학적 법칙들에서 나타나듯이 하나의 질
서를 정해놓고 다른 한편으로 인간의 독립성을 존중하는 것과 같이, 인
간 역사 속에 하나님이 개입하는 것은 복합적이다. 하나님의 개입은 자
연의 법칙이나 역사 속에 일어나는 기적과 함께 심판의 모든 양상과 함께
주어지는 사면, 분노, 소명 등의 은총으로 나타난다. 하나님은 강요하지
도 않고 방임하지도 않으면서 민족과 개인의 삶에 관여한다. 그것은 섭
리와 같은 개념이 아니다. 섭리는 하나님의 이 세밀하고도 늘 새로운 정
치보다는 훨씬 더 기계적이고 이론적인 개념이다. [58] 하나님의 지혜는
각각의 상황에 대처하는 하나님의 이 섬세하고 치밀하고 교훈적인 선택
과 결정이다. 우리는 이 하나님의 지혜가 어떻게 하나님의 자유와 연결

인간과 인간의 능력을 찬양하는 것이 아니다. 오직 깊은 어둠과 죽음, 즉 인간의 실
존적 한계상황들이 지혜를 알린다. 그러나 그 한계상황들은 지혜를 직접 줄 수는 없
고, 다만 멀리서 지혜가 말하는 것을 듣는 것뿐이다. 실제로 지혜는 지적 능력의 문
제가 아니다. 민족성에 지혜가 달려 있지 않다. 죽음은 삶보다 지혜에 관해 더 많은
얘기를 전한다. 그렇지만 죽음이 답을 주는 것은 아니다.

58) 나는 이 하나님의 정치에 관해서 1966년에 출간된 *Politique de Dieu, poltiques de
l'homme*(하나님의 정치와 인간의 정치)에서 상세하게 기술했다. [『하나님의 정치와
인간의 정치』, 대장간 역간, 2012.]

되는지 명백하게 볼 수 있다.

루이 시몽은 거기에 '하나님의 통치 기술'이라는 적절한 명칭을 붙였다. 그런 방식으로 하나님은 창조세계 전체와 피조물 하나하나에 대해 처신하고 행동한다. 욥기와 잠언이 지혜에 관해 우리에게 전해주는 내용은 이 전체적인 관점을 상세하게 조명한다. 욥기에서 지혜는 오직 하나님에게만 속하는 것이다. 하나님은 지혜를 알고 그 길을 안다. 그 길은 지혜를 삶으로 살아가는 방법과 함께 지혜가 제시하는 길이다. 하나님은 지혜를 나타낸다. 지혜는 하나님 자신과 동시에 함께 존재한다. 지혜는 하나님의 피조물이 아닌 것으로 보인다. 지혜는 하나님이 세계를 창조하고 창조세계에 질서를 설정할 때 바로 하나님 자신이다. 하늘과 땅은 지혜에 기초한다. 그래서 우리는 처음에 하늘의 지혜에 의해서 창조된 질서와, 이 질서 속에 하나님이 수직적 결정을 통해 지금 이곳에 개입하는 사건에서 아무 모순도 발견할 수 없다. 그 두 가지 측면은 긴밀하게 하나로 연결되어 서로 보완적이다. 과학이 우리에게 알려주는 것보다 훨씬 더 심오하고 신비스러운 이 질서가 존재하는가 하면 그와 동시에 하나님이 어떤 일이나 사건을 필요한 것으로 평가하는 경우가 존재한다. 그렇게 되면 지혜는 그 상황 속에서 하나님이 내리는 판단이자 통찰이 된다. 그것은 하나님이 판별하는 것이다. 지혜는 그 자체가 빛과 어둠을 가르는 것이다. 하나님이 판별하는 행위는 하나님의 지혜를 드러내는 것이다. 지혜 가운데 모든 것은 엄격성과 유연성을 동시에 지닌다. 그것은 지혜의 작용이다.

거기에 덧붙여서 잠언은 지혜는 행동을 바꾸도록 인간을 향해 하나님이 요청하는 것이라고 전한다.잠1:20, 8:1-7 창조세계에 대한 것과 같이 하나님은 인류의 구원에 대한 계획을 가지고 있으면서 동시에 개개인의 삶에 관여한다. 하나님은 질서 있는 의도적인 행동59)을 하면서 동시에 갑작스러운 은총을 내린다. 그래서 우리는 지혜는 하나님의 권능과 인간에 대한 존중 사이에 균형을 잡는 것이라고 말할 수 있다. 이 지혜는 예수 그리스도로 요약된다. 왜냐하면 예수 그리스도는 이 균형을 완벽하게 보여주기 때문이다. 예수 그리스는 이 지혜의 결실이다. 예수 그리스도는, 자유를 해치지 않고 진리를 따라 행동하기 위해서, 파괴시키지 않고 창조세계 전체를 다시 회복하기 위해서, 하나님의 권능 안에서 하나님의 사랑을 나타내기 위해서 하나님이 선택한 도구이다. 그리스도는 하나님의 능력인 동시에 지혜이다.고전1:24 이는 그리스도 안에서 하나님이 권능으로 행동하지 않는다는 사실을 의미한다. 그렇지 않다면 세상은 다 무너졌을 것이다. 역으로 약함 가운데 드러나는 하나님의 사랑은 약함이나 모순이나 방임이 아니다. 그래서 우리는 하나님의 지혜에 따른 길들은 그 자체가 다 자유에서 비롯된 것이어서, 하나님의 행동은 수없이 다양한 형태들을 띤다는 사실을 이해할 수 있게 된다. 사도바울은 "하나님의 갖가지 지혜"엡3:10가 나타난다는 말로 이 사실을 전한다.

인간에게 없는 지혜

여기서 사도바울에 따르면 하나님의 갖가지 지혜가 나타나는 것은 "하늘에 있는 통치자들과 권세들"에게 알리기 위한 것이다. 그러므로 '권세들'조차도 하나님의 지혜의 참된 길이 무엇인지 알 수 없다. 그래서 우리는 지혜는 인간에 의해서 발견될 수 없다는 구절에서부터 욥기를 다시 시작해야 한다. 창조된 세계에서 인간은 모든 걸 다 할 수 있다. 욥기의 잘 알려진 구절들에서 우리는 인간의 용기, 재능, 지식, 기술 능력 등을 찬양하는 것을 발견한다. 인간은 땅의 심연까지 내려갈 수 있고 창

---

59) ▲강요하지 않고 실패할 수도 있는

조세계의 비밀들을 꿰뚫을 수 있다. 인간은 음부의 경계까지도 갈 수 있다.욥28:3 그러나 그 모든 것을 통해서도 지혜는 발견할 수 없다. 왜냐하면 지혜는 창조세계 안에서 발견되지 않기 때문이다. 더군다나 인간이 사용한 방법들 가운데서 지혜는 발견되지 않는다. 인간이 하나님이 행한 일과 같은 일을 성취해도 그것은 지혜가 아니다. 60) 왜냐하면 그것은 능력으로 하는 일인데, 인간의 능력이 하나님의 능력과 같다고 하더라도 지혜에서는 그 차이가 천양지차이기 때문이다.

인간은 스스로 아무리 귀한 것을 만들었다 하더라도, 수많은 경험과 지식을 쌓았다 하더라도 지혜를 얻을 수 없다. 욥기에서는 인간이 그 출처를 아는 금은과 결코 인간이 그 기원을 모르는 지혜를 대조적으로 구분하고 있다. 그 본문에 따르면 인간은 사실상 지혜를 아는 것 말고는 모든 일을 할 수 있다. 다시 말해서 인간은 하나님의 일이 무엇인지 이해할 수 없고 인간 자신이 한 일이 어떻게 하나님의 계획 속에 들어가게 되는지, 어떻게 하나님의 지혜를 드러나게 하는지, 어떻게 하나님의 지혜와 관련을 맺게 되는지 알 수 없다. 인간은 모든 걸 다 할 수 있지만 자신이 하는 일의 의미를 알 수는 없다. 지혜는 땅이 창조되기 이전 태초의 혼돈인 어둠의 심연 가운데 존재하지 않았다. 왜냐하면 지혜는 그 어둠 위로 운행하였기 때문이다. 그래서 인간이 태초의 무질서한 원천들과 원시적 힘들을 다 동원한다 하더라도 인간은 지혜를 발견할 수 없다. 시간이 창조되기 이전의 시기를 들춘다 해도, 자신의 깊은 심연으로 들어간다 해도Robinson, 성적인 절정 속에서도Reich, 자신의 무의식 속에서도, 인간은 지혜를 찾을 수 없다. 소크라테스가 말하는 유명한 사고의 왜곡 이전의 사상이나 언어를 다시 되찾는다 해도, 인간은 지혜를 얻을 수 없다.

---

60) ▲욥기 28장 9절에서 사람이 산들을 뿌리째 뽑아 버린다는 말이 나오는데 욥기 9장 5절에서는 하나님이 그와 같은 일을 한다는 말이 나온다.

지혜는 이 혼돈의 세계를 벗어난 다른 곳에 존재했다. 지혜는 죽음 속에서도 없다. 그럼에도 죽음은 지혜에 관한 말을 들었다. 이는 죽음을 눈앞에 둔 인간은 지혜의 소리에 민감하게 될 수 있다는 사실을 상기시켜 준다. 그렇지만 죽음 속에서, 자신의 존재의 부정 속에서, 자신의 소멸이나 다른 사람들의 소멸 속에서, 인간은 지혜를 찾을 수 없다. 왜냐하면 어떤 자연적인 현상도, 어떤 발견도, 어떤 결정도 지혜를 줄 수 없기 때문이다. 욥기의 모든 구절들은 창조세계에 질서를 부여하며 다스리는 데 필요한 결정들을 내리는 하나님과, 창조세계를 수정하고 점유하면서 개발하고 이용하는 인간을 아주 대조적으로 구분하고 있다. 더욱이 인간은 많은 역경과 노력을 기울여서 창조세계를 자신의 이익을 위해 이용하고, 인간 스스로의 길을 내면서 이 창조세계에 그 길을 새긴다. 그러나 그 길은 지혜의 길이 아니다. 그렇게 행동하면서 인간은 이 창조세계에 새로운 질서를 수립하지 못한다. 왜냐하면 인간은 그 모든 자신의 행위를 통해서 지혜를 얻을 수 없기 때문이다. 여기서 우리는 우리 시대의 핵심적인 두 가지 문제를 정확히 목도한다. 하나는 기술의 발전이라는 문제이다. 욥기는 기술의 발전은 당연하지만 인간이 결코 거기서 지혜를 발견할 수 없다고 우리에게 명시한다. 즉 기술의 발전은, 자기장이 작용하는 곳에서의 나침반과 같이, 무분별해질 수밖에 없는 것이다. 다른 하나는 칼 마르크스의 실천이론Praxis의 문제이다. 욥기의 본문은 마르크스의 실천이론과는 정반대이다. 인간 자신이 만든 세계에서의 활동을 통해서는 인간은 결코 지혜에, 즉 이해와 의미의 발견에 이를 수 없다. 성서에 따르면 인간이 노동하면서 스스로를 만들어간다는 말은 틀린 말이다.

하나님의 계시로서의 지혜

지혜는 오직 하나님에 의해 인간에게 계시될 수 있다.욥28:27-28 하나님은 지혜를 선포하고 규정한다. 그러면 인간은 하나님이 행한 일과 인간 자신이 하는 일을 이해한다. 그 때에, 인간이 하나님 앞에서 적절한 위치에 설 때에, 하나님은 인간의 관점에서 인간이 취하는 태도와 방식 가운데 하나님의 지혜를 따라 살아갈 수 있는 가능성이 존재한다는 사실을 계시한다. 하나님의 심판이나 신비한 계획을 간파하지 않고도, 인간이 취할 수 있는 적절한 태도와 방식이 존재한다. 왜냐하면 모든 피조물 하나하나를 위해서 하나의 질서를 정하는 하나님의 지혜는 인간을 위해서도 하나의 지혜를 정할 수 있기 때문이다. 이 점에 대해서 욥기는 하나님이 아담에게 말한 것을 상기시킨다. 실제로 욥기 28장 28절은 사람을 나타내는 히브리어 단어 '이쉬'를 쓰지 않고 '아담'이라는 단어를 쓴다. 지혜는 에덴에서 아담에게 주어진 적절한 위치 가운데 존재한다. 그것은 없어지지 않았다.

욥기에서 전제조건으로서의 이 수용적 태도는 하나님을 존중하는 경외의 두려움이다. 하나님에게 속한 것과 하나님에게서 나온 것을 존중하는 것은 하나님의 영역을 침범하지 않으려는 것이다. 그것은 하나님의 공의와 거룩함 앞에 두려움과 떨림을 가지는 것이다. 물론 이 두려움은 공포가 아니다. 그 사실은 잘 알려져 있으므로 여기서 부연하지 않는다. 욥기의 이 구절에서 두려움은 아주 자연스러운 것으로 보인다. 즉, 그것은 일종의 부정적인 계시 앞에서 느낄 것 같은 감정이다. 아직 그리스도 안에서 하나님의 계시를 받지 않았다 하더라도 인간은 하나님에 대해서 전적인 타자라는 것밖에 모르지만 어떤 두려운 것이 존재한다는 사실을 알 수 있는 능력이 있다. 따라서 인간은 모든 것이 다 가능한 것도 아니고 허용된 것도 아니며, 정당한 것도 아니라는 사실을 알 수 있다. 그 두려움에서 신성한 물질이나 종교적인 물질이 복원될 수도 있기에 위험하다는 사실을 나는 잘 알고 있다. 그러나 실제로 욥기가 전하는 바가 바로 그 두려움으로서, 그것은 결코 경외의 두려움을 넘어서지 않는다. 61) 다시 말해서 그 두려움에서 출발하여 인간은 자신의 종교를 만들어낼 수 있는가 하면, 또한 그 두려움에서 출발하여 진정한 계시를 받아들일 수도 있다.

일종의 타고난 요인에 의해서 인간이 계시를 수용할 수 있다고 확실히 입증할 수 있는 어떤 근거도 없다. 그러나 타락의 세계에서 질서를 구성하는 첫 번째 요소는 인간은 하나님을 두려워할 수 있고, 하나님에게 속한 것을 존중할 수 있으며, 인간 자신과 전적인 타자인 하나님의 차이를 밝혀줄 수 있다는 것이다. 바로 거기에 지혜가 시작되는 기점이 있다. 그 기점은 지혜 자체는 아니다. 그 기점에서 우리가 하나님을 경외하지 않는다면, 우리는 하나님의 말씀을 들으면서 하나님의 말씀을 진정으로 받아들일 수 없게 된다. 다시 말해서 우리는 하나님의 말씀을 다른 말들과 구분할 수 없게 된다. 반대로 하나님을 경외한다면, 인간은 지혜의 계시를 받아들일 수 있게 된다. 왜냐하면 이 질서는 지혜 자체에 의해 정해진 질서이기 때문이다. 인간은 하나님으로부터 지혜의 근원에 관한 계시를 받아들일 수 있게 된다. 그렇지 않다면, 우리는 실천에 옮길 만큼 하나님의 말씀을 중요하게 받아들일 수 없게 된다. 우리는 하나님의 지혜가 우리를 위해 마련한 말씀에 순종할 만한 적합한 능력을 갖출 수 없

---

61) 틸리히에 따르면 이 두려움은 창조와 파괴를 명하는 존재를 만나는 데서 비롯되는 두려움이다. "지혜는 인간의 자녀들을 사랑한다. 그러나 지혜는 지혜와 어리석음의 중간에 머무는 사람들보다 어리석음 가운데 있는 사람들을 선호한다. 전자에 속한 사람들은 생명의 신비와 만남을 통해서도 결코 바뀌지 않았다. 그런 까닭에 그 사람들은 하나님의 지혜의 역사 안에서 창조와 파괴의 동일성을 알아볼 수 없다. 반대로 후자에 속한 사람들로서 이 지혜의 역사를 깨달아서 지혜롭게 된 사람들은 인위적인 많은 경계들이 무너지는 것을 고통스럽게 확인한다. 그들은 참된 실재의 경계들과 진정한 척도를 발견하게 된다."

게 된다. 그것이 첫 걸음이다.

욥기의 이 본문에 관해서 마지막으로 두 가지 사항을 지적해야 할 것이다. 첫째로 이 본문에서 말하는 하나님은 주님Adonaï, 즉 권능의 주인이요 군주로서 길을 제시하고 심판하는 존재라는 점이다. 이 주님은 온전한 의미에서 아브라함에게 계시된 하나님이 아니다. 주님은 그 행한 일을 통해서 인식될 수 있는 존재이다. 이 점은 둘째로 지적할 사항으로 연결된다. 이 지혜에서 모세의 율법이나 언약은 암시되지 않는다. 인간에게는 인간 자신을 두려움 가운데 있게 하는 하나의 질서가 존재한다는 것은 어떤 인간에게도 다 해당되는 사실이다. 그 두려움이 자동적으로 지혜로 발전하는 것은 아니다. 그 두려움을 수용하는 태도를 취하게 되면, 하나님은 지혜의 계시를 허락할 수 있다. 인간은 지혜를 스스로의 힘으로 소유할 수 있는 권한이나 능력이 없고, 또 자신 안에 지혜를 소유할 것을 주장할 수 있는 권한이나 능력도 없다. 인간이 지혜라고 부르는 모든 것은 욥기가 시작한 것으로 보이는 예언적 명령과 엄격하게 대립된다.

인간의 실천적 지혜

그러므로 지혜는 인간 스스로는 결코 생각해낼 수 없는 하나님의 지혜에 의존하여 그 관점과 맥락을 따라서 실천하는 것이다. 인간은 단지 하나님의 지혜와 동일한 지혜를 어떻게 행동으로 옮기는지를 발견해야 할 뿐이다. 이는 창조세계를 경영하는 하나님의 기술과 같이 인간 자신의 삶을 경영하는 기술이다. 이는 바로 디도서 2장 12절에서 말하는 "지혜를 따라 살아가는 것" [62]이다. 그것은 한마디로 '어떻게?'라는 문제에 대해 답하는 것이다. 그런데 그것이 바로 우리에게 제일 부족한 점이기도

---

62) [역주] 이 구절은 개역성경에서는 "신중함과 의로움과 경건함으로 이 세상에 살고"라고 번역되어 있지만 프랑스어 성경에서는 "vivre... selon la sagesse,..."로 옮겨져 있는 바, 이 책의 문맥을 따라 프랑스어로 된 구절을 직역해서 옮겼다.

하다. 우리는 보통 '그리스도인의 삶의 원칙들'을 인지하고 있고, 우리를 향한 칭의와 사랑의 하나님의 역사를 잘 알고 있다. 그러나 우리는 실천하는 데는 주저하고 망설인다. 어떻게 칭의justification로부터 구체적인 삶속에서 실천하는 정의justice로 이행해 가는가? 정확히 바로 여기에 우리의 자유의 영역이 위치한다. 자유의 영역은 시작점 63)에도 없고 종착점 64)에도 있지 않다. 그것은 그 두 시점들 사이에 있다.

나의 자유의 영역은 은총을 받은 후에 삶을 살아가는 자리에 있다. 이 자유가 내포하는 것은 어떻게 나의 삶을 살아가야 하는지, 어떻게 나의 행동을 다스리고 선택해야 하는지, 그리스도 안에서 나에게 주어진 하나님의 선물을 구체적인 삶으로 어떻게 반영해야 하는지 등을 내가 알아야 한다는 것이다. 이 실천방법에 관한 지식은 욥기와 잠언에서 추출해 낸 하나님의 지혜에 관한 개념에 정확히 부합한다. 이 실천방법에 관한 지식은 수단들의 영역에 위치한다. 그 지식은 오로지 표현하는 수단들, 말씀을 전파하는 수단들, 사랑을 나타내는 수단들, 정의를 실현하는 수단들을 대상으로 한다. 따라서 그 지식은 수단들을 개발하는 것과 함께 우리가 가진 수단들을 평가하는 걸 뜻한다.

욥기에서 인간의 기술적 행위와 지혜를 연관시키는 것은 무의미한 것이 아니다. 왜냐하면 그 둘은 수단들의 영역에 속해 있기 때문이다. 욥기는 기술에서 나온 수단들이 우리로 하여금 하나님이 우리에게 바라는 것, 즉 지혜의 영역에 속한 것을 성취하게 하는 것이 아니라는 사실을 상기시킨다. 그러나 유의해야 할 점은 그것이 전혀 기술적 수단을 비난하는 뜻을 담은 것이 아니라는 점이다. 인간이 수단들의 차원에서 행동을

---

63) ▲내가 태어난 시점이나 내가 그리스도 안에서 구원받은 시점으로 나 자신은 아무 것도 할 수 없는 시점이다.

64) ▲내가 부활을 통해 재창조되는 시점이나 내가 심판받는 시점으로 나로서는 아무 것도 할 수 없는 시점이다.

취하는 것이 금지된 것은 아니다. 다만 우리가 상기해야 할 점은, 인간이 그렇게 함으로써, 지혜 즉, 하나님이 준 자신의 소명을 발현하는 수단들을 발견한다고 믿는 것은 자기기만이라는 사실이다. 기술적 수단들이 그리스도 안에서 우리에게 주어진 자유를 발현하는 수단들과 일치한다고 믿는 것은 우리 자신을 속이는 일이다. 우리는 두 개의 다른 것들을 구하고 있다. 하나는 완벽하게 정당성을 지닌 것이지만 인간이 창조되어 구원받고 사랑받는 이유와는 전혀 무관하고 상호연관성도 없는 것이다. 다른 하나는 기술적 수단들을 넘어서서 의미를 찾을 수 있게 하지만 그 활용성을 판단하면서 한계를 정하기도 하는 것이다. 아무튼 자유는 수단들의 차원에서 나타나지만, 기술적 수단들의 경우에 자유는 자유와 존재를 부정하기에 이르는 무분별한 자유가 될 수 있다. 지혜의 경우에 있어서 우리는 자유의 왕도를 발견한다. 그것은 우리 안에 하나님의 진정한 역사를 나타내고 우리에게 자유가 주어진 이유를 밝혀준다. 그러므로 지혜는 하나님의 사랑과 영광 가운데 인간의 자유를 표현하는 수단들을 발견할 수 있는 가능성을 열어준다. 그래서 우리는 이 지혜가 없다면 자유는 실현될 없는 것이라고 말할 수 있다.

우리가 가진 능력을 실현한다는 이 관념은 성서의 교훈적인 구절들에서 언급된 지혜라는 말에 의해 명확해진다. 그 중 두 개의 구절들을 보자. "외부 사람들에게는 지혜로 행하여 세월을 아끼라."골4:5 "남편들아, 아내들에게 지혜로 대하라."벧전3:7 65) 다른 구절들도 마찬가지지만, 이 두 개의 구절들은 우월한 위치에 있는 사람을 향한 것이다. 원하든지 원치 않든지 그리스도인은 우월한 위치에 있다고 여겨진다. 사도바울의 관점에서 그리스도인은 非그리스도인에게 없는 계시가 있다. 사도요한

---

65) [역주] 한글 개역성경은 "남편들아 이와 같이 지식을 따라 너희 아내와 동거하고"인데, 프랑스어 성경은 "Maris, conduisez-vous avec sagesse envers vos femmes(남편들아, 아내들에게 지혜로 대하라)"이다. 문맥상 프랑스어 성경 구절을 따랐다.

의 관점에서 그리스도인은 어둠에서 빛으로 옮겨진다. 非그리스도인의 관점에서 그리스도인이 가지는 안전과 확신은 너무도 많은 비판의 대상이 되고 만다. 그것은 현실의 상황이다. 66) 이와 같이 성서에 따르면, 반론을 펴며 본문을 왜곡시키는 최근의 주석들에도 불구하고, 남편은 아내에 대해 권력을 갖는다. 거기에는 하나의 위계질서가 존재한다. 나는 남편이나 그리스도인의 우월적 위치에 대한 논의를 펼치지 않을 것이다. 다만 성서 본문이 그런 우월적 위치가 존재한 것으로 기술한 사실을 확인할 뿐이다. 나에게 중요한 것은 바로 그 사실이다. 왜냐하면 지혜가 그런 경우에 권고된 것이기 때문이다. 다시 말해서 어떤 권력이나 능력이나 우월성을 지닌 사람에게 지혜를 따라 행하라는 요청이 전해진다. 능력이나 권위가 없는 사람에게는 결코 그런 요청이 주어지지 않는다. '외부 사람들'에게 지혜를 따라 처신하라는 것이 아니다. 67) 지혜를 따라 처신해야 할 사람은 노예도 아니고 어린아이도 아니고, 왕이요 남편이요 그리스도인인 것이다. 그래서 지혜는 권력의 수단들을 유익하게 사용하는 것이다.

권력을 지닌 사람만이 지혜를 따라 처신해야 할 의무가 있다. 실제로 어떤 수준의 권력이든 간에 그 권력을 행사하는 데에 따라 자유가 주어지는 것이다. 자유는 우리 자신에게든, 세상에든, 남들에게든 우리 자신이 지니는 어떤 힘과 능력을 뜻한다. 자유를 통해서 능력의 전이가 일어나는 것이다. 소외된 인간으로서 우리는 어떤 능력 있는 존재의 지배하에 있었다. 구속받아 자유롭게 된 우리에게 이제 하나님은 능력을 행사하도록 요구한다. 68) 사도바울은 그 사실을 명시한다. "하나님은 우리에게

---

66) ▲또한 이것은 그리스도인이 실제로 본질적인 면에서 우월하다는 것을 뜻하지 않는다.
67) ▲그리스도의 자유가 없는 사람이 어떻게 그렇게 할 수 있겠는가?
68) ▲그것은 곧 성령의 능력이다. 또한 다른 형태의 능력도 거기에 존재한다.

두려워하는 영이 아니라 능력과 사랑과 절제의 영을 주셨다."딤후1:7 우리는 힘과 지혜의 연관성을 발견한다. 지혜는 적절한 수단들과 정당한 행동을 찾아내는 까닭에 정확히 힘을 사용해야 할 곳에 힘을 사용하는 것이다.

오늘날 수단과 능력이 넘쳐나는 문명 가운데 지혜는 핵심적인 것으로서 점점 더 소외되는 사회 안에서 자유에 부합한다. 그러나 다른 한편으로 이와 같이 우리를 향한 하나님의 역사를 나타내기에 적합한 수단들을 찾아가고 세상에서 구체적으로 자유를 표현하는 수단들을 찾아가는 데서, 우리는 아무런 인도도 받지 않는 것일까? 우리는 지혜는 율법과는 정반대라는 점을 보여주려고 했다. 지혜는 체계로 가르치는 것이 아니다. 지혜는 교육이 아니다. 지혜는 자유자재로 활동한다. 지혜는 가르치는 교육자가 아니다. 지혜는 선험적인 지식이 아니다. 지혜를 따라 행동하면서 우리의 능력을 사용하는 양식과 수단들을 발견하는 것은 우리 자신이다. 이 지혜를 따른 행동은 오로지 자유 안에서만 가능하다. 반면에 지혜는 우리가 스스로 지어내는 것이 결코 아니다. 왜냐하면 인간의 지혜는 하나님의 지혜를 반영하는 것이기 때문이다. 지혜는 하나님의 계시가 우리 안에 낳은 것으로서 우리를 예수 그리스도에게로 인도한다.

그리스도의 지혜

"예수 그리스도는 우리에게 지혜가 되었다."고전1:30 이는 오직 그리스도 안에서 우리는 하나님이 어떻게 역사하고 하나님의 자유가 구체적인 행동으로 옮겨진 것은 무엇인지 알 수 있다는 뜻이 된다. 오직 그리스도 안에서 우리는 하나님과 이스라엘의 긴 역사의 의미를, 즉 하나님의 가르침과 계획, 그리고 권능의 행사가 뜻하는 의미를 발견할 수 있다. 욥기는 우리에게 오직 하나님의 계시를 통해서만 인간이 지혜를 알 수 있다고 전했다. 그러나 욥기는 우리에게 그 지혜의 내용을 말하지 않았다. 예수 그리스도가 곧 궁극적인 계시이다. 예수 그리스도 안에서 우리는 그 지혜를 알 수 있고 거기서 우리의 지혜를 이어갈 수 있다. 예수 그리스도는 우리에게 하나님의 지혜에 상응하는 우리의 지혜를 따라 행동하도록 가르친다. 다시 말해서 우리로 하여금 한편으로 하나님의 뜻을 알고 다른 한편으로 현실의 상황을 알아서 각각의 상황에서 가장 적절한 선택을 할 수 있게 한다. 그런데 수단들을 찾는 데 있어서 그리스도 안에서 우리가 알 수 있는 것은 무엇인가? 우선적으로 내가 상기하고 싶은 점은 예수 그리스도 자신이 수단이라는 것이다. 다른 책에서도 규명했듯이 예수 그리스도 안에서는 목적과 수단의 대립이 극복된다. 69) 여기서 나는 그 점

....

69) 여기서 나는 지혜에 관한 하나의 특별한 예를 들고 싶다. 그것은 신학에 대한 자유이다. 여기서 중요한 것은 자유를 상기시켜야 한다는 점보다 그 분명한 내용으로서, 이미 살펴본 바와 같이 결코 하나의 체계에 갇히지 말아야 한다는 사실을 깨우치는 것이다. 교회의 역할과 존재와 신학의 목적에 따라서 신학의 형식에 문제를 제기해야 한다. 결국 하나의 영원한 신학(theologia perennis)은 있을 수가 없다. 이 모든 것은 잘 알려져 있다. 나는 이점에 대해서 재론하지 않겠다. 더군다나 이는 신학자들이 다룰 문제이다. 내가 여기서 지혜의 양상으로서 신학에 대한 자유를 언급하는 것은 다음과 같은 문제를 목표로 한다. 보통 새로운 신학적 이론이 등장하면 곧바로 그 이론을 추종하는 제자들이 형성되고 교회 안에 전도 운동이 일어나 남들에게 전파한다. 결국 많은 청년들이나 목회자들이 그 이론을 취하게 된다. 그들은 열정적으로 자신들의 메시지를 갱신하고 모든 사람들에게 이 새로운 진리를 전파하면서 신자들이나 非그리스도인들에게 이 신학을 전하는 데 열중한다. 신자들은 독창성 있게 보이거나 이상하게 보이는 그 이론에 의해 혼란에 빠진다. 非그리스도인들은 자신들의 눈에 바로크풍의 보조물이나 천사들의 성별에 관한 논의로 보이는 그 이론에 별로 관심을 두지 않는다. 실제로 현재의 '신신학'은 누구라도 접근하기 힘든 것으로 교회 밖에서는 이해하거나 수용하는 사람이 아무도 없다는 사실을 잊지 말아야 한다. 신신학에 대해 들어본 사람들은 그것을 정말 이상한 기묘한 주장으로 받아들인다.(혹자는 Robinson의 Honest to God이 깜짝 놀랄 만한 대성공을 거둔 것을 거론하면서 내 말에 반론을 제기할지 모른다. 그러나 그런 반론에 대해 나는 대답할 것이다. "내가 그러듯이 지식인이 아닌 보통 사람들에게 그 이론에 대해 말해 보라. 그 대들은 그런 사람들이 그 책에 관해서 기억하며 받아들인 내용을 들어보면 기가 막힐 것이다.") 물론 해석학에 몰두하는 몇몇 철학자들은 예외로 한다. 왜냐하면 신학적 이론 분석에서 신자들을 상대로 하는 설교로 넘어갈 때 거기에는 필연적으로 단순화, 일반화, 통속화, 근본개념의 확대해석 등의 네 단계가 형성되기 때문이다.

미묘한 의미 차이나 의문점들은 사라져버린다. 왜곡되거나 불합리한 해석들이 난무한다. 제자들의 일반화 단계와 목회자, 청년, 적극적 평신도 등의 통속화 단계에 걸쳐서 폐단이 발생한다. 이것을 구체적인 사실에 비유해볼 수도 있다. 즉, 이것은 운전할 수 없는 사람에게 자동차를 주면 사고가 발생하는 것과 같은 것이다. 정확한 사용법을 모르는 사람에게 유용한 기계를 주면 고장을 내고 말거나 그 유용성을 하나도 살려내지 못할 것이다. 사상의 영역에서도 이와 마찬가지이다. 이해할 수 없는 사람들의 손에 좋은 사상을 맡긴다면 그 사상은 위험하고 왜곡되고 무모하게 될 것이다. 그것은 거의 슬로건에 가깝게 변화될 수 있다. 이런 현상은 이미 '사신 신학'이라든가 '비종교적인 기독교'라는 신학에서 발견된다. 아주 미묘한 의미의 차이와 해석을 지닌 신학적 이론들은 타당성을 지닌다. 그렇지만 슬로건화한 신학적 이론들은 수많은 예견치 않은 결과들을 낳으면서 심각한 폐해를 끼친다. 그런데 이 새로운 형태의 신학이론들을 채택하고 그 주제를 열광적으로 받아들이는 것은 결코 신학에 대한 자유를 나타내는 것이 아니다. 그것은 과거의 신학이론이 틀려서가 아니라 지나간 과거의 것이라는 이유로 폐기하는 것에 지나지 않는다. 그게 한 사람의 제자만 그런 것이라면 별 문제가 아니다. 그것은 단지 우리에게 자유가 없다는 하나의 표지를 더할 뿐이다. 그렇지만 그런 이론으로 슬로건화해서 아무것도 모르는 평범한 신자들을 혼란에 빠뜨린다면 문제는 심각해진다. 물론 율법적인 바리새인의 조용한 확신 속에 성령의 역사를 따라 더욱 중대한 진리에 의해 혼란을 일으키는 것은 훌륭한 일이다. 그러나 이것은 그런 경우가 아니다. 그것은 예수 그리스도를 향한 신실한 믿음이 아니라 혼란과 센세이션을 일으키려는 충동에 의해서 회의적이고 단순화된 하나의 사상을 슬로건으로 만드는 과정에 불과하다. 그러나 우리 교회를 구성하는 어린이들, 배우지 못한 사람들, 늙은 여인들, 농부들에게 초래한 혼란은 연자 맷돌을 목에 달고 바다에 빠지는 것으로 그 값을 치러야 한다. 그런 신학이론의 주역들은 교회를 깨우는 사람들도 아니고, 우상의 신전 기둥들을 넘어뜨리는 삼손과 같은 사람들이 아니다. 그들은 부르주아에게 충격을 주려고 새로운 이론들을 되풀이해서 말할 뿐인 하찮은 사상가들일 뿐이다. 그들은 전혀 신학에 대한 자유를 보여주지 못한다. 여기서 결여된 것은 사랑에 의해 정의된 자유의 활용이다. 다른 사람들을 배려한다면 오로지 아주 신중을 기해서 요령을 가지고 지혜롭게 충격을 주어야 한다. 교회 안에 변혁의 바람을 일으키기로 결정했다면 먼저 차분하게 앉아서 치러야 할 비용을 계산하는 것으로 시작해야 한다. 이것이 평범한 신자들에게 의심, 번민, 오해, 좌절을 초래할 것인가? 이것이 다른 사람들에게 진리의 증언이 되고, 더 커다란 자유를 불러올 것인가? 이런 것들이 계산해야 할 내용이다. 이런 계산이 없이는, 그 결정을 실행하는 것은 시류에 대충 따라가는 것에 불과하다. 신학에 대한 자유는 오늘날 우선적으로 신학자들의 극단적인 새로운 이론들에 대한 자유가 되어야 한다. 왜냐하면 오늘날 우리는 무엇보다 새로운 것에 현혹되기 때문이다. 우리는 냉철한 이성으로 그 이론들이 진리를 나타내는 것인지 가늠할 뿐만 아니라 교회의 평범한 신자들에게 미칠 영향도 헤아려야 한다. (그 이론들이 다른 사람들에게 영향을 미치는 데 전혀 쓸모가 없다면, 이는 그리스도인이 세상 속에서 살아가는 길을 열어주는 것이 아니다.) 그래서 자유는 지혜의 표현이다. 왜냐하면 지혜는 사랑에 의해 측정되는 것이기 때문이다.

을 다시 재론하지 않겠다.

그러나 지혜를 수단들의 선택에 적용하는 데 있어서 우리가 그리스도 안에서 발견하는 것은 무엇일까? 그리스도는 하나님의 권능을 부여받았는데, 성육신[70]한 가운데 그 권능을 내세우기를 포기한다. 이 땅에서 살아가는 동안 그리스도는 결코 권능의 수단들을 취하지 않는다.[71] 여기서 우리는 왜 능력을 지닌 사람들에게 지혜가 요구되는지 아주 정확히 알 수 있다. 지혜는 능력을 지니되 결코 그 능력을 사용하지 않는 데 있다. 문제는 그 능력을 포기하거나 그 우월적 지위를 거부하는 데 있지 않다. 그렇지만 참으로 훨씬 더 어려운 문제는 능력을 지니되 사용하지 않으면서 다른 행동 수단들을 선택하는 데 있다. 왜냐하면 좀 더 앞에서 살펴본 바와 같이 예외 없이 능력의 수단들을 사용하는 것은 그 수단들을 사용하는 사람의 자유조차도 파괴하는 것이기 때문이다. 예수 그리스도는 끊임없이 주변 사람들의 연약함과 비천함에 제일 적합한 행동 수단을 택한다. 사실 능력과 권위가 있을 때, 모든 범위에 걸쳐서 일체의 가능성들을 다 가지고 있을 때, 비로소 적합한 행동 수단을 선택하는 것이 가능하게 된다. 그래서 지혜는 자신이 가진 능력을 통제하는 것으로 나타난다. 지혜는 달성할 목표나 원리나 이데올로기나 효율성에 따르지 않고, 우리 앞에 있는 사람에 따라, 우리가 속한 사회집단에 따라 제일 적합한 수단을 선택하게 하는 것이다.

성자 예수는 전적으로 완전한 자유를 가졌고 성부 하나님은 그에게 모든 것을 맡겼다. 예수 그리스도는 자신의 개인적인 결정에 따라 행동을 취할 수 있었다. 그런데 그리스도는 자신의 자유를 어떻게 사용했는가? 그리스도는 자신의 자유에 따라 성부에게 완전히 순종했다. 그는 주위

---

70) ▲인류의 구원을 위해서 하나님이 선택한 유일한 방법이다.
71) ▲하늘의 번갯불로 내려치기 원하는 제자들의 요청에 대한 그리스도의 대답, 천사들을 불러 도움을 받는 것에 대한 그리스도의 거부 등과 같은 예들을 참조하라.

의 사람들을 섬기는 종이 되었다. 이는 결코 그리스도가 자유를 상실한 것을 뜻하지 않는다. 매순간마다 새로운 자유 행위를 통해서 그리스도는 스스로 순종과 섬김으로 나아간다. 매순간마다 그리스도는 다시 바꿔서 독자적으로 행동을 취할 수 있었다. 그리스도의 순종은 결코 안정적이고 확고하게 정해진 것이 아니다. 거기에 자유가 있다. 이와 같이 섬김으로 나아갈지 아닐지 늘 새롭게 결정할 수 있는 가능성을 통해서 우리는 주어진 자유를 행사한다. 결국 지혜가 우리에게 밝혀주는 바는 아주 정확히 자유는 순종과 섬김을 결정하기 위해 쓰인다는 점이다. 여기서 또한 유의할 것은 이것이 자유가 없는 인간의 태도와는 관계없다는 사실이다. 자신의 능력의 사용을 포기하는 것이 오직 능력을 가진 사람에게만 지혜의 행위가 되고, 능력이 없는 사람에게는 별 의미나 가치가 없는 것과 같이, 섬김을 선택하는 것도 오직 자유를 가진 사람에게만 의미가 있고, 억압받는 사람이나 섬겨야 하는 처지에 있는 사람에게는 아무 의미도 없다. 이는 세상의 법칙과는 다르다. 세상의 법칙에 따르면, 우리는 미덕을 필수적인 것으로 삼아야 한다. 또한 노예상태에 매인 사람에게는 그 상태가 참 훌륭하다고 하면서, 그 이유를 성서에서 말하는 대로 섬기는 위치에 있기 때문이라고 설명해야 한다.

또 다른 측면도 있다. 전통적으로 예수는 중재자라고 말한다. 사실 맞는 말이다. 그러나 여기서 그리스도의 지혜는 중재를 폐지하는 데 있다는 사실에 주목해야 한다. 예수는 제사장, 희생, 중보기도, 공동예배 등의 종교적인 중재를 폐지했을 뿐만 아니라, 어떤 의미에서는 자신의 고유한 중재자의 역할을 부인했다. 그것이 확실히 요한복음이 의미하는 것이다. 예수는 "나를 통하지 않고는 아무도 아버지께 갈 수 없다"고 하는가 하면, "아버지와 나는 하나이다"라고 하면서, 성부 하나님과 자신이 일치를 이룬다고 단언한다. 예수의 지혜는 예수 자신으로 하여금 온전한 일체로서의 하나님이 한 사람 한 사람과 직접적인 관계를 맺는다고 확언케 한다. 물론 내 말은 예수는 중재자가 아니라는 뜻이 아니다. 중재자임에도 불구하고 예수의 자유로운 지혜는 그로 하여금 중재를 폐지케 한다. 예수는 우리에게 자신에게 기도하라고 하지 않고 성부 하나님께 기도하라고 가르친다.

이와 같이 지혜에 따르면, 세상에서 모든 중재체제는 분명히 불가피한 것으로서 중재체제가 없다면 어떤 인간관계도 어떤 사회도 작동할 수 없지만, 언어, 법, 돈, 예술, 기술 등과 같은 모든 중재체제는 재검토의 대상으로서 문제시되어야 한다는 것이다. 왜냐하면 이 중재체제는 언제나 독립적으로 스스로에게 가치를 두고 중재 대상의 의사에 준거하지 않는 경향이 있어서 스스로의 의사에 준거하면서 그 자체가 일체화한 기호, 기표, 기의가 되어 버리기 때문이다. 그것이 모든 중재가 지니는 일종의 치명적인 결함이다. 그것은 예수에게 스스로 하나님을 자처하여 하나님의 자리를 대신하라는 말이 유혹이었던 것과 같다. 그래서 지혜에 의한 자유의 행동은 우리의 사회집단 가운데 존재하는 모든 중재체제들을 무너뜨리면서 또 다시 수립하는 데 있다. 이에 해당하는 것으로 끝없이 다시 출현하는 종교적 형태들뿐만이 아니라 우리 자신의 증언도 포함된다. 왜냐하면 증인으로서 개개의 그리스도인은 중재자이지만 그런 까닭에 그리스도인은 자신이 전도하는 이웃의 사랑, 양심, 사고 안에서 하나님의 자리를 대신하는 경향이 있기 때문이다. 그리스도인은 그 이웃과의 그런 상황을 무너뜨리고, 그 이웃으로 하여금 예수 그리스도의 하나님을 찾게 해야 한다. "그는 흥하여야 하고 나는 쇠하여야 하리라." 이 구절이 그런 부분에서 지혜의 말씀이다.

그러나 나는 사회 안에서의 모든 중재체제에 대해서도 그렇게 되어야 한다고 강조하고 싶다. 그리스도인은 모든 중재체제들을 이용하고 또 만들어나가면서 스스로 사람들 사이에, 또 하나님과 사람 사이에 중재자가 되어야 한다. 72) 또한 이와 동시에 그리스도인은 모든 중재체제들에 대항하여 싸워나가면서 직접적인 만남, 사귐, 사랑, 기도 등으로 중재를 대체해야 한다. 73) 제도화된 모든 중재체제는 자유에 반하는 것이므로 철폐해야 한다. 지혜는 자유를 발휘하게 하여, 우리로 하여금 사람들 사이에 소통이 부재한 경우에는 중재체제를 수립하게 하고, 그렇지 않은 경우에는 직접적으로 관계를 맺도록 중재체제를 폐지하게 한다. 그래서 그리스도는 중재자가 되기 위해 예수 안에 성육신하였고, 예수는 주변 사람들에게 제도적인 중재자가 되기를 거절했다. 이 중재의 문제는 지혜의 의미를 전체적으로 보여주어서, 어떻게 지혜가 우리로 하여금 각각의 상황을 헤아려서 그 상황에 따라 자유롭게 결정을 내리게 하는지 밝혀준다.

여기서 지혜에 관한 마지막 예로서 그리스도의 자유의 발현을 제시한다. 그리스도는 언제나 자신의 행동의 준거를 성서에 기록된 내용에 두었다. 그는 율법과 예언들을 성취했다. 다시 말해서 예수는 하나님이 선포했고 미리 계획한 바를 실행에 옮겼다. 물론 이것은 우리가 예수의 방식을 그대로 재현하고 성서에 기록된 대로 정확히 실천해야 한다는 걸 뜻하지는 않는다. 그것은 그리스도에 의해 전적으로 다 성취되었기에, 우리가 다시 실행할 필요는 없는 것이다. 그러나 우리는 하나님이 선한 일

---

72) ▲사람들이 서로 이해하고 화합하게 하는 것은 그리스도인의 사역과 소명의 일부분이다.

73) 여기서 나는 이 문제의 중요성에 관한 수많은 사례들 중에 두 가지 작은 예들을 제시하고자 한다. 교회 안에서, 교인들 간의 관계는 개인적인 사귐, 순수한 만남, 방문 등을 통해서 직접적으로 맺어가는 것이지만, 또한 우리는 가능한 제일 중요한 활동으로 실용적인 중재를 통한 관계 형성을 한다. 일반 사회에서, 사회심리학자들과 산업사회학자들은 인간 집단 속에서 관계에 대한 너무 큰 규모의 중재체제가 지니는 아주 심각한 실정을 알고 있다. 예를 들자면 공장에서는 임원조직과 노동자들을 분리시키는 너무나 복잡한 위계질서가 존재한다.

들을 미리 예비하셔서 우리로 하여금 이루게 하셨다고 바울이 말한 맥락과 동일한 상황 가운데 있다. 예수의 지혜가 예수로 하여금 자유를 발휘하여 성부 하나님이 미리 예정한 것을 말씀 그대로 성취한 것과 마찬가지로, 우리의 지혜는 우리로 하여금 하나님이 미리 예비한 선한 일들이 무엇인지 발견하게 하고, 우리의 자유는 우리로 하여금 아무렇게나 떠오르는 일이 아니라 미리 예비한 그 선한 일들을 성취하게 한다. 이미 다 성취되고 보편화될 수 있는 선한 일들이란 존재하지 않는다. 아무렇게나 우연히 떠오르는 선한 일들도 존재하지 않는다. 우리가 분별해야 하는 선한 일들이 존재하고 오직 우리의 자유만이 그 선한 일들을 성취할 수 있게 한다. 왜냐하면 강제적인 것은 어떤 것이라도 우리로 하여금 하나님이 우리에게 기대하는 일을 성취할 수 없게 하기 때문이다. 이는 우리로 하여금 행위의 문제에 직면하게 한다.

예수 그리스도의 자유로운 지혜에 관해 이제까지 살펴본 예들[74]은 분명하게 인간의 지혜가 어떻게 하나님의 지혜에 연결되고 또 인간의 자유를 구현하게 하는지 어느 정도 밝혀주었다.

---

74) ▲다른 예들을 제시할 수도 있었을 것이다.

4장 · 행위와 행위들

인간의 삶의 총체성

그리스도 안에 있는 사람에게는 오직 자유로 행한 행위들만이 있을 뿐이다. 75) 프랑스어로 일반적으로 행위oeuvre 76)로 번역되는 그리스어 단어와 히브리어 단어는 여러 개가 있어서 적어도 총괄적인 프랑스 단어에서보다는 더 잘 구별되는 두 가지 의미를 담고 있다. 그 하나는 활동과 행동으로 진행 중에 있는 행위라는 뜻이다. 다른 하나는 행동과 성취의 결과로서, 이미 끝마친 최종적인 양태를 띤 행위이다. 어쨌든 간에 제일 중요한 것은 그것이 결코 단지 도덕적인 행위를 뜻하지 않는다는 점이다. 선한 것이든 악한 것이든 인간의 행위는 목표, 목적, 적용, 방법 등에 상관없이 인간의 활동 전체를 말하는 것이다. 행위는 도덕적이거나 영적

---

75) 이 주제에 대해서 인간의 행위와 자유, 유익한 행위와 무익한 행위 등에 관해서 개진한 루터(Luther)의 훌륭한 글을 참조할 필요가 있다. "의롭게 되려고 하면서 구원을 얻으려는 헛된 의도를 지니고 행한 행위들은 악하고 가증스럽다. 그렇게 해서 부과된 행위들은 인간의 영혼에서 자유와 믿음을 앗아간다. 반대로, 모든 율법을 넘어서서 온전한 자유를 누리는 그리스도인은 행위들을 통해서 오직 하나님의 선한 뜻을 이루는 것만을 구한다." 물론 열매로서의 행위와 존재의 근원적인 변화에 대한 나의 논의는 루터의 글에서 직접적으로 영감을 받은 것이다. 루터의 결론은 다음과 같다. "그러므로 우리는 인간의 행위들이나 의례들을 업신여기는 것이 아니고 단지 행위들에 대한 인간의 판단, 행위들을 통해 구하는 잘못된 자기의(自己義)를 부정적으로 보는 것이다. 그것은 자유를 부인하는 것이다."(Martin Luther, *De la liberté du chrétien*)

76) [역주] 사전적으로 '일'이나 '작품'으로 번역되는 이 단어는 성서와 신학에서는 '믿음'과 구분되는 '행위'로 많이 쓰인다. 이를 감안하여 역자는 이 단어를 문맥에 따라서 '행위'나 '일'로 옮겼다.

인 성격의 행위와 여타의 나머지 행위로 구분되지 않는다. 더 일반화시켜서 말한다면, 행위에는 성聖과 속俗의 구분이 없다.

인간의 행위들은 도덕적, 영적 심판의 대상인지 아닌지 그 여부를 따라 구분되지 않는다. 왜냐하면 인간이 하는 모든 것은 아무리 세속적이거나 하찮은 일이라 할지라도 심판의 대상이기 때문이다. 우리는 일반적으로 기도, 자선행위, 예배 등과 같은 행위들은 영적이고, 이웃에게 선이나 악이 되는 행위들은 도덕의 영역에 속하며 대부분의 행위들은 중립적이거나 무차별적이라고 생각하는 경향이 있다. 또한 다양한 과학의 발전과 함께 중립적인 행위의 영역은 계속 넓혀지고 있다. 예를 들어 심리학은 과거에는 도덕적인 것으로 판단했던 많은 행위들이 실제로는 위생, 교육 등과 연관된 행위들이라는 사실을 보여준다. 생화학 및 뇌과학은 물질적 요인들에 의해 결정되는 까닭에 도덕적 심판과는 무관한 충동, 의지, 감정 등을 조절하는 법을 알려준다. 기술들은 효율성을 따라서 처신하고 행동하는 방식들을 결정한다. 그 방식들 역시 기술적인 까닭에 도덕의 영역에서 벗어나 있다. 그래서 선도 아니고 악도 아닌 중립적인 행위의 영역은 다만 이성적인 대상으로서 아주 신속하게 확장되어 간다.

그런데 성서 전체는 그런 개념 및 구분과는 정반대로 말한다.[77] 모든 것은 하나님의 심판의 대상이다. 특별히 영적이라 할 행위는 없다. 먹고 마시고 입는 행위들은 기도하고 찬양하는 행위만큼이나 영적인 의미를 지니는 것이다. 특별히 도덕적이라고 할 행위는 없다. 왜냐하면 모든 행위가 이웃을 향한 선악의 여부로 판가름 나기 때문이다. 특별히 무차별적이거나 중립적이라 할 행위는 없다. 왜냐하면 하나님의 눈에는 인간

---

[77] 물론 이 모든 문제에 대해서 우리는 자유에 관한 루터의 저서에 기술된 뛰어난 분석을 참조한다. 그러나 루터는 자유의 행위들의 특성들보다는 행위와 믿음의 관계를 훨씬 더 많이 다룬다.

이 행하는 어떤 행위라도 결코 무차별적이지 않기 때문이다. 하나님이 사랑하는 인간이 행한 것이기에 하나님은 인간의 손으로 행한 모든 것을 존중한다. 하나님은 창조주이기에 인간이 하는 모든 것은 하나님의 관심의 대상이다. 그래서 인간의 모든 행위는 선과 악, 순종과 불순종에 속하게 된다. 그러므로 성서적인 관점에서는 인간이 행하는 일에 중립적인 것은 존재할 수 없다는 결론이 나온다. 인간의 행위가 화학적이거나 유전적인 것에 기인한다고 해서, 하나님 앞에서 인간의 책임이 없다고 할 수 없다.

그 사실은 기술에 관한 방대한 논의를 고려할 때 더욱 중요하다. 기술은 그 자체가 인간의 행위의 소산이다. 기술은 중립적인 것으로서 인간이 어떻게 사용하느냐에 선악의 가능성이 달려 있다는 주장으로는, 결코 그 문제를 해결할 길이 없다. 많은 사람들을 매혹시키는 이 초보적인 논리는 완전히 잘못된 것이다. 우리는 이미 사회학적 차원에서 그 이상주의적 성격을 살펴보았다. 그러나 여기서 인간의 행위의 소산으로서 기술은 인간이 어떻게 사용하든 간에 하나님의 심판을 받을 수밖에 없다. 기술은 선악에 관한 하나님의 심판을 피할 수 없다.

성서에서 행위의 여러 범주들을 구분하지 않는 데서 비롯되는 또 다른 중대한 결과는 인간의 삶이 지니는 총체적인 성격이다. 인간의 삶은 하나님 앞에서 여러 부분으로 나뉘지 않는다. 즉 도덕이나 하나님과 연관된 부분이 따로 구분되어서 나머지 부분들은 망각의 어둠 속으로 사라지는 것이 아니다. 직업, 언행, 오락, 휴식, 정치, 과학, 조합, 가족 관계, 친구 관계, 사고방식, 소비방식, 여행, 소원, 경력 등의 모든 인간 행위들은 분할할 수 없는 하나의 총체적인 일체성을 띤다. 인간의 행위를 언급하면서 성서에서 문제로 삼는 것이 바로 이 삶의 총체성이다. 심판받을 인간의 행위는 결국 이 총체적인 삶인 것이다. 그것은 결코 분리된 행위들이 아니고 통합되어서 하나의 역사로서 이루어진 한 인간의 역사이다.

하나님과의 관계

인간의 행위에 관한 성서의 계시는 아주 엄격하다. 자연인의 행위들은 무서운 심판을 받게 된다. 먼저 그 행위들은 하나님 앞에서 헛된 것이다. "내 손으로 행한 모든 일과 성취하려고 한 나의 노력이 모두 다 헛되어 바람을 잡는 것과 같다."전2:11 "적게 가지고 편안한 것이 많이 가지려고 애쓰며 바람을 잡는 것보다 낫다."전4:6 인간이 행하는 것은 그 자체로는 무익하고 헛되고 실속 없고 아무 가치가 없는 것이다. 인간은 행위를 통해서 인간조건을 벗어날 수 없다. 또한 인간은 행위를 통해서 의롭게 혹은 더 낫게 될 수 없다. 행위는 행위를 하는 인간보다 더 많은 가치를 지닐 수 없다. 헛된 존재인 인간은 헛되지 않은 행위를 할 수 없다. 인간은 행위를 통하여 헛된 존재인 것을 멈출 수 없다. 인간은 자신의 행위로서 자신 안에 없는 영원성과 자격을 얻는 것을 기대할 수 없다.

또 다른 심판은 인간의 모든 행위는, 적대적이거나 독립적으로 하나님에 대해 반역하는 가운데 이루어진 까닭에, 악하다는 것이다. 인간의 행위에 대한 이 심판은 하나님으로부터 독립을 원한 인간에게 내려진 심판에 뒤따르는 것이다. 그 의도가 어떤 것일지라도 인간의 행위는 악한 것이다. 그 유일한 이유는, 인간적인 관점에서 그 행위가 완벽하게 훌륭하고 유익하고 건실한 것일지라도, 인간이 하나님에 대한 의존성을 인정하지 않고 자신이 피조물인 것을 인정하지 않기 때문이다. 앞에서 말한 관계와 동일하게, 행위가 행위의 당사자보다 더 가치를 지닐 수 없는 것이다. 인간은 자신이 하나님의 피조물인 것을 인정하지 않고 독립을 원한 까닭에 죄인으로서 악하다고 단언한 성서의 기록은, 인간의 행위가 아무리 훌륭할지라도 역시 악하다는 뜻을 동시에 지니고 있다. 예수는 나쁜 나무가 좋은 열매를 맺을 수 없다고 급진적으로 말한다. 모든 인간은 악하다. 완전히 엄정한 이 성서의 메시지는 정말 견딜 수 없을 정도이다. 그러나 우리는 거기서 벗어날 수 없다.

또 하나 덧붙여야 할 것은 율법의 행위에 관한 심판이다. 여기서 우리는 극단적인 요구를 접한다. 율법은 하나님의 뜻을 표현한다. 율법은 하나님에 의해 계시된 것이다. 따라서 이 율법을 하나하나 정확히 준수하는 인간은 선한 일을 행하는 것이다. 왜냐하면 그는 하나님이 명령한 일을 행하기 때문이다. 그런데 로마서는 우리에게 이에 대한 엄격한 심판을 말하고 있다. "그러므로 율법의 행위로는 하나님 앞에서 의롭다고 인정받을 사람은 아무도 없다. 율법으로는 죄를 깨달을 뿐이다."롬3:20 모든 것은 다음의 이중적인 논거에 달려 있다. 한편으로 먼저 율법은 하나의 전체로서 모든 계명들은 서로서로 연관되어 있어서 중요하고 사소한 것이 따로 없다. 예수가 밝혀주듯이, 아주 작은 계명이라도 어기는 사람은 계명 전체를 어기는 것이다. 반은 선하고 반은 악한 행위란 존재하지 않는다. 삶의 일체성 가운데 율법에 부합하고 부합하지 않는 행위가 따로 있지 않다. 율법을 부분적으로 준수할 가능성은 존재하지 않는다. 예수는 우리를 전부 아니면 전무의 상황에 놓는다. 우리는 율법 전체를 하나도 예외 없이 다 준수하든가 아니면 아무것도 준수하지 않는 수밖에 없다. 그런데 거기서 율법은 하나님의 뜻을 계시하는 까닭에 우리로 하여금 죄를 깨닫게 하는 매개체가 된다. 아주 작은 것이라도 지키지 못함으로써 우리는 이제 하나님에게 불순종하는 반역자인 것이다. 우리는 우리 자신이 죄인임을 인정하게 된다.

그러나 다른 한편으로 율법이 우리에 의해 권세로 바뀔 때 율법은 우리에게 하나의 덫이 된다. 우리는 그 사실을 이미 살펴보았다. 우리가 율법을 실천하려고 애를 써서 성취하게 된 경우에도, 율법을 준수하는 우리의 행위가 하나님의 뜻을 떠난 것이었다면, 우리의 행위는 여전히 정죄를 받게 될 것이다. 그런데 언뜻 보기에 그것은 어처구니없게 여겨지지만, 실제로는 정말 가능한 얘기이다. 그것은 율법의 요구를 지금 이곳에서의 하나님의 뜻으로 보지 않고 율법 자체를 중요하고 합당한 것으로 보고 또 객관적으로 성취해야 할 대상으로 보는 것으로 충분하다.

도둑질하지 말라는 계명을 하나님의 말씀이기 때문에 선으로 보지 않고 계명 그 자체로 선한 것으로 상정해보라. 십계명이나 산상수훈을 그 말씀을 준 하나님을 향한 믿음과 상관없이 객관적인 도덕적 진리로서 지키려고 노력하여서, 율법의 모든 계명들을 아주 세세하게 준수한 경우, 그 행위들은 우리를 정죄하는 이중적인 사유가 된다. 왜냐하면 그 행위들은 인간의 극단적인 교만을 나타내는 것이고, 또 하나님을 하나님의 말씀으로부터 분리시키는 것은 전형적인 사단의 일이기 때문이다. 그래서 율법 자체를 목적으로 하는 율법의 행위는 사망을 낳는 행위이다. 율법의 행위는 믿음을 나타낼 때 정당성을 가진다. 그러므로 우선적으로 중요한 것은 하나님과의 관계이고, 그 관계를 나타내는 율법이 그 다음이다. 이와 같이 성서적으로, 율법 자체에 대한 순종으로 율법을 준수하는 도덕적, 영적 행위들이 심판을 받는다면, 인간이 독립적인 태도로 헛된 것을 구하는 마음으로 성취한 그 수많은 다른 행위들이 심판받을 것은 더더욱 당연한 일이지 않겠는가.

믿음의 행위

중요한 것은 우리가 행할 수 있는 행위들이 아니다. 진리의 일은 하나님이 행한다. 다양한 형태로 헛되지 않은 일을 하는 분은 하나님이다. 공의롭고 거룩한 진리의 일을 성취하는 분은 하나님이다. 중요한 것은 인간이 하나님의 일에 편입되어 참여하면서 자신의 삶을 찾아가는 것이다. 그에 따라서 인간이 행하는 행위들도 또한 하나님의 일에 포함될 것이다. 하나님의 일 안에서 인간이 행하는 행위들은 그 의미와 방향성과 가치를 얻을 것이다. 하나님 안에 있는 까닭에 인간이 행하는 행위들은 헛되고 악하지 않게 된다. 인간이 행하는 행위들은 그 내재적인 속성에서 벗어나서 외부의 하나님으로부터 주어지는 중요성과 공고성과 공의를 지니게 된다. 하나님의 말씀은 우리에게 어떤 특정한 행위를 요구하지 않고, 특별한 행동을 명령하지 않는다. 하나님의 말씀은 우리 자신을 향하는 것이다. "하나님의 말씀은 우리에게 그 말씀의 뜻에 부합하는 일을 우리 자신이 성취할 것을 요구한다. 하나님의 말씀은 우리의 마음을 원한다. 그리하여 우리로 하여금 진리에 전적으로 순종하고 복종하는 결정들을 내리게 한다." 칼 바르트는 이렇게 하나님의 말씀을 실천하는 것이 하나님의 말씀이 부여하는 진정한 조건이라고 덧붙인다.

이와 같이 우리가 행하는 특정한 행위가 가치 있게 되는 것은 오직 우리의 모든 존재가 하나님의 뜻에 동조하는 표현으로서 하나님의 일에 믿음으로 참여할 경우에만 가능하다. 정통적인 믿음과 행위의 대립에 익숙한 개신교인들에게 충격적으로 보일 수 있는 이 사실을 해명해주는 성서의 말씀이 곧 믿음은 특히 행위라는 것이다. 믿음은 실제로 인간이 행위로서 자신을 향한 하나님의 역사를 확인시켜주는 것이다. 사실 행동이 아니라 믿음을 통해서 인간은 은총의 언약을 듣게 되고 하나님의 역사의 대상이 되는 것이다. 인간의 믿음은 하나님이 예수 그리스도 안에서 이미 자신을 위해 행한 역사를 단지 인정하는 것이다. 인간은 그것을 사실로 받아들인다. 인간은 그것을 자기 자신을 위한 일로 받아들인다. 믿음은 예수 그리스도를 대상으로 하는 것이기에, 믿음을 통해서 인간은 하나님과 화목하게 된다. 믿음이 우리의 삶 전부에 영향을 미치는 까닭에 믿음은 대표적인 행위이다. 우리의 진정한 행위는 믿음 안에서 살아가는 총체적인 삶 전부가 된다.

　그러므로 잘 알다시피 우리를 의롭게 하는 것은 우리가 행하는 행위들이 아니다. 그것은 우리가 믿음으로 받아들인, 예수 그리스도 안에서 하나님이 행한 일이다. 우리가 행하는 행위들은 예수 그리스도를 향한 믿음에서 비롯된 것이기 때문에 가치 있고 선한 것이 된다. 그 일은 우리의 일이 된다. 이는 하나님의 역사에 순전히 수동적으로 따라가는 것이 아니다. 믿음을 요청받고 믿는 것은 인간이다. 인간은 이 결정적인 순간에 스스로 결행한다. 이 결정은 인간의 삶의 전체 방향과 인간이 행하는 모든 행위들의 성과를 도출한다. 이 시점부터 인간의 삶은 전적으로 새로운 방향을 지향하게 된다. 인간이 행하는 모든 것은 새로운 방향 가운데 새롭게 조명된다. 그것이 인간이 행하는 행위들의 결정적인 특징이 된다. 그러므로 믿음과 행위는 서로 대립하는 것이 전혀 없게 된다.

　오늘날 다행히 사라진, '믿음에 의한 구원이냐 행위에 의한 구원이냐'라는 유명한 논쟁은 논점 자체가 잘못된 것이다. 왜냐하면 이 새로운 정향 가운데 믿음으로 하나님의 일에 참여하지 않고는, 의롭고 선한 행위란 있을 수 없기 때문이다. 역으로 행위들이 없는 믿음도 있을 수 없다. 왜냐하면 믿음은 그 자체가 행위이기 때문이다. 믿음은 그 자체가 삶을 새롭게 결정하는 것이다. 우리가 성서적으로는 행위라 불리는 특별한 행동이 따로 없고 우리의 모든 행동들이 행위라는 것을 받아들인다면, 행위는 삶의 양식 그 자체가 된다. 하루 종일 우리는 행위를 한다. 믿음이 정확히 삶의 방향을 근본적으로 새롭게 정하는 것이고 한다면, 믿음은 우리가 삶을 살아가는 까닭에 반드시 우리의 행위로 표현된다. 삶을 사는 것을 그만두어야 행위가 없는 믿음이 존재하게 될 것이다. 그러나 그렇게 되면 더 이상 믿음도 또한 존재하지 않게 될 것이다. 그래서 믿음은 행위를 유발한다. 믿음은 "사랑을 통하여 일하는 것이다."갈5:6 믿음의 행위가 없이는 인간은 구원받을 수 없다. "하나님은 각 사람에게 그의 행위대로 갚아줄 것이다."롬2:6 실제로 행위는 믿음이 있다는 증언이자 증거이다.

우리는 예수 그리스도를 통하여 구원받는다. 그러나 우리가 믿음의 행위를 하지 않는다면 우리는 예수 그리스도와 상관이 없게 된다. 그렇게 되면 우리의 믿음은 죽은 믿음이다. "하나님 앞에서는 율법을 듣는 자가 의롭게 되는 것이 아니라 오직 율법을 행하는 자가 의롭게 된다."롬2:13 왜냐하면 율법을 행하는 것은 믿음의 실재에 대한 외적인 증거가 되기 때문이다. 율법을 행하는 것은 오직 믿음으로만 가능한 것이다. 우리가 이미 살펴보았듯이 믿음이 없이는 그것은 불가능한 것이다. 믿음으로 행할 때 우리의 행위는 필요한 것일 뿐만 아니라 선한 것이 된다. 그 이유는 우리의 행위가 좋은 결과를 낳기 때문도 아니고, 사람들이 우리의 행위를 선하다고 평가하기 때문도 아니고, 우리의 행위가 남들에게 행복을 가져다주기 때문도 아니고, 남들을 행복하게 해주기 때문도 아니다. 우리의 행위가 선한 행위가 되는 것은 오로지 우리의 행위가 하나님의 일 안에 들어가 있고, 예수 그리스도를 향한 믿음을 나타내며 하나님의 구원의 뜻 안에 포함되기 때문이다.

행위가 선하게 되는 것은 하나님과 인간 간에 수립된 관계에 의한 것이다. 이 순종의 관계가 어떤 행위이든 간에 그 성격을 규정한다. 행위의 본질과 믿음의 밀접한 관계는 예를 들어 예수 그리스도 안에서도 보인다. "나를 믿는 사람은 내가 행하는 일들을 할 것이요 이보다 더 커다란 일도 할 것이다. 이는 내가 아버지께로 가기 때문이다."요14:12 그러므로 믿음은 예수 그리스도의 완전무결한 일들도 행할 수 있게 한다. 그 일들은 예수 그리스도가 행한 것이기에 완전무결한 것이다. 그러므로 우리는 행한 행위에 대한 부분적이거나 단편적인 판단에서 완전히 벗어나게 되고, 또한 그 행위 자체에 대한 객관적인 판단에서도 자유롭게 된다. 행위 자체란 있을 수 없다. 동일한 행위가 하나님의 사랑을 향한 믿음에 기인한 것이냐 아니면 반대로 불순종의 반역에 따른 것이냐에 따라 선한 행위가 되거나 악한 행위가 되는 것이다.

다른 한편 행위의 총체성은 우리로 하여금 에스겔서의 유명한 구절을 이해할 수 있게 한다. "한 사람의 의인이 단 하나의 죄를 범하게 되면 그의 모든 의로움은 소멸되고, 한 사람의 죄인이 회개하고 믿게 된다면, 그의 모든 죄악은 용서된다." 그런 까닭에 인간의 삶에서 행위 하나하나를 따로 떼어놓을 수 없는 것이다. 리트머스 시험지에 산성의 액체 한 방울이면 그 시험지 전체를 변화시키는 데 충분하다. 그런 맥락에서 우리는 또한 행위들에게 부여된 결정적 성격을 이해하게 된다. 한편으로 인간은 자신의 행위들을 통해 하나님을 부인할 수 있다.^{딤1:16} 필수적인 것을 아는 지식이 신앙의 여부를 판가름하는 기준점이 아니다. 정확한 결정적인 기준점이 되는 것은 행위이다. 인간의 행위를 통해서 하나님은 영광을 받을 수도 있고, 인간의 행위를 통해서 하나님은 부정될 수도 있다.

순전히 내적으로만 하나님을 신봉하고 마음속으로 영접하고 믿는 것은 있을 수 없다. 왜냐하면 창조주 하나님으로서 하나님이 받아들일 수 없는 것이 바로 피조물이 부분적으로 분열되고 파열되는 것이기 때문이다. 하물며 인간에 대해서는 더욱 그렇다. 하나님이 원하는 것은 모든 피조물이 다시 일체성을 회복하는 것이고 인간이 하나님과 연합하여 일체성을 회복하는 것이다. [78] 그래서 믿음의 행위가 따르지 않는, 마음속으로 은밀하게 계시를 신봉하는 것은 하나님이 모든 인간에게 내린 소명과는 정반대가 되는 것이다. 그런 까닭에 위선에 대한 예수의 정죄가 제일 심각한 것이다. 역으로 인간은 자신의 행위에 의해서 하나님에게 영광

---

78) ▲예수 그리스도 안에서 다 총괄적으로 회복되었다.

을 올려드리는 것이다. 하나님에게 합당한 행위를 권고하는 여러 차례의 권면은 그 이외의 다른 뜻이 없다. 하나님을 영화롭게 하는 것이 하나님을 증언하는 것이고 하나님을 참으로 현존하게 하는 것이고, 모든 일과 영광을 오직 하나님에게 올려드리는 것이라면, 그것은 하나님에게 합당한 행위를 통해서 실현된다. 다시 말해서 인간의 합당한 행위를 통해서 인간은 하나님의 역사의 자취를 감지할 수 있게 된다.

믿음의 열매, 자발성, 진정성

그 행위들이 믿음에서 나온 행위들이라는 데서 우리는 몇 가지 결론을 얻어낼 수 있다. 첫째는 핵심적인 것으로 이 행위들은 흔히 쓰는 말로 열매들이라는 점이다. 먼저 성서에서는 행위라는 말은 거의 쓰지 않고 반대로 열매라는 말을 많이 쓴다는 사실을 유념하자. "열매를 맺는다"는 말은 그리스도 안에서의 삶을 분간하는 확실한 기준이다. 그것은 이미 지나 시적 비유만이 아니라 어떤 실재가 내재한다는 걸 뜻한다.

둘째로, 우리는 신약의 서신서에서 갈라디아서 5장에서와 같이 여러 군데서 육신의 행위와 영적인 열매를 대립시킨다는 점에 주목한다. 그 사실은 우연일 수도 없고 표현기법일 수도 없고 그렇다고 그 두 개의 단어가 완전히 동일한 걸 의미하는 것일 수도 없다. 의의 열매, 성령의 열매, 빛의 열매 등을 말하는 구절들은 무얼 뜻하는가? 이는 두 가지를 의미하는 것 같다. 먼저 하나는 그 행위들의 자발성이다. 믿음의 행위들은 엄격한 강압에 따르거나, 성격이나 취미 등의 개인적 성향들이 상충되는 모순성에 기인하거나, 하나의 의지에서 나온 산물들에서 비롯된 것이 아니다. 예를 들어 기쁨과 즐거움을 주는 것을 다 거부하는 것이 믿음의 행위가 아닌 만큼 고통을 원하는 것도 믿음의 행위가 아니다. 죄의 표지는 즐거움이나 행복이 아니다. 역으로 고통과 괴로움은 선의 표지가 아니다. 그런 식으로 사고한다면, 우리는 이미 정죄된 율법의 행위 안에 그대로 머물러 있는 셈이다. 그것은 "만지지도 말고 맛보지도 말라"고 하면서 사도바울이 정죄한 도덕성과 같은 것이다. 성령이 우리 안에 거하고, 우리가 믿음으로 하나님의 역사에 동참한다면, 우리는 믿음의 열매를 맺으라는 요청을 받는다. 다시 말해서 나무가 자발적으로 열매를 맺듯이, 우리는 자발적인 결정과 자발적인 행동을 통해서 그리스도 안에서 우리의 삶과 믿음을 나타낼 것이다. 우리의 행위가 고통스럽고 괴롭고 강제적인 것이라면, 우리의 행위가 우리에게 무거운 짐이라면, 우리의 행위가 마음속으로는 우리가 피하고 싶은 것이라면, 우리의 행위가 우리로 하여금 경직된 가운데 내적인 갈등 속에서 살아가게 한다면, 그런 우리의 행위는 믿음의 행위가 아니다. 그런 우리의 행위는 도덕주의적인 행위이고, 위선적인 행위이며, 두려움에서 비롯된 행위이다. 열매를 맺는 데서 나무는 스스로 갈등하지 않는다. 나무는 스스로를 발현한다. 우리의 행위도 다른 것이 아니라 우리 자신을 발현하는 것이어야 한다.

'열매'라는 단어에는 다른 하나의 의미가 있다. 행위를 낳게 한 자발성은 신앙의 진정성의 척도가 된다. 왜냐하면 우리의 삶이 신앙에 의해서 새롭게 된 사실을 외적으로 보여주고 나타낼 수 있는 것은 삶을 표현하는 자유로운 행위를 통해서만 가능하기 때문이다. 열매라는 개념은 삶과 삶의 산물이 일치한다거나 혹은 삶의 산물은 단지 삶의 표현에 지나지 않는다는 것을 전제로 한다. 그런 까닭에 예수 그리스도는 좋은 나무는 좋은 열매를 맺고 나쁜 나무는 나쁜 열매를 맺는다고 말한다. 열매는 그 나무와 다르지 않은 것으로서 열매의 본질 자체가 좋은 것이 아니다. 나무가 좋을 때 그 열매는 좋은 열매가 된다.[79] 둘 사이에는 완전한 일치

---

79) ▲역으로 열매가 좋으면 나무도 좋다는 것도 사람들이 인정하는 사실이다.

가 존재한다.

믿음의 행위들도 마찬가지이다. 우리의 행위가 자발성을 띨 때, 우리의 행위는 우리의 삶과 존재의 실재를 표현하는 것이다. 우리의 존재가 선할 때, 즉 의롭고 거룩하게 될 때, 우리의 행위는 선한 행위가 된다. 선한 행위가 된 까닭에 우리의 행위는 나의 삶이 믿음 안에서 영접한 예수 그리스도의 개입에 의해 변화되었다는 사실을 보여준다. 그런 까닭에 사람들은 육신의 행위 혹은 율법의 행위[80]와 성령의 열매[81]를 상반된 것으로 구분한다. 예수 그리스도는 우리의 삶의 뿌리를 바꾼다. 그래서 열매의 변화가 뒤따르는 것은 당연한 일이다. 그러나 열매가 변화되어야 한다. 그렇지 않다면 그 뿌리가 변화되지 않은 것을 뜻한다. 강제성에 의한 열매가 뿌리에 부합하지 않는 것이 우리가 위에서 언급한 분리이다. 우리의 믿음과 믿음의 표현, 우리의 속마음과 우리의 겉모습 등이 일치를 이루는 것은 근본적으로 중요하다.

그러나 여기에 약간의 뉘앙스를 덧붙여야 한다. 행위의 전적인 자발성은 어떤 실천적 의지를 배제하지 않는다. "하나님을 믿는 사람들은 선한 일을 힘써서 실천해야 한다."[딛3:8] 그러므로 인간의 결단이라는 측면이 존재한다. 이는 사도바울이 자신의 육체를 엄격하게 복종시킨다거나 상을 받으려는 경주자처럼 달려간다고 한 것과 동일한 것이다. 그렇다면 이는 그리스도인은 자신 안에 있는 믿음을 억지로 찾지 않고 직접적으로 표현하고 그 믿음대로 살아야 한다는 것을 전제로 하는 열매의 자발성과 모순되지 않는가? 실제로 그 대답은, 행위의 자발성이 믿음의 진정성의 척도가 된다고 위에서 규정한 정의에서 찾을 수 있는 것 같다. 행위를 끝내고 난 뒤에, 자발성을 발현하고 난 뒤에, 인간은 그 행위를 돌아보고

---

80) ▲강제적일 수 있고 본성의 이중성을 드러내는 행위.
81) ▲우리의 삶을 통해 성령의 역사가 직접적으로 나타나는 열매.

그 자발성을 검토해야 한다. 이는 하나님이 하루의 창조를 마친 저녁마다 자신이 창조한 작품을 바라보고 평가하여 "보기에 좋다"고 선언한 것과 마찬가지이다. 그래서 "각 사람은 자신의 행위를 살펴보라"갈6:4는 말씀과 같이, 우리는 끊임없이 스스로 우리 자신을 돌아보아야 한다. 이에 해당하는 것으로 양심의 성찰이 있다.

그러나 이 성찰은 정확히 말해서 양심의 성찰이 아니다. 그것이 우리의 마음을 살피고 우리 자신의 가장 깊은 의도와 동기를 식별하는 것이라면, 먼저 우리는 결코 그 목적을 달성하지 못할 것이다. 그리고 우리는 불확실한 것들의 미로에서 길을 잃고, 성찰과 세심한 가책으로 진이 빠져서, 결국은 우리가 행한 모든 일들을 정당화하는 것으로 끝마치게 될 것이다. 우리 양심의 성찰은 오직 하나님에게 속한 일이다. 상대적으로 쉬우면서 분명히 할 만한 가치가 있는 것으로서 우리가 할 일은 우리의 행위들을 성찰하는 것이다. 그 행위들은 객관적이고 논란의 여지가 없는 자료들로서 우리가 판단을 내릴 수 있는 대상이 된다. 그러나 우리의 행위에 대한 이 성찰은 우리가 정하는 임의의 기준에 따라 우리 입맛대로 하면 되는 불명확한 일이 아니다. 이 성찰은 하나님의 말씀과 계명에 입각해서, 또 좀 더 용이하게는 교회에 의해 일정 기간 동안 말씀에 기초하여 정해진 윤리의 관점에서 이행된다. 여기서 인간은 하나님의 명령에 대해 자신이 행한 것을 직면해볼 수 있다.

성찰은 쉽다. 이것은 하나님의 명령에 대해 우리가 행한 일을 사후적으로 살펴보는 것이다. 그러나 이것은 결코 우리로 하여금 실제로 '선한 결단'을 내린다거나 다음에는 더 잘 하고 싶은 마음을 가지게 유도하지 않는다. 만약에 그렇게 된다면, 우리는 도덕주의의 함정을 벗어나지 못하고, 쉽게 열매의 자발성을 꺾어버리며, '외적인 행위'를 행하기에 이를 것이다. 우리의 행위가 실제로 우리의 삶을 통해 자발적으로 열매 맺은 것이라면, 우리의 행위에 대한 이 평가는 사실상 우리의 삶에 대한 평가가 된다. 우리의 삶이 우리의 믿음에 의해 결정되므로, 이 평가는 곧 우리의 믿음에 대한 평가가 된다. 그런 까닭에 열매의 자발성이 결정적으로 중요하다는 사실을 이해하게 된다. 그러나 만약에 행위의 부족 탓에 우리의 믿음이 연약한 것을 우리가 확인하게 된다면, 그것은 미래를 위한 결단은 우리의 믿음과 관계가 있다는 걸 뜻한다. 그래서 사도바울은 다시 말한다. "너희가 믿음 안에 있는지 스스로 시험해 보라."고후13:5 그러므로 행위에 대한 성찰을 통해서 행동주의적인 의지에 따른 위선이 아니라, 신앙의 깊은 성숙을 향해서, 믿음 안에서 더욱더 진실하고 진정성 있는 순종으로 나아가게 되는 것이다. 실제로 행위가 진정으로 우리의 믿음을 나타내는 것이라면, 행위의 변화를 위해서는 그 뿌리와 기원에서부터 시작해야 한다. 증상이 아니라 원인을 다루어야 한다.

역으로 우리의 믿음이 믿음의 구체적인 표현인 행위에 대한 성찰보다 직접적인 심리적 성찰을 통해서 더 진실해지고 더 깊어지는지 여부를 우리는 결코 알 수 없다. 그래서 실천과 결정과 의지는 행동방식과 결과의 차원이 아니라 하나님의 말씀을 듣고 거기에 응답하는 차원에서 발생한다. 그 때에 우리는 인격의 통일성과 열매의 자발성을 간직하면서, 개개인이 자신의 삶에 대해 개인적으로 책임을 져야 하고 각자의 결정과 노력이 중요하다는 사실을 중시하게 된다. 그러나 끝으로 인간의 이런 노력에 대한 응답이 하나하나 하나님의 계획으로 나타난다는 사실을 잊지 말아야 한다. "열매를 맺는 가지는 더 많은 열매를 맺게 하려고 깨끗하게 가지치기를 한다."요15:2는 예수의 말씀은 때로는 고난을 통해서 믿음을 단련하고 자라나게 하며 더 풍성하게 하려고 하나님이 인간 안에서 역사한다는 걸 의미한다. 그런 하나님의 역사는 인간의 행동을 정확하게 응용하고 이해하고 대응한다. 아무튼 인간은 스스로는 믿음을 자라나게 할 수 없다. 인간은 기도를 통해서 하나님이 자신에게 주시는 더 높은 믿음을 얻게 된다. 역으로 하나님이 행동하고 가지치기를 할 때, 그 하나님의 행동에 대한 인간의 동의와 수용과 이해와 사랑이 동반해야 비로소 그 효력이 명백하게 나타날 수 있다. 인간의 선택과 결정은 거기에 자리한다.

생명과 살아있는 관계를 전제로 하는 열매라는 용어는 또한 사람이 모든 생명의 근원인 존재와 일치를 이루는 의미가 있다는 사실을 다시 상기시킬 필요가 있을까? 생명의 흐름이 하나님으로부터 인간으로 이어져야지 비로소 인간은 열매를 맺을 수 있다. 그것은 오직 예수 그리스도를 통해서만 실제로 이루어졌고 또 가능한 일이다. 요15:1,12 그러나 이는 믿음의 행위에 대해서 위에서 이미 말했던 바를 다시 되풀이하는 것일 뿐이다.

행위들의 일체성

위에서 살펴본 일체의 행위들은 우리로 하여금 행동 하나하나가 아니라 행동들 일체를 바라보게 한다. 왜냐하면 도덕적 행위들과 '노동, 기술, 예술'의 행위들은 분리되지 않기 때문이다. 그런데 이 일체의 행위들은 인간의 삶 그 자체가 된다. 성서는 우리에게 흔히 하듯이 존재와 행위를 따로 구분하지 않는다. 위에서 말한, 행위는 하나의 열매라는 비유는 존재와 행위의 본질적이자 실존적인 관계를 가리킨다. 존재는 행위 안에 전부 있다. 행위는 존재의 표현일 뿐이다. 따라서 우리는 행위들은 결국 인간의 삶 그 자체라고 말할 수 있다. 삶이란 보편적이고 추상적인 의미가 아니라 우리 각자가 영위하고 이어가면서 최종적으로 이루어가는 것이다. 계속적으로 성취한 행위들, 남들과 관계를 맺어가는 행위들, 여가 행위들, 경건한 행위들, 노동 행위들, 자녀 교육 행위들, 행복한 결혼의 행위, 직업 행위들, 공적인 행위들, 조합이나 정당에 가입하는 정치적 행위들, 전도 행위들 등 이 모든 것은 결국 총체적으로 우리의 삶의 행위가 된다.

행위와 삶이 일치한다는 이 엄정한 관점에서 개개인의 삶 자체가 곧 개개인의 행위라고 말할 수 있을 것 같다. 하나님의 원대한 일이 곧 그리스도인 것과 마찬가지로, 다시 말해서 성자 예수 안에 온전하게 자신을 나타냄으로써 하나님이 어떤 존재인지를 계시한 것과 마찬가지로, 우리 각자의 원대한 일은 계속 이어지는 행위들을 통하여 자신이 누구인지를 나타내는 우리 각자의 삶인 것이다. 때를 따라 계속된 이 행위들은 각자의 삶, 곧 각자의 역사를 이룬다. 각자의 삶은 우리가 살아가는 동안 일어난 사건들, 특히 우리가 행한 행위로 구성된다. 거기에는 우리의 정체성이 있는가 하면, 어떤 일을 하면서 우리가 표명하는 바가 있고, 일에 변화가 있는가 하면, 일어난 사건과 내가 행한 일과 나의 존재 안에서 변한 나 자신이 있다. 내 생각에 이것이 성서에서 말하는 인간의 행위와 운명의 관계에 관한 깊은 실재를 나타내는 것이다.

나쁜 나무는 좋은 열매를 맺을 수 없다. "그들의 행위들은 그들을 뒤따른다." "너희는 너희의 행위대로 심판받을 것이다." "행위들은 믿음에서 나온다." 율법의 행위를 제외한 행위는 인간과 관계없는 외적인 것으로 인간에게 덧입혀진 덧옷과 같이 인간을 포장하여 겉모습을 달리 하게 하는 것이 아니다. 실제로 인간의 행위는 일체의 행위들을 말한다. [82] 그러므로 인간은 행위로 구원을 받지 못한다. 인간은 자신이 행한 행위들에도

---

82) 시몬 보부아르(Simone de Beauvoir)는 *La Force de l'âge*(나이의 힘)라는 책에서 "나에게 나의 일은 나의 삶 그 자체이다. 나는 그것을 내 손으로 붙잡았다고 믿었다."고 기술했다. 그녀가 거기서 말하는 것은 아주 오래된 사상에서 나온 것으로서, 그것을 긍정하기도 하고 부정하기도 하는 전형적인 구약의 사상이다. 충격적인 것은 그런 사상이 새롭고 놀라운 새로운 철학의 표현처럼 여겨진다는 점이다. 그런데 그것은 단지 성서에 대한 전반적 무지를 나타내는 것에 불과하다. 그 무지의 원인은 고착된 신학과 왜곡된 도덕에 있다.

불구하고 구원받을 수 있지만, 결코 그 행위들과 분리될 수는 없다.

　이는 우리로 하여금 근본적인 문제를 돌아보게 한다. 인간의 행위가 하나님 앞에서 궁극적으로 인간의 삶이 된다면, 다른 한편으로 자발적인 열매로서의 행위들이 인간이 결정하고 선택한 자발적인 행위들로서 인간이 계획한 바에 따라 실행되어 인간의 지적 능력과 활동을 나타낸다면, 또한 그 행위들이 인간 자신이 행한 행위들이라면, 우리는 인간의 삶은 곧 인간의 행위라고 말할 수 있다. 나는 이 주장이 충격적일 수 있다는 사실을 안다. "인간의 생명은 하나님이 주신 것이다!" 물론이다. "인간의 삶은 하나님이 인도하신다." 이 또한 물론이다. "우리의 유일한 역할은 하나님이 주신 것을 받아들이고 하나님이 명령하는 대로 순종하는 것이다." 맞는 말이다. 그런데 그 이후에는? 이 모든 신학적 진리들은 무엇을 근거로 우리의 삶을, 하나님 앞에서 우리가 원하고 행하는 삶을 가로막는가?

　나의 삶은 내가 행한 행위라는 말은 "하나님이 나에게 살아갈 자유를 주신다."는 말이다. 다시 말해서 "하나님은 나에게 생명을 주시면서 나의 삶을 이루어갈 자유를 주신다."는 것이다. 자유란 사실 삶을 이루어가는 의지를 내포한다. "하나님의 말씀은 우리에게 어떤 행위를 요구하는 것이 아니다. 하나님의 말씀은 우리 스스로 말씀의 내용에 부합하는 일을 수행하는 것을 요청하는 것이다. 그리스도 안에 있는 사람은 믿음을 통해서 존재 전체가 미래로 던져진다. 사도바울이 "행위나 행위들"이라고 부른 것은 인간의 실존적인 이 새로운 결단을 말하는 것이다."[83] 자신의 삶을 이루어가는 인간은 절대로 하나님과 경합하는 것이 아니다. 인간은 하나님을 대신하는 것을 바라지 않는다. 그러나 스스로 행하고 책임을 맡으면서, 인간은 하나님이 인간에게 원하는 자유를 따라

---

83) K. Barth, *Dogm. IV*, pp. 151−159.

서, 인간이 하나님으로부터 받은 지혜를 적용하면서, 살아가는 데 만족한다. 우리가 이 모든 행위들을 행하고 우리의 삶을 양심적으로 이루어가는 걸 원하지 않는다면, 우리는 자유와 지혜를 포기하는 것이다. 자유와 지혜는 우리가 가진 두려움, 몰이해, 미온적인 태도, 위험을 거부하는 자세 등에 의해 사장되어 아무 쓸모가 없게 된다. 그 위험은 모든 방면에서 마주치는 것으로서 이 세상에서 자유로운 존재로 살아가는 위험이고, 하나님이 기뻐하지 않는, 심판받을 수 있는 삶을 이루어가는 위험이다. 그러나 이 위험을 감수해야 한다. 그렇지 않으면 그리스도 안에서 살아가는 삶의 가능성이 다 사라지는 것이다. 하나님에게 불순종하게 되는 위험 때문에 지혜를 통해 자유를 구현하는 것을 거부하는 사람이나, 경건을 이유로 하나님 앞에서 자신의 삶을 스스로 영위하는 것을 거부하는 사람은 주님이 입에서 토해버리는 미온적인 사람이다.계3:16 그런 사람은 헌물에 대한 율법은 준수하지만 굶주리는 부모는 돕지 않는 바리새인마15:5과 같은 사람이고, 대답은 잘 하면서 아무것도 하지 않는 맏아들마21:28과 같은 사람이다.

기술문명과 새로운 세계

이제 마지막으로 고려해야 할 점이 있다. 이 행위들은 하나의 우주적인 비전에 통합되는 것인가? 이 행위들을 창조의 계속으로 보아야 하는가? 우리는 하나님과 동역하는 창조자들인가, 아니면 물건의 제작자들인가? 15년 전부터 신학적 관점에서 기술의 진보를 정당화하는 수많은 연구서들이 나왔다. 그것을 크게 두 가지 경향으로 구분해볼 수 있다. 하나는 인간이 본성적으로 물건의 제작자들이라는 것이다. 기술의 진보는 타락 이전부터 에덴동산에서 경작하고 관리하라고 아담에게 주어진 명령에 따르는 것일 뿐이다. 그래서 인간은 처음부터 창조를 계속하고 보완하라는 소명을 받았다는 것이다. 또한 그것은 인간의 일이라는 것이다. 창조세계는 닫혀있는 것으로 주어지고, 인간의 소명은 그 창조세계를 열고 활짝 펼쳐지게 하는 것이고, 창조세계는 인간이 실제로 구현해갈 일체의 가능성이라는 것이다. 이는 창세기 1장과 2장에 나온 대로 창조는 끝마쳤고 모든 것이 심히 좋았다는 말씀과는 상반되는 것으로 보인다.

다른 하나의 경향은, 인간의 기술의 진보는 타락에 따른 결과라는 것이다. 인간은 타락에 의해서 성년에 이르렀다. 하나님과 단절된 인간은 스스로 자신의 운명을 개척하고 자신의 일을 시작했다. 인간의 역사가 시작된 것이다. 이 점에 대해서는 아무 의심도 없다. 그러나 지금까지 언제나 대재앙으로서 성서에서 인간의 가장 끔찍한 사건으로 제시되어왔던 이 타락의 사건이 이 신학적인 입장에서는 긍정적인 것으로 제시되었다. 이 타락의 사건은 '인간의 경이로운 모험의 시작'이라는 것이다. 이 모험은 창조세계에 또 다른 것을 더하는 것으로서 인간의 자기실현을 가능하게 하고, 인간이 하나님에게 충실했더라면 얻을 수 없었던 모든 가능성들을 열어준다. 내가 보기에, 이 주장은 하나님과의 관계단절을 아주 가볍게 여기고, 그런 맥락에서 인간이 만드는 기술을 긍정적인 것으로 평가한다. 84) 이 주장에 따르면 인간은 하나님과 단절되어서 행위가 자유롭게 된다는 것이다. 그런데 성서의 가르침에 따르면 인간은 하나님과 단절된 순간부터 소외되고 노예가 되기 시작한다. 인간이 만든 기술은 결코 자유를 주는 것이 아니라 인간을 소외시키는 것이다.

우리는 '타락사건'을 전혀 긍정적인 것으로 볼 수 없다. 우리는 주님이 준 자유 안에서 행한 행위들과 그리스도를 믿지 않는 인간이 행한 행위들을 동일한 범주에 포함시킬 수 없다. 85) 우리가 여기서 인간의 행위

---

84) ▲그런데 성서 전체에서 하나님과 단절된 인간의 모든 행위는 반드시 무조건적으로 죄악으로 선포된다.

85) 기술의 신학에 관해서는 1961년의 *Foi et Vie*(신앙과 삶)에 실린 저자의 글을 참조하

의 일체성에 관해 말하는 것은 그리스도에 의해 자유롭게 해방된 인간의 행위를 가리키는 것이다. 우리가 아직 하나님의 나라에 있는 것이 아니라는 사실을 상기하면, 전체 인류가 이미 그리스도 안에서 온전히 회복된 것은 전혀 아니다. 그리스도와 연합한 인간은 자신의 행위를 통하여 창조를 계속하거나 보완하라는 부름을 받은 것이 전혀 아니다. 인간의 행위는 하나의 행위로서 각기 도덕적, 지적, 기술적 측면들을 지니는 것이다. 따라서 자유롭게 된 인간은 인류전체가 집합적으로 기술을 만들어가는 일에 참여하는 것이다. 그러나 그 의미는 완전히 다른 것이다.

우리가 비판하는 신학의 관점에서, 인류전체가 행하는 일은 높이 평가된다. 그런데 역사적인 차원에서 보는 그 인류전체의 일은 성서적으로는 정죄의 대상이다. 86) 여기서 우리는 개인적으로 그리스도에게 속하여 하나님이 부여한 자유를 발휘하는 사람이 행하는 행위에 대해서만 말할 수 있다. 우리는 거기서 두 가지 측면을 볼 수 있다. 한편으로 그 사람은 자신의 행위를 통하여 크게는 문명이라고 할 수 있는 기술, 예술 등 인류전체의 행위에 실제로 참여한다. 그러나 예수 그리스도를 믿는 사람으로서 그는 다른 사람들과는 다르게 거기에 참여한다. 이 참여는 개인적인 행위로서 그는 개인적인 신앙인으로서 거기에 참여하는 것이다. 다른 사람들과 구별되는 차이점은 그 사람은 거기서 야기되는 소외현상에 대해 자유롭다는 데 있다. 또한 그 사람은 거기에 내재된 타락성과 함께 거기에 주어진 구속의 언약에 대해 알고 있다. 바꾸어 말해서, 그는 그 일이 죄악으로 가득한 정죄의 대상이면서도, 마지막 때에 하나님이 기다리고 받아들이며 수용할 대상이라는 사실을 알기에 자유롭게 행한다. 그는 거기서 심판과 소망을 동시에 보여주는 소명을 받은 것이다.

라.

86) ▲그렇다고 이것이 내가 그것을 부정적으로 보고 정죄의 대상으로 본다는 뜻은 아니다. 그 점에 대해서는 *Foi et Vie*(신앙과 삶)에 실린 내 글을 참조하기 바란다.

그러나 거기에 그 사람이 참여하는 것은, 그 일이 그에게 아주 중요하다 할지라도, 성서적으로 보면 그의 행위 중에 아주 미세한 부분에 지나지 않는다. 거기에 참여하는 그 사람의 행위는 집단적인 생산행위 속에서 자유를 표명하는 것이다. 그것은 아주 획일적인 생산행위 내부에 문제를 제기하는 것이다. 그것은 단일성과 정당성을 바라는 문화 안에 긴장을 조성하는 것이다. 그것은 인간이 인간의 영광으로 여기는 것에 문제를 제기하는 것이다. 설마 그것이 부정적인 태도라고는 말 못할 것이다. 그것은 정확히 역사적인 결정론에 자유를 유입하는 것이다. 그런 태도와 그런 일련의 반론을 통해서, 그리스도를 향한 신앙을 고백하는 사람은 하나님이 그 일을 채택할 수 있게 준비한다. 불순종의 반역과 결정론의 필연적인 산물을 자유의 영역에 옮겨 놓는 행위는 인류전체가 행한 행위에 대한 속량을 위해 미리 지불하는 선금을 뜻한다.

그러나 그것은 우리가 행하도록 요청받은 '선한 일들'을 나타내지 않는다. 사실 하나님의 일에 인간이 동역하는 일이 있다. 우리가 하나님과 함께 동역하거나 하나님의 일꾼들이 되는 일고전3:9이 있는가 하면, 우리가 행하도록 하나님이 미리 예비하는 선한 일들엡2:10이 있다. 그 일들은 문화와 문명에 관계된 일들이 아니다. 하나님이 인간으로 하여금 하나님의 일에 동참하게 하는 일은 천국에 동참하는 일이다. 인간은 개인적으로 거기에 참여하도록 부름을 받는다. 인간은 자신이 개인적으로 행하는 그 일이 교회가 행하는 독립적인 집단적 일을 도출한다는 사실을 발견한다. 87) 그 집단적인 일은 타락한 세상 가운데 천국을 현존하게 하는 것이다.

창조세계가 계속 되는 것이 아니다. 세상에 감추어져 있으면서 세상과 전혀 다르고 은밀하게 눈에 띄지 않는 새로운 창조세계가 현존하는 것

---

87) ▲따라서 그 흐름의 방향은 이전의 것과는 역방향이다.

뿐이다. 현존하는 이 새로운 세계는 세상의 체질에 손을 댄다. 이 세계는 세상에 새로운 가치를 부여한다. 이 세계는 세상의 것과는 다른 법과 힘으로 행동하고, 세상과 본질적으로 다르다. 이는 보물의 본질이 밭과 다르고, 누룩의 본질이 밀가루 반죽과 다른 것과 같다. 인간이 그와 같이 하나님의 일에 참여하는 것은 한편으로는 부패와 반역과 죄악과 타락의 세상을 구원하는 존재로 나타나는 하나님의 자유에 참여하는 것이고, 다른 한편으로는 인간 자신의 자유를 표명하는 것이다. 왜냐하면 인간이 스스로 자유로울 경우에만 하나님의 일에 참여할 수 있기 때문이다. 그러므로 우리는 이 간단한 논리를 통하여 그리스도를 향한 신앙을 고백하는 사람의 자유로운 행위가 기초하는 것은 생산 기술의 완벽성이 아니라 하나님의 구원의 역사인 성육신이라는 사실을 알게 된다. [88]

---

88) 성서의 내용에 정확히 맞는 것으로 여겨지는 이 관점은 콕스(H. Cox)의 입장과는 명확하게 모순된다. 콕스는 도시화와 같은 사회적 현상들은 그 자체로서 인간의 역사 가운데 일하시는 하나님의 역사를 직접적으로 나타낸다고 한다. 또 한편으로 샤울(R. Shaull)은 혁명적 돌발은 그 자체로 역사 가운에 일하는 하나님의 역사라고 한다. 틸리히(P. Tillich)의 문화 신학에서 파생된 그 개념들은 부정확하고 해로운 것으로 보인다. 성서적으로 이 개념들은 부정확하다. 성서 어디에서도 우리는 하나님의 무지에서 비롯된 정치적이거나 사회적인 자발적 운동이 하나님의 적극적이고 건설적인 구원의 의지를 나타내는 것을 발견할 수 없다. 갈대아인의 침공과 고레스의 권력조차도 언제나 이 관점에서는 하나님의 뜻을 성취하는 파괴적이고 부정적인 행위들로서 허무한 양태들을 보여준다. 그러나 콕스나 샤울은 우리에게 그 반대를 말한다. 또한 이 개념들이 해로운 것은 그 개념들이 의미하는 바가 문명의 맹목적인 변천과 역사적인 세력들의 활동 속에 하나님의 역사가 이루어진다는 것이기 때문이다. 그러므로 그리스도인들이 관여할 필요가 전혀 없다는 것이다. 도시화, 기술화, 선전, 국가 등을 그대로 내버려두면 하나님의 나라가 도출된다는 것이다. 그러니 우리는 걱정할 필요가 없다는 것이다. 또한 그리스도인의 신앙을 전하거나 예수 그리스도를 증언하려는 노력은 완전히 쓸모없다는 것이다. 그 이유는 다른 사람들이 역사 속에서 하나님의 뜻을 실현하기 때문이라는 것이다. 이는 곧 성육신한 하나님, 유일한 요구, 질투, 배타성, 우리 앞에 놓인 선택 등과 같은 모든 진부한 말들은 다 잊어버리고, 아무 걱정도 하지 말고 그저 사회 풍조를 열심히 따라가라는 말이다.

5장 • "대장부가 되어라"[88)]

자유의 표현에 대한 성찰은 우리로 하여금 인간의 삶 그 자체로서 인간이 행한 일을 구성하는 행위들을 돌아보게 했다. 그리스도에 의해 자유롭게 해방된 인간은 스스로 자신의 삶을 이루어가는 능력과 책임을 받아들인다.

여기에 이르러서 우리는 성서에서 일련의 인상적인 명령들이 담긴 구절들을 발견한다. 임종의 자리에서 다윗은 솔로몬에게 훌륭한 교훈을 남긴다. "나는 이제 세상 모든 사람이 가는 길로 간다. 너는 힘써 대장부가 되어라. 너는 야훼 하나님의 명령을 지키며 그 길로 행하라."왕상2:2-3 이사야서 46장에서 하나님은 이스라엘 백성에게 상기시킨다. "나는 너희가 태어날 때부터 너희를 맡았고 너희가 노년에 이르기까지 너희를 지킬 것이다." 하나님은 그 백성들에게 손으로 제작한 우상도 포함해서 인간이 만든 모든 신들의 헛됨과 무익함을 상기시킨다. 그 다음으로 하나님은 어떤 다른 신들도 필적할 수 없는 하나님의 권능을 천명한다. 그 중간에 하나님은 선포한다. "이 일을 기억하고 장부가 되어라. 죄인들아 다시 돌아보라."사46:8 89)

---

88) [역주] 저자 엘륄이 참조한 프랑스어 역본의 성서 구절은 "Sois un homme"(왕상2:2), "Soyez des hommes"(사46:8)이다. 그런데 우리말 개역개정판 성경에는 그 구절들이 각각 "대장부가 되어라", "장부가 되라"로 나와 있다. 오늘날의 상황을 보면 "온전한 사람이 되어라"고 해도 무방할 듯하다. 여러 가지 경우를 감안해서 여기서 역자는 "대장부가 되어라"로 옮겼다.

89) Jérusalem 역본과 Maredsous 역본의 번역은 오류가 있어 보이는 바, 나는 이

고린도전서에는 다음 구절이 나온다. "깨어 믿음에 굳게 서서 담대한 사람이 되어 강건하라." 누가복음 21장에서는, 종말을 예언하는 부분에서, 종말의 사건들이 일어나기 시작하여, 하늘에 징조가 보이고 모든 민족들이 어쩔 줄 몰라 두려움 가운데 있으면서 사람들이 공포에 질려 있을 때를 예고하며 예수는 말한다. "그 때에 너희는 일어나 머리를 들어라. 너희의 구원이 가까이 온 것이다."눅21:28 "그러니 너희는 장차 임할 이 모든 일을 능히 피하고, 또 인자 앞에 설 수 있도록 기도하며 항상 깨어 있어라."눅21:36

이 구절들에 이어서 절제에 대해 언급한 구절들을 찾아볼 수 있다. 성령의 열매로서 절제갈5:23를 제시하는 구절도 있고 "내가 몸을 쳐서 복종케 하노라"는 구절도 있다. 또한 "각 사람은 자기 몸을 거룩하고 존귀하게 간수할 줄 알아야 한다."살전4:4라는 구절도 있다. 마지막 두 구절들은 앞선 구절들보다 더 도덕적인 의미로 받아들여질 수도 있고, 육체와 인간의 악한 성향들의 고전적인 혼란상으로 연계될 수도 있을 것이다. 어쨌든 간에 이 두 구절들은 자기 절제를 나타내는 것일 뿐이다. 여기서 자기 절제는 스토아사상에서 말하는 의미가 아니고 "대장부가 되어라"는 계명과 연관된 것이다.

이 계명은 하나님이 우리에게 부여한 자유에서 하나님이 바라는 것을 직접적으로 표현하는 것 같다. 그리스도인이라는 말이 우유부단하고 무능하고 비겁하고 미온적인 열등 인간을 가리키게 하는 것이 인간을 향한 하나님의 기본적인 뜻이라고 믿는 풍조를 볼 때, 이 계명은 정말 놀라운 것이다. 히틀러가 기술한 그리스도인의 유형은 용감하게 나서지 않고 헛된 두려움에 갇혀서 소소한 미덕들이나 실천하는, 나약하고 불쌍한 인간이다. 공산주의가 기술하는 그리스도인의 유형은 무능하고, 아주

번역으로 옮긴다.(Davidson을 참조할 것)

고루한 신조들 속에 뒤처져 있고, 아무 쓸모없는 일에 집착하는 인간이다. 대중들은 그리스도인을 좀 바보스러운 선량한 인간으로 평가한다. 그런데 이 모든 것은 안타깝게도 사실에 부합한다. 그러나 그것은 성서가 자유로운 인간인 그리스도인에게 요구하는 인간형에는 전혀 부합하지 않는다.

좀 가혹한 판단일 수도 있지만, 우유부단한 점잖은 열등 인간이 되는 것에 만족하는 그리스도인은, 아무리 자비심, 순수성, 친절성, 인내심 등이 크다 할지라도, 하나님이 요청하는 인간형이 전혀 아니다. 왜냐하면 그 모든 것은 자유를 떠나서는 아무 의미가 없기 때문이다. 자유는 인간이 용기 있게 한 사람으로서 살아갈 때 비로소 나타난다. 그리스도를 향한 믿음은 삶을 축소시키지 않고 삶을 확장시키고 더 증대시켜서 이 세상에 현존하는 삶을 살게 한다. 이 땅에 있는 모든 것을 포기하고 하늘의 보화를 얻으라는 말은 그리스도인의 삶을 너무나 자주 위축시키는 그런 끔찍한 대가를 치르라는 요구가 전혀 아니다. 그와 같은 포기는 부와 보물[90])에 관한 예수의 말씀이 의미하는 것과는 정반대가 된다. 그런 포기는 우리가 살펴보았던 골로새서의 구절골2:20-23과 완전히 상반된다. 실제로 그리스도인의 삶은 자유의 삶이다. 이는 힘을 가지는 것을 뜻한다. "우리는 능력의 영을 받았다." 그러니 우리는 온전한 대장부로 살아가도록 부름을 받은 것이다.

그것은 무엇을 뜻하는가? 그 말은 사회가 원하는 의미의, 혹은 어떤 철학사상이 말하는 의미의 사람이 되라는 뜻인가? 시대에 맞는 사람이 되라는 것인가? 확실히 그런 의미는 아니다. 우리가 자유롭게 해방된 대상들 중에는 우리의 문명이 우리에게 심어준 인간전형이 있다. 사도바울에게 로마시민의 전형이 되는 것은 관심 밖의 일이다. 당시 로마시대

---

90) ▲우리가 간절한 사랑의 마음을 두는 것

와의 관계는 비판적이었다. 그것이 반드시 부정적인 것은 아니지만, 회의적인 것은 확실하다. 아무튼 그리스도가 우리를 자유롭게 해방시킨 것은 우리가 속한 사회의 사람으로 살아가는 자유를 우리에게 주기 위한 것이 아니다. 더더군다나 믿지 않는 사람들의 일에 전적으로 참여하는 사람들이 되게 하기 위한 것은 아니다. 그와 같은 일을 위해서는 그리스도와 대속은 전혀 필요하지 않다. 그저 우리를 우리 수준에 맞게 내버려두는 것으로 충분하다. "대장부가 되어라"는 말씀이 그런 의미가 아니라는 것은 분명하다. 그렇다면 혹시라도 스토아사상과 같은 철학사상이나, 또는 오늘날의 마르크스주의나 니체철학이 말하는 의미의 인간을 뜻하는 것일까?[91] 그것 또한 전혀 아니다. 사도바울은 그것은 이런저런 주장에 끌려 다니는 어린애와 같이 되는 것이라고 한다. 그것은 또한 인간이 가장 중요한 정점이고 만물의 척도이며 목적이라고 하는 휴머니즘적 의미에서의 인간이 되는 것이 아니다. 이는 하나님에게 거역하는 아담의 주장과 정확히 같다.

"대장부가 되어라"라는 말씀을 이해하려면, 이 명령이 여러 차례 반복되는 맥락을 참조해야 한다. 다윗은 "힘써 대장부가 되어라"는 말로 시작했으니, 그 의미는 힘을 길러서 그 힘을 쓰라는 말이 된다.[92] 이는

---

91) "인간으로 성육신한 존재를 따르는 것은 현실의 인간이 되는 것이다. 인간은 인간답게 될 수 있고 또 그렇게 되어야 한다. 인간은 초인이나 신인의 모든 특성이나 인간성을 초월하려는 모든 노력을 다 부인해야 한다. 왜냐하면 그 모든 것은 거짓된 것이기 때문이다. 현실의 인간은 경멸의 대상이나 신격화의 대상이 아니다. 인간은 하나님의 사랑의 대상이다. 진정한 인간은 자유롭게 창조주의 피조물로서 존재하는 것을 감행한다. 인간으로 성육신한 존재를 따르는 것은 실재하는 그대로의 존재가 될 수 있다는 걸 뜻한다."(D. Bonhoeffer, *Ethique*, p. 57 및 그 이하) 그러니 초인도 아니고 인간 이하의 부끄러운 인간도 아닌 참다운 인간이 되어라! 바로 그것이 우리에게 주어진 풍요로운 자유의 의미이다.

92) 키르케고르처럼 틸리히도 이 힘의 미덕을 많이 주장한다(P. Tillich, *L'Eternel Mainte-nant*, 프랑스어 역본, p. 68). 틸리히는 핵심적으로 네 가지 점을 상기시킨다. 첫째로, 사도바울이 "강건하라"고 권면하는 것은 새롭거나 낯선 어떤 힘을 말하는 것이 아니고, 이미 실재하는 그대로 살아가는 것을 감행하라는 말이다. 둘째로, 사도바

우리에게 "네 손이 맡은 일은 무엇이든지 힘을 다 하여라."전9:10는 말씀을 떠올리게 한다. 그것은 우리에게 특별히 놀라운 것을 깨우치지 않는다. 우리는 여전히 인간적인 관점에 놓여 있다. "대장부가 되어라"는 것은 어떤 강한 힘을 나타낸다. 그러나 그것이 그리스도인의 삶을 구성한다는 사실 자체가 이미 놀라운 것이다. 그런데 다윗은 말을 잇는다. "하나님의 계명들을 준수하라." 그래서 '대장부'가 되는 것은 하나님 앞에 선 인간이 되는 것이다. 하나님의 은총에 의해 반역한 죄인과 명령하는 하나님 사이에 관계가 다시 수립되지 않고는 아무도 대장부가 될 수 없다. 계명과 복음의 말씀을 온전히 육신으로 계시하시는 하나님이 없이는 대장부란 존재할 수 없다. 하나님의 계명으로 들리지 않고 하나님의 계명들 전체 안에 놓이지 않는다면 그 정점이 되는 "대장부가 되어라"는 말씀은 성립되지 않는다. 하나님이 내리는 말씀이 아니라면 "대장부가 되어라"는 말씀은 성립되지 않는다. 대장부가 되는 것이 가능하다는 복음이 아니라면 "대장부가 되어라"는 말씀은 성립되지 않는다. 바꾸어 말해서 '대장부'가 되려는 시도가 실천론의 결과나 철학의 결론이나 이상주의의 표현에서 나온 것이라면, 그 말은 전혀 아무 의미가 없고, 대장부의 가능성이나 그 언약을 보장해주지도 못한다.

울은 그것을 깨어있는 것에 결부시킨다. ("인간존재는, 자신의 힘을 지키며 자신의 힘에 약함이 내재한다는 사실을 알고 있을 때에만, 강건해진다... 그리스도인에게 있어서 깨어있다는 것은 그리스도인이라는 신분에 기대지 않는 것을 의미한다.") 셋째로, 키르케고르와 같이, 용기의 중요성이다. (분열에 의해 야기되는 고통을 떠맡는 용기이다. 용기는 믿음의 가장 긴밀한 핵심을 구성한다.) 넷째로, 이 힘은 사랑의 힘일 수밖에 없다. 왜냐하면 그 이외의 다른 힘들은 단지 강한 지배력으로 작용해서 남들의 연약함을 도출하는 것이기 때문이다. 사랑의 힘은 주인과 노예의 대립을 무너뜨릴 수 있는 유일한 실체이다. 사랑이 없으면, 힘이 있는 자는 약한 자에게는 법이 된다. 그러므로 여기서 우리가 말하는 것은 영웅들의 힘이 아니다. 그것은 오직 사랑의 존재 안에서만 살아가는 사람의 힘이다. 이와 같이 사랑 안에서 힘과 용기와 경각심을 지닌 사람이 틸리히가 말하는 '그리스도인의 인격체'이다. 여기서 우리는 틸리히가 자유를 중요하게 여기는 것을 볼 수 있다.

구약의 대장부

다윗이 천명하는 바는, 뒤를 잇는 구절들의 모든 교훈도 그렇듯이, 사람이 본성적으로 스스로 "대장부"가 될 수 없다는 것이다. 이 구절로 한정해서 보면, 대장부라는 존재는 먼저 자신이 피조물임을 인정하고 그 자리를 받아들이는 것이다. 그 자리는 하나님 앞에서 서서 하나님의 뜻을 준수하고 그 길로 가는 자리이다. 그러나 동시에 강건해야 한다는 조건이 있다. 자신의 힘으로 강건해지도록 "스스로 힘써야 한다." 다윗은 "하나님 안에서 힘써라"고 하지 않았다. 다윗은 또 "하나님이 너를 강건하게 하리라"고 하지도 않았다. 다윗은 솔로몬에게 확실하게 "네 스스로 힘써야 한다."고 말한다. 그래서 "대장부가 되어라"는 구절은 우선 두 가지 의미가 있다. 하나는 인간이 자신이 피조물임을 받아들여서 그 이상의 존재가 되려고 하지 않으면서 아담의 일을 반복하지 않고, 하나님을 신뢰하지 않아야 사람이 성숙한 어른이 된다고 주장하지 않는 것이다. 다른 하나는 하나님에게서 나온 힘이 아니라 타고난 근육과 뇌와 신체에서 나오는 인간 자신의 힘[93])으로 강건하게 된다는 것이다. 그것은 하나

---

93) 카스텔리에게도 거룩성은 갈라지고 찢기는 가운데 동요하지 않는 상태를 뜻한다 (E. Castelli, *L'herméneutique de la liberté religieuse*, 1968). "거룩성의 장막은 한정적인 관념세계(l'intelligible)의 유혹에 저항하는 의지를 요구한다."(악마적 관념세계는 명료한 세계le compréhensible와 상반되는 것이다.)

여기서 "강건하게 되어라"는 구절에 대해서 몇몇 신학자들이 이해한 내용들을 제시한다. 불트만은 강건하라는 이 요구를 인상적으로 요약한다(R. Bultmann, *Le Christianisme primitif*). "선물로서의 영은 사실 하나님의 은총에 의해 계시된 삶의 새로운 가능성, 즉 자유 이외의 다른 것을 뜻하지 않는다. 선물로서 자유는 하나의 힘으로서 우주적 권세들로부터 벗어날 수 있는 능력, 인간 자신의 능력이 된다. 이 힘은 하나의 규범으로서 자유로운 까닭에 미래에 개방되어 있다. 다시 말해서 이 힘은 하나님의 행동하라는 요청에 접할 때마다 그걸 받아들이는 것이다. 인간이 영을 소유한다는 사실은 이제 인간이 삶의 모든 진정한 결정들을 할 채비가 되어 있다는 걸 뜻한다. 하나님의 계명의 명령은 폐지되지 않고, 자유의 표현에 기반을 둔다." 이는 훌륭한 내용으로서 중심개념에 그리스도인의 자유에 관한 아주 많은 주제들을 통합했다. 콜랑즈는 고린도전서 8장에 대한 주석에서 말한다(Jean-François Collange, *L'Enigmes de la deuxième épître de Paul aux Corinthiens*). "그리스도인의 지식은 어떤 자

님의 뜻이 무엇인지 인식하고 그 뜻이 그 이외의 다른 모든 것보다 더 선하고 더 좋은 것을 인정하는 것이다. 그래서 하나님의 뜻을 인간의 의지로 대체하거나 인간 스스로 선을 수립하려고 하지 않는다. 그러나 그것은 또한 인간이 가진 힘과 인간 자신의 역량과 자부심과 고귀함과 능력을 동원하여 하나님의 뜻을 실행하는 것이고, 인간 자신이 선택한 구체적 행동들에 대해서 스스로 책임을 지는 것이다. 여기서 인간은 불평을 늘어놓는 억압된 종이 아니라 거부할 수 있는 존재로서 하나님의 뜻을 행한다. 그는 아담과 같이 숨지 않고 거부 의사를 표시함으로써 훌륭한 일을 성취할 수 있다. 그러나 단 하나 조건이 있으니 그는 자유로운 존재로서 지혜를 아는 대장부여야 한다.

이사야는 우리로 하여금 한걸음 더 나아가게 한다. 대장부는 거짓우상을 만들지 않는다. 그것은 나를 부르고 내가 그 목소리를 듣는 하나님이 유일한 주님이라는 것과, 인간이 찬미할 존재는 없다는 것 사이의 분명한 딜레마를 받아들이는 것이다. 따라서 모든 종교적인 감정을 거부하는 것은, 종교들과 신들에 반대하는 것이고, 인간이 만든 우상들은 무가치하고 아무 능력도 없는 물질들에 불과하고 인간이 거기에 합당치 않은 영예를 부가해 넣은 것이라는 사실을 인식하는 것이다. 그러므로 대장부가 되는 것은 신성시된 존재들의 실체를 드러내는 것이다. 오늘날

유(권세), 힘, 능력을 불러온다. 권세는 어떤 일을 실현시킬 수 있는 능력이다. 그러나 그것은 인간 자신이 태생적으로 가지는 실체가 아니다. 진정한 앎이 하나님으로부터 주어지는 앎에 연유하듯이, 진정한 자유는 그리스도가 머리인 교회공동체의 연대와 참여를 드러나게 하는 것이다. 그리스도는 자유롭게 해방된 사람들의 교회공동체가 존재케 하는 근원이다. 그리스도는 권능과 자유의 진정한 소유자이고 그 최종적 근원은 하나님이다. 그러므로 그리스도의 권세는 스스로를 무력화하는 것을 자유의사로 받아들인 이 권능의 모습을 따라가야 한다. 그런데 그에 반해서 우리는 또다시 틸리히의 이상한 주석을 접하게 된다. 그는 "강건하라"는 구절을 "있는 그대로의 자기 자신이 되어라"로 해석한다(P. Tillich, *The Eternal Now*, 1956). 그는 자신이 말하는 '강건한 인격'에 대해 우리에게 전한다. 내 생각에 그것은 사도바울이 의미하는 것과는 정반대이다.

돈, 국가, 과학, 역사, 민족, 기술, 정치, 안락한 생활 등은 그 물질적 실체로서 현대인이 신성시하는 신적 존재들이 되었다. 이사야는 "그것들을 기억하라"고 한다. 다시 말해서 그 신적 존재들은 놀라울 정도로 존재감을 발휘하며 우리보다 더 뛰어난 어떤 존재에 의지하려는 우리의 욕구를 충족시킨다. 그러나 동시에 그 신적 존재들은 신으로서는 완전히 헛된 것이다. 이는 정확히 이사야가 말하는 은과 금으로 만든 형상들이 훌륭한 예술 작품들이지만 신들은 아닌 것과 같다. 인간의 본성적인 종교성이 지향하는 그 신적 존재들이 신들이 아니라는 사실을 깨달을 때 이사야의 말씀은 우리에게 전한다. 죄인들아 다시 돌이켜라. 회개하라.

여기서도 "대장부가 되어라"는 구절은 두 가지 뜻을 가진다. 하나는 너희가 믿는 신들은 존재하지 않는다는 사실을 분별하라는 것이다. 다른 하나는 회개하고 '전적인 타자'인 하나님이 존재한다는 사실을 깨달으라는 것이다. 그 하나님은 너희가 만든 것이 아니고 너희를 구원하는 존재라는 것이다. 이는 이 앞의 구절과 마찬가지로, 믿음에 의해 진정한 하나님을 깨닫고, 거짓 신을 알리는 데 인간의 지성을 사용하는 것이다. 그러나 이 두 가지는 따로따로 갈 수 없다. '비신화화'와 '탈신성화'는 인간의 지성과 비판적인 능력, 사물의 실재를 알아볼 수 있는 능력을 통해 이행될 수 있는 것이다. 참다운 인간이 되는 것은 이 능력이 함께 하는 것이다. 그것은 참된 하나님을 믿고 인정하는 가운데 인간의 훌륭한 자질을 구성하는 그 모든 능력들을 포기하는 것이 아니다. 그러나 바로 인간에게 비판적인 능력이 있는 까닭에, 참다운 인간은 회개할 수 있다는 것이다. 여기서도 또한 참다운 인간이 되는 것은 인간의 능력을 높이는 것이 아니다. 그렇다고 부정하는 것도 아니다. 앞의 구절에서 강건하게 되어 스스로를 피조물로 인정하라는 것과 이 구절에서는 명료하게 깨닫고 회개하라는 것은 같은 말이다. 참다운 인간이 되는 것은 하나님 앞에 서서 자신이 죄인임을 인정하고, 자신이 스스로 속아서 잘못했다는 사실을 깨달으며, 어떤 변명도 소용없다는 것을 알아서, 스스로를 정당화하지 않고 핑계를 찾지 않는 것이다. 참다운 인간이 되는 것은 용서를 구하며 수치심을 갖지 않는 것이다. 왜냐하면 참다운 인간은 자신의 죄를 인정할 만큼 강건하며 지적 능력이 있기 때문이다. 반면에 참다운 인간은 인간의 존엄성 때문에 변명을 구하지 않는다. 이 모든 것은 우리가 태어날 때부터 노년에 이르기까지 우리를 돌보는 존재로 스스로를 계시한 하나님 앞에 있기에 가능한 일이다. 그러므로 이 하나님의 현존 가운데 참다운 인간이 될 수 있는 가능성이 존재한다.

신약의 대장부

우리는 사도바울의 서신에서 "강건하라"는 주제를 다시 발견한다. 물론 이 말을 인간적인 의미에서 동일한 것으로 받아들여야 한다. 그러나 그 말을 보완하는 구절들이 있다. "깨어 있으라. 믿음에 견고하게 서라. 사랑을 실천하라." 바꾸어 말해서 거기에 소망과 믿음과 사랑이 항상 있다. "대장부가 되어라"는 말이 소망과 믿음과 사랑 가운데 살아가라는 뜻이라는 것은 특이하다. 그러나 그것은 우리에게 한걸음 더 나아가는 것을 의미한다. 대장부는 그리스도와의 관계와 타인들과의 관계를 지니고 있는 사람이다. 고린도전서 13장에서 말하는, 항상 남아있는 믿음, 소망, 사랑의 중요성에 우리는 무엇을 덧붙일 수 있을까? 그것은 바로 "대장부가 되어라"는 말의 의미이다. 우리는 하나님 안에서의 사랑이 주는 커다란 조화를 알았다. 우리는 로마서에서 믿음의 정확한 실재를 알았다. 그러나 감히 내가 말한다면, 우리는 아직 영적, 신학적 차원에 머물러 있다. 중요한 것은 실천으로 넘어가는 것이다. 그런데 "대장부가 되어라"는 구절은 믿음, 소망, 사랑의 세 가지 덕을 실천하려면 강건해야 한다는 것이다. 온전한 대장부가 되는 것은 하나님이 계시한 진리와 인간의 이 강건한 힘이 결합되는 데 있다.

그 구절에서 사용된 단어들 가운데 소망은 "깨어있으라"를 상기시킨다. 그런데 깨어있으라는 것도 역시 의지의 행위로서 인간의 역량에 달려 있는 것이다. 겟세마네 동산에서 제자들은 두 눈을 뜨고 있을 수 없었다. 그러나 잠들지 않는 것은 초인적인 능력이 아니다. 구약에서 흔히 선지자를 상징하는 파수군도 스스로의 힘으로 깨어있어야 한다. 그러므로 깨어있는 것은 그리스도의 재림에 대한 소망, 부활의 소망, 마지막 때에 일어날 일에의 기투(企投) 등이 자신의 힘으로 두 눈을 뜨고 깨어있어야 하는 인간의 역량과 결합해야 가능한 일이다. 깨어있는 것은 우리에게 주어진 소망을 가지고 우리가 당면한 현실 속에서 행동하는 것이다. 깨어있는 것을 행동으로 취하는 것이나, 아니면 우리 영혼 속 어딘가에 시들하게 꺼져 응고되게 하는 것은 우리의 자유와 우리의 역량에 달려 있는 것이다. 나는 우리가 깨어있지 않는 것을 우리가 그리스도인이길 그만두는 것이라고 말하지 않는다. [94] 그것은 확실히 우리가 인간이길 멈추는 것이다. 그러면 우리는 군중들을 살아나게 할 수 있는 위대한 언약과 비밀을 지닌 채로 군중들 사이를 스쳐지나가는 창백한 유령이 된다. 왜냐하면 우리는 인간이 아니기 때문이다. 우리는 무관심한 군중들을 가슴 아파 한다. 우리는 우리의 소망을 진술하지만, 그것은 너무나 생기가 없는 것이기에 아무도 원하지 않는다.

사도바울은 믿음에 대해서 "믿음에 견고하게 서라."고 동일한 어조로 말한다. [95] 믿음은 우리에게 주어지는 것으로 은총에 의해 생긴다. 믿음

---

94) ▲왜냐하면 우리가 하나님의 사랑에서 벗어나는 것은 우리에게 달려 있지 않기 때문이다.

95) 이는 그리스도 안에서 자유로운 사람은 의심의 여지없이 새로운 권세를 덧입는다는 걸 뜻한다. "너희가 받은 것은 소심함의 영이 아니다." 그러나 그 사람은 결코

은 우리의 것이 아니며 우리에게 속한 것이 아니다. 그러나 우리에게 속한 것은 믿음대로 견고하게 살아가는 것이다. 그것은 이 믿음을 부끄러워하지 않는 인간이 되는 것이다. 그런 인간은 불굴의 정신을 지녀서 세상이 감당할 수 없고, 자신 안에 새롭게 생겨난 통찰의 빛을 버리지 않고 사물들을 있는 그대로 직시하며, 이리저리 방황하지 않고 꾸준히 나아갈 수 있다. 인간의 성장에 믿음은 두 가지 방향을 제시한다.

하나는 믿음은 우리의 것이 아니며 우리가 믿음 안에 있는 것이지 믿음이 우리 안에 있는 것이 아니라는 사실을 받아들이는 것이다. 그것이 하나님의 선물인 믿음의 한계이다. 거기에 모든 것이 달려있다. 따라서 믿음 안에서 견고하게 서는 것은 인간이 자신을 돌아보면 인간 스스로에게는 믿음이 불가능한 불신만을 발견하게 된다는 사실을 인정하는 것이다. 믿음 안에 견고하게 서는 것은 예수가 그리스도라는 것을 인간으로서 믿을 수 없는 것을 고백하는 것이다. 따라서 그것은 인간으로 하여금 인간본성적인 믿음을 가능한 것으로 받아들이고 허용하게 하며 믿음을 가질 수 있게 하는 모든 체계들을 부인하는 것이다. 다른 하나는 가능한 것들을 견고하게 유지하는 것을 받아들이는 것이다. '견고하게 서라'는 것은 온갖 가르침에 이리저리 끌려 다니는 것과는 정반대가 된다.

참다운 인간이 되는 것은 자발적으로 자유롭게 할 수 있는 일을 하는 것을 포기하는 것이다. 이런 시각에서 그리스도 안에 있는 모든 사람에게 프랑스 왕의 대관식에서 사용되는 다음의 말을 적용할 수 있을 것이다. "폐하, 당신은 모든 것을 할 수 있습니다. 그러나 당신은 당신이 할

어떤 위계질서나 권위주의에 묶이지 않으면서 그 권세를 사용할 줄 안다. 이 권세(exousia)는 자의성이 없이 대화하고 사랑하는 가운데 표현되도록 그에게 부여된 것이다. 이 권세는 말할 권리와 용기인 '파레시아parresia'를 통해서 일반적으로 표현된다. 그리스도 안에서 자유로운 사람은 침묵할 권리가 없다. 보봉(F. Bovon)이 아주 적절하게 기술하듯이 이 자유로운 사람은 "파레시아와 권세라는 자유의 두 가지 특성들을 갖추고 있다."

수 있는 모든 것을 다 원할 수는 없습니다." 그런데 이것은 우리 시대에 중요한 교훈이 된다. 이 시대에 일반적으로 사람들은 반대로 생각하여, 대장부가 되는 것은 모든 능력을 다 사용하고 모든 것을 다 경험하며, 모든 방면에서 가능한 한 갈 수 있는 데까지 다 가보는 것이고, 어떤 판단도 배제하고서 모든 가능성을 탐구하는 것이다.

대장부에 대한 정의로서 "믿음에 견고하게 서라"는 말씀은 우리에게 절제의 의지를 말하고 믿음에 기초한 선택을 제시한다. 견고함은 아무 데로나 다 가지 않을 수 있는 능력이고 그저 어쩌나 보려고 경험을 일삼지 않을 수 있는 능력이다. 그것은 견고한 입장에 기초해서 판단할 수 있는 능력으로서, 어떤 방향은 거부하고 미리 판단하여 할 수 있는 일과 될 수 있는 것을 결정하는 것이다. 우리는 여기서 성령의 열매 중의 하나로서 자기절제라는 주제를 다시 만난다. 우리 안에서의 성령의 역사와 믿음에 관계되는 한, 그것은 결코 스토아사상과 동일한 관점이 아니고 동일한 내용을 가질 수도 없다.

성령의 은사로서 자기절제는 자유의 표현이다.갈5:22 왜냐하면 우리가 살펴보았듯이 성령은 하나님의 자유를 나타내는 이미지를 갖기 때문이다. 성령의 은사로서 자기절제는 결코 외적인 고행 훈련도 아니고 본성의 외연이나 본성에 따른 어떤 능력도 아니다. 자유롭게 되는 것은 우리가 여러 차례 언급한 그리스도의 자유를 갖는 것이다. 그러므로 자유롭게 되는 것은 그리스도의 능력을 우리가 위임받는 것이다. 그리스도 안에서 자기절제는 "나는 우주의 주인이자 나 자신의 주인이다."라는 말과 같은 뜻이 아니다. 자기절제는 "나는 내 몸이 원하는 것을 한다"는 요가와 같은 것이 아니다. 자기절제는 그리스도가 나를 위해 죽고 나를 위해 부활했기 때문에 나의 주님이 된다는 것을 뜻한다. 그런데 나의 주님인 그리스도는 노예들의 주님이 되길 원치 않는다. 그래서 주님은 나를 자유롭게 해방하고 나에게 자신의 권한을 위임한다. 이는 집주인이 여행을 떠나면서 청지기에게 자신의 권한을 위임한 비유와 같다. 그 청지기는 사후에 보고하는 의무라는 제한은 있지만, 자신의 주인의 권한을 행사한다. 그래서 예수 그리스도는 자신의 죽음과 부활에 의해 나의 주님이 되면서, 나를 자유롭게 해방하고 나에게 권한을 위임한 까닭에 나는 나 자신을 다스릴 수 있는 것이다. 이는 "너희는 그리스도에게 속하고, 그리스도는 하나님에게 속한다."는 위로 올라가는 순서가 아래로 내려가는 순서로 변화된 것이다.

그러나 그리스도가 형제들에게 자유를 부여하듯이 하나님은 성자 그리스도에게 자유를 부여한다. 그리스도가 형제들에 대한 자신의 권한을 형제들에게 넘겨주듯이 하나님은 그리스도에게 모든 권한을 넘겨준다. "너희는 천사들조차 심판할 권한을 가진다." 따라서 자기절제는 결코 자율성이 아니다. 반대로 그것은 예수가 나에 대해 가졌던 바로 그 권한을 내가 나 자신에게 행사하는 것이다. "내가 스스로 나 자신을 판단한다면 아무도 나를 판단하지 못한다."는 구절은 이런 뜻으로 해석되어야 한다. 나 자신을 통제하는 것은 내가 아니다. 나는 스스로 나 자신을 규제하지 않는다. 이 권한의 형태, 방향, 내용 등을 부여하는 것은 내가 아니다. 그러나 주님의 위임을 받아서 그 권한을 행사하는 것은 바로 나 자신이다. 그러므로 이는 나에게 제공된 가능성들에 대한 판단을 의미한다. 나는 자유로운 결정을 통해서 이 대리적인 통제에서 이 판단을 분리시킨다. 이는 또한 내가 결코 나 자신을 도가 넘도록 오만방자하게 행동하게 내버려두지 않는다는 걸 뜻한다.

나 자신에 대한 절제가 예수 그리스도에 의거하게 되는 시점부터 나는 자유를 더 이상 광란이나, 혹은 인간의 폭발적인 깊은 충동들을 좇는 것이나 어두운 세력들에 의존하는 것으로 생각할 수 없다. 반대로 나의 존재 깊은 곳에 거하는 어두운 힘들[96]이 "권좌들과 권세들과 통치들"에 참여하는 한, 그 힘들은 그리스도에게 패배하여 십자가에 못 박혔다는 사실을 나는 안다. 내게는 아직 그 힘들이 거하지만, 그 힘들은 내쫓긴 것이 아니라 패배를 당한 것이다. 나의 자유는 그 힘들을 분출하고 되살리는 것이 아니다. 정반대로 나의 자유는 그 힘들을 패배한 상태로 유지하면서 나를 통해서 그리스도를 섬기게 하는 것이다. 그래서 자기절제는 나를 결정짓는 가장 깊은 힘에 대해 최상의 자유를 주고, 그와 동시에 나를 주님에게 연합시키는 믿음을 나타낸다. 주님은 나를 통제하는 권한을 가지지만 믿음에 의한 연합에 의해 나에게 그 통제의 권한을 내맡긴다. 그래서 나는 대장부가 되기 위해 그 권한을 행사한다. 사실 대장부가 되는 것은 자기 자신을 통제하는 것을 뜻한다. 이 자기통제는 자신 이외의 다른 어떤 사람도 나의 주인이 되지 못한다는 의미와 함께, 내가 예수 그리스도의 이름으로 예수 그리스도를 위해 성령의 도움에 의해 나 자신을 통제하는 주인이 된다는 의미를 갖는다.

마지막으로 사도바울은 여기서 "대장부가 되어라"는 말의 내용으로서 "너희가 하는 모든 것을 사랑으로 행하라"는 의미를 말한다. 첫걸음은 행하라는 것이다. 자선을 행하라는 것도 아니고 자비로우라는 것도 아니다. 여기서 또다시 우리는 주도적 행동과 역량이 폭넓게 되는 걸 발견한다.[97] 왜냐하면 사도바울은 우리에게 아무 일이나 하라는 말을 하지 않았기 때문이다. 다만 그는 행하라고 한 것이다. 다시 말해서 그것은 소극적으로 내적인 삶, 영성 등에 갇혀있지 말고, 우리가 살고 있는 세상에 개입하라는 것이다. 여기서 "행하라"는 것은 반드시 일이나 공적 활

---

96) ▲원형들이든, 콤플렉스든, 원한이든 간에 동일한 것으로 귀결된다.
97) ▲이 개방은 앞에서 언급한 엄격성과 전혀 모순되지 않는다. 그 엄격성은 가능성의 차단을 전제로 한다.

동을 지칭하는 것은 아니다. [98] 중요한 것은 행함이 없는 그리스도 안에서의 삶은 불가능하다는 것이다. 관조하는 것이 늘 "제일 좋은 편"이 될 수는 없다.

그러나 이 행함은 사랑 안에서 이루어져야 한다. 이것이 핵심이다. 행함에 덧붙여지는 부분적인 사랑은 없다. 행동과 사랑이 노력으로 결합할 수도 없다. 사랑의 행동들과 다른 여타의 행동들이 따로 있지 않다. 그리스도인의 자유 안에서 행동을 특징짓는 것은 사랑이 행동에 전적으로 스며들어 있다는 것이다. 이는 사랑의 자유에 주어진 정향에 관해서 우리가 언급한 것을 밝혀준다. 자유 안에서 모든 행동은 사랑에 의해 규명된다. 여기서 자유의 난제는 하나님 사랑과 이웃 사랑이 모든 행동에 스며들게 하기 위한 수단과 방법을 발견하는 것이다. 다시 말해서 우리는 사랑이 고취되지 않은 행동들을 분리하고, 진리와 무관하고 어떤 의미도 없는 무심한 행동들에 사랑을 주입하는 것이다. 그것은 사랑을 발하는 자유가 우리 삶 속의 무심한 행동들을 사랑의 행동들로 전환시키는 것이다.

이 구절의 새로운 점은 "대장부가 되어라"는 표현이다. 이제 그 계명의 뜻이 완전히 나타난다. 그 계명은 우리의 개인적인 삶을 영위하고 사회적 활동에 참여하는 데 필요한 자유의 여지를 우리에게 남긴다. 그러나 그것은 우리가 나아갈 방향을 잘 알 수 있도록 충분히 풍요롭고 명확한 내용을 전한다.

그것은 창의성과 과감한 용기를 요구한다. 모든 그리스도인들은 기독교에 대해 노예적 도덕이라고 한 히틀러의 비판을 뼈아프게 받아들여야 한다. 다음과 같은 니체의 비판도 마찬가지이다. "제자들은 좀 더 구원받은 것 같은 기분을 느꼈을 것이다. 그러나 누가 그 가득한 슬픔에 대

98) ▲실천과 관계된 계명의 문제가 아니다.

해 납득할 수 있을까? 사실 그들의 구원자들은 자유의 아들들이 아니고, 자유의 칠충천에서 내려온 사람들도 아니다." 코스트R. Coste는 부활과 능력과 기쁨의 종교가 어떻게 소심함, 옹졸한 정신과 마음, 굴종 등의 종교가 될 수 있느냐, 라는 의문을 던진다. 그리스도 안에서의 자유는 어떤 담대함보다 더 멀리 우리로 하여금 나아갈 수 있는 가능성을 뜻하는 것이지, 인간본성보다 낮은 차원에 머물러 위축되는 것을 뜻하지 않는다. 여기서 페기Péguy가 한 말을 다시 돌아보자. "은총의 차원으로 올라가기 위해서는 본성을 낮추는 것으로 충분치 않다. 사람들은 본성적인 힘이 없기에 은총에 속해 있다고 믿는다. 그들은 순간적인 용기가 없기에 자신들이 영원 속에 침투해 있다고 믿는다. 그들은 이 세상에 있을 용기가 없기에 자신들이 하나님에게 속한다고 믿는다. 그들은 인간 편에 속할 용기가 없기에 자신들이 하나님 편에 속해 있다고 믿는다. 그들은 아무도 사랑하지 않기에 자신들이 하나님을 사랑한다고 믿는다." 99)

자유로운 사람이 된다는 것은 온전한 본성을 지니면서 본성을 넘어서 기도 한다. 그것은 확신, 긍지, 담대함 등을 뜻하는 사도바울의 '파레시아parresia'를 덧입는 것이다. 담대한 용기는 모든 영역에서 모든 그리스도인의 삶을 특징짓는 것이어야 한다. 그렇지 않을 때 자유는 존재하지 않는다.

일어서라, 깨어 기도하라

이제 우리는 "대장부가 되어라"에서 같은 뜻을 지니는 것 같은 "일어서라"눅21:28는 예수의 명령에 이른다. 이는 누가복음 21장의 묵시론적인 구절이다. 물론 마지막 때의 재앙들이 세상의 멸망을 예고하면서 역사

---

99) Charles Péguy, *Note conjointe sur M. Descartes et la philosophie cartésienne*, 1914, p. 174.

적으로 정해진 정확한 시기, 특정한 시간을 가리키는 것인지, 아니면 그 재앙들이 어떤 시대에나 다 있는 것으로서 우리에게 인간의 역사에 종말이 있고 하나님의 나라가 가까이 임한다는 사실을 보여주는 것인지 등에 대해서는 논의의 여지가 있다. 두 가지 의미는 다 가능하고 우리가 묵상하는 본문의 뜻 자체는 전혀 변하지 않는다. 우리에게 주어진 명령은 최후의 상황일 수도 있고 매일 임하는 상황일 수도 있는 두 개의 상황들에 다 관계된다.

한편으로, 대재앙들은 민족들 가운데 고통을 야기하고 사람들 가운데 엄청난 공포를 불러일으켜서, 그들이 하늘아래 땅위에서 실제로 일어난 사건들에 대한 두려움 때문에 죽기도 하고 앞으로 일어날 수 있는 일들에 대한 공포 때문에 죽기도 할 것이다.

다른 한편으로, 세상 안에 내적으로 세상, 삶, 사회 등에 대한 불안과 번민이 무겁게 쌓이고, 먹을 것과 마실 것은 과다하다.[100] 고통스러운 상황이고, 사회적, 물질적 삶에 우리의 관심이 고정되는 상황이다. 이런 상황에 직면하여 "일어서라"는 명령이 두 번에 걸쳐서 두 가지 의미로 전달된다. 첫째로 고통과 공포 속에서 사람들은 엎드러진다. 그들은 공포에 눌려서 어떻게 할지 모른다. 그들은 공포에 붙잡힌 것이다. 그들은 더 이상 온전한 인간이 아니다. 그때에 그리스도인은 일어서 있는 인간으로 남아있도록 부름을 받는다.

그것은 "일어서라"는 계명이다. 그 이전의 일상생활에서 그리스도인은 짓눌리고 굴욕당하는 인간이나 굴복한 사람이었을 수도 있다. 그러나 이제는 다른 사람들 가운데 일어서 있는 사람이 되라는 것이다. 어쩌면 그것은 다른 사람들을 구하고 그들의 불안을 진정시키고 마지막 때이 재앙이 임한 것이 아니라는 사실을 전해주기 위한 것일 수 있다. 어쩌면

---

100) ▲사회 문제의 과장, 생활수준의 향상 등이라고 할 수도 있다.

그것은 믿음의 굴욕이 끝나는 것을 알리는 것일 수 있다. [101] "우리의 구원이 가까이 임한다."는 것이다. 다시 말해서 세상과의 끊임없는 싸움 속에서, 세상권세들은 물질적인 면에서 일반적으로 승리해왔는데, 이제 그 권세들이 무너지고 우리의 노예상태와 우리의 패배가 끝나는 시간이 우리에게 임한다는 것이다. 그리스도인들의 이기주의라고 너무 성급하게 외치지 말라. 이는 단지 우리는 박해가 무엇이고 세상과의 싸움이 무엇인지 모르는 까닭에 그저 미약한 증인들에 지나지 않는다는 사실을 뜻하는 것일 수도 있다. 어쨌든 간에 이것은 먼저 우리가 다른 사람들과는 다른 태도를 취하도록 부름을 받았다는 의미이다. 이어서 이것은 우리가 이 사람들 가운데 이 재앙들[102]이 최후의 종말이 아니고 그 이전의 사건이며 이 재앙들 뒤에 하나님의 나라가 임한다고 증언하도록 부름 받았다는 뜻이다. 부활과 영생이 임하는 것이다. 나는 이런 태도가 모든 사회적 재앙들보다 더 큰 가치가 있다고 생각한다. 그러나 이 태도는 개인적인 재앙과 죽음의 경우에도 같은 것이다. 그런데 모든 사람들이 무너질 때 "일어서라"는 것은 인간존재 전체를 담당한다는 걸 의미한다. 그것은 자유의 발현이다. 왜냐하면 그렇게 하여 천국과 부활에 대한 믿음을 통해서, 우리는 실제로 재앙적 사건들 자체가 아니라 그 사건들이 몰고 오는 불안, 공포 등의 심리적 영향들로부터 자유롭게 된다는 사실을 나타내기 때문이다. [103]

"깨어 기도하라"는 계명은 대장부가 되지 못하는 또 다른 방식, 즉 일상의 삶에서 오는 걱정거리들에 짓눌리고 위안거리에 몰두하는 방식에 대응하는 것이다. 이는 앞선 계명과 동일한 성격을 나타내는 것 같다. 앞

----

101) ▲성서본문은 그런 뜻을 암시하는 듯하다.
102) ▲전쟁, 혁명, 국가 탄압, 계급 탄압, 인종적 박해, 종교적 박해, 자연 재해.
103) ▲성서본문에 그리스도인들에게 전쟁이나 해일이 면제된다는 말은 없다.

선 계명은 다른 모든 세상 사람들과 행동방식을 달리하고 그 모든 일들이 마지막 때의 것이 아니기에 그만큼 중대하지 않다고 증언하는 것이었다. 이는 불안한 상황에 뒤이어 안전한 상황을 말하는 것이다. 그런데 이두 가지는 똑같이 재앙이다. 그리스도인의 자유는 그 둘에 대해 거리를 유지하는 것이다. 예수는 세상살이의 염려로 살아가는 이 모든 것을 피하라고 한다. 눅21:34

"일어서라"는 첫 번째 계명의 경우에, 자유가 고통 가운데 있는 사람들에게 위안을 주어서 일어서게 하는 것이 가능하다면, "깨어 기도하라"는 두 번째 계명의 경우에, 그리스도인의 자유는 깨어있음으로써 세상살이와 종말에 일어날 일들에 대처하는 방식에 대해 문제를 제기하는 것이다. 더 나아가 그리스도인의 자유는 그런 것을 피하는 것이다. 그래서 대장부가 되는 것은 이제 삶의 편의에 굴복하지 않고 경제, 정치 등의 문제들에게 커다란 중요성을 부여하지 않는 것이다. 이는 앞선 경우에서와 같이 개인적인 차원과 사회적인 차원이 있다. 모든 것은 인자 앞에서 일어서 있어야 한다는 경고로 끝난다. 비굴하게 무릎 꿇지 않고 아담과 같이 행하지 않으며 숨으려고 하지 않은 사람에게는 놀라운 언약이 성취될 비전이 주어진다. 그러나 그 사람은 주님 앞에 서서 심판받는다는 사실을 알고 있다. 그런데 주님은 전능하지만 은총 가운데 임할 것을 너무나 확신하기에 그는 일어서 있을 수 있다. 그 이유는 자신이 훌륭한 일들을 했기 때문이 아니라 주님이 일어서서 있는 사람들을 사랑한다는 사실을 알고 있기 때문이다. 그것은 주님도 빌라도 앞에서 일어서 있던 한 사람이었던 것과 같은 것이다. 이는 또한 주님 앞에서 자신의 자유를 나타내는 것이다.

너무도 자주 잊고 있었던 이 사실을 감동적으로 전하는 페기Péguy의 유명한 시 구절을 상기하자. 하나님은 우리가 무릎 꿇거나 엎드려서 자신의 위대함과 위엄을 인정하는 것을 바라지 않는다. 하나님은 얼굴과 얼굴을 맞대고 사람이 친구에게 얘기하듯이 말하는 모세와 같은 사람을 좋아한다. 도대체 어떤 오해가 있었기에 그리스도인의 삶이 애가를 부르는 삶104)과 같이 되었을까? 중요한 것은 성서적인 의미에서 대장부가 되는 것으로서 하나님은 온전한 사람들의 찬미와, 강력한 힘에 의한 봉사를 바란다. 하나님은 방주 앞에서 춤을 추는 다윗을 수치스럽게 생각하지 않는다. 다윗이 인간의 존엄성에 합당한 존엄성을 드러내지 않았고 인간본성적인 종교성에 합당한 종교성을 보여주지 않았다는 이유로 다윗을 수치스럽게 여긴 사람들은 하나님을 배반한 자들이었다. 105)

104) ▲협소하고 평화주의적인 감상에 젖고, 진보라면 다 감탄하는 모더니스트적인 바보짓거리를 하고, 활력이 결핍되어 있고, 나약하고 비겁하며 어리석은 것을 덕성이라며 적당히 타협하는 삶이다.

105) 그러나 우리는 온전한 인간이 되는 것의 또 다른 측면을 살펴보아야 한다. 자유는 삶의 긍정적이고 부정적인 모든 양상들을 다 떠맡는 것이다. 한편으로 유일한 존재로서 자기 자신으로 돌아가 자기 자신으로 남아있는 것은, 인간 종족의 한 익명의 구성원으로서 인류, 군중 안에 사라져버리거나 세대들로 이어지는 거대한 사슬의 한 작은 고리가 되는 것을 거부하는 것이다. 온전한 인간이 되는 것은 있는 그대로의 나 자신으로서 유일한, 명백한 존재라는 사실을 깨닫고, 거기서부터 자신과 자신에게 속한 것을 발견하고 가치를 높이는 것이다. 그러나 이는 '나'를 천명하거나 주장하는 것이 아니다. 반대로 이 '나'와 권력의지와 초자아를 기피하는 가운데 인간은 자신의 삶을 발견하고 온전한 한 인간이 된다. ("자신의 생명을 구하고자 하는 자는 잃으리라. 자신의 생명을 잃고 나서 세상을 다 얻는다 한들 무슨 소용인가? 이제 내가 사는 것은 더 이상 내가 아니요 내 안에 있는 그리스도라.") 그러나 이와 같이 먼저 유일한 존재임을 받아들이는 것은 있는 그대로의 자아를 수용하는 것이라는 점을 덧붙여야 한다. 인간은 하나님 앞에서 심판받을 수 있지만, 자아가 아닌 상상의 존재로 살아갈 수도 없고 싫다고 자아의 존재를 부정할 수도 없다. 이때 자유롭다는 것은 내가 나 자신을 용인해야 하는 한편 자유에 이르기 위해서 나 자신과 싸워야 한다는 것을 뜻한다. "그것은 무슨 값을 치르더라도 구해야 하는 영혼을 위해 육신과 싸우는 영적 전쟁이고, 우리 자신의 추상적인 '나'가 우리의 진정한 적이 되는 전투이다."(K. Barth) 그래서 대장부가 되고 자유 안에서 자신의 삶을 떠맡는 것은 결코 권리나 자율성을 천명하는 것이 아니고, 소유권을 요구하거나 주장하는 것이 아니다. 그와 같이 요구하고 주장하는 탐욕스런 태도들은 "대장부가 되어라"는 것과는 정반대가 된다. 왜냐하면 그런 태도들은 자유가 아니라 노예적 예속을 나타내는 것이기 때문이다. 자신의 삶을 떠맡는 것은 동시에 자신의 삶의 한계를 받아들인다는 것을 전제로 한다. 사실 자유로운 것은 자신의 종말을 아는 것이다. 여기

"대장부가 되어라"는 본문들에서 도출된 이와 같은 일련의 점묘법적 표현들 안에서 나는 의도적으로 건전한 신학에서 나올법한 도식과는 다른 도식을 채택했다. 나는 익히 알고 있는 바대로 빌라도가 예수를 가리키면서 "이 사람을 보라"라고 한 구절을 출발점으로 삼아야 했다. 그 말은 복음서기자에 의해서 이중적 의미로 사용되어서 예수의 위대성을 암시하는 뜻을 담고 있다. 그래서 다음과 같이 이해해야 했다. "하나님이 원하는 사람은 예수이다. 예수가 누구인지를 살펴서 온전한 인간은 어때야 하는지 추론해야 한다. 우리가 이 계시된 하나님의 말씀인 예수가

서 나는 바르트의 뛰어난 글을 인용하고자 한다. "진정한 자유는, 인간 자신의 힘들에 작용하는 한계가, 인간의 삶이 자신의 손에 있지 않고 모든 방면에서 인간을 에워싸고 있는 하나님의 손에 달려있다는 사실을 인간에게 곧바로 상기시킨다는 사실에 의해 나타날 수 있고 또 나타나야 하는 것은 아닐까? 인간의 삶은 하나님에게 전적으로 달려 있는 까닭에 오히려 완전히 보호되는 것이 아닐까? 진정한 자유는 인간이 냉정한 객관적 현실 속에서 그리스도가 우리의 위안이 되기 원한다는 걸 발견하는 시점에서 시작되는 것이 아닐까? 인간의 삶은 인간적 힘과 능력이 제한적이고 쇠퇴하고 무력한 것을 구체적으로 드러내는 형태라면, 노화의 구체적인 형태와 질병이 자유의 발견을 가능하게 하는 그 냉정한 객관성을 지닌 적나라한 현실인 것은 아닐까?"(K. Barth, *Dogm*. XVI, p. 55) 이것이 "참다운 사람이 되어라"는 말의 다른 측면이다.

이 두 가지 측면은 자유의 구체적 실천에 있어서 서로 보완적이다. 이는 우리가 우리의 길을 열어가야 한다는 걸 뜻한다. 우리의 개인적인 길, 온전한 인간이 되는 것, 그리스도 안에서 자유롭게 해방되는 것, 이 모든 것은 우리가 위대한 사람들의 모범을 취하지 말아야 한다는 걸 뜻한다. 명인전(De Viris illustribus)은 성인들의 모방과 같은 이교적인 작업이다. 우리는 반짝이는 새로움을 받아들이고 새하얀 눈에 첫 발자국을 내고 책임을 지면서, 세상에서 유일한 개인적 길을 열어가야 한다. 그리스도 안에서 자유로운 인간은 새 길을 연다. 그는 두 번째로 그 길을 간다. 왜냐하면 첫 번째는 예수 그리스도가 갔기 때문이다. 그는 체험 없이는 어떤 전통도 받아들일 수 없고 어떤 순응도 용납할 수 없다. 여기서 본회퍼의 훌륭한 글을 기억할 필요가 있다. "종말의 말씀은 종말 이전의 길과 현실에 대한 정죄를 담고 있다. 종말의 말씀으로서, 그 말씀은 우리가 또다시 가야하는 것처럼 루터의 길과 다소의 사울(바울)의 길을 바라보는 것을 처음부터 금지한다. 그 길들은 차단되었다. 정확히 말해서, 우리는 간음한 여자의 길, 십자가의 강도의 길, 그리스도를 부인한 베드로나 사울(바울이 되기 전의)의 길로 다시 가지 말아야 하듯이 루터의 길로도 가지 말아야 한다. 종말의 말씀은 단번에 모든 방법을 배제시킨다."(D. Bonhoeffer, *Ethique*, p. 96) "대장부가 되어라"는 말씀에 담긴 자유의 뜻은 어떤 구원의 방법도, 어떤 자유의 방법도, 어떤 좋은 삶의 방법도 다 배제한다.

말하는 것을 들을 때 우리는 우리 자신이 어떤 사람이 되어야 하는지 알게 될 것이다." 나는 그와 같은 편향된 기존논리를 여러 이유로 채택하지 않았다. 우선적인 이유는 내가 예수 그리스도의 시험과 유혹에 관한 문제를 검토하면서 이 내용을 부분적으로 제시했었기 때문이다. 또 하나의 이유는 예수 그리스도를 모방하는 것에 대해 또다시 쓰고 싶지 않았기 때문이다. 또 다른 이유는 내가 보기에 "대장부가 되어라"는 명령의 구체적인 내용은 예수의 태도보다는, 크게 다르지 않다 할지라도, 그 구절이 들어가 있는 문맥에서 더 분명히 드러날 것으로 여겨졌기 때문이다. 그래서 우리는 정말 실천적인 일체의 입장들을 다 살펴보았다. 각각의 입장은 자신의 입장에 따라 확대해서 이해하는 것으로 충분했다.

그러나 그 모든 것이 "이 사람을 보라"는 관점을 통해서 이해되어야 한다는 것은 자명한 일이다. 다시 말해서 나는 그 구절을 출발점보다는 하나의 관점과 준거로 삼은 것이다. 인간존재 전부가 남들로부터 받는 굴욕과 비하와 조롱과 배척 가운데 있고, '이 사람'이 남들에 의해 인정받지 못하는 현실 속에 있다. 예수가 그랬듯이 바로 그런 상황 속에서 우리는 대장부가 되어야 하는 것이다. 동시에 예수가 영적인 충만함으로 전적인 자유의 의지에 따른 열매로서 하나님의 뜻을 온전히 성취하며 우리에게 약속된 완전한 인간성을 성취했다는 것도 사실이다. 예수는 십자가까지 포함한 모든 상황에서 완전한 용기와 힘을 가지고 전적인 책임을 떠맡으면서 모든 창조세계의 사랑에 자신을 통합시키는 의를 이루었다. 예수는 바다, 질병, 귀신 등 모든 피조물을 자기 몸과 같이 다스리는 능력을 나타냈다. 예수는 완전한 기쁨과 지식을 보여주었다. 예수는 온전한 사람이다. 그러나 이 도식은 우리에게는 너무나 완전하고 너무나 추상적이다. 그런 교육학적인 의미에서 나는 이 자유의 율법의 첫째 계명을 설명하는 데 또 다른 방식을 선호하는 것이다.

6장 · 이 시대를 본받지 말라

이 시대의 양식

로마서 12장 2절은 자유의 율법에 관한 두 번째 계명으로서 아주 많은 주석을 산출했다. "너희는 이 시대를 본받지 말라. 오직 마음을 새롭게 함으로써 변화를 받아, 선함과 기쁨과 온전함을 주시는 하나님의 뜻을 분별하라." [106] 이 구절의 병행구절로 볼 수 있는 것이 베드로전서 1장 14 절이다. "너희는 전에 알지 못하던 때에 따르던 탐욕을 좇지 말라." [107] 많은 연구가 되어 있고 또 다양한 의미를 지니는 '이 시대'의 의미에 관해 서는 여기서 더 부연하지 않겠다. [108] 중요한 것은 이 시대가 우리를 강 요하고 순응케 하여 본받게 하고 틀에 갇히게 하여 이 시대에 맞추려 한 다는 사실을 알아차리는 것이다. 성서에서 말하는 이 세상의 방식은 우

---

106) 로마서 주석에 관한 키텔 사전(Kittel)의 해설과 칼 바르트의 글들, 그리고 틸리히의 저서(*The Eternal Now*, 1956)를 참조하라. 그런데 틸리히의 글은 이 주제에 관해서는 정말 평범하고도 아주 진부하다. 또한 그 내용은 가족, 학교, 교회 등에 대한 비순응주의라는 초보적인 도덕적 입장에서 벗어나지 않는다.

107) ▲여기서 '전에'는 '이 시대'를 가리키고 '알지 못하던 때'는 마음을 새롭게 한 것을 뜻한다고 볼 수 있다.

108) 오늘날 거꾸로 세상 속으로 빠져 들어가고 싶어 하는 신학자들이 있고, 그들이 바 라는 것은 교회로부터 구출되는 것이라는 사실은 참 흥미롭다. 어리석게도 페브르 (Louis Fèvre)는 이를 명백하게 천명한다. "통찰력 있는 그리스도인에게 있어서, 자 유로운 인간의 첫 번째 요구는 교회를 향한 것으로서 교회가 자신을 다른 사람들로 부터 단절시키려고 하지 말고, 보편적인 자유의 해방을 위한 노력을 가로막는 행위 들을 강요하지 말라는 것이다." 한쪽에서는 세상 속으로 빠져 들어가는 것이 자유라 는 것이다. 다른 쪽에서는 그러면 우리는 구원의 방주인 교회로부터 멀어진다는 것 이다. 성서적으로 볼 때 양쪽 다 어리석은 것이다.

리 안에 다시 복제된다. 그러기 위한 세상의 강력한 수단이 우리 마음을 무지로 몰아가는 것이다. 그것이 바로 '이 세상의 신'고후4:4의 활동이다. 우리에 대한 '이 세상의 신'의 행동은 단지 우리 안에 있는 탐욕에 응해주는 것뿐이다. 벧전1:14 그러므로 그것은 오로지 우리 밖의 행동만이 아니다. 우리에 대한 행동을 취하는 권세는 영적인 권세로서 사회 환경, 집단, 국가 등에 순응케 하는 힘이나 인격체가 아니라는 반론이 있을 수 있다. 그런데 결국 마찬가지이다. 아무튼 이 권세는 우리의 공조가 있어야 작동한다. 우리 각자가 그 권세를 만들어내는 것이 아니다. 악한 시대는 우리 마음 안에 없다. 우리를 향한 세상의 유혹이 시작되는 시발점인 탐욕이 우리 마음에 있는 까닭에 우리는 악한 시대를 따르게 된다. 약1:14 이 시대는 하나님과 단절되어 창조된 사물들에 순응하는 가운데 인간의 마음과 지성을 각성시키는 사물들과, 패배했지만 언제나 반역을 꾀하는 권세들에 의미와 가치를 부여하는 지혜를 고안한다.

이 시대는 또한 우리에게 하나의 양식을 내놓는다. 이 양식은 확인할 수 있는 범위 내에서 우리에게 역사를 제공하는 양식이다. 삶의 방식, 사고방식, 습관, 풍습, 도덕, 사회적 가정적 삶, 취미, 예술양식, 정치적 경제적 이념, 삶의 목적, 선입견, 그리고 우리와 같은 성향이나 이데올로기를 가진 사람들을 우리와 결합시키는 취향이나 경향 등이 우리의 삶의 양식이다. 그것이 사악한 이 시대에서 우리에게 주어진다는 것이다. 우리는 뒤에 가서 세부적으로 성서에서 말하는 세상과 우리가 살아가는 사회의 관계가 어떤 것이지 살펴볼 것이다. 지금 우리가 확인할 수 있는 것은 이 시대에서 나온 양식에 관해서 거론된 논의를 보면, 그것이 어떤 정확한 내용도 없는 알쏭달쏭한 말에 그치거나, 아니면 내가 방금 기술한 내용을 갖는다는 것이다. 이는 일체의 모든 기준, 기관, 경제, 정치가 근본적으로 상대적이라는 사실을 말해준다. 우리는 계시가 없어도 그 모든 것이 역사와 세상과 함께 변화한다는 사실을 알 수 있다. 그러나 이 변화[109]를 또 다른 차원을 부여하는 지나간 세상의 모습과 연관시킬 때 세상과 과거 사회가 연결되는 접점이 생겨난다. 그럼에도 그것은 악의 표지가 아니고 유한성의 표지이다. 거기에 추가해야 할 것으로서, 이 시대는 불순종의 반역 세력들이 활동하고 있어서 이 양식이 일시적이고 다 끝나버린 것일 뿐만 아니라 반역의 낙인이 찍혀있는 것으로 필연성에 예속되어 죄에 매여 있다는 사실이 남아있다.

가장 중요한 양상들 중의 하나는 인간이 숭배하는 이 양식들을 인간이 신성화하고 절대화한다는 것이다. 이 시대에 예수가 개입하는 것은 이 시대를 잠재적으로 종결하고 남아있는 세계 안에 감추어진 천국이 모습을 드러내기 시작하는 새로운 시대, 새로운 역사를 시작하는 것이다. 그 두 세계 사이에는 어떤 공통점도 없다. 빛이 출현하는 세계 가운데 어둠의 세력이 있다. 빛은 어둠의 세계 안에 위치해 있다. 빛은 사방으로 둘러싸여 있다. 활동이 없어도 어둠의 세력은 계속 존재하지만, 빛의 원천이 있는 곳에는 더 이상 어둠이 존재하지 않는다. 그 두 세계가 섞이는 것은 불가능하다. 따라서 예수 그리스도와 함께 하는 사람은 새로운 시대의 양식을 받아들인다. 왜냐하면 그는 새로운 시대, 새로운 세계에 속하기 때문이다. 그러나 아직 현실적으로는 이 시대에 속해 있기 때문에, 긴장관계가 생겨난다. 왜냐하면 우리가 세상의 수단들을 사용할 때마다, 우리는 그 양식을 받아들일 위험이 있기 때문이다. 그러므로 거기에 근본적인 비순응적 태도가 존재한다. 이 비순응적 태도는 결코 세상에서 물러나는 것도 아니고, 이 세상에 속하는 것들을 사용하는 것을 거부하는 것도 아니고, 그저 단순히 남들과 같이 따라하는 것도 아니다. 이 비순응적 태도는 성령의 임재에 기인하고, 또 다른 시대에 속한 데서 연유

---

109) ▲인간 문명은 인간이 죽을 수밖에 없다는 사실을 밝혀주었다.

하는 것이다. 보다시피 우리는 천국과 세상과 이 시대에 대하여 전통적인 주석을 따른다. 110) 사실 또 다른 주석111)을 채택하려면, 상당히 많은 성서 구절들을 삭제해버리고, 세상과 역사에 대한 현대의 개념이 사도 바울이 기술한 개념보다 과학적으로 우월하다112)는 전제에서 출발해야 한다. 비신화화는 언제나 이 세상에 대한 새로운 신화에서 나오는 것으로서 우리가 극복해야 할 대상이다.

비순응적 태도와 비순응주의

이미 말했듯이 이 시대의 존재가 세상에 대한 단절을 뜻하는 것은 아니다. 그러므로 비순응적 태도는 독창적인 것이 아니라, 세상에 속한 것들을 실재하는 그대로 돌려놓고 어둠에 빠져있는 것들을 빛 가운데로 옮겨놓기 위해서, 복종을 거부하는 것이다. 따라서 이 비순응적 태도는, 대부분의 경우 또 하나의 순응주의를 낳는 통상적인 비순응주의가 아니다. 그것은 본질적으로 원칙적인 기계적 비순응주의가 아니다. "이 시대를 본받지 말라"는 말은 단지 이 사회 사람들의 일반적인 행동방식과는 정반대로 행하라는 것이 아니다. 또한 그것은 과도하고 고약스러우며 초현실적인 이 비순응주의를 따라서 자신은 다르다는 것을 찾으려고 갖

---

110) 어떤 연구물보다 특히 참조해야 할 논문: P. Bonnard, "Le discernement de la volonté de Dieu dans le christianisme primitif," in La Communauté des disséminés, 1960. 보나르는 "이 시대를 본받지 말라"는 말은 철학자들과 사상가들이 공통적으로 취하고 일반인들이 따르던 태도가 선험적인 자연, 사회 등을 수락하는 데 기초했던 시대에 엄청난 충격을 준 말이라고 강조한다. 보나르는 거기서 문제의 세상은 사회학적 의미의 환경이라는 사실을 밝혀준다. 이는 내가 보기에 아주 중요한 점이다.

111) ▲예를 들어, 두 개의 역사는 존재하지 않는다는 주석이나, 이 세상은 현재 총체적으로 변화되어서 완전히 그리스도의 통치 하에 있다는 주석이나, 세상, 권세, 이 시대, 다가올 시대 등에 대한 이 모든 개념들은 하나의 철학과 하나의 세상 개념과 연관된, 전혀 실재하지 않는 신화적인 이미지들에 지나지 않는 것이라는 주석을 들 수 있다.

112) ▲이는 내가 보기에 전혀 입증되지 않은 것이다.

은 애를 다 쓰는, 의도적으로 계산된 비순응주의도 아니다. 그것은 우리 안에 있는 새로운 생명을 발현하는 것으로서 우리에게 주어진 성령에 기인한 비순응주의이다. 113)

　아무튼 우리는 이것을 세 가지 양상으로 분간할 수 있다. 이는 순응적인 상황이 나타날 때마다, 그것을 비판적으로 바라보아서, 첫째로 그것이 일반적인 객관적 상황에 따른 것인지, 또는 둘째로 남들이 하는 대로 하려는 나 자신의 성향에 따른 것인지, 또는 셋째로 권위자들이 내게 내놓은 요구에 따른 것인지 분간하는 것이다. 따라서 나는 반드시 비순응적일 필요는 없지만, 언제나 내가 속한 집단의 순응주의에 대해 문제제기를 하면서, 그러한 비판의식 가운데 무작정 미리 거부하는 태도에서 벗어나야 한다. 이 부정적이고 비관적인 태도에 분노하지 말자. 사실 미리부터 정해진 거부의 태도가 성령의 발현으로 존재해야 한다면, 그 이유는 내가 본능적으로 순응적인 방향으로 나아가고 본능적으로 나의 전 존재가 남들이 하는 것에 따라서, 가장 안락한 해결책을 찾고 모방한다는 걸 알고 있기 때문일 것이다. 또한 노동조합, 정당, 가족, 교회 등과 같은 사회적 조직의 비중이 너무나 무거워서 나는 본능적으로 거기에 끌려가기도 한다. 그러므로 이 무의식적인 성향의 작용에 따라서, 오직 원

---

113) 이 구절("이 시대를 본받지 말라")에 대해 깊은 묵상을 한 틸리히는 결론을 내린다. "비판하고 반역하는 것은 어렵지 않은 일이다. 반면에 아무것에도, 자기자신조차에게도 순응할 수 없는 것과 우상에 대해 신적인 심판을 선포해야 하는 것은 어려운 일이다. 그 이유는 그 용감한 행위가 고통을 초래하고 순교에 이르게 해서가 아니라 오류를 범할 위험이 있기 때문이다. 그것은 어려운 일이다. 왜냐하면 죄의식이 우리로 하여금 비순응주의자가 되는 것을 가로막으려고 우리의 양심을 가책하기 때문이다. 이 죄의식은 우리가 우리 자신에 대해 부담해야 하는 것이다. 위험을 감수해서 실패하는 사람은 용서를 받을 것이다. 아무런 위험도 감수하지 않아서 실패도 있을 수 없는 사람은 자신의 존재 자체가 파탄에 이른 것이다. 그는 용서받을 필요성을 느끼지 않기 때문에 용서받지 못한다. 그러므로 성령 안에서 사랑의 힘으로 이 시대에 순응하지 않는 것을 감행하고, 용기 있게 자신을 변화시키고 세상을 변화시키자." (P. Tillich, *L'éternel maintenant*, 프랑스어 역본, 1968)

래의 동향을 상쇄하고 선택과 비판을 통하여 두 개의 요소들이 동등하게 되도록 나는 미리 거부하는 태도를 취할 것이다. 이 비순응적 태도는 세상의 구조에 적응하는 것을 거부하는 것이다.

덧붙여서 오늘날 사회적, 심리적 모든 관심의 중심에 있는 듯이 보이는 거대한 적응의 문제를 지적하고 넘어가자. 사람들은 적응된다는 것은 선과 동일한 것이며, 적응은 바람직한 것으로 인간이 살아가며 안정을 얻을 수 있는 유일한 가능성이라고 한다. 우리는 이미 여러 차례 사회심리적인 인간적 관점에서 이와 같은 태도는 정반대로 파국적이라는 사실을 밝히려고 시도했다. 114) 여기서 우리는 이 필수적인 부적응의 영적인 근원을 발견한다. 그러나 나는 세상과 사회에 대한 이 부적응이 다른 사람들이나 사회에 반대하는 것이 아니고 단순한 거부도 아니라는 사실을 역설하고자 한다. 바로 소수의 구성원들이 이와 같이 근본적으로 적응하지 않는 까닭에 하나의 사회 집단이 생존할 수 있는 것이다. 전체적 동의는 개인을 무력화하는 동시에 사회 집단을 경직화하기에 이른다. 사회 집단은 활기를 잃고 변화를 그치고 개방성을 상실하고 새로운 가능성의 실현을 도모하지 않는다. 그 이유는 그 집단이 끝없이 스스로를 계속해서 반복 재현하고 과거의 양식들을 복제하기 때문이다. 집단이나 사회가 살아남으려면, 그 구성원들 중의 일부가 항의하고 거부하는 일이 존재해야 한다. 비순응주의를 기점으로 해서 사회는 활기를 띠게 되는 것이다.

그래서 그리스도인들의 항의는 그들이 소속된 사회체계에 부정적인 것이 아니라 긍정적인 것이다. 이 비순응적 태도는 세상 권세들과 함께 일하기를 거부하는 것이고, 세상 권세들을 스스로의 주장대로 권세들로서 채택하는 것을 거부하는 것이다. 이는 이스라엘이 하나님을 경배하

114) J. Ellul, *L'illusion politique* 『정치적 착각』; *Exégèse des nouveaux lieux communs*.

기 위해서 바알의 양식을 채택하기를 거부하는 것과 같은 것이다. 하나님과 바알 사이에는 선명한 경계선이 존재한다. 바알 신들은 장소와 번식의 신들이며 황소의 형상들과 조물주의 형상들이다. 유일한 하나님은 초기에는 장소의 신이자 창조와 번식의 신이기도 했고 황소의 모습으로 보이기도 했다. 그러나 이 야훼 하나님은 바알 신들과 혼동될 수가 없다. 여기서 어느 쪽의 종교가 상대방의 종교를 압도할 것인지 보기 위해서 동등한 신성을 지닌 신들이 서로 경쟁하는 것은 성립될 수 없다. 둘 사이의 선명한 경계선은 단지 둘을 분리시키는 선이지만, 분수령을 이루는 선이고 바다를 나누는 선이다. 한쪽은 이 시대를 표현하며 인간의 종교성이 개입한다. 다른 쪽은 그 현존만으로도 이 시대를 폭발시키는 전대미문의 존재로서 전적인 타자가 개입한다.

아무튼 우리가 지금까지 언급한 모든 말은 이 비순응주의가 이 시대와 이 세상과 분리된 바깥의 외부에 위치해 있을 수 없다는 걸 의미한다. 반대로 그 모든 말은 이 자유는 주어진 시간과 사회 안에, 우리의 구체적인 제도들 가운데, 이 시대의 사건들 속에 구현되어 있다는 걸 의미한다. 이 자유는 바로 우리 사회의 상황과 구조와 관련되어 그 안에서 작용하는 것이지 결코 그 이외의 다른 곳에서 작용하는 것이 아니다. 자유는 하늘 위로 다니는 순수한 영이 아니다. 자유는 우리를 이 세상에서 벗어나게 하지 않는다. 정반대로 자유는 이 세상 안에 깊이 우리를 관여하게 한다. 그렇게 하여 자유는 행동의 결과에 아주 커다란 편차를 초래한다.

우리의 행동방식은 상황에 따라 결정되어야 한다. 항구적인 상황에 적용할 수 있는 도식이나 고정된 틀은 존재하지 않는다. 수립되는 관계 안에서 우리는 사람, 제도, 사물 등에 새로운 의미를 부여하여 또 다른 빛으로 비춰보고 또 다른 응답을 가져오며 또 다른 양식을 부여하도록 요청된다. 왜냐하면 이 세상 안에 있는 그리스도인들만이 아니라 이 세상도 중요하기 때문이다. 이 세상 안에서 우리는 빛의 담지자, 즉 새로운 가치의 담지자가 되어야 한다. 우리의 자유는 단지 세상에 대한 자유에 그치는 것이 아니라, 동시에 세상을 위한 자유가 되어야 한다.[115] 그것은 우리의 비순응적 태도에 의해서 세상의 일들을 운명론에서 끌어내서 예수 그리스도의 주권에 맡기는 것이다. 나는 세상에 대한 비순응적 태도의 이 긍정적인 성격에 역점을 둔다. "이 시대를 본받지 말라"는 부정적인 말씀은 결코 제한하고 축소하는 것을 뜻하지 않는다. 그 말씀은 "아무것도 취하지 말고 만지지 말라"는 구절과 같은 뜻은 전혀 없다. 그 말씀은 금지하는 것이 아니어서 도덕적으로 제한하는 뜻이 없다. 그것은 빼는 것이 아니라 더하는 것이다. 그 말씀은 "세상을 삼가라"는 의미가 아니라 "이 시대의 복제품 이외의 다른 무엇이 되라"는 뜻으로 해석되어야 한다. 바꾸어 말해서 "이 시대를 본받지 말라"는 구절과 "대장부가 되어라"는 결코 분리시켜서는 안 된다. 이 두 구절들은 각각의 구절 안에 서로 포함되어 있다. 앞의 구절이 제시하는 방향성은 뒤의 구절이 요구하는 삶의 확장을 나타내는 것이어야 한다.

새로운 삶의 양식

예수 그리스도가 우리 안에 행한 일은 탈바꿈이요 변형이다. 우리는 새로운 양식을 받아들인다. 그런데 양식은 외적인 것이다.[116] 그러므로 새롭게 태어나는 갱생은 내면적이고 영적인 일에 그치지 않고 새로운 삶의 양식을 채택하게 한다. 이제 우리는 이미 천국이 임한 새로운 시대에 속하여서 말하고 살아가고 생각하는 방식을 받아들인다. 우리는 우리 자신의 이유, 대응, 목표, 새로운 가치 등, 한마디로 새로운 삶의 양식을

---

115) ▲나는 부적응에 대해 말하면서 이 점을 언급했다.
116) 물론 나는 내용과 구분되지 않는 양식에 대한 현재의 논의(R. Barthes)를 알고 있다. 나는 또 다른 방식을 통해서 동일한 생각을 가지게 되었다.

받아들인다. 이 변형은 우리가 더 이상 운명에 굴복하지 않고, 죽음이 아닌 생명을 향하여 나아간다는 사실을 외적으로 눈에 띄도록 나타낸다. 우리에게 예수 그리스도와 같이 동일한 양식이 주어진다. 빌3:10 우리는 그리스도의 양식을 받아들인다. 이는 예수 그리스도를 따르거나 본받는 것으로 표현된다. 그것은 그리스도의 행위를 복제하는 것이 아니고, 나의 삶에 특별한 권위자가 돌입하여 나로 하여금 새로운 삶과 새로운 죽음을 향하여 나아가게 하는 것이다. 예수 그리스도를 본받는 것은 도덕적으로 본받는 것이 아니고 사랑과 희생을 본받는 것이다. 117) 그것이 우리가 받아들이는 새로운 양식이다.

이 새로운 양식은 우리의 지성을 새롭게 하는 데서 나온다. 사실 우리는 우리 안에 앞에서 언급한 지혜가 출현하는 것을 본다. 이 지혜는 이 시대와 사람들의 지혜를 대체한다. 이는 양식 이면에 있는 실재의 진리를 분별하게 한다. 우리의 지성이 이 시대의 지혜에 의해 어둡게 되는 한, 우리는 우리가 살고 행동하는 우리 주변의 세상에서 아무것도 이해할 수 없게 된다. 118) 우리는 필연적으로 이 세상의 양식을 채택한다. 그러나 이 세상의 양식은 가림막이자 기만이고 속임수로서 우리를 원치 않고 알지 못할 길로 이끌고 간다. 이것이 진리로 보이는 까닭에 우리는 이 양식에 우리 자신을 적응시켜 간다. 우리는 이에 우리의 마음이 만들어내는 종교적 장치를 덧입힌다. 우리는 이에 궁극적인 중요성을 부여한다. 우리는 이에 적응하는 것 이외에는 달리 어쩔 도리가 없게 된다. 우리의 지성이 새롭게 되지 않으면, 적응하는 것 이외의 다른 가능성은 있을 수 없다. 왜냐하면, 몇 해 전부터 청소년들이 일으키는 소요사태와 같은 아주 피상적인 폭동을 제외하고는, 우리가 적응하지 않을 이유가 없기 때문

---

117) ▲고전 11:1, 엡 5:1, 빌 3:10, 벧전 2:21.
118) ▲다른 것이 존재하지 않기 때문이다!

이다. 우리는 표면적인 현실 이면에 감추어진 심층적인 현실이 무엇인지 보지 못한다. 우리는 단순한 사회적 풍조를 따르는 데 급급하게 된다. 우리는 그 풍조를 있는 그대로 분별하지 못하고 보이는 대로 취하여, 인간의 활동에 내포된 역사의 의미이거나 하나님의 뜻으로 본다. 그래서 우리는 지성을 새롭게 하는 것은 먼저 세상에 대한 통찰에 이르게 하여, 외적인 현실 이면에 있는 심층적인 현실을 분별하게 하면서, 동시에 우리가 뒤에 가서 살펴볼 현실주의로 인도한다고 말할 수 있다.

그러나 그것은 또한 우리가 살아가는 사회의 통념들과 신화들과 집단적 신념들과 판단들로부터 자신을 분리시킬 수 있는 능력이다. 그러나 이는 결코 우리가 어떤 자유와 지혜를 소유한다는 것, 즉 우리가 어떤 면에서 좋은 편에 속하고 현명한 사람들 편에 서 있다는 걸 뜻하는 것이 아니다. 왜냐하면 우리는 이 세상과 이 사회에서 계속 살아가고, 모든 점에서 다른 사람들과 같기 때문이다. 첫 번째 행위는 우리로 하여금 이 순응주의에 참여하게 하는 우리 자신의 내적인 동기를 분별하는 것이다. 분별의 은사는 자기 자신 안에 있는 집단적 신념, 신화, 사회통념 등을 알아차리는 것이다. 바꾸어 말해서, 그것은 먼저 결코 우리를 정당화하려고 하지 않으면서, 우리 자신 안에서 우리로 하여금 이 시대에 참여하게 하는 것을 발견해야 하는 것이다. 그런데 이런 자기비판은 순응주의와는 반대되는 것이다. 우리는 '분별'이라는 단어를 여러 차례 사용했다. 이 시대에 대한 순응주의와 이 세상에 대한 적응에 반대되는 것은 사실 비순응주의가 아니다. 그것은 우리 안에 맺어진 영의 열매로서 '분별'이다. 빌1:10 이것은 한편으로 분간하고 비판하고 구별하는 능력으로서 성찰에 의한 판단 행위를 뜻한다. 그러나 우리가 분별을 그런 식으로만 이해한다면 우리는 거기서 지적인 행위만을 보게 될 위험이 있다.

그런데 "이 시대를 본받지 말라"는 행위나, '분별'이라는 행위가 단순히 지적인 행위인 것은 아니다. 그것은 주어진 모든 상황에서 이 시대의 영에 순응하는 대신에 복음을 따르는 결단을 내릴 수 있는 능력인 까닭에 지혜와 결합된다. 물론 비판과 이해라는 지적인 행위는 길을 선택하여 나아가는 이 분별에 있어서 필수적인 것이다. 사실 우리가 살아가는 사회에 대한 지성적인 통찰이 존재하고, 완전히 무의식적인 순응주의와 적응의 메커니즘을 의식의 차원으로 끌어 올리는 지성적인 행위가 존재한다. 그러나 분별은 그 이상의 것이다. 분별은 마음을 변화시켜 순종하는 것으로서 각각의 구체적인 상황마다 취할 행위에 대한 확실한 판단을 제공한다. 그것은 우리 안에서 성령의 능력이 낳는 산물이다. 그러므로 이 분별은 우리로 하여금 삶으로 나아가게 하는 행위이다. 그러나 그것은 우리가 이 시대를 본받지 않을 때에만 구체적으로 뚜렷하게 표현될 수 있다. 왜냐하면 순응주의는 하나님의 뜻과 이 시대의 방향, 즉 역사의 필연성을 혼동시키기 때문이다.

순응주의는 예수 그리스도의 죽음과 자기의[119]의 논리체계를 뒤섞어버린다.[120] 반면에 비순응주의는 오로지 세상에 대한 원칙적인 반대로 성립될 수 있는 것이 아니다. 우리가 살고 있는 세상과 어떤 만족스러운 분기점은 존재하지 않는다. 더군다나 차이점이 있는 원칙은 존재하지 않는다.[121] 정반대로 지성을 새롭게 하여 하나님의 뜻을 분별하는 것이 이 비순응주의의 근원이다. 그래서 우리가 알게 되는 것은 하나님의

---

119) [역주] 프랑스어 단어로 'justification'은 신학적인 용어로는 '칭의'나 '의인화'가 되고 일반적으로는 '정당화'나 '합리화'라는 말이 된다. 여기에 자기 자신이 스스로를 의롭게 하거나 정당화한다는 의미의 단어가 부가되면, 일반적으로는 '자기정당화'나 '자기합리화'라고 할 수 있는데, 교회에서는 흔히 '자기의自己義'로 통용된다. 이런 사정을 감안하여 역자는 문맥에 따라 말을 바꾸어가며 옮긴다.

120) ▲인간의 자아가 우리의 신학이자 경건과 신앙의 대상이 될 때도 마찬가지가 된다.

121) ▲여러 차례 언급했다시피 기독교적 원칙들이란 있을 수 없다.

뜻이 세상의 뜻과 다르다는 사실이다. 이 분별은 이 시대에 대해 발휘되고 그 본질을 파악하여 우리가 거기에 순응하지 않도록 가로막는다. 또한 이 분별은 진리에 대해서도 발휘되어 우리로 하여금 하나님의 뜻을 깨닫게 하고 그 뜻이 완전하고 선한 것임을 인식하게 한다. 그래서 이 분별은 하나님의 뜻에 따라 우리가 나아갈 방향을 알게 해준다. 이 방향은 우리가 취할 삶의 방식과 행동할 내용을 뜻한다. 122)

마지막으로 살펴보아야 할 사항이 있다. 바르트Barth의 어떤 글들은 다음과 같은 결론에 이른다. "세상이 패배한 순간부터 우리는 세상에 대해 자유로울 수 있다. 세상을 이겨야 할 필요가 없다. 그러므로 우리는 이미 비순응적인 것이다." 바꾸어 말해서 그리스도의 승리 때문에 우리의 존재는 이미 이 시대와는 다른 것이며, 우리 자신이 이 문제를 염려할 필요가 없다. 그러나 사도바울이 우리에게 전하는 말은 명령과 요구를 담고 있다. 거기에는 우리의 의지라는 부분이 있다. "이 시대를 본받지 말라"는 말씀에는 그것이 그리스도의 승리 덕분에 가능하다는 약속뿐만 아니라 우리 스스로 이 비순응적 태도를 구현해야 한다는 책임이 존재한다. 123) 그리스도의 승리는 확실히 얻었다. 그러나 우리는 구체적으로

---

122) 여가와 자유에 대한 일반적인 혼동에도 불구하고 나는 여기서 여가의 문제를 다루지 않을 것이다. 여가활동은 자유로운 시간에서 나오는데 그 자유로운 시간은 사실은 공허한 시간이다. 내가 상기시키고자 하는 것은 여가활동의 존재는 단지 현대인에게 자유가 없다는 사실을 입증하는 계기가 될 뿐이라는 점이다. 순응적 태도가 최고조에 이르는 때가 있다면, 그 때는 여가 시간 안에 있다. 여가활동에 대해 기술한, 엄청나게 많은 책들 중에서 고베르트의 사회적 저서는 유의미한 읽을거리를 제공한다(F. Govaerts, *Loisirs des femmes et Temps libre*, Institut sociologique de Bruxelles, 1969). 그 책에서 여가시간의 주된 활동은 텔레비전과 자동차에 집중되어 있다는 사실을 발견하게 된다. "이 시대를 본받지 말라."

123) 보나르는 사도바울이 끊임없이 그리스도인들의 자유를 권고했다고 강조한다(P. Bonnard, *op. cit.*). 그리스도인이 변화하고 마음이 새롭게 되고 자유를 누리는 것은 자동적으로 이루어지지 않는다는 것이다. 보나르는 말한다. "우리는 아직 마음을 새롭게 하는 것을 시작하지 않은 그리스도인들을 생각해보아야 한다."

우리의 삶 속에서 그 승리를 구현하고 거기에 현재성과 양식을 부여해야 하는 임무가 있다. 우리 스스로는 아무것도 하지 않았지만 그리스도의 승리 덕분에 우리는 자유롭게 해방되었다고 우리는 말해왔다. 그러나 그것은 "이 시대를 본받지 말라"는 말씀과 같은 것이 아니다. 그 말씀은 그것을 적용한 결과이다. 이는 우리가 의지적으로 결정하는 일이다. 주어진 자유가 이 세상에 발현되고 구현되는 양식들을 발견해야 하는 것은 바로 우리들이다. 그것은 우리가 성취해야 할 일이다. 세상이 패배를 당했다는 사실은 이 명령에 아무런 변화도 줄 수 없다. 왜냐하면 세상은 하나님을 대적하고 달리 나아가는 것을 멈추지 않기 때문이다. 세상은 우리에게 하나님의 뜻과 다른 뜻과 다른 삶의 양식을 제안하는 것을 멈추지 않는다. 분별의 행위는 새로운 양식들을 찾는 아주 의지적인 노력이다.

우리에게 임한 성령의 개입은 이 의지적 결정을 미리 유도하고서 뒤따른다. 성령의 개입이 의지적 결정에 앞선다. 왜냐하면 성령에 의한 변화를 통해서 우리가 지금 여기서 받아들인 이 자유가 현재화되고 활성화되기 때문이다. 성령이 없이는 비순응적 태도는 전혀 가능하지 않다. [124] 그렇지만 비순응적 태도는 자동적으로 그냥 나오지 않는다. 주어진 분별을 실행에 옮기는 데는 의지적 결단이 필요하다. 이는 개인적으로 하나님이 그 시점에서 나에게 요구하는 것보다는 사람들 가운데 성령의 능력이 처음 나타나는 것을 발견하려고 노력하는 것이다. 우리의 노력으로 발견이 된 뒤에 성령은 거기에 힘과 열매와 성과를 부어넣어서 우리가 시작한 것이 예상치 못한 결과에 이르게 한다.

자유의 실천은 우리가 깊숙이 개입되어 있는 이 사회와 이 세상과 이 시대에 대한 우리의 반대, 혹은 적어도 우리의 차이를 드러낸다. 왜냐하면, 잊지 말아야 할 사실로서, 이 세상은 이미 하나님의 사랑과 은총 안

---

124) ▲가능한 것이라곤 기껏해야 하나의 비순응주의일 뿐이다.

에 있다 하더라도, 언제나 소외와 반역과 죽음의 세상으로 남아있기 때문이다. 세상은 현재 결코 자유 안으로 옮겨질 수 없고, 세상에 자유가 없다면 자유에 대해 전혀 알지 못한다. 이는 죽은 자들의 거처인 음부125) 가 한 인간이 거기서 빠져 나가지 않았다면 부활에 대해 전혀 알 수 없는 것과 같다. 마찬가지로 이 소외의 세상은, 사람들이 비순응적일 때 비로소 그 사람들이 거기서 빠져나온 사람들이라는 걸 알아볼 수 있을 것이다. 그러나 우리가 알아야 할 것은, 이 비순응적 태도는 우리가 자유가 없는 세상 안에서 자유의 삶을 살아야 한다는 걸 뜻한다는 사실이다. 우리는 인간의 자유를 용납할 수 없는 세상 권세들 가운데서, 그게 정말 무엇인지 전혀 모르는 사람들 속에서, 자유의 거점들이 되어야 한다. 그 사람들은 결여되고 상실된 '그 무언가'에 대한 쓰라린 회한만을 가지고, 혼란된 감정이 일어나는 가운데, 별 의미 없는 말이 입술로 새어나와 그 그림자를 붙잡기 위해 무분별한 모험을 감행할 채비를 갖추고 있다. 그러나 그들은 성령의 참된 자유가 그들 가운데 역사하는 것이 나타날 때 경멸과 분노로 거기서 돌아서버린다.

---

125) ▲아직도 존재한다!

7장 · 참여와 이탈

변증법적 운동

자유의 율법에서 세 번째 요소는 참여와 이탈의 변증법적인 운동이다. 126) 여기서 나는 이 주제에 대해 다른 데서 상술한 내용을 다시 원용한다. 127) 그러나 기술적 측면은 다루지 않고 직접적으로 이 책의 목적과 연관되는 사항들만을 강조할 것이다. 우리가 이 세상에 대해 비순응적이지만 세상과 전혀 단절되어 있지 않는 것은 한편으로 우리가 다른 사람들과 함께 그들의 계획을 채택하고 그들의 작업과 일에 참여하면서 이 세상의 활동에 개입하는 것을 수용한다는 뜻이다. 다른 한편으로 그것은 거기에 간극이 존재하며 홀로 우리의 길로 나아가면서 단절하여 우리를 부인하고 분리하기에 이를 수도 있다는 걸 의미한다. 128)

결코 하나의 일방적인 진리, 확실하고 지속적인 그리스도인의 자세란 없다. 두말할 필요도 없이 자명한 것은, 그리스도인은 세상과 정치와

---

126) ▲변증법이라는 말의 남용에도 불구하고 그렇게 부를 수 있다고 본다.

127) J. Ellul, *Fausse présence au monde moderne*(세상속 그리스도인의 잘못된 삶) ; *L'illusion politique*(『정치적 착각』, 대장간 역간, 2011).

128) 나는 자유에 대한 콘퍼런스에서 리쾨르(Ricoeur)의 주장이나 다니엘루(Dani lou)의 주장에 동의할 수 없다(*La libert et l ordire social*, 1969). 두 사람은 개인적 자유와 사회적 질서를 대립시킨다. 나는 리쾨르처럼 개인적 자유는 정치적 제도로 구체화될 때만 의미가 있다고 생각하지 않는다. 더더욱 제도는 자유의 실현을 가능하게 할 때만 의미가 있다고 생각하지 않는다. 이는 새로운 철학적 무장을 갖추고 18세기의 자유주의를 재개한 것으로서 나로서는 수용할 수 없다. 한편, 다니엘루의 경우 개인적 자유와 사회적 자유의 대립이 하나님의 초월성이라는 공통의 근거를 가짐으로써 해결된다는 주장은 내게 너무도 쉽게 말한 것으로 보인다.

사람들의 일에 참여해야 하고, 사람들 속에 용해되어야 한다는 사실이다. 누룩이 밀가루 반죽 속에서 발효할 때 누룩은 자취를 감추고 사라져서 누룩으로서 더 이상 존재하지 않는다. 이것은 절반의 진리로서 모든 절반의 진리들이 그러듯이 잘못된 오류이다. 그러나 더더욱 자명한 것은, 그리스도인은 세상에 대해 벗어나 있어야 한다는 사실이다. 그리스도인은 하찮은 사라져버릴 세상의 일들에 관여하지 말아야 한다. 그리스도인의 삶은 다른 데 있다. "나의 왕국은 이 세상에 속하지 않는다."는 예수의 말씀이 있는데 정치를 해서 뭣하겠는가? 타락으로 가는 사악한 세상의 길에 왜 끼어들겠는가? 이것도 역시 절반의 진리이다. 성서의 가르침에 따르면 세상일에 대한 참여와 이탈이라는 이 두 가지 태도들은 똑같이 타당성을 지닌다. 그러나 이 둘은 서로 결합되어야 비로소 정당성을 확보한다. 왜냐하면 한쪽을 위해 다른 쪽을 희생시키자마자, 운동의 두 가지 흐름들을 분리시키자마자. 우리는 잘못된 오류에 빠지기 때문이다. 129)

---

129) 내가 강조하고 싶은 것은 참여와 이탈의 이 변증법은 하이데거의 결단(Résolution)이라는 개념에 부합하지 않는 것으로 보인다는 것이다(또한 나는 그 개념을 활용하기에는 너무도 잘 모른다). 하이데거가 결단된 실존은 모든 개별적인 결단에서 우리가 그 결단을 물릴 수 있는 자유(어느 의미에서는 물리는 것이 필요하다)를 보유케 한다고 쓴 것은 맞는 말이다. 그러므로 모든 결단은 연속적으로 탈결단(dé-résolution)을 불러온다. 그것은 우리가 참여한 기투(projet)에서 물러나는 항구적인 재량권이다. 결단된 실존에는 스스로 폐기할 가능성이 상존하는 결단과 철회의 의지가 늘 함께 한다. 내가 참여와 이탈에 대해 말하는 바는, 내가 잘 모르는 철학을 거치지 않고 직접적으로 성서에서 도출한 것이라고 나는 생각한다. 그러나 거기서 내가 동의할 수 없는, 무엇보다 특히 결정적으로 보이는 두 가지 사항들이 있다. 하나는, 결단은 그리스도에게서 나오지 않은 자유의 표현이라는 것이다. 그리스도는 그 무엇으로도 내가 믿음을 가질 수 없는 인간존재인 것이다. 다른 하나는, 하이데거는 말하기를, 우리가 논의하는 철회는, "궁극적으로 죽음의 가능성이라는 최종적 가능성과 기투에 들어가기 위해서 기존의 기투들을 철회하는 것"이라고 한다. 그런데 우리가 말하는 이탈의 움직임은 오로지 그리스도 안에서의 자유의 표현일 뿐이다. 다시 말해서 그 점에서 우리가 가지는 유일한 가능성은 부활한 그리스도에 의해 받아들여지는 것이다.

참여는 미리 선행된 이탈이 있어야 비로소 타당성을 띤다. 다시 말해서 참여는 근본적으로 이탈한 사람과 연관되어야 한다. 이탈한 사람으로서 나서기 때문에 그 참여는 가치와 무게와 의미를 지닌다. 그 사람은 자신이 참여하는 일에 새로운 전망과 새로운 차원을 더할 모험을 감행할 것이다. 그리스도 안에서 이탈한 사람의 참여는 성육신에 방불할 만한 사건이다. 성육신한 하나님이 자신이 창조한 피조물에 속하지 않고, 피조물과 결코 좁힐 수 없는 간극을 지닐 때에만, 성육신은 의미와 가치가 있다. 그렇지 않은 경우에 성육신은 하나의 코미디가 될 뿐이다.

역으로 사랑과 열정을 가지고 다른 사람들과 사회와 세상의 일에 참여하는 인간의 행동이 있을 때에야 비로소 이탈은 힘과 의미와 문제제기의 권한을 지닐 수 있다. 오로지 그 때에야 비로소 하나님의 나라는 이 세상에 속하지 않고, 인간이 행하는 노력과 일과 창조는, 유익한 건 물론이고 아무리 아름답고 훌륭하고 감동적인 것이라 할지라도, 결코 하나님 나라에 이를 수 없을뿐더러 그 나라를 예비할 수도 없다는 선언이 타당성을 띠게 된다. 이 이탈은 이 세상에 속하지 않기에 나타나는 단절이어서 이 세상 사람들과의 연대감을 가졌던 사람이 표명하는 것일 수밖에 없다. 이 이탈은 부활의 사건에 비견할 만한 사건일 수밖에 없다. 왜냐하면 예수의 죽음이 사실이어야지 그리스도의 부활도 사실이 되기 때문이다. 그렇지 않으면 부활은 하나의 코미디가 되고 말 것이다. 예수의 부활은 단순히 외적으로 입증하는 사건에 그치지 않고, 우리 모두의 부활에 대한 보증이고 우리의 죽을 몸을 구원하는 약속이다. 이와 마찬가지로, 세상에 대한 이탈은, 내가 관계를 단절한 불결한 사람들 앞에서 나는 정결하다는 뜻이 아니고, 그 이탈의 행위를 통해 사실 사람들을 향한 소망을 열어주는 뜻이 담겨있다. 그래서 우리가 매여 있는 이 노예적 예속상태는 우리의 궁극적인 운명이 아니며, 거기서부터 이탈이 가능하다는 것이다. 변천하는 이 세상의 모험과 역사 속에 갇혀서 죽음으로 끝나는 데에 탈출구가 있다는 것이다. 이 탈출구는 모든 사람들에게 약속된 것으로 오늘 여기에 그 가능성이 있다는 것이다.

그러나 참여와 이탈이 동시에 일어나는 것은 불가능하다. 인간이 동시에 참여하고 이탈할 수는 없는 일이다. 그럴 수 있다고 주장하는 것은 완전한 허구이다. 그리고 특히 내면과 외부, 영혼과 육체, 영과 물질 등의 흔한 이분법적 구분이라는 함정에 빠지지 말아야 한다. 그래서 다음과 같은 말은 있을 수가 없다. "내가 정치 운동이나 기술 개발에 참여하는 것을 두고 걱정하지 마라. 나는 완전한 내적인 독립성을 유지하고 있으며, 내 마음은 완전히 자유로우며, 나의 영적인 삶은 완전히 거기서 벗어나 있다." 또는 "나는 전쟁에 참여하고 있지만, 적들에 대한 증오심은 전혀 없다. 나는 그들을 죽이지만 또 그들을 사랑한다." 역으로 다음과 같은 말은 더더욱 있을 수 없다. "나는 내 기도실에서 평안하다. 나는 영적인 고독 속으로 물러나, 기도에 내 평생을 바친다. 그러나 물론 나는 마음으로는 일하고 고통당하고 싸우는 사람들과 함께 한다. 나는 영적으로 그들의 수고를 나눈다. 내적으로 나는 그들과 아주 가깝다." 이와 같은 말들은 위선과 자기의義에서 나오는 말들이다.

시간 속에는 순차적인 연속성이 있을 뿐이다. 또한 교회와 같은 조직에는 구성원들 간의 역할 분담이 있을 뿐이다. 시간의 순차적인 연속성에 대해서는 언제나 전도서의 훌륭한 증언을 상기해야 한다. "세울 때가 있으면 무너뜨릴 때가 있고, 사랑할 때가 있으면 미워할 때가 있다." 그래서 그리스도인은 한번 정한 결정에 계속 머무를 수 없고, 참여만 한다거나 이탈만 할 수 없다. 한 개인의 삶에 참여와 이탈이 번갈아 일어나는 것이다. 그리스도인은 그리스도 안에서 참여와 이탈의 타당성을 증언해야 한다. 우리는 조금 뒤에 다시 이 주제를 살펴볼 것이다. 그러나 교회

공동체 전체를 고려할 때 우리는 여기서 사역의 다양성과 은사의 다양성을 적용해야 할 수도 있다. 참여하여 사람들과 가까이 하는 은사가 주어진 사람들이 있는가 하면, 이탈하여 전적인 타자인 하나님의 기이한 신비를 나타내는 은사가 주어진 사람들이 있다. 이것은, 예를 들어 기도를 실천하는 사람에게 그 이상을 요구하지 않고 기도의 소명의 정당성을 인정할 수 있게 할 것이다.

그러나 교회 안의 이런 역할 분담에는 난관이 하나 있다. 그것은 교회가 존재해야 한다는 것이다. 물론 내 말은 그리스도의 몸인 교회를 겨냥하는 것이 아니고, 구체적으로 사람들이 모이는 교회공동체를 뜻하는 것이다. 소속된 사람들이 실제로 서로서로 연대감을 가져야만 비로소 교회공동체는 성립될 수 있다. 그 사람들은 자신들의 개인적인 입장은 자신과 교제하는 형제가 가진 반대의 입장에 의해 보완될 때에 비로소 타당성과 유효성을 갖춘다는 사실을 안다. 만약에 정치적 행동에 참여하는 사람이 자신의 참여는 침묵과 기도에 헌신하거나 항의하고 이탈한 형제 덕분에 신뢰성을 얻게 된다는 사실을 인정한다면, 역으로 이탈한 사람이 자신의 순수하고 거룩한 은둔적인 태도는 투쟁에 힘쓰고 인간의 희망과 비극을 삶으로 살아가는 형제 덕분에 유지되고 의미를 지니게 된다는 사실을 깨닫는다면, 그와 같이 흠잡을 데 없는 완전한 연대의식이 존재한다면, 비로소 세상 가운데 교회 공동체가 구체적으로 자리를 잡게 된다. 이제 참여하는 사람은 자신의 상처들을 치료하고 힘을 되찾으며 위로를 얻으러 이탈한 사람 곁으로 오게 될 것이고, 이탈한 사람은 세상에 참여하는 사람의 투쟁을 감당하려고 손을 내밀 것이다. 아말렉을 상대로 르비딤에서 전투를 치를 때 모세가 그렇게 했다. 출17:12 그때 진정으로 교회가 수립된다.

안타깝게도 대부분의 경우 그리스도인은 각기 자신이 좋다고 믿고 그리스도인의 삶에 합당한 유일무이한 자세로 스스로 평가한 것을 가지고 자신의 형제를 판단한다. 세상에 참여하는 사람은 맹목적인 신자들과 교회의 보수적인 이단적 성향과 아무 행동도 취하지 않는 사람들에 대해 항의한다. 신앙의 저장고를 지키는 사람은 모든 악마적인 행태들을 자행하고 불신자들과 같이 일하며 세상에 참여할 뿐만 아니라 아예 세상의 일부가 되어버린 형제를 정죄한다. 그러므로 모순적이고 보완적인 다양한 소명들을 구현시키는 일이 극도로 힘들고, 다양한 사역들을 실현하는 데 실패가 반복되기 때문에, 나는 동일한 한 사람이 참여의 행위와 이탈의 행위를 다 행하는 것이 중요하다는 점을 역설하고자 한다. 중요한 것은 하나의 변증법적 운동을 이룩하는 것이다.

내가 보기에 참여와 이탈의 문제에서 정죄해야 할 유일한 현상은 사람들이 참여나 이탈을 상황적인 것, 고정적인 것으로 만들고 싶어 하는 것이다. 참여에 고정해서 단번에 평생의 삶을 거는 것이나, 이탈에 고정해서 단번에 평생의 삶을 거는 것이나 다 똑같이 잘못된 것이다. 그것은 더 나아가 기만적인 것이라 할 수 있다. 중요한 것은 사랑을 나타내는 연대성을 지니고 사람들 곁에 참여하는 것이나, 거룩함을 나타내는 순수성을 지니고 하나님 앞에 서려고 이탈하는 것이 아니고, 참여와 이탈을 하게 되는 결정과 행동이다. 그것이 자유를 표명하는 것이다. 나는 결정하여 참여했으나, 이제 더 이상 불가능하고 그만큼이면 충분하니 이탈하는 것이다. 또는 그 반대가 될 수 있다. 그것이 자유의 삶을 사는 것이다. 나의 삶에서 자유의 율법의 징표가 되는 것은 이탈에서 참여로, 또 참여에서 이탈로 변화하는 이 변증법적 운동이다.

의지적인 선택

물론 그것은 임의적이거나 우연적으로 이뤄지는 것이 아니어야 한다. 130) 자신의 자유를 입증하기 위해서나 이탈을 위해서 참여하거나 이탈하지는 말아야 한다. 그런 경우에는 그것은 오직 게임이 될 뿐이다. 모든 경우에 그것은 기도를 통해서 하나님 앞에서 깊게 성찰하고 선택한 결정이어야 한다. 그래서 우리는 참여할 상황과 시점도 찾아보아야 하고 이탈할 상황과 시점도 찾아보아야 한다. 이것을 현시대의 비순응적인 태도에 대비시켜 보자면, 규범이나 의무가 아닌 하나의 예시로서, 사회에서 우리가 그리스도인이 아니기를 바라는 상황이 곧 우리가 참여해야 할 상황이라고 말할 수 있을 것이다. 또한 사회에서 우리가 그리스도이길 바라는 상황은 곧 우리가 이탈해야 할 상황이라고 할 수 있을 것이다. 이 원칙을 제시하는 뜻은 초보적인 비순응주의나, 혹은 사회적 비약을 저지하려는 데 있지 않다. 단지 우리는 사회 집단이 그리스도인들의 참여를 원하고 개입시키려 한다면, 그것은 결코 타당한 이유가 있기 때문이 아니라 그리스도인들의 축복과 공모와 같은 부당한 이득을 얻으려고 그리스도인들을 청하는 것이다. 예를 들자면, 일반적으로 사회 집단은

---

130) 이것은 사회학자들이 이제 분석하기 시작한 상황을 차별화하는 데 필요한 특성이다. 라스웰(H. Lasswell)은 이것을 '부분적 통합에 의한 거부(le rejet par intégration paritielle)'라고 부르고, 라자스펠트는 '부분적 거부에 의한 통합(l'intégration par le rejet partiel)'이라고 한다(Paul F. Lazarsfeld, "Les intellectuels et la culture de masse," *Communications* 5, 1965). 특히 여기서 우리의 흥미를 끄는 것은 라스웰의 말이다. 라스웰은 사회에서 살아가는 사람들이 그 사회의 행동방식들을 표면적으로 받아들인다는 사실 속에서 그들의 독립성을 찾을 수 있다는 걸 보여준다. 그래서 미국에 사는 일본 사람들은, 자신들의 가치관과 아주 다르지만 표면적으로 미국 스타일의 삶을 채택한다고 라스웰은 말한다. 부분적인 통합은 그들에게 본질적인 면에서는 다를 수 있는 독립성을 부여한다는 것이다. 그러므로 참여가 있지만, 그 참여는 실제적인 이탈을 가능하게 하는 것이다. 그들은 그들의 실제적인 자유를 보장하는 외적인 행동방식을 담보로 내어줌으로써 그 사회에 대해 독립적인 입장을 유지하게 된다. 이는 또한 소련에서의 인적 통합에 대한 카르마코프(Karmakov)의 분석과도 일치한다(J. Ellul의 『선전*Propagandes*』에서 깊이 검토됨). 카르마코프는 참여의 네 가지 단계들에 일어나는 동일한 현상을 지적한다. 그러나 우리는 이 모든 경우에서 부지불식간에 일어난 상황이나 반응들을 보게 된다. 그렇지만 그리스도인의 자유에서 참여와 이탈의 과정은 의지적이고 계산된 것이어야 한다.

우리가 그리스도인으로서, 과학, 기술 활용, 교육, 멀티미디어 체계 및 정치 등의 분야에서, 비판적인 혹은 대화적인 역할을 맡아 참여하는 것을 원치 않는다. 그런데 우리 시대에는 바로 그런 분야가 그리스도인들이 가장 쓸모 있는 분야일 것으로 여겨진다. 그리스도인들은 바로 그런 분야에 참여해야 한다.

그러나 정치에 관해서는, 두 가지 점에서 신중해야 한다. 하나는, 참여하는 그리스도인은 정치활동을 극도로 과대평가하여 그리스도인의 삶의 진위를 가르는 기준으로 삼으면서 "모든 것이 정치다"라는 상투적인 말에 빠지지 말아야 한다는 것이다. 다른 하나는, 더 나아가 그리스도인의 참여는 볼모로 이용되어서는 안 된다는 것이다. 다시 말해서 자유로운 참여의 행위가 아니라 그리스도인을 이용하려는 집단의 함정에 걸려서는 안 된다. 이 두 가지는 필수적인 것이다. 그러나 사람들이 "당신들은 당신들과 상관없는 일에 끼어든다."고 우리에게 항의하는 경우는 모두 다 우리가 개입해야 할 의무감을 느껴야 하는 상황이자 시점이다. 왜냐하면 그 상황 속에 우리는 하나님을 회피하고 부정하면서 자신의 힘을 확대코자 하는 냉혹한 의도를 가지고 행하는 인간의 욕망과 의지와 행위가 감추어져 있다는 사실을 확실히 알 수 있기 때문이다. 역으로 우리는 사회가 어떤 정치적 운동 안에서 우리에게 할당한 자리를 거절해야 하고, 그런 사회 활동에 참여하는 초대는 경계심을 가지고 검토해야 한다. 그 자리를 거절하는 이유는, 일반적으로 사람들은 그리스도인과 교회에 대해서 영적이고 도덕적인 행동을 기대하거나, 아니면 그 반대로 선전의 보증이나 발판을 기대하기 때문이다.

사람들이 교회에 구석 자리의 보조의자를 제공한다면, 그 이유는 국가가 다양한 세력들로 구성되어 있기에 부득이한 경우 교회를 하나의 세력으로서 인정해야 하는 까닭에 아주 작은 혜택과 서비스라도 제공하는 것이다. 사람들은 교회로부터 전쟁의 승리를 위한 기도회, 테 데움, 입학식, 결혼식, 장례식 등과 같은 다양한 의식들을 기대한다. 그것은 종교적 의례로서 사회 전체가 수용하고 또 요구하기도 한다. 사람들은 교회로부터 도덕적인 버팀목을 기대한다. 사회는 도덕이 없으면 작동하지 않는다. 아주 유용한 도덕을 가르치고, 아주 완벽한 사상들을 사람들에게 제공하고, 사람들에게 실용적인 사회적 행동방식의 모범을 제시하고, 복종과 봉사와 희생의 동기들을 사람들의 마음에 주입시키는 임무를 담당하는 존재들이 있다. 교회는 그 임무에 제일 적격인 담당자이다. 교회는 국가의 임무들을 지원해야 한다. 131) 가장 좋은 사례는 확실히 부속사제들의 경우이다. 그것은 그리스도를 믿는 사람에게는 정말 좋은 역할이다. 죽어가는 사람들을 도와야 하는 임무는 우리 사회에서 병원의 부속사제들이 제일 잘 담당한다. 군인의 사기를 유지하고 싸우고 복종해야 할 동기를 부여하는 데는 종군사제들이 제일 적합하다.

나는 그리스도인들이 사회의 영적, 도덕적 봉사를 담당하는 임무를 냉정하게 거절해야 한다고 주장한다. 우리는 그리스도인으로서 비순응적 태도를 지켜야 하고, 자본주의국가에서와 같이 공산주의국가에서도 신앙은 구체적인 것이고, 사회가 행하는 것과 완전히 상반될 수 있다는 사실을 밝혀주어야 한다. 그리스도인이 공산주의국가들을 추종하여 평화를 전파해야 하는지 아니면 제3세계를 추종하여 폭력을 전파해야 하는지 오늘날은 더 이상 명백하지 않다. 반세기 전에는 그리스도인은 부르주아를 추종하여 영적인 도피를 해야 했다. 이는 다 똑같은 차원에 속한다. 물론 환자들이나 병사들을 담당하는 사제가 갖는 아주 정당한 역할이 존재한다. 그러나 그것은 국가가 우리에게 바라는 것이 아니다. 당연히 우리가 착각한 가운데 우리의 역할을 수행하는 것은 아닌지 의문

---

131) ▲국가는 심지어 소련에서도 심각한 경우에 교회에 도움을 요청한다.

이 제기된다. 다시 말해서 국가가 우리에게 요청하고 우리를 참여케 하고 수용하는 목적과는 다른 일을 우리가 하는 것은 아닌지 의문이 일어난다. 혹은 우리가 모든 걸 다 공개하면서, 가령 병원 부속사제의 일은 환자들이 인격적인 진실한 돌봄을 받는지 살펴야 하는 것이라고 선언하는 것은 어떤가. 군대의 부속사제의 역할은 병사의 양심과 진실성을 더 크게 진작시키는 것이기에 반드시 더 복종적인 태도를 유도하는 것이 아니다. 사회가 우리에게 바라는 역할에서 이탈하고 또 다른 목적으로 참여하는 것은 거의 다 필연적으로 갈등을 야기한다.

세상이 기독교에 자리와 역할을 할당하는 것은 대부분 국가의 행위에 속한다. 그러나 언제나 그런 것은 아니다. "교착상태에서의 대화"라는 가로디의 기사는 우리에게 좋은 예를 제공한다. 132) 그 기사에서 우리는 교착상태에서 그리스도인들과 공산주의자들 사이에 대화를 유도하는 것은 정치적인 가톨릭이라는 사실을 발견하게 된다. 정치적 가톨릭이라는 말은 공산주의자들이 기독교에 할당하고자 하는 역할에 부합하지 않는 가톨릭이라는 뜻이다. 기독교가 세상의 악에 대한 저항으로서의 무신론을 타당하다고 인정하고, 자본주의를 공격하며, 사회주의적 미래를 건설하는 공산주의자들과 같은 소망을 가진다면, 공산주의자들은 그 기독교를 받아들일 것이다. 133) 그러나 기독교가 무신론과 마르크스사상을 사악한 유혹으로 선언한다면, 기독교는 계급 정치를 인정하고 반동분자들과 연합한 저열한 기독교가 될 것이다. 가로디는 스스로에게 묻는다. "기독교가 그런 입장을 취하는 것이 오직 신앙에 연유하는 것일까?" 바꾸어 말해서 거기에는 그리스도인의 삶과 사고방식에 의미와 역할과 자리를 부여하는 가치가 존재하고 그 가치는 그리스도보다 더 높다

---

132) Garaudy, "Le dialogue dans l'impasse," *L'Humanité*, 15 juin 1966.
133) ▲그 기독교는 정치적이라는 형용사를 달지 않을 것이다.

는 것이다. 우리가 근본적으로 부정해야하는 점이 바로 그것이다.

아무튼 내가 방금 말한 것은 하나의 예에 불과하다. 왜냐하면 내가 기술하는 변증법적 운동에서 배타적이고 교조적이고 영구적인 고정된 입장을 택하는 것은 불가능하기 때문이다. 이것은 우리에게 현실성의 문제를 제기한다. 134) 왜냐하면 그리스도인의 참여나 이탈은 현실 속에서 이루어지는 것으로 여겨지기 때문이다. 가장 명백하게 보이는 상황은, 원칙들에 따른 교조적 문제가 아닌 까닭에 사람들이 구체적으로 일어난 사건 속에 참여한다는 것이다. 그것이 의미와 무게를 띠게 되는 이유는 거기에 계산도 헛된 논쟁도 없기 때문이다. 거기에 구체적인 참된 행위가 있다. 사건이 일어나고 나는 그 사건을 즉각적으로 바라본다. 즉각적으로 나는 도움을 제공하고 예수 그리스도를 증언하며 자비나 정의를 표현한다. 한 사람이 자신을 죽이려는 사람들135)에게 쫓기고 있는 경우, 그가 범죄자라 할지라도 쫓기는 이유와 사연을 묻지 말아야 한다. 그는 고통을 겪고 위험에 처해있는 불쌍한 사람이다. 그러므로 나는 그에게 도움을 주고 받아들여서 보호해야 한다. 의문을 갖지 말고 나는 현재 연약하고 불쌍한 상태에 있는 사람 편에 서야 한다. 그 사람은 폭탄 맞은 무방비 상태의 사람일 수도 있고 자신의 기관총을 빼앗긴 갱단의 일원으로서 곧 붙잡힐 사람일 수도 있다. 내가 갱단의 일원을 예로 든 이유는 그것

---

134) 루이 페브르의 탁월한 발상은 주목할 만하다(Louis F vre, *La liberté des chrétiens*). 루이 페브르는 경비망을 배치하는 것과 같은 태도를 취했던 세상 속 교회의 과거의 태도에 대해서 자신이 기호의 목회서신(une pastorale du signe)이라는 적절한 명칭을 부친 것을 대비시킨다. 그것은 관리하는 것 대신에 사람들이 가는 길에 참여하는 것이고, 가르치는 것 대신에 증언하는 것이고, 애매한 것 대신에 명확한 것이고, 권력을 의식하는 것 대신에 초연한 것이고, 제도들을 수립하는 것 대신에 기호들을 전해주는 것이고, 교조적인 폐쇄성을 지니는 것 대신에 시대의 기호들을 해석하는 것이다. 이와 같은 것이 자유의 방식이다. 구체적인 현실 속에서 하나님의 소박한 역사의 지표들과 시대의 기호들을 해독하는 것은 오늘날 결정적인 유효성을 지니는 것으로 보인다.

135) ▲경찰이든 자객이든

이 내가 기술한 입장을 극단적으로 보여주기 때문이다. 이제 사람들은 다른 동기로 그와 같이 행동하는 경우에도 무조건적으로 받아들일 것이다.

사실 그리스도인 개개인에게 있는 본성적 성향에 따라서, 우리는 현실 속에서 도움을 필요로 하는 사람이 아니라 우리 마음에 맞는 사람을 도와야 한다고 생각한다. 나는 그리스도인이 단지 쫓긴다는 이유로 경찰을 피해서 도망가는 갱단을 도울 거라고 생각하지 않는다. 반면에 그 그리스도인은 아마도 정치범을 돕는 일은 받아들일 것이다. 그 이유는 그 정치범이 쫓기기 때문이 아니라 그가 고결한 동기를 가졌다고 그리스도인이 평가하기 때문일 것이다. 그 그리스도인은 자신과 정치적으로 맞는 사람이라면 틀림없이 도울 것이다. 그 이유는 그 사람이 자신과 정치적으로 같은 마음이기 때문이다. 바꾸어 말해서, 현재 일어난 현실의 구체적인 사건에 '지금 여기서' 즉시 참여하는 행위는, 때를 기다려서는 안 된다면서 생각을 먼저 하면 결코 행동을 취할 수 없다고 말하는 그리스도인들이 아주 자주 권하는 것이다. 그것은 정말 단순하지만 매우 의심스럽고 아주 불확실한 것이라고 생각된다. 어려운 것은 실천하는 것이 아니다. 반대로 머리를 수그린 채로 달려들어 행동을 취하는 것처럼 쉬운 일은 없다. 그러나 그렇게 해서 진리와 사랑을 표현하는 것은 어려운 일이다. 대부분의 경우 그와 같은 행위는 단지 내가 선호하는 우정, 의견, 사회나, 어떤 문제에 대한 나의 열정이나 어떤 사회적 풍조에 대한 나 자신의 순응주의를 나타내는 데 지나지 않는다. 그와 같은 참여활동에는 대부분 사랑의 명분 아래 정치적인 것과 같은 순전히 인간적인 동기들이 은밀히 숨겨져 있다. 예를 들어 혁명기에 자신이 찬동하는 정당의 살인자가 현재 쫓기는 까닭에 그 살인자를 도우러 온 그리스도인은 실제로는 다른 범죄행위들을 준비시키는 일을 하는 데 불과하다. 그것은 자유의 행위가 전혀 아니다. 설령 그것이 우리가 속해 있는 전체 사회에 반기를 드는 것일지라도, 그것은 사회적인 순응주의의 행위에 지나지 않는다. 136)

다른 한편 이미 말했다시피 그것은 아주 불확실한 행위이다. 사실은 그것은 증언의 의미가 하나도 없어서 신앙에 기인한 선택이 될 수 없다. 생각을 접어두고 '지금 여기서' 즉시 참여하는 행위는 분명히 부분적으로 일리가 있다. 무조건적인 봉사를 제공해야 하는 것은 맞는 말이다. 또 그 문제에 대해 하나의 박사학위논문을 작성하지 않고 먼저 행동을 취해야 하는 것은 맞는 말이다. 도움을 필요로 하는 사람에게 우리가 당장 응답해야 하는 것은 맞는 말이다. 이웃에 대한 봉사와 개인적인 관계의 차원에서 개인이나 가정에 대해 행동을 취할 때 우리는 언제나 그런 자세로 시작해야 한다. 그러나 정치적이거나 사회적인 성격의 참여라든가, 사회적인 반향을 일으키는 행위라든가, 여러 갈래로 다의성을 가지는 행동이 관계될 때는 문제가 완전히 달라진다.

생각을 접어두고 '지금 여기서' 즉시 참여한다는 주장은 게으르고 무분별하고 무책임한 태도를 변호하기 위해서 '판단하지 않고 모든 것을 믿으며'라는 사랑에 관한 구절을 이용한 것으로 생각된다. 그런 차원에서 그런 식의 참여 행위는 단순히 행동의 욕구에 의한 걸 나타내고 현실

---

136) 여기서는 나는 카르도넬(Cardonnel)의 입장과 완전히 정반대 입장을 취한다. 카르도넬은 참여는 아무 조건 없이 사람들과 전적으로 함께 하는 것이어야 한다고 주장한다. "그리스도인은 역사에 전적으로 헌신해야 한다." 그리스도인은 고유하고 유일한 '사람들의 길'을 따라야 한다는 것이다. 카르도넬이 수많은 모순들과 커다란 혼란을 불러일으키는 이유가 바로 이것이다. 그가 "역사에 전적으로 헌신한다"는 말을 무슨 의미로 파악하는지 사람들은 모를까? 정확히 역사는 카르도넬의 신이다. 역사에 대한 전적인 헌신으로 출발해서는, 거기에 더 이상 어떤 종류의 자유도 상상조차 할 수 없다. 그러나 안타깝게도 카르도넬은 그걸 이해하지 못한다. 왜냐하면 그는 실재하지 않지만 실체화한 역사에 대한 마르크스주의적이고 이론적인 이상주의적 관점만 지니고 있기 때문이다.

문제의 시사성의 신화에 따르는 걸 의미한다. 137) 이는 오늘 날짜의 조간 신문에 실린 것이 맞는 사실이니, 가서 데모하고 전단지를 붙이고 운동에 서명하고 라디오 방송에 선포해야 한다는 것이다. 그런 참여 행위가 바로 정치적, 사회적 행동의 중요성에 수긍하는 순응주의이다. 138) 그것은 시사적인 현실문제가 유일하게 의미를 갖는 것이라는 믿음에 따른 것이다.

내가 보는 바로는 이 순응주의 때문에 그리스도인의 독립성은 자신이 행해야 마땅한 일이 무엇인지 알기 위해 어느 정도 물러서서 거리를 두는 데 있다. 그리스도인의 독립성은 한 진영의 교조적인 주장을 거부하는 데 있고, 또한 참여하는 모든 그리스도인들이나 좌파 사람들이 행하는 것과 반대로 다양한 정보를 검토하고 진지한 성찰을 하는 데 있는 것이다. 참여는 문제를 온전히 파악하는 데서부터 시작되어야 한다. 그런데 실제로 그렇게 하는 경우는 드문 것 같다. 그렇다면 그런 상황에서는 잘못해서 무비판적인 편견이나 교조적 이론에 따라 참여하는 것보다는 아예 하지 않는 것이 더 나을 듯싶다. 내가 참여하게 된 동기들뿐만이 아니라 그 결과들에 대해서 엄밀하게 분별하는 것은 나의 참여 행위의 타당성을 위한 필수적인 요소이다. 더 나아가서, 이와 같은 분별은 나로 하여금

---

137) 시사적인 현실문제에 따르는 순응주의(때로는 영웅적인)라는 끔찍한 징후는 그런 식으로 참여하는 그리스도인들이 아주 빠르게 망각하는 모습으로 드러난다. 그들은 '역사의 조명', 즉 선전이 그런 문제를 더 이상 비추지 않게 될 때 아주 빠르게 그 문제를 망각해버린다. 우리는 알제리 전쟁이나 비아프라 난민 사태에 아주 깊이 참여했던 그리스도인들이 전쟁이 끝나고, 난민 사태가 더 이상 정치적인 이슈나 선전의 도구로 활용할 수 없게 되자마자 그 모든 걸 하루아침에 다 망각해버리는 걸 목격하게 된다. 문제가 극적이고 감정적인 것을 넘어서서 근본적이고 중대한 것이 될 때, 참여한 그리스도인들은 그 문제를 망각해버린다. 그런데 사실은 바로 그 시점이 그리스도인들이 침묵과 평화와 은밀한 헌신 가운데 그 문제에 개입하기 시작해야 하는 시점이다.

138) ▲그 선택한 방향이 가지는 내용은 아무런 중요성도 없다.

사회적 풍조139)에 떠밀려서, 눈앞에 확실해 보이는 문제에 참여하는 것을 거부하게 할 뿐만 아니라 개입해야 할 훨씬 더 중요한 문제들을 깨닫게 한다. 내가 생각하기로는, 그리스도인들이 사회적, 정치적으로 참여할 영역은 양쪽의 중간 지대에 있다.140)

여기서 분석 가능한 세 가지 차원들을 상정해볼 수 있다. 첫 번째 차원은 시사적인 현실문제, 당면한 직접적인 사건, 가장 감동적이고 감성적인 표면적인 것이다. 더 심층적으로는 두 번째 차원은 철학적인 것, 형이상학적인 것, 교조적인 것이라 할 수 있다. 이 두 개의 차원에 속하는 활동에 참여하는 것이 제일 빈번하고 또 편리하다. 사람들의 관심을 끄는 것은 항상 그 부분이다. 반면에 양쪽의 중간에 있는 세 번째 차원은 교조와 같은 이데올로기적 끌림도 없고 사건과 같은 감정적 끌림도 없다. 이 차원은 일반적으로 등한시된다. 그런데 이 차원이 궁극적으로 제일 중요한 차원이다. 이것은 정치적 교조와 같은 환상도 아니고 밑바닥의 정치적 활동과 같이 무분별한 것도 아니다. 이것이 최종적으로 진정한 사회적 변화를 결정하는 것이다. 바로 이 차원에 참여가 이루어져야 한다.

마르크스는 진정한 문제는 노동자들의 가난에 즉각적으로 대응하는 것이 아니고, 자본에 대한 투쟁의 차원에서 참여가 이루어져야 한다고 적절하게 지적한다. 현재 참여를 요하는 진정한 문제들은 기술, 선전,

---

139) ▲알제리 전쟁의 찬성이나 반대를 조장하고, 베트남 전쟁의 미국 참전에 대한 찬성이나 반대를 독려하는 것을 예로 들 수 있다.

140) 아무튼 이 참여 행위에서 교회와 그리스도인들은 주님에게 순종하는 것 이외의 다른 것에 마음을 쓰지 말아야 한다. 특히 웬드랜드의 주장에 함께 하는 것은 잘못된 것이다(Wendland, *Eglise et Société* , tome 1, p. 85). 그에 따르면, 교회는 "사람들 앞에서 인간의 기준에 따른 사회적 활동을 통해서 교회의 윤리적 정당성을 입증하려고 한다"는 것이다. 교회는 사회적 활동을 통해서 스스로의 정당성을 입증하지 말아야 한다. 교회는 사람들의 인정을 기대하지 말아야 한다. 교회가 해야 할 봉사가 있다면, 그것은 우선적으로 사회적 활동과는 다른 차원에 속한 것이다. 사회적 활동은 교회의 봉사에 따른 결과일 뿐이다.

국가의 확장, 관료화 등이다. 이를 근거로 해서 사람들은 다른 모든 사건들이 아주 부수적인 것이라는 사실을 알게 된다. 그래서 1966년에 드골의 정부를 선택하는 것이나 미테랑의 정부를 선택하는 것은 하등의 중요성도 없는 일이다. 그 둘은 사회의 기술화, 국가권력의 확대, 경제 성장, 선전기술의 적용 등과 같은 핵심적인 사안에서 일치를 이룬다. 나머지 것은 심리적이고 이데올로기적인 피상적 차이를 나타낼 뿐이다. 그것은 권력을 잡으려는 진영들 간의 투쟁에 불과한 것으로서 아무 유익도 없는 것이다. 그리스도인의 관심과 탐구와 노력은 그리스도인이 참여해야 할 현장을 찾아내는 데 있다. 그 현장은 다른 아무도 참여하지 않고 또 참여를 요청하지 않으며 문제들이 아직 표출되지 않고 상황은 아직 유동적인 곳이다. [141] 바로 그런 곳에서 참여는 온전한 열매를 맺고 가치를 발한다.

그리스도인의 참여와 이탈

지금까지 우리는 그리스도의 자유를 나타내는 계속적인 변증법적 운동에 대해 얘기했다. 그것은 참여에서 이탈로, 또 이탈에서 참여로 오고 가는 운동이다. 거기에 더해서 우리는 이제 정확히 해야 할 중요한 사항을 지적하고자 한다. 그것은 결국 참여와 이탈은 둘 다 완전할 수 없다는 것이다. 다시 말해서 참여하는 행위가 완전히 무조건적일 수 없고, 이탈하는 행위가 완전한 단절일 수 없다. 정치, 기술, 조합, 사회 등의 영역에 참여하는 그리스도인은 참여 행위 가운데서 자유의 여지를 남겨두어야 한다. 이는 그리스도인이 참여를 성실하게 하지 말라는 뜻이 아니다. 물론 그리스도인은 성실하게 협력하고 자신의 능력과 지성을 발휘해야 한

---

141) 이 문제에 관해서는 내가 저술한 『정치적 착각L'illusion politique』과 *Fausse présence au monde moderne*(세상속 그리스도인의 잘못된 삶)를 참조하라.

다. 그러나 그리스도인은 해야 할 일이 더 있다. 그리스도인은 자신이 참여하는 운동의 내부에서 진보적 요소, 즉 이의를 제기하는 요소로 남아야 한다. 그리스도인은 그 사회 및 집단의 시각과는 반드시 다른 시각을 제시해야 한다. 왜냐하면 그리스도인은 다른 사람들과는 다른 준거체계를 가지고 있기 때문이다. 신앙이 그리스도인에게 이념들에 대해 판단하고 사건들에 관해 이해하는 데 영향을 미친다는 점에서, 그리스도인은 자신이 참여하는 운동의 일반적인 의견에 그저 순응할 수는 없는 노릇이다.

그리스도인은 명백하게 이의를 제기하는 요소가 된다. 그는 효율성142)이나 통일성143)의 위협에 결코 굴복할 수 없다. 더욱이 참여하는 가운데서도, 그리스도인은 그 목적들이 아무리 중요하다 할지라도 상대적인 것이기에 곧 효력을 잃을 수밖에 없고, 그 가치들이나 사건들이 아무리 고귀하다 할지라도 궁극적인 것에 못 미친다는 사실을 인식하고 있어야 한다. 따라서 그리스도인은 그것들을 전적으로 다 곧이곧대로 받아들여서 궁극적인 종말의 일들과 동일시할 수 없으며, 거기에 절대성을 부여할 수 없다. 그러므로 그리스도인은 그것들을 이데올로기화하거나 신화화하거나 명시적으로나 암묵적으로 신성시하는 것을 거부할 것이다. 그는 그런 목적을 위해 모든 것을 희생하는 것을 거부할 것이다. 요구할 희생과 달성할 목표를 계측하는 데 있어서 그리스도인은 동료들과는 근본적으로 다른 태도를 취한다. 동료들은 모든 걸 희생해도 마땅하다는 유일무이한 목표에 대한 열정에 늘 사로잡혀 있다. 반면에 그리스도인은 냉정을 유지하면서 우리가 행하는 모든 것이 정말 상대적인 것을 알고 인간의 목숨과 같이 너무나 높은 대가를 치르는 걸 거부해야 한다.

142) ▲우리가 동의하는 목표를 달성하기 위해서라면 어떤 수단이라도 좋다는 식이다.
143) ▲운동을 약화시키고 다른 사람들이 우리의 상반된 견해차를 이용할 수 있으니까 이견을 내놓지 말라는 식이다.

하나님 앞에서 한 인간의 목숨을 희생할 만한 일은 정말 거의 없다. 예수 그리스도는 인간의 생명을 지극히 소중하게 여긴다. 그러므로 우리는 참여하는 것이지, 우리 자신을 담보물로 내놓는 것이 아니다. 지켜야 할 거리가 있다. 그것은 유머나 아이러니로 나타난다. 성서가 우리에게 전해주는 하나님의 유머에 관한 얘기가 회자된다. 그러나 이 유머는 함께 삶으로 경험한 상황의 중심에서 전해져야 한다. 이 유머가 그 무게와 가치를 지니려면, 관계가 단절된 소원한 사람이 아니라 참여하는 사람이 사용해야 한다. 그 사람을 우리는 인정하지 않을 수 없다. 왜냐하면 그 사람은 우리와 동일한 위험과 동일한 고생을 겪고 동일한 짐을 지기 때문이다. 그러나 그 사람은 그것들을 중시하지 않는다. 그는 가망 없는 희망을 줄이고 신화들을 없애고 행동을 상대화시킨다. 그것은 정의가 수립되고 상대를 존중하는 것을 가능하게 하는 최고의 방법이다. 또한 이 유머는 적잖은 값을 치르게 될 수 있다. 왜냐하면 소명을 믿는 집단 안에서 사람들은 그 소명에 이의를 제기하는 사람을 잘 용인할 수 없기 때문이다. 이 유머는 흔히 순응주의를 뒤흔들어놓는 사람의 추방을 초래하기도 한다.

역으로 이탈은 상아탑으로 물러나는 것일 수가 없다. 다른 사람들에게 자신을 개방하는 것을 거절하는 회의주의와 염세주의는 그리스도인에게는 근본적으로 불가능한 것이다. 여기서 성육신을 가능하게 하는 유일한 것이 사랑이라는 사실을 상기할 필요가 있을까? 그렇다면 육체적이거나 사회적인 단절인 고독이 하나님이 내린 소명과 양립될 수 있다는 걸 어떻게 믿을 수 있겠는가? 아무도 혼자 그리스도인이 될 수는 없다. 아무도 홀로 믿음으로 살아가는 것을 받아들일 수 없다. 아무도 그런 태도가 함축하고 있는 판단에 정당성을 부여할 수 없다. 그러나 이미 살펴보았듯이, 이탈은 그리스도인의 삶의 한 여정일 수 있고 또 필수적인 변증법적 운동일 수 있다. 이탈이 그런 여정과 운동에 속하는 것은 확실하다.

바로 그런 까닭에 이탈은 단절을 의미하지 않는다. 이탈은 교회의 너무도 순수한 공동체 내부나 자기 내부로 물러가는 것이 아니다. 그런 것일 수 있다고 주장하는 것 자체가 완전한 착각에 지나지 않는다는 사실을 먼저 지적하고 넘어가자. 왜냐하면 우리가 살아가는 사회에서 벗어나는 것은 가능하지 않기 때문이다. 완전히 탈속한 사람이 되려는 것은 위험한 착각에 빠져드는 것이고 발이 디딜 곳이 어딘지 모른 채로 구름 속에서 살아가는 것이다. 세상에서 완전히 벗어난 사람이 누가 있겠는가? 사회에서 일하지 않겠다고 주장할 수 있는 사람이 누가 있겠는가? 해결해야 할 서류가 없는 사람이 누가 있겠는가? 교통법규에 따르지 않는 사람이 누가 있겠는가? 물론 젊은 시절 몇 년간은 주변인으로 살면서 차를 얻어 타고 수입이 불확실한 채로 살아갈 수도 있지만, 그 시절은 아주 빨리 지나가고 만다. 많은 경우 사회에 아무것도 빚진 게 없다고 선언하는 사람들은 단지 부모의 금전적 도움 덕분에 그렇게 할 수 있다. 뒤에 가서는 이러저런 산업 분야에 취업하게 된다.

그러나 기성 사회와 상반된 길을 택하는 것이 곧 이탈은 아니다. 집단에 소속된 갱단의 일원은 공장 다니는 사람들만큼이나 엄격한 참여와 도덕과 철저한 제재를 소속집단에서 발견한다. 정당에 소속된 혁명적 투사는 그 정당 안에서 기성 국가보다 훨씬 더 총체적으로 참여하면서, 강력한 규율과 전체주의적인 이데올로기와 세뇌된 정신을 갖는다. 내밀한 사생활 안에서 독립성을 찾으려는 사람은 사회를 지배하는 사람들에게 길을 활짝 내주는 데 그치고 만다. 그는 일어나는 사건, 경찰 법규, 조세 등에 따라야 한다. 이탈은 전혀 자유가 아니다. 우리는 우리 사회의 언어와 고정관념과 도덕을 사용한다. 독립을 주장하는 것은 완전한 착각이다.

　그리스도인에게 이탈은 관계의 계속성과 더 낮아진 차원에서의 교제를 뜻한다. 이탈한 그리스도인은 도락을 찾아다니는 딜레탕트가 아니다. 144) 이탈한 그리스도인은 사회에서 벌어지는 일들에 대한 정보를 계속 접하면서, 자신의 이탈을 통해서 정치적 경제적 사회적 활동의 새로운 길들을 모색하는 사람이다. 그는 더 근본적인 관계들과 미래에 더 결정적인 참여를 부를 상황들을 모색한다. 다시 말해서 그는 하나님의 말씀이 더 명확하게 나타날 수 있는 관계들과, 불명확성을 줄여서 메시지를 선포할 수 있는 상황들을 찾는다. 그는 이탈을 통해 얻은 시간과 거리를 그런 데에 사용하는 것이다. 이탈은 결코 부재가 아니고, 보다 더 적절한 참여를 준비하는 기간이다. 왜냐하면 행동에 전념한 가운데 있는 사람은 근본적으로 올바른 비판이나 새로운 길을 모색하는 일을 할 수 없기 때문이다. 전체적으로 전망하기 위해서는 거리가 있어야 하고 전적인 자유가 필요하다.

　가장 높고도 어려운 단계에서 이탈은 대화를 불러온다. 참여하는 사람은 대화를 할 수 없다. 먼저 그는 자신과 같은 행동에 몰두하는 투사와 대화를 하지 않는다. 왜냐하면 그들의 생각은 일체화되어 있고 그들의 관계는 아주 축소된 정보교환만을 허용하기 때문이다. 145) 또한 참여하

---

144) 물론 나는 여기서 키르케고르의 사상을 상기시킬 수 있을 것이다. 키르케고르는 구체적으로 왜 이탈이 기독교의 유일한 표현인지 밝혀주었다. 그러나 나는 참여를 비판하는 구절 하나만을 인용하고자 한다. 키르케고르는 실제로 기독교가 의무로 제시한 것을 인간이 행하도록 하는 데 사람들이 성공했다고 한다. 그런데 사람들이 취한 방법은 "모든 상황에서 인간이 원하고 행할 것을 그리스도인의 의무로 만들어버리는 것이었다."고 그는 지적한다(S. Kierkegaard, *Journal*, tome V, éd. NRF, p. 153). 이 말은 특히 현재 우리의 왜곡된 상황에 들어맞는다.

145) ▲의견이 불일치하게 되는 것은 아무런 중요한 내용도 없는 사소한 문제들이나 비의적인 일들에 관한 것일 뿐이다. 우리는 그런 경우를 알렉산드리아 학파의 신학이나 현재의 여러 공산주의들에서 분명하게 발견한다.

는 사람은 더더욱 자신이 반대하는 상대와 대화를 가질 수 없다. 그 상대는 사실 이겨야 할 적이다. 그런 상대와 하는 말은 논쟁, 선전, 주문 등과 같은 것으로서 결코 의사를 소통하는 것이 아니다. 참여하는 사람이 유효한 대화를 나눌 수 있는 사람은 오직 이탈한 사람뿐이다. 투사의 경우라면 대화 상대는 휴머니스트가 되는 것이다. 투사가 대화를 받아들여야 국가나 정당이 교회146)와 대화하는 것을 받아들인다.

그러나 이탈한 사람은, 정말 어렵고 아주 많은 희생을 치르고 커다란 인내와 핍박을 겪을지라도, 언제나 대화할 준비를 갖추고 대비해야 한다. 이탈한 사람은 모든 사람과 대화하는 사람이어야 한다. 따라서 그는 모든 사람들을 이해하려고 하고 서로서로 이해할 수 있게 해야 한다. 그는 서로 대립하는 적으로 참여하는 사람들 사이에서 중재자가 되어야 한다. 그것은 그리스도인들의 본질적인 소명들 중의 하나이다. 그것이 곧 언약의 표지인 '소금'이 가리키는 것이다. 이 표지는 사람들 사이를 중재하는 입장147)을 통해서 인지된다. 이것은 가장 어렵고도 곤란한 입장이다. 왜냐하면 중재하는 사람은 모든 사람들에게 배척당하고 배신자로 취급되며 중립적인 태도라고 멸시당할 것이기 때문이다. 이것은 가장 깊은 사랑의 입장이다. 그래서 이탈은 참여와는 다른 행위를 내포한다.

현대사회에서 이탈의 중요성

내가 지금까지 기술하려고 한 것은 모든 시대에 그리스도인의 삶에서 항구적인 특징으로 보이는 변증법적 운동이다. 그러나 현재 나에게 바람직하게 보이는 그 운동에 대한 판단이 굳이 필요한가? 그 운동 안에 오늘날 나에게 특별하게 보이는 중심축이 존재하는가? 교회에서 흔히 일

---

146) ▲여기서 나는 본질적으로 이탈한 교회나 이 세상에 속하지 않는 천국을 대표하는 교회를 상정한다.

147) ▲이것은 모든 사람들을 이해하려고 노력해야 하는 그리스도인이 맡는 입장이다.

컫는 바와는 반대로, 여기서 나는 현재 강조해야 할 자세는 이탈 148)이라고 주장할 것이다. 그 이유는 무엇인가? 먼저 성서 어디에서도 정치적 사회적 행동에 참여하는 행위를 근본적인 계명으로 규정하지 않는다는 사실을 상기시키고 싶다. 그 반대로 생각하는 그리스도인들은 오늘날 노동조합에 참여하는 행위가 결혼한 부부간의 정조를 지키는 것보다 더 중요하다고 선포하는 사람들만큼이나 착각한 것이다. 그래서 오늘날 교회에서 참여의 절대적인 중요성을 주장하는 것은 성서적인 근거나 신앙이 아니라 사회학적인 원인에 기인한 것이다. 즉 그 이유는 우리가 참여를 요구하는 물질적 세상에서 살아가기 때문이고, 또한 정치적 참여를 최고의 미덕으로 만든 스탈린주의와 히틀러주의의 정치적 강령들에서 강한 영향을 받았기 때문이고, 또한 우리가 참여를 내포하는 일체의 철학적 이론체계에 빠져있기 때문이다. 세 가지 요인들은 서로 정확히 부합한다. 그런 맥락에서 참여는 우리에게 세상속의 기독교라는 표현으로 하나의 기독교적 미덕으로 등장한다. 우리가 알지 못하는 것은, 정치이데올로기, 정치사상, 기독교신학 등의 경우에서와 같이, 그 발단이 되는 사실이다. 현대사회의 모든 분야에서 시도된 과업들은 깊은 마음속 동의를 전제로 한다. 이는 이 시대에 관한 근본적인 지식정보들 중의 하나이다.

그런데 그것은 단지 우리 사회에 관해 고찰하는 지식인의 관념이나, 통치자의 주장에 그치는 것이 아니다. 그것은 사회학자들과 사회심리학자들이 수립한 확인된 사실이면서, 또한 행동하는 모든 사람들이 바라는 바이기도 하다. 노동자들의 생산성을 높이는 일이든지, 관료들의 더 큰 효율성을 불러오는 일이든지, 일반가정의 소비를 진작시키는 일이든지, 군인의 전투력을 향상시키는 일이든지, 시민의 지지를 고양시키는

---

148) ▲앞에서 이 용어에 대해서 내가 정의한 의미에서의 이탈을 말한다.

일이든지, 더 근본적인 혁명 활동을 위한 일이든지, 그 모든 과업이 이루어지려면, 관련된 노동자, 군인, 관료, 시민, 혁명투사가 그 일에 마음을 바치고, 관심과 열정을 가지면서, 그 일을 알아가고 원하고 좋아하고 사랑해야 한다. 거기엔 깊은 동기들이 있어야 한다. 심리적 수단들에 의해 확보되는 깊은 마음속 동의가 있어야 한다. [149]

그런데 이것은 수많은 가능성들 중의 하나가 아니고 유일하게 가능성이 열려있는 길이다. 실제로 오늘날 기술적 수단들은 엄청난 양을 생산하는 능력을 제공한다. 그러나 이 기술적 수단들은 담당자들이 전심전력으로 활용할 때 비로소 모든 분야와 모든 영역에서 완전한 효력을 낼 수 있다. 기술 수단들의 사용은 더 이상 내적인 유보나 비판이나 잘못된 의지를 가지고는 이행될 수 없다. 사람들은 모든 활동에 심리적 요인을 다시 도입했다. 어쩔 수 없이 강요되는 외적인 실행은 더 이상 있을 수 없다. 자유를 누리는 인간 내면의 마음에서 약간의 거리낌이 있다 하더라도 도구의 효과적인 사용에 영향을 미친다. 정치적 정당들과 집단들의 경우에도 마찬가지이다. 그 제도적 효율성을 활성화시키려면 인간의 욕망을 끌어내야 한다. 깊은 마음속 동의가 있어야 한다. 이런 물질적인 상황 속에서 참여의 철학과 신학이 탄생했다. 참여의 철학과 신학은 바로 그런 상황에서 그 근거와 이유를 발견한다.

사실상 우리 사회에서 참여는 완전한 소외현상이다. 그런 까닭에 나는 그리스도인의 자유의 소명은 이 시대에 전적으로 참여를 거부하고 이탈을 전파하는 데 있다고 생각한다. 나는 이에 대해 제시된 참여의 두 가지 유형들에 상응하는 두 가지 차원들을 일러두고자 한다.

첫 번째는 먼저, 우리는 너무 당황하지 말아야 한다. 사람들이 우리를 참여시키며 요구하는 목표들은 우리가 참여하지 않아도 저절로 어떻게

---

149) 이 주제에 관해서는 나의 저서 『선전 *Propagandes*』을 참조하라.

든 실현될 것이다. 자명했던 알제리의 해방이라든지, 기술 진보의 가속화라든지, 기아상태의 극복이라든지, 베트남의 평화라든지, 이 모든 것은 우리의 행동과는 무관하게 설사 우리가 적대적인 행동을 펼쳤다 할지라도, 필연적으로 이루어질 일들이다. 왜냐하면 일이 돌아가는 일종의 원리나 사건들이 이어지는 법칙성이 존재하기 때문이다. 어떤 시점에서 제도들의 복합적인 작용과 다수의 동조에 의해서 일종의 대세로 진화하는 정치적 사회적 경향들이 있다. 그 경향들은 사람들의 참여가 없이도 실현된다. 그런데 사람들이 그리스도인들을 압박하여 협력하게 하는 일들이 추구하는 대부분의 목표들이 그런 차원에 속한다.

그렇다면 우리가 참여하지 않아도 된다는 말은 역사가 우리가 없이도 저절로 이루어진다는 뜻이 될까? 이는 커다란 착각으로 보인다. 다만 이 역사가 우리가 없이도 이루어진다고 치면, 우리는 또 다른 역사를 써야 하고, 새들을 유인하는 거울의 함정처럼 우리에게 제시된 것과는 다른 목적을 위해 참여해야 한다. 왜냐하면 역사는 일괄적인 하나의 흐름이나 단일한 하나의 움직임이 아니기 때문이다. 역사는 수많은 흐름들과 가능성들로 이루어져 있다. 그 가운데는 천국이 성장하고 계시록의 백마가 등장하는 비밀스러운 역사도 포함되어 있다.

두 번째는 정당, 국가, 경제학자 등이 우리의 참여를 위해 내놓은 제안들이 가치 없다는 사실과 연관된다. 그 참여의 주제들은 정말 망상에 가까운 것들이다. 지식인들의 동의를 받는 참여의 주제들과, 기술사회적 체계가 최대한으로 돌아가기 위해 요구되는 깊은 마음속 동의의 존재는 잘 식별되어야 한다. 사회주의든, 혁명이든, 민족의 독립이든, 대중문화이든, 제3세계의 발전이든, 여가활동의 문화이든, 민족국가이든, 그 주제들의 표명은 실재와는 반대된 신비한 위력을 지닌다. 첫 번째로는 나는 참여를 요구하는 구체적인 사건들을 다루었다. 이제 여기서 나는 거대한 보편적 주제들, 즉 신념들을 다룬다. 우리의 참여가 요구되는 그 신념들은 사실 헛된 환상들일 뿐이다. 왜냐하면 그것들은 사회주의와 같이 시대에 뒤떨어져 있거나, 여가활동과 같이 아주 우연적이거나, 혁명과 민족의 독립과 같이 순전히 수사적인 말만으로 그치기 때문이다. 우리에게 동의를 천명하라는 사람들의 요구가 더 커지면 커질수록, 아주 크게 외치는 그 말들이 더더욱 아무 실체성이 없다는 사실을 뜻하게 된다. 주문을 외는 사람의 수가 더 늘어나면 늘어날수록 그 주문은 더더욱 실체성을 얻어야 한다. 그런데 이런 '거울 살인'150)에서, 그리스도인들의 역할은 이 헛된 환상들을 강화시키는 대신에 규탄해야 하고, 무의미한 말 이면에 있는 실상을 드러나게 해야 한다. 수많은 세대들을 희생시키는 명분인 이 몰록의 우상들을 규탄하기 위해서는 적극적이고 파괴력을 지닌 엄격한 비판을 펼쳐야 한다.

두 가지 경우에서, 우리는 최대한 냉철하게 정신을 차리고 깨어있어야 한다. 우리 자신을 무지와 거부 속에 가두지 말고 어떤 의미에서 참여적인 이탈을 실천해야 한다. 우리는 언제나 세상에 대해서, 또 세상을 향해서 늘 열린 자세로서 진정한 대화의 틀 안에서 非호교론적이고 非배타적인 반론을 제기해야 한다. 마지막으로 내가 상기시키고자 하는 바는, 내가 이 시대에 이탈의 미덕을 강조하는 이유는 하나님 앞에서 이탈이 참여보다 더 타당하다거나, 더 기독교적이라거나, 어떤 철학적인 우위성을 지닌다는 것이 아니다. 단지 1970년의 이 서구사회에서 우리는 사방에서 참여를 강요당하면서 우리의 의사에 상관없이 참여하고 있으며, 이 참여는 소외 양상들 중의 하나가 되어서 이탈이 자유의 행위들 중의 하나가 되기 때문이다. 그러나 이는 이탈이 항구적이고 보편적으로 취

---

150) [역주] 영국의 추리소설 작가 아가사 크리스티(Agatha Christie)의 『거울 살인』(1952)에서 따온 말인 듯하다.

해야 할 태도라는 뜻도 아니고, "그리스도인은 참여하지 말아야 한다"는 걸 원칙으로 삼을 수 있다는 의미도 아니다. 그건 정말 아니다.

제2부

이탈적 자유와 개인의 자유

공동체가 아무리 좋을지라도, 교회공동체가 아무리 중요하다 할지라도, 자유는 개인의 자유일 수밖에 없다. 151) 개인은 대속과 구속의 대상이고 자신의 삶을 스스로 영위하는 사명을 받는다. 개인은 주어진 사명 앞에서 스스로 결정을 내린다. 오직 개인만이 자유롭다. 물론 내가 사회 구성 단위로서의 개인individu과 인격체로서 개개의 인간personne을 구분하기를 거부하는 이유는 오늘날 개인이라는 개념은 중요성을 상실하여 부정과 거부와 멸시의 대상인 까닭에 거짓 희망과 착각을 불러일으킬 위험이 있기 때문이다. 152) 개인주의는 소멸되었다. 모든 사람들은 공동체, 단체, 집단, 회사 등을 맹목적으로 따른다. 유명한 프로테스탄티즘의 개인주의는 이제는 하나의 전설에 불과하다. 개신교인들은 다른 사람들만큼이나 개인주의자들이 아니다. 오늘날 그들은 자신들이 속한 교회나

----

151) 내가 개인에 관한 키르케고르(Kierkegaard)의 사상에 가까운 만큼이나 이 주제에 관한 틸리히의 분별없는 낭만적 주장들에 동조할 수 없다. 틸리히는 말한다. "하나님 스스로는 인간을 고립적 상황에서 자유롭게 해방시킬 수 없다. 자기 자신이 중심이 되는 것은 인간의 위대성이다. 하나님은 인간을 고립적 상황에 던져 넣었다… 인간은 선과 악의 자유를 가진다. … 자기 자신 안에 불가침의 중심을 가진 존재만이 자유로운 존재이다."(P. Tillich, *The Eternal Now*, 1956). 틸리히는 모든 주장의 근거를 성서적으로 예수가 홀로 있었다는 마태복음의 구절에 둔 탓에 스스로 고립을 택하는 의지적 결정과 인간조건을 혼동했다. 다른 한편 그의 글에서 우리는 자유와 자폐성이 연관된 것을 발견하게 된다. 그런데 이미 우리는 자유는 우선적으로 자아에서 벗어나는 데 있다는 사실을 밝힌 바 있다.

152) ▲1930년대에는 유용한 구분이었을 수 있다.
   [역주: 저자 엘륄은 1930년대에 인격주의 운동을 활발하게 전개했다. 그 과정에서 무니에(Emmanuel Mounier)의 〈에스프리〉지를 중심으로 한 인격주의 운동에 동참하기도 했다. 여기서 개인(l'individu)은 사회의 최소구성요소로서 사회와는 분리되는 추상적인 성격을 가진다면, 인격(la personne)은 사회와 밀접한 연관을 맺으면서 능동적인 작용을 하고 사회를 하나의 공동체로 만드는 자유로운 주체가 된다. 저자 엘륄은 이러한 개념정의가 더 이상 유용하지 않다고 보는 듯하다. 또한 우리말로 두 단어를 구분하는 것도 문맥상 어색한 점이 많다는 역자의 판단 하에 '개인'이라는 말로 통일해서 옮겼다.]

정당을 따른다.

물론 여기서 말하는 개인은 현재의 맥락에 따른 것으로서 19세기의 개인주의가 의미하던 말이 전혀 아니다. 나는 여기서 사회와 대립하는 개인이나 더더욱 모든 것의 시작이자 종결로서의 개인이나 이웃과 단절된 외톨이로서의 개인을 말하는 것이 아니다. 실제적으로 개인의 존재는 집단과의 관계에서나 사회 안에서만 성립될 수 있다.

그리스도인들에게 있어서 그리스도의 몸과 분리된 개인은 있을 수 없다. 내가 한 개인에게 하나님의 말씀이 전해져 듣게 된다고 말할 경우, 그것은 다른 사람들이 다 배제되는 일종의 사적인 대화를 말하는 것이 전혀 아니다. 설령 그 대화가 일신상의 사적인 것이라 할지라도 언제나 남들과 관계된 것이다. 내가 말하는 개인은 그리스도의 몸을 이루는 지체로서의 개인이고, 구원의 역사 속에 있는 개인이며, 이웃을 섬기는 사명을 지닌 개인이지, 고행의 은둔적인 수도생활을 하는 개인이 아니다. 다만 내가 강조하려는 바는 교회 안에 있다고 해서 그리스도의 몸을 이루는 지체들이 자신들의 특성과 개별적인 개성을 상실하지 않는다는 점이다. 그리스도와 그들의 관계는 개인적인 것이다. 그들은 "우리는 믿는다."라고 하지 말고, "나는 믿는다."고 해야 한다. 개개인은, 자신의 삶을 영위하는 사명과 같이, 자신의 신앙을 고백하는 사명을 부여받았다. 교회는 개인적으로 신앙과 증언과 자유의 사명을 받은 사람들이 모이는 모임이다. 우리 각자의 결정은 개인적인 것이어야 한다. "만약에 하나님의 말씀이 사람들에게 임한다고 내가 말할 때, 그 말의 뜻이 그 말씀이 나에게 개인적으로 임한 것을 가리키지 않는다면, 나는 하나님의 말씀이 아니라 하나의 신화를 말하는 셈이 된다." 153)

다시 한 번 말하자면, 여기서 중요한 것은 개인에게 가치를 부여하는

---

153) Karl Barth, *Dogm. V*, p. 250(프랑스어 역본).

것이 아니라, 자유는 개인적인 일이고 또 그럴 수밖에 없다는 사실을 알아야 한다는 점이다. 집단적인 자유는 존재하지 않는다. 개인적인 자유를 거부하고 집단적인 자유를 천명했던 바람에 모든 독재체제들이 가능했던 것이다. 자코뱅주의, 나폴레옹체제, 민족주의, 나치즘, 스탈린체제 등은 집단적 자유를 추구한 체제들이다. 집단적 자유는 자유의 사명을 개별적으로 받은 인간을 부정한다. 우리가 이전에 그리스도에 의해 자유롭게 된 양심에 대해 거론했을 때, 그것은 개개인의 개별적인 양심을 뜻하는 것일 뿐이다. 그리스도인의 자유는 한 인간에 의해 체험될 수밖에 없다. 왜냐하면 구속받아서 이 자유의 고유한 모험에 던져진 것은 개개인이기 때문이다. 교회의 자유는 개개인의 개별적인 자유가 부수적으로 나타난 것일 뿐이다. 모든 사람의 자유가 아니라 개인의 자유만이 존재한다. 그런 까닭에 나는 자유를 위해 창조된 존재로서 인간이 내려야 하는 결정의 개별적이고 유일하고 개인적인 특성에 대한 불트만의 견해에 전적으로 동의한다. 154)

사실 기독교는 휴머니즘이 아니다. 기독교는 철학 및 인문학의 학파들이 하는 식으로 하나의 인간 전형을 규정하는 일에 관심이 없다. 그리스도인의 인간 전형이라는 관념을 만들었던 중세는 엄청난 오류를 범한 것이었다. 인간 안에서의 그리스도의 발현은 그리스도인의 인간 전형에 따르는 것일 수 없다. 유일한 모범은 그리스도이다. 마찬가지로 기독교는 그 내적 틀 안에서 인간이 자유를 표명할 수 있게 하는, 인간을 가두는 어떤 정치적 경제적 법적 체계도 내놓지 말아야 한다는 불트만의 주장도 맞는 말이다. 거기에 제도 안에 통합시켜 자유를 표명할 있다고 하는 왜곡된 기독교적 자유주의가 존재한다. 키르케고르의 뒤를 이어 불트만이 명확하게 언명한다. "하나님의 말씀은 인간을 단독자와 개인으로 만

---

154) R. Bultmann, *Glauben und Verstehen II*, pp. 69 ; 281–289.

든다. 스토아철학은 인간을 보편자로 이해하라고 가르친다. 신약성서는 인간을 하나님과 마주한 단독자로 이해하라고 가르친다."[155] 그것이 자유에 대해서 말할 수 있는 최선의 표현이다. 왜냐하면 자유롭게 하는 해방의 행위는 실제로 우리를 유일한 존재, 단독자로 세우기 때문이다. 그리스도 안에서의 자유는 개인적인 자유이다. 자유에는 자신의 법 이외의 다른 법이 있을 수 없다. "자유의 길은 조직에 의해 만들어질 수 없다. 자유의 길은 각자가 스스로 발견해야 한다." 이 말이 그리스도 안에서의 자유를 가리키는 것이라면 정말 탁월한 표현이다.

　나는 약간은 도발적인 뉘앙스를 띠면서 이탈적 자유를 거론하는 것으로 시작하고자 한다. 내 말은 이탈이 자기 자신 안으로 침잠하는 것일 수 있다는 의미는 결코 아니고, 다만 순전히 개인적인 행위로서의 자유의 표현이 있고 그것은 집단적 행위 안에 편입될 수 없다는 뜻이다. 이탈의 자유는 자유로운 인간이 되었기에 스스로 변화한 개인의 자유이다. 이 개인은 하나의 현실을 삶으로 살아갈 것이다. 그 현실을 사는 것은 자신의 깊은 내면을 포함한 온전한 자기 자신이다. 여기서 나는 자신의 깊은 내면을 포함한 자기 자신이라는 표현을 한다. 예전에는 아마도 자신의 깊은 내면뿐만이 아니라는 표현을 썼을 것이다. 왜냐하면 반세기전의 기독교계에서 중요했던 것은 내면적인 삶의 함양이었기 때문이다. 오늘날 우리는 이 내면적인 삶의 가치와 심지어 그 존재자체도 부인하고 봉사, 소통 등을 우선시하는 경향이 있다. 그래서 나로서는 내면의 삶이 존재하며 우선적인 것은 아닐지라도 그리스도인의 삶의 일부분이라는 사실을 상기시킬 필요가 있다. 자유롭게 된 개인은 내적인 기쁨[156]과 내적

---

155) *Ibid.*

156) ▲물론 이 기쁨은 외적으로 표현될 것이다.

인 순종 157)과 감사의 느낌 158)을 경험할 것이다. 그것들은 내면에서 외적인 행위로 나아간다.

나는 예를 들어 '만남의 신학'에서 표현된 바와 같은 어떤 행동주의에 빠지는 것을 결단코 배격한다. 인간에게는 행동과 관계만이 아니라 내면의 삶도 존재한다. 내가 이 내면을 언급하는 것으로 시작하는 것은 실제로 모든 일이 시작하는 것은 바로 이 내면이라고 믿는 까닭이다. 자유의 경험이 시작되는 곳은 내면의 중심이다. 이는 마치 하나님의 말씀과 만남이 이루어지는 곳은 마음의 깊은 곳이고, 경배가 솟아나오는 것은 침묵하는 마음속이고, 기도가 가능한 곳은 문을 닫은 은밀한 곳인 것과 같다. 다시 한 번 말하자면, 이것은 우선성을 부여하는 문제도 아니고, 더더욱 거기에 머물러야 충분히 자유가 발현된다고 주장하는 것도 아니다. 내가 말하고자 하는 것은, 개인적으로 예배드리는 가운데, 용서를 받음으로써 죄악의 필연성이나 사슬들부터 풀려나고, 자유롭게 해방되는 경험을 시작하지 않는다면, 참여행위에서 어떤 자유도 체험하지 못한다는 점이다.

개인의 이탈적 자유에 관한 특징들을 살펴보기 전에 우리는 오늘날 대부분의 사람들이 공유하는 관점에 대해서 고찰할 필요가 있다. "우리는 집단화한 사회에서 살고 있다. 우리가 원하건 원치 않건 간에 이것은 사실이다. 이 집단화한 공동체에 참여하는 구성원들로서 우리는 국가나 기술전문가들의 결정들을 수용하거나 수용해야 한다. 그게 아니라면 우리는 집단이 결정하여 선택하는 과정에 개입해야 한다. 그리스도인들로서 우리는 당연히 두 번째 옵션을 선택해야 할 것이다. 그러나 그것은 두

---

157) ▲물론 이 순종은 외적으로 표현될 것이다.
158) ▲그 행위는 단순한 감사의 행위가 아니라 이 삶에 대한 감사에서 나오는 행위가 된다.

가지 부작용을 내포하고 있다. 하나는, 먼저 우리가 집단 사회가 제안한 그룹들과 선택지들을 받아들여야 한다는 것이다. 그러므로 우리는 우리가 사적으로 선택한 데 따라서 결정하지 못하고, 또한 심지어 그리스도인으로서 우리는 다른 집단적인 선택에 대한 대안으로서 제시될 수 있는 기독교적인 대응방안이나 해결방안을 추진하는 시도도 하지 못하게 된다. 다른 하나의 부작용은, 이 집단적인 선택들이 사회 안에서 달성할 목표 및 중요한 이해관계 등의 측면에서 우선적인 것으로 설정되면서, 우리는 개인주의적인 태도를 포기해야 한다는 점이다. 고려해야 할 것은 오직 집단적인 이익에 관련된 것들이다. 따라서 우리는 항의하고 요구하는 방식으로 나서는 걸 멈추어야 한다. 중요한 것은 당연히 모두에게 타당하며 먼저 구현되어야 할 실제적 이익들이 무엇인지 함께 결정하는 것이지, 서로 영향력을 다투는 것이 아니다. 사람들을 가르쳐서 협력하게 하고, 다른 것에 비해서 상대적으로 더 만족스러운 집단적 이익159) 을 받아들이게 해야 한다. 그러므로 집단적인 교육으로 서로 다투는 분쟁을 대체해야 한다. 이러한 것이 집단 사회가 잘 운용되기 위한 조건이다."

사실을 확인해보면 이는 정말 많은 점에서 맞는 주장이다. 우리가 취해야 할 입장에 관해서 말하자면, 사회적 심리의 틀 안에서 그 문제에 대해 미국의 사회심리학자들이 언급한 모든 말에 우리가 동조한다는 점은 확실하다. 그러나 문제는 그것이 그리스도인의 태도를 뜻한 것인지, 또한 거기에 약간의 자유라도 남아 있는 것인지 검토하는 것이다. 첫 번째 문제에 관해서는 적용에 대해서 이미 내가 기술한 바를 다시 채택한다. 우리에게 주어진 상황에 다만 우리가 적응하기만 하면 되는가? 사회가 집단화하니까 그리스도인들은 다만 그 사실을 인정하기만 하는 것이 맞

159) ▲어쩌면 자신들의 이익은 아닌 것일 수도 있다.

는가? 우리는 다만 사회가 우리에게 제공한 집단적 상황들을 수용하기만 하면 되는가? 우리는 그 안에 부가할 것이 하나도 없는 것인가? 집단적 이익들만이 고려되어야 하는 것인가? 우리가 반대하는 태도를 취할 필요가 더 이상 없는 것인가? 우리는 다만 협조의 목적으로 사회적 그룹이 제안한 교육을 수용하기만 하면 되는가? 이 모든 질문들에 대해서 나는 부정적으로 답하고자 한다. [160]

사회 안의 활동의 효율성이라는 부분에서, 나는 자주 반대하는 비순응적 태도가 훨씬 더 많은 열매를 맺는다는 사실을 보여주려고 노력했다. 또한 나는 우리는 사회적 그룹의 이익을 위해서 집단적 선택들을 뒤집는 시도를 해야 한다는 점을 밝혀주려고 노력했다. 그 점에 대해서는 다시 거론하지 않겠다. 그러나 거기서 직접적으로 내가 다루는 주제와 관련된 것은, 우리가 이 집단화의 현상에 따라 자유를 재고해야 하는 것이 맞는지, 또한 자유도 집단적인 자유로 변화되어, 집단적인 교육에 따라서 집단적인 선택들을 실행해야 하는 것인지 알아보는 것이다. 이는 내게는 잘못된 착각인 것 같다. 정치학 전공자들은 반세기가 지난 뒤에 집단적 자유는 존재하지 않는다는 사실을 인정하는 것으로 결론을 내린다. 그룹에 편입된 개인이 집단적 이익들에 대해서만 관심을 갖게 하는 교육을 받아서, 긍정적이든 부정적이든 자신의 개인적 의사를 표명하지 못한다면, 그 개인은 자유로운 사람이 아니다. 집단적 투자나 산업의 자기금융의 확대와 같은 이론적 문제들에 대한 토론과 선택이 존재하기 때문에 최소한의 자유를 거론할 수 있는 것이 아니다. 거기서 우리는 자유에 대한 이념적이고 추상적인 관점을 발견한다. 그런 상황을 받아들여야 한다면, 자유가 더 이상 없다는 사실을 인정하는 편이 낫다. 내가 보

---

160) 나는 다른 데서 아주 자주 사회적 정치적 문제에서 기독교의 특수성을 옹호해왔다. 그러나 오늘날 나의 그런 입장은 심한 비판을 받는다. 그런데 나는 그런 비판에서 그룹의 성향에 대한 사회학적 순응주의 이외의 다른 것을 결코 발견하지 못했다.

는 바로는, 그리스도인으로서 우리는 개인을 집단에 용해시키는 것은 받아들일 수 없다. 정확히 사회가 집단화한다는 이유 때문에, 우리는 개인의 가치를 천명하고 요구하는 항거의 정신을 발전시키고, 그룹들과 집단적 이해관계들이 일치하는 가운데 고립된 개인의 목소리가 승리할 수 있도록 애써야 한다. 이것이 이 시대에 자유의 의미를 가질 수 있는 것이다. 그런 이유에서도 나는 개인적인 차원에서 자유를 고찰하는 것으로 시작한 것이다. 사회가 소외현상을 초래한다면, 소외현상이 조금이라도 줄어들게 하는 일은 우리가 집단적인 선택에 참여하는 것을 배워서 될 것이 아니다. 자유의 여지는 우리에게 강요된 집단적 선택의 굴레에 들어가지 않는 데 있다. 161)

반면에 이 이탈적 자유는 사회를 향한 단순한 무관심으로 표현될 수 없다. 더 분명히 하자면 이 이탈적 자유는 방임적 자유로 해석될 수 없다. 그리스도 안에서의 자유는 제멋대로 하면서 도발적이고 광적인 모험에 뛰어드는 자유가 아니라는 것은 명백하다. 그리스도 안에서의 자유는 앙드레 지드가 말하는 '무상적 행위' 162)의 자유도 아니고, 누보로 망이 암묵적으로 재개한 '예술을 위한 예술'의 자유도 아니다. 개인적인 자유는 청소년들이 흔히 생각하는 것으로서 감정, 꿈, 충동 등의 폭발과 같은 것이 아니다. 그런데 그런 것을 경험하는 것은 청소년들이지만, 이론화하는 하는 것은 대개 성인 어른들이다. 문화 및 예술계에서 한사코 바로크풍이나 해체적인 표현을 찾는 것은 이 방임적 자유에 속한다. 우리는 전통적 도덕의 사회적이고 관계적인 성격을 알면서도 특히 성적인 분야에서 전통적 도덕에 대해 점증하는 자유를 결코 기뻐할 수 없다. 우

---

161) 이 글은 정확히 1963년에 쓴 것임을 밝힌다.
162) ▲우리는 이 문제를 뒤에 다시 살펴볼 것이다.

리는 모든 양식과 전통에 대한 자유, 심지어 인간성에 대한 자유를 결코 기뻐할 수 없다.

사실 우리 사회와 같은 사회에서 모든 문화적, 미학적, 지적 모험들이 가능하다. 그런데 이 점에 대해서, 나는 우리가 흔히 접하는 이 자유의 기만적 성격을 다시 언급하는 것으로 만족하지 않는다. 왜냐하면 그리스도 안에서 자유롭게 해방된 데서 나오는 자유만이 확실하고 진정한 자유이기 때문이다. 그러나 나는 사회학적인 지적을 하나 하고 싶다. 영화나 연극에서 수없이 보는 것처럼, 어떤 행위들이나 오스카 와일드와 같은 사람의 어떤 단순한 일탈 행동에서 자유의 양식들을 보는 사람들은 근본적으로 스스로 속고 있다. 왜냐하면 그런 단순한 모험적 일탈의 태도는 총체적으로 엄밀하게 조직화된 사회와 관련하여 그 틀 안에서만 가능하고 용납되기 때문이다. 사회가 합리화되면 될수록 사회조직은 더욱더 견고하고 정교하며 총체적이 되어 간다. 더 나아가 사회조직은 어릿광대들을 필요로 하고 또 개인적인 모험적 일탈행위들을 용납하게 된다. 왜냐하면 그런 행위들이 무엇이든 하나라도 그 사회를 변화시킬 위험이 없기 때문이다. 언어에서 자유를 주장하는 문학인들과 도덕적 영역에서 모든 모험을 표현해보려는 영화인들과 정치적인 극단으로 나아가려는 연극인들은, 그 모든 행위의 가능성은 자신들의 일탈행위나 비도덕주의를 용납할 수 있을 만큼 사회조직이 충분히 강력한 경우로 한정된다는 사실을 정말 모른다. 그들은 자유를 보여주지 못한다. 그들은 자유의 승리를 거두지 못한다. 그들은 단지 그들이 표현 활동을 하는 사회 안에 자유가 없고, 그들이 행하고 말하는 행위가 중요성을 지니지 않는다는 사실을 입증해준다. 왜냐하면 가능성의 여지가 있고 개인들의 진정한 결정을 요구하며 자율적 행동163)을 요청하는 사회가 그런 비도덕적이고 일

---

163) ▲이는 조직의 부족한 부분들을 보완하게 된다.

탈적인 행위들에 의해 엄청난 문제제기를 받게 된다면, 그 사회는 그런 행위들을 더 이상 용납하지 않을 것이기 때문이다. 잘 조직화되지 않고 견고하지 않은 까닭에 인간의 실제적인 자유가 가능해지는 사회 안에서는 탈선과 일탈 행위들은 엄청난 제재를 받는다. 그렇지 않으면 그 사회는 무너진다. 우리 사회 안에서 모든 지적이고 예술적인 행위들은 바다 위의 작은 미풍과 같이 영향력이 거의 없다. 반대로 체계화된 사회조직은 만반의 준비가 되어 있고 또 자유는 언제나 가능하다는 걸 알리기 위해서 그런 일탈행위들을 절실하게 필요로 한다. 그러나 그런 일탈행위들은 엄밀히 말해서 그 사회를 하나도 변화시키지 못한다. 그러므로 거기서 나타날 수도 있는 그리스도인의 자유는 다다이즘과 사이비좌파혁명가들의 일탈적 자유와는 아무 상관이 없다. 이는 과거에 자신들 또한 자유를 대표한다고 주장했던 나치들과 스탈린주의자들이 그리스도의 자유와 아무 상관이 없었던 사실과 똑같은 것이다.

1장 • 욕심 없는 인간

욕심이라는 말이 현재 우리가 쓰는 언어에서 그다지 커다란 중요성을 가지지 않는 것은 분명하다. 일반적으로 우리는 살인과 간음과 같은 중대한 사항들을 다루는 십계명이 그 계명들의 중요성을 한 단계 낮추는 것 같아 보이는 욕심에 대한 언급으로 끝을 맺는 것을 잘 이해할 수 없다. 가장 호의적인 주석가들도 단지 그것은 감정과 관계된 것으로서 범죄의 주관적인 의도에 관심을 두면서 행위만을 살펴보는 강제적인 입법에서 인간의 내면을 대상으로 하는 강제로 나아가는 과도기를 나타내는 표지라고 평한다. 너무도 자주 언급되다시피 다른 주석가들은 거기서 예수가 율법을 절대화하는 단초를 본다. 그들은 예수가 "여인을 탐심을 가지고 바라보는 자는 이미 간음을 범한 것이다."라는 말씀으로 간음에 대한 계명과 욕심에 대한 계명을 결합시켰다고 평한다. 그런데 욕심 164)에 대한 이런 개념은 내용이 좀 빈약해 보인다. 사람들은 거기에 탐심을 덧붙이고, 식탐과 과욕을 언급한다.

그러나 우리는 기본적인 욕심이라는 주제에 대한 성서적인 가르침에서 아주 멀리 벗어나 있다. 우리가 생각할 수 있는 것이라고는 욕심은 경계가 없고 일단 발동되면 끝을 모른다는 것이다. 성서는 훨씬 더 넓고 훨씬 더 깊은 뜻을 우리에게 전해준다. 욕심은 성서적 인간학과 하나님과 인간의 관계라는 차원에서 아주 중요한 개념이다. 그래서 우리는 기독

---

164) ▲*Littr* 사전의 정의: 무엇인가를 소유하고자 하는 과도한 욕망이다.

교 윤리를 다루는 이 책의 세 개의 장에서 세 가지 다른 양상들로서 이 욕심을 다시 살펴볼 것이다. 욕심은 세상이나 인간을 소유하려고 한다는 점에서 거룩함의 반대가 되고, 대상을 빨아들이려고 한다. 욕심은 하나님의 뜻이 아닌 것을 절대적인 목표로 삼는다. 욕심은, 방금 말한 대로 끝없는 과도한 욕구이다. 욕심은 다른 사람을 지배하고 독점하며 배제한다는 점에서 사랑의 반대가 된다. 욕심은 동기라는 측면에서 니그렌이 규정한 고전적 의미의 '에로스' 165)이다. 욕심은 소유욕과 지배욕의 사랑이다. 욕심은 자기 자신에게 고정적인 시선을 두고 다른 사람을 조금도 바라보지 않는다.

그러나 욕심은 무엇보다 자유와 반대된다. 헤겔과 마르크스주의자들이 펼쳤던 대상의 사물화 이론을 기다릴 것도 없이, 성서는 오래전부터 우리에게 그 실상을 완벽하게 가르쳐주었다. 즉, 소유하려는 욕구는 소유자로 하여금 자신이 소유하는 대상의 노예가 되게 한다. 166) 목표한 대상은 내가 그 소유에 나의 전 존재를 건다는 점에서 나를 소유한다. 내가 지배하면 지배할수록, 나는 내가 지배하는 대상에 의해 더욱더 지배당한다. 그것은 무엇보다 잠언이 주는 교훈이다. 우리는 그것을 성서의 전체 사상에서 인간의 기본적인 움직임이라는 측면으로 다시 발견하게 될 것이다. 나중에 나온 헤겔, 마르크스, 골드만 등의 이론들은 이 본질적인 메시지를 논리적으로 설명하고 해석한 것에 지나지 않는다.

그 성서 구절에서 사용된 원어 단어들에서 알아낼 것은 거의 없다. 히브리어 '하마드chamad'는 단지 '원하다'는 뜻이지만, 그 뜻이 좋은 의미로

---

165) [역주]Anders Nygren(1890-1978, 스웨덴의 루터교 목사), *Érôs et Agapè : la notion chrétienne de l'amour et ses transformations*, Éditions Montaigne, 1962.

166) "고통의 학교는 영원한 학교다. … 세상에서 제일 구하는 것이 독립성이고 또 그러면서도 거의 아무도 독립성을 향한 유일한 길을 택하지 않는다는 것은 기이한 일이다. 그 길은 바로 고통의 길이다."(Kierkegaard, *L'Evangile des souffrances*).

나 나쁜 의미로 쓰일 수 있다는 점을 유념해야 한다. 즉, 어떤 것을 원하다, 기뻐하다, 즐거워하다 등의 의미로도 쓰이지만, 탐내다, 소유하기를 바라다 등의 의미로도 쓰인다. 그래서 우리는 인간의 마음에 본래적인 사악한 힘으로서의 욕심은 존재하지 않는다는 사실을 알게 된다. 물론 전혀 정죄의 대상이 될 수 없는 욕망이 존재했다. 그리스어 '에피튀미아 épythymia'도 동일한 이중적인 의미를 지닌다. 거기에 탐욕과 집착이 포함된다. 그러므로 단어들 자체가 우리에게 무언가 알려주는 것은 없다. 그것은 단어들이 쓰인 맥락이고 그 본문 안에서의 의미이다. 167) 이제 우리는 야고보서1:14-15;4:2와 베드로전서1:14와 베드로후서1:4;3:3와 요한일서2:16-17, 그리고 부수적으로 로마서와 에베소서를 살펴볼 필요가 있다.

　욕망이라는 점에서 욕심은 하나님이 창조한 인간 안에 존재했던 것으로 보인다. 욕심은 죄가 아니었고 또 죄를 낳지도 않았다. 그것은 창세기 2장 9절에서 사용된 단어로서 하나님이 에덴동산에서 자라나게 한 모든 종류의 나무들을 수식하는 말이었다. 그 나무들은 보기에 아름답고 먹기에 좋아 탐스러웠다. 그러므로 그 나무들은 하나님이 바라는 것으로 즐겁고 정당한 욕망을 만족시킨다. 인간의 마음속에는 하나님이 인간의 처분에 맡긴 것을 이용하려는 정상적인 욕망이 존재한다. 바로 그 욕망이 아담으로 하여금 자기 자신으로부터 벗어나 행동하여 하나님이 자신에게 주었던 자유 안에 살아가게 한 것이다. 살아가려는 이 욕망, 자신을 나타내려는 이 욕망은 창조주 하나님 아버지를 지향하고, 하나님을 경배하고 섬기며 영화롭게 하는 욕망이었다. 그것은 아담으로 하여금 창

---

167) 시몬의 '에피튀미아 épythymia'에 대한 분석은 흥미롭다(L. Simon, *Une éthique de la sagesse*, 1961, p. 71). 그는 다음과 같이 본다. "이 그리스어 단어는 지혜의 충실한 아들의 '관대한 마음macro-thymia'을 풍자한 것이다. [욕심으로] 시험에 든 사람은 때를 맞추려는 마음 대신에 때를 추월해버리려는 마음을 갖는다."

조세계와 주님을 향하여 나아가게 한 것과 같은 동일한 힘이었다. 아담의 생명에는 아담으로 하여금 자주적으로 나가가게 하는 추진력이 있었다. 제일 높은 추진력은 하나님을 사랑하는 것이었다. 욕망과 사랑은 연관성을 갖는다. 이 연관성은 하나님이 바라는 바대로 창조된 아담 안에 존재했다. 그런데 타락과 하나님과의 관계단절은 놀랍고도 이상하게 전체적으로 그 움직임을 거꾸로 역전시키는 결과를 낳았다. 욕망이 욕심으로 변화한 것은 그 결과에 따른 하나의 현상이다. 성서 전체에 기술되어 있는 욕심은 권력의 영으로 귀결될 수 있다. 168) 내가 보기에 욕심은 네 가지 말로 분석될 수 있을 것 같다. 169)

첫째로, 욕심은 언제나 더 많은 것을 소유하려는 욕구로서 소유와 독점과 병합을 향하여 움직인다. 욕심은 사물과 세상을 목표로 한다. 욕심은 소유한다는 구체적 사실만으로 약화될 수 없다. 왜냐하면 소유하자마자 그 대상은 가치를 상실해버리기 때문이다. 욕심은 외부에 있는 것을 목표로 삼으면서 존재하게 된다. 욕심은 필요성의 효용이나 충족이 아니라 독점 그 자체를 전제로 한다.

둘째로, 욕심은 다른 사람들을 지배하려는 욕구이다. 욕심은 다른 사람들을 물건처럼 여기게 한다. 그러나 노예제에서조차 인간을 물건으로 소유할 수는 없는 일이다. 욕심은 강요나 사랑을 통해서 다른 사람들을 외적, 내적으로 지배하거나 심리적, 행위적으로 통제하려는 것이다. 중요한 것은 오직 다른 사람을 자기 것으로 차지하는 것이다.

---

168) 시몬이 강력하게 주장하는 바와 같이, 욕심은 인간의 운명이다. 욕심은 인간으로 하여금 반박할 수 없는 외적인 힘에 굴복하게 한다. 이 힘은 인간의 동조를 받아서 숙명적인 것이 되고, 인간의 내면에 자리 잡는다. 욕심은 사실상 지배하기를 원하면서 굴복하게 되는 인간의 특성이다. 이 욕심은 인간으로 하여금 주인과 노예의 변증법적인 관계 변천 속으로 들어가게 한다. 정확히 바로 이 점에 있어서 자유의 핵심적인 문제가 제기된다. 그러나 스스로 덕을 쌓아서 욕심 없는 사람이 될 수 있는 능력을 갖춘 사람은 아무도 없다. 참으로 우리는 운명을 눈앞에 두고 있다.
169) ▲이를 밝혀주는 성서 구절들은 뒤이어서 살펴볼 것이다.

셋째로, 욕심은 자기 자신을 향한다. 욕심은 자신의 삶을 스스로의 힘으로 영위하고, 자신의 삶의 주인이 되고자 하며, 자기 자신을 소유하려는 것이다. 욕심은 "내 삶은 내 거야."라는 말을 유발한다. 욕심은 물론 자기중심주의, 이기주의, 자기긍정 등으로 구성된다.

넷째로 욕심은 스스로 선을 행하려고 하고, 선과 악을 스스로 알려고 하며, 스스로 선악을 분별하거나 규정하려고 하고, 하나님과 상관없이 선과 악의 주인이 되려는 욕구이다. 우리는 선이 어디 있는지 알기 위해서 하나님을 필요로 하지 않는다는 것이다. 그리고 내가 선악을 결정하는 나무의 열매에 손을 대게 되면, 나는 하나님과 동등하게 된다는 것이다. 욕심은 하나님과 같이 되려는 교만한 마음이다. 우리가 우리 자신의 삶을 우리 스스로 영위하려고 하고, 아무에게도 책임이 없다고 주장하며, 우리 자신이 선의 기준이라거나 우리 양심 속에 선을 갖추고 있다고 주장할 때마다, 그와 같은 욕심이 다시 나타난다. 그것은 독립성을 바라는 욕구이고, 아담이 하나님과 단절된 원인이다. 그러므로 전체적으로 이것은 욕심을 하나님과 상관없이 자유롭다고 하는 오만한 마음으로 보게 한다. 그러나 여기서 말하는 자유는 독립과 쟁취와 자기긍정의 자유이다. 이것이 이 문제에 대해 성서 전체가 우리에게 깨우쳐주는 것이다. 그래서 우리는 왜 십계명의 마지막 계명이 욕심과 관련된 것인지 그 이유를 파악하게 된다. 거기서 궁극적으로 지적되는 것은, 창조세계를 향해서 그리고 그걸 통해 결국 하나님을 향해서 인간이 취한 총체적 태도인 것이다. 이 마지막 계명은 긍정적인 첫 번째 계명에 정확히 대응하는 부정적 계명이다. 이 계명은 앞에 나온 다른 계명들이 대상으로 하는 모든 죄악들의 원인이 되는 근거를 우리에게 밝혀준다.

이는 또한 욕심을 죄의 모체라고 한 야고보서의 구절이 지적하는 것이다. 이 문제에 관해서 우리는 야고보서에 기술된 시험의 메커니즘을 알고 있다. 시험은 하나님이 하는 것이 아니라 자기 자신의 욕심에 이끌리고 유인되어서 각자가 시험을 당하는 것이다. 그러므로 시험을 유발하는 것은 우리 자신의 내면에서 일어나는 움직임인 것이다. 이 권세와 지배의 영은 죄악을 유발한다. 이 죄악은 이웃을 무너뜨리거나 하나님에 대한 증오를 나타내는 구체적인 가시적 행위들로서, 살인, 간음, 도둑질 등으로 외적으로 실제로 나타난다. 인간의 총체적인 태도에서 모든 죄악이 파생된다. 그러나 시몬이 주장하듯이 [170] 시험을 완전히 다 내면적인 것으로 보는 것은 과연 성서가 말하는 바를 참작한 것일까? 그의 주장에 따르면, 외부의 악마인 뱀에게서 오는 시험 [171]과, 야고보가 기술하는 순전히 내면적인 움직임은 완전히 대립되는 것이다. 뱀은 아담과 이브의 연약함을 투사한 표현이다. 그런데 내가 보기에 욕심이 그런 힘을 가지고 있고, 모든 죄악의 모체가 된다면, 그것은 단지 내면적인 문제만은 아닌 것 같다. 왜냐하면 욕심은 정확히 세상의 현실에 부합하기 때문이다. 그것이 욕심과 세상의 직접적인 연관성을 언급하는 사도바울과 사도요한이 말하는 바이다. '세상 욕심을 버리라'딛2:12는 말씀에서 욕심은 세상에서 나오고 세상에 근거하며 세상에 속한 것이라고 정의된다. [172] 욕심은 마음속에 존재하지만, 사회, 조직체, 권력, 돈, 국가 등의 외부 세계와 부합하여 작용한다. 거기서 욕심은 고유한 본성을 발견한다. 욕심은 또한 요한일서에서도 완벽하게 정의된다. "세상을 사랑하지 말라…이는 세상에 있는 모든 것이 육신의 욕심과 안목의 욕심과 이 생의 자랑이니, 모두가 다 하나님 아버지로부터 온 것이 아니고 세상으로부터 온 것이다. 이 세상도 사라지고 정욕도 지나간다."요일2:15-17 세

---

170) Ricoeur의 *Finitude et Culpabilité*에서 재인용한 L. Simon의 상기 인용문을 참조할 것.
171) ▲객관적으로 단순하고도 원시적인 방식
172) ▲나는 이것을 언제나 의미의 다양성 안에서 이해한다.

상이 인간 안에 존재하는 악과 반역을 통해 이루어졌다는 선언으로 이 문제를 그냥 넘어갈 수는 없다. 성서적인 의미로 세상에 객관적인 실상을 부여하지 않을 수 없다. 물론 사람들이 간혹 그러듯이, 욕심과 시험이 외부 세상에서부터 인간의 마음에 임한다고 하면서, 시몬의 주장과 반대되는 입장을 취하지 말아야 한다. 중요한 것은 부합하는 연관성을 파악하는 것이다. 나로 하여금 소유와 지배와 독점을 하게 하는 것은 욕심이다. 그러나 이 욕심은 내가 만든 것은 아니지만 내가 살고 있는 세상이 소유와 지배와 독점의 세상이라는 데서 동력을 얻는다. 거기에 이 세상에 있는 권세들의 역할이 존재한다. 이 권세들은 욕심이 인간 안에서 발동한 것만으로는 가지지 못하는 실제적인 권세를 얻게 한다. 이 권세들은 돈, 국가 등이 권세들이 되게 하면서, 욕심의 도구들로 작용하는 것만이 아니라 욕심을 이용하고 지배하며 고양시킨다.

그런데 이 욕심은 그 모든 동력과 함께 기만과 자유의 부재를 불러온다. 야고보서는 우리에게 욕심의 이 기만적인 특성을 전해준다. "너희는 욕심을 내도 얻지는 못한다."약4:2 이 구절이 아주 놀라운 것은 "가진 자는 가지지 않은 것과 같이 처신하라"는 사도바울의 말씀에서 말하는 자유의 태도173)와는 반대되는 태도를 기술하고 있다는 점이다. 그것은 물건들을 소유하는 데 대해서 자유롭지만 소유하는 물건들에 자신의 목숨을 걸지 않는 것이다. 그런데 욕심은 우리로 하여금 우리 자신의 목숨을 걸게 한다. 그렇게 하면서 욕심은 하나님이 아담에게 세상을 소유하도록 정한 대로 우리가 참되게 세상을 소유하는 것을 가로막는다. 내 생각에는 그런 의미에서 그 말들을 이해해야 한다고 본다. 그것은 욕심은 결코 만족을 주지 않고 사람들은 소유한 재물을 충분하게 여기지 않는다는 의미는 아니다. 그것은 맞는 말이지만, 실제로 우리에게 권력과 부와 우

---

173) ▲뒤에서 다시 살펴볼 것이다.

월한 지위와 성공을 부여하는174) 독점과 지배의 욕구는 또한 우리가 창조세계를 가치 있게 소유하고 진정한 타인과 만나는 것을 완전히 가로막는 장애가 된다. 욕심은 우리가 사람들과 물체들과 진정한 관계를 맺는 것을 가로막는다. 소유를 원하는 사람은 아무것과도 관계를 맺지 못하는 존재가 된다.

그러나 욕심은 약속한 것을 완전히 기만175)하는 것뿐만 아니라, 소외와 자유의 부재를 불러일으킨다. 욕심은 죽음176)과 관계된다. "이 세상은 사라진다."요일2:17 욕심은 우리를 과거에 던져 넣고 허무로 인도한다. "욕심이 잉태하면 죄를 낳고 죄가 장성하면 사망을 낳는다."약1:15 '욕심의 노예'딛3:3라는 사도바울의 말은 이와 같은 뜻을 의미한다. 그래서 죽음의 관점에서건, 노예의 관점에서건, 욕심은 언제나 인간의 소외를 부른다. 또한 이 디도서 구절과 같은 경우, 우리는 인간이 자신의 욕망의 노예가 된다는 진부한 해석보다는 더 깊이 보아야 한다. 우리에게 주어진 것은 그런 종류의 작은 심리적인 문제가 아니다. 이 주제에 관한 시몬의 훌륭한 글을 소개한다.

"욕심은 또 다른 것을 낳기 위해서 잉태하고 낳는다. 그것은 죽음이다. 모든 말은 탄생이라는 주제를 중심으로 돌아간다. 어떤 탄생인가? 희화화가 도를 넘었다. 지혜는 역사177)를 위해 자녀들을 낳는다. 욕심은 역사의 부재178)를 위한 것이다. 여기서 야고보가 말하는 것보다 더 모순적인 말들이 어디 있는가? 그것은 죽음의 탄생으로 이어진다고? 그

---

174) ▲왜냐하면 이 세상 임금은 사람들의 욕심을 채우고, 욕심 있는 사람만이 이와 같은 것들을 얻기 때문이다.
175) ▲이는 자신의 욕심을 실현시킨 뒤에 아담이 겪은 기만과 같다.
176) ▲이미 살펴보았듯이 이는 숙명성의 정점이다.
177) ▲나는 자유라고 하고 싶다.
178) ▲나는 자유의 부재, 소외, 독립이라고 하고 싶다.

것은 말 그대로 상반된 것이다. 욕심은 부정적인 것만이 아니라 허무이다. 욕심은 빛의 어두운 그림자일 뿐만 아니라 빛에 반대하는 것이다. 욕심은 어둠이고, 빛과 반대되는 것이다. 스스로를 불태우면서 욕심은 나를 허무로 잉태한다. 그러므로 욕심으로 시험에 든 사람은 사악한 역사뿐만이 아니라 허무를 낳는 역사의 부재를 야기한다."179)

그래서 욕심을 가진 사람은 전형적으로 자유가 없는 사람이다. 다만 성서는 엄격하게 욕심을 가진 사람은 존재하려는 욕심에서 스스로 자유를 영위한다고 주장하기 때문에 자유가 없는 사람이라고 우리에게 전한다. 또한 그는 소유하려는 욕심으로 사물을 독점하여 자신을 키우고 강화하려고 한다. 또한 그는 지배하려는 욕심으로 남들을 노예화하여 자신의 자유를 누리는데 이용하려고 한다. 사람이 가진 욕심은 주변 사람들과 주변의 사람들과 사물들에게서 자유를 탈취하기에, 그 사람이 살아가는 영역에서 자유의 부재를 초래한다. 욕심 그 자체가 인간에게서 자유를 탈취해가서 자유를 누릴 수 없게 하는 것이다. 더욱이 욕심을 가진 사람이 다른 사람들을 노예화하면 할수록, 그는 물건, 재화, 진실, 영성, 영혼, 예술, 기술 등에 대한 욕심을 더욱더 늘려간다. 그는 자신이 자유로울 가능성을 더욱더 제거해버리는 것이다. 욕심을 가진 사람이 자신의 자유는 남들을 부리고, 돈을 가지고, 사랑하는 여자를 소유하고, 경제적·정치적 권력을 휘두르는 것이라고 믿으면 믿을수록, 그는 자기 자신을 더욱더 부정하게 되고, 자신을 향해 그리스도가 내리는 자유의 사명을 더욱더 부인하게 된다.

그러나 여기서 자기 자신을 위한 것과 다른 사람들을 위한 것이 아름답게 일치하게 되는 특별한 경우가 그리스도에 의해 긍정적으로180) 계

---

179) L. Simon, *op. cit.*, p. 72.
180) ▲욕심에 대해서는 부정적으로.

시된다. "네 이웃을 네 몸 같이 사랑하라." 우리는 긍정적으로든 부정적으로든 이웃과 분리될 수 없다. 만일 우리가 우리의 욕심으로 이웃을 노예화해버리면, 그 사실 때문에 우리 자신이 노예화되고 만다. 욕심은 본래 인간의 운명으로서 모든 자유를 배격하는 무서운 메커니즘이다. 욕심은 인간으로 하여금 지배하려는 욕구에 의해서 소외에 빠지게 한다.

욕망의 긍정적 수용

은총은 욕심에서 우리를 해방시킨다. 자유롭게 된 까닭에 우리는 더 이상 욕심을 내지 않는 사람들로서 살아갈 수 있다. 우리는 이 자유에 대해 어떤 표지들을 발견할 수 있는가? 첫 번째는 아마도 하나님 앞에서 욕망을 정당하고 행복하고 기쁘게 누릴 수 있다는 점이다. 마음으로 믿고 입술로 고백하여 예수 그리스도에 의해 회복된 그리스도인에게 있어서, 욕망181)은 정죄의 대상이 아닐뿐더러 반대로, 내가 믿는 바로는, 하나님이 원하고 인정하는 것이다. 욕망은 이제 더 이상 욕심이 아니다. "의인의 욕망은 선한 것이다."잠11:23 이전에 욕심은 파멸과 자율과 죽음을 나타냈다면, 이제 욕망은 긍정과 순종과 기쁨을 나타낸다. 이 정당하고 선한 욕망은 인간이 자기 자신과 화해를 이루는 데서 나온다. 인간은 욕망을 가지며, 그 욕망을 스스로 판단하지 않는다. 왜냐하면 이제 자신의 삶은 빛 가운데 놓여 있으므로 하나님이 자신의 삶을 받아들일 것이라는 소망이 있기 때문이다.

욕심은 자기 자신의 분열을 뜻한다. 욕망은 자유를 얻은 통합된 인격체182)가 가지는 것이다. 욕망은 그 사람이 그 존재의 중심에서 자유로운

---

181) ▲이 욕망은 아담의 마음에 있었던 것으로서 하나님을 향하게 하고 이브를 알아보게 한 것이다.
182) ▲오직 그리스도 안에서만 통합된 인격체가 될 수 있다.

존재라는 사실을 나타내는 것이다. 이 자유[183]는 그에게 자신의 주변에서 자신을 즐겁게 하는 것을 기쁜 마음으로 바랄 수 있게 한다. 자기 자신으로부터 자유로운 까닭에 그는 정당하게 바랄 수 있는 것이다. 그것은 이제 자신의 성향이나 요구나 집착을 광적으로 충족시키는 것과도 상관없고, 자아의 압도적인 독재적인 주장과도 무관하다. 그는 자유로운 까닭에 이제 무한하게 가벼우며, 욕망을 가진 존재이다. 그는 놀이를 할 수 있는 존재이다. 그런데 그 놀이는 키르케고르의 미학적인 것도 아니고, 파스칼의 오락적이고 악마적인 것도 아니다. 그는 온전히 피상적으로 살아갈 수 있는 존재이다. 여기서 피상적이라는 말의 뜻은 상스럽고 메마른 심층성profondeur을 비판하고 피상성superficialité을 크게 옹호한 르페브르[184]가 말한 의미와 같은 것이다. 그는 자기 자신에 대해 자유롭다. 따라서 그는 독점욕이나 권력욕이 없이 자기 자신이 바라는 욕망을 가질 수 있다. 자기 자신으로부터 자유로운 것을 출발점으로 욕망은 제자리를 잡고 기쁨을 준다. 이제 더 이상 욕망을 누르거나 억제할 필요가 없다. 이제 검열과 억압에 대한 투쟁을 개시해야 한다.

그러나 유념해야 할 것은 다만 그리스도 안에서 자유롭게 된 사람에게만 검열의 폐지가 바람직하고 가능하다는 점이다. 다른 모든 경우에 있어서, 검열의 폐지는 욕심을 북돋울 뿐이다. 정신분석학은 나중에 하나가 아니라 일곱 귀신들이 들어와 살게 되는 깨끗하게 청소된 집의 비유를 정말 많이 돌아보게 한다. 그러나 엄격한 규범과 명령을 준수하고 욕망을 불신하는 것은 어쨌든 간에 예수 그리스도에 대한 우리의 신앙이 우리

---

183) ▲이미 살펴본 대로, 이 자유는 하나님의 사랑과 영광이라는 두 가지 원리들로 방향이 정해져 있다.

184) Henri Lefebvre, *Le langage et société*, 1966. 내가 보기에, 피상성을 통해서 표명한 필수적인 非순응주의에 대한 르페브르의 분석은, 자아의 깊은 심층에서 하나님을 발견할 수 있다고 주장한 로빈슨(Robinson)의 신학적 가설보다 훨씬 더 타당하고 진실한 것으로 보인다.

로 하여금 아직 그리스도의 자유에 이르지 못하게 했다는 사실을 보여준다. 자기 자신에 대한 불신은 언제나 자유의 부재를 나타내는 표지이다. 그러나 정신분석학이 자기불신에 대해 합리적으로 이해할 수 있고 치유할 수 있는 원인을 제공한다면, 성서의 계시는 우리에게 문제는 더 깊은 것으로서 이 자기불신이 우리를 마비시키는 것을 멈추게 하려면 대속이 필요하다는 사실을 가르쳐준다. 그래서 율법에 대한 잘못된 이해는 비극적인 결과를 낳고, 하나의 속박을 또 다른 속박으로 대체한다.

욕망의 자유를 표명하는 성서 구절들은 그렇게 많지 않다. 바울서신에서 그 구절들은 주된 내용이 율법에 대한 이해가 잘못되었다는 점과, 먹고 마시는 것은 자유로운 일 185)이라는 점을 지적하는 것으로 되어 있다. 또한 거기에 "너희에게 왜 가지지 말라, 먹지 말라는 등의 규제들을 부과하느냐?"라는 식의 논쟁적인 질문이 포함된다. 대부분의 경우 욕망의 정당성을 말하는 구절들은 하나님이나 천국에 근거를 둔다. 원대하고 심오하며 정당한 욕망은 하나님과 함께 하는 욕망이다. 우리의 영혼은 하나님을 갈망한다. "내 영혼이 밤에 주님을 갈망하고 내 마음이 내 속에서 주님을 갈구하오니."시26:9 시편의 구절들은 하나님이 침묵할 때 이 하나님을 향한 갈망을 수없이 표현하고 있다. 자유롭게 해방된 인간의 진정한 갈망이 지향하는 바가 그렇다는 것은 맞는 말이다. 이제 그는 자신을 자유롭게 해방한 하나님이 없이는 자신은 무의미한 존재라는 사실을 안다. 그는 단지 하나님을 영원히 만나기를 갈구한다. 구체적으로 선을 경험하고 나서, 자유로운 인간은 단지 말로 표현할 수 없는 하나님의 현존만을 구할 뿐이다. 거기에는 어떤 신비주의적인 탐구 186)가 없

---

185) ▲그러나 하나님의 영광을 위해서 절제할 수 있어야 한다.
186) ▲다시 한 번 말하자면 신비주의적인 탐구는 특히 기술적 수단들과 연결되면 다만 욕심의 표현이 될 뿐이다.

다.187) 모든 다른 행위들은 바로 이 하나님을 향한 욕망에 기인한다. 그 행위들은 하나님을 향한 욕망 안에서 그 의미와 검열기준과 위치와 정당성을 발견한다.188)

천국을 향한 욕망이 하나님을 향한 욕망에 연결되어 있는 것은 명백한 일이다. "우리는 이 장막 안에서 탄식하며 하늘로부터 오는 우리의 처소로 덧입기를 간절히 바라고 있다."고후5:2 "그들은 이제 더 나은 본향을 사모하니 곧 하늘의 본향이다."히11:6 결국 그 두 가지 욕망은 주님의 재림을 향한 욕망으로 모아진다. 그것은 정말 불같이 뜨거운 욕망이다. 그 일은 비단 나의 개인적인 일만이 아니라 인류 전체의 원대한 역사로 끝나야 한다.189) 그 사건은 모든 사람에게 명약관화하고 찬란한 주님의 의와 사랑 안으로 우리 모두가 들어가는 것으로 완료되어야 한다. "오소서, 주 예수여. 마라나타." 우리에게 그리스도의 자유가 없다는 사실을 입증하는 고통스러운 증거들 중의 하나는, 미지근하고 빈약해진 이 간구와 함께 하나님을 향한 욕망의 부재를 통해서, 우리가 더 이상 온전한 기쁨으로 하나님을 향한 절대적인 욕망과 절대적인 소망을 말할 수 없다는 사실

---

187) 물론 여기서 마약이 거론되어야 한다. 마약의 사용은 아담의 타락의 메커니즘을 똑같이 반복하는 것이다. 인간은 눈앞의 사회적 상황을 피하려는 의도나, 황홀감과 천국과 일체감에 도달하려는 목적으로 마약을 사용한다. 그런데 사실 마약은 피하려고 했던 상황들보다 더 심각한 속박을 불러온다. 마약은 사람을 자기 자신 안에 단단히 갇히게 하고, 마약중독자들과의 유대를 제외하고는 다른 사람들과의 관계를 차단하며, 헤어 나올 길 없는 환상 속으로 들어가게 한다. 대부분의 경우 받아들일 수 없는 사회적 집단 안에 있는 중독자의 상황에 연유하는 마약의 욕망은 근본적으로 전적인 타자인 하나님을 소유하려는 욕심을 나타내는 것이지만, 중독자 자신을 파멸과 절망으로 몰아간다.

188) 슈라키(A. Chouraqui)의 아가서에 대한 주석(1970)을 참조하라. 슈라키는, 풍요롭게 현대화시키면서, 욕망에 대한 전통적 주석으로 피조물의 한계를 넘어서는 희열을 다시 언급한다.

189) ▲사도바울은 하나님을 만나려는 자신의 욕망과, 자신의 사명을 다 마치기 위해 사람들 가운데 머물러야 하는 현실적 의무 사이에서 마음이 정말 고통스럽다고 고백한다.

에 있다. 사랑하는 여인을 기다리는 어떤 남자라도, 주님의 재림을 소망한다는 우리 그리스도인들보다 마음속에 더 깊은 애정과 정열과 욕망을 지닌다. 그러나 그것은 동일한 욕망이다. 그것은 더욱더 강력한 참된 욕망을 분출한다.

여기서 하나의 의문이 생겨난다. 대부분의 성서 구절들은 하나님과 예수의 재림을 향한 욕망, 즉 거룩한 것들을 향한 욕망을 언급한다. 그렇다면 이 욕망은 그 목표 대상에 의해 정당화되는 것일까? "욕망은 거룩한 것들을 향하는 것인 까닭에 받아들일 만한 것이 된다. 거룩한 것들의 거룩함이 욕망을 거룩하게 한다. 그러나 그 이상으로 넘어갈 수는 없다." 이와 같이 추론하는 것은 그리스도인의 자유에 대해서 아무것도 이해하지 못하는 것이라고 본다. 이 거룩한 것들은, 사물들과 같이 여겨졌던 까닭에 욕망의 대상들이 되었고 현재도 그렇다는 사실을 유념해야 한다. 하나님은 아담에게 욕망의 대상이었다. 또한 아직도 종교인이나 신비주의자에게는 하나님이 언제나 욕망의 대상이라는 사실을 유념해야 한다. 그 욕망은 하나님을 소유하려는 욕망이다. 그래서 하나님을 향한다고 해서 우리의 시선이 정당한 욕망의 시선이라고 보장해줄 수 있는 것은 하나도 없다. 욕심에서 벗어나게 하는 그리스도 안에서의 자유만이 알맞은 욕망의 문을 열어준다. 그 욕망은 우리 모두에게 선하고 유익하고 기쁜 것을 지향할 수 있다. 물론 남자와 여자의 서로를 향한 욕망은 하나님이 바라는 바로서 훌륭한 것이고, 하나님 앞에서 실제로 경험할 수 있는 것이다. 그 욕망을 정당하게 하는 것은 결혼 예식이 아니다. 그것은 그리스도 안에서의 자유이다. 물론 아가서는 남자와 여자의 욕망에 관한 노래이고, 그렇게 보아야 한다. 190)

----

190) 퓌리의 저서에서 이 주제에 관한 적절한 요약을 볼 수 있다(R. de Pury, *Liberté à deux, le couple et l'Evangile*, Labor et Fides, 1967).

"내가 내 아내를 사랑하고 신이 제정한 제도로서 결혼을 긍정하면, 삶과 행동에 있어서 내적인 확신과 자유가 나의 결혼생활 가운데 느껴지게 된다. 그래서 나는 더 이상 내 행위에 대해 회의를 가지지 않는다. 마치 결혼의 의미와 목표가 간음을 피하는 것이라도 되는 듯이, 간음을 금지한 하나님의 율법이 더 이상 결혼생활 가운데 나의 모든 생각과 행동에서 중심을 차지하지 않는다. 자유 가운데 살아가는 확실한 결혼생활은 간음을 금지한 율법을 염려하지 않으면서 하나님이 맡긴 임무를 완수하는 것이다. 계명은 허용하는 것으로서 자유를 허용한다는 점에서, 또한 욕망의 자유를 허용한다는 점에서, 인간의 다른 모든 법과 구분된다." 191)

---

191) 욕심은 욕망을 왜곡시켰다. 자유는 우리에게 진정한 욕망을 다시 발견하게 해야 한다. 도덕주의는 그리스도인을 욕망 없는 인간으로 만들었다. 그것은 거의 믿을 수 없는 일이다. 왜냐하면 욕망 없는 인간은 생명 없는 인간을 의미하기 때문이다. 사람들은 너무도 많은 경계를 내리고 금지를 규정하며 너무도 많이 사랑의 빛을 친절로, 자유의 부르짖음을 탄가로 바꾸어버린 까닭에, 그리스도인은, 그저 소소한 일들을 겪으면서 창백하고 소심한 그림자와 같이 되었다. 그러나 욕망이 제거되어 그리스도인이 이렇게 위축되고 신앙과 생명이 약화되었다면, 억제할 수 없는 욕망은 다른 데서 보상을 찾았다. 영적이고 도덕적이며 유아적인 그리스도인의 삶 안에서 억압을 당한 우리는 다른 영역들이나 다른 사람들에게 그 욕망을 분출하게 되었다. 한편으로 그리스도인들에게 있어서, 인간관계, 사랑, 신앙, 영적인 삶 등으로 위축된 욕망은 돈에 열광하고 권력에 열광하며 추상적인 열광에 빠져 악화되었다. 인간적인 욕망들을 완벽하게 억제한 청교도들은 재산과 정치적·사회적 권력을 쟁취하는 데 몰두하게 되었다. 다른 한편으로, 욕망은 본성적인 일반적인 사람들의 전유물이 되어서, 그들은 한계나 욕망의 거룩한 측면을 모르고 욕망을 폭발시켰다. 욕망은 인간의 마음에 있는 죄악을 발현하는 것에 지나지 않게 되었다. 일이 이와 같이 된 것은, 중세의 신비가들과 신학자들과는 반대로 17세기 이래로 기독교는 욕망을 상대로 대대적인 투쟁을 결행했기 때문이다. 그리스도인이 더 이상 그리스도인으로 살 줄 몰랐고, 그리스도인으로서 욕심과 정욕과는 반대되는 욕망은 어린애 같이 유치한 것으로 화했기 때문에, 모든 것이 왜곡되어버렸다. 기독교는 더 이상 살아있는 사람들과 어떤 접촉점도 가질 수 없었다. 인간본성적인 욕망은 더 이상 기준도 모범도 가질 수 없어서, 광기와 열광과 망상과 엽기로 빠져들었다. 그러나 그리스도인들이 욕망의 가치와 의미와 풍요로움을 다시 찾아서, 고귀하고도 열정적이며, 매혹적이고도 활력적인 그리스도인의 삶을 살 수 있게 하는 것은 과도하거나 도덕적인 잘못을 두려워하지 않는 자유의 삶이다. 왜냐하면 자유의 삶은 신앙으로 수용된 삶의 풍성함보다 훨씬 더 중요하기 때문이다. 그것은 '아가페'로 수용된 인간의 욕망의 풍요로움을 뜻한다. 물론 그것은 인간이 아무것이나 다 원할 수 있고

그러나 그것은 남자와 여자의 욕망만이 아니고, 인간으로 하여금 세상에 좋은 것을 취하는 욕망이기도 하다. 그것은 끝없이 여행을 가고 고향을 떠나는 욕망이자, 뒤하멜 192)의 '세상의 소유'의 욕망으로서, 정당하고 선한 것이 된다. 그러나 그것은 또한 마침내 인간이 정착할 수 있는 장소에 뿌리를 내리는 욕망이고, 완벽한 조화를 이루는 사랑이 깃든 집을 가지는 욕망이며, 바다의 욕망이다. 그리스도의 자유 안에서 나오는 이 욕망은 사물의 왜곡을 야기하거나 인간본능을 욕심이라는 재앙으로 유도하는 대신에 욕심을 정화시키고 올바르고 좋게 발전시켜서, 하나님이 본래 원한 바대로 인간을 위한 처소의 가치를 회복시킨다. 이것이 "정결한 자에게는 모든 것이 정결하다."는 말씀이 뜻하는 것이다. 193)

그리스도 안에서 우리가 사물들을 향해 가지는 욕망은 그 사물들을 부패로부터 정화시켜준다. 이제 일에 대한 욕망도 더 이상 현대사회의 끔찍하도록 탐욕스러운 것이 아니다. 그리스도 안에서 자유롭게 된 인간은 자신의 일을 원하고 사랑할 수 있게 된다. 자신의 일에 열정적으로 전념케 하는 욕망은 그 일을 다른 것으로 변화시킨다. 이전에 그 일은 욕심에 사로잡혀서, 언제나 더 많은 돈과 성공을 위한 수단이었고, 차갑고

어떤 광기나 열정에 빠질 수 있다는 걸 의미하지 않는다. 그 의미는 인간의 욕망이 그리스도의 자유 안에서 구현된다면, 그 올바른 의미와 방향을 찾게 되어 그 동력을 유지한다는 것이다. 활력 있는 그리스도인의 삶의 열쇠가 거기에 있다. 거기에서 우리를 비롯한 모든 사람들이 공통으로 가지는 본능적 충동들이 부딪친다. 그래서 그것은 우리와 다른 사람들이 관념적이 아니라 훨씬 더 근본적으로 만날 수 있는 장이 된다. 그것은 신앙의 척도인 자유의 자제력을 부른다. 그러한 통합이 그리스도인의 삶에서 이루어지지 않는다면, 그리스도인들과 모든 인류에게 앞에서 살펴본 바와 같은 아주 재앙적인 결과들이 초래될 것이다.

192) [역주] Georges Duhamel(1884~1966), 프랑스 소설가로서 1919년에 *La possession du monde*(세상의 소유)라는 소설을 낸다. 뒤하멜은 전쟁 중인 1917년에 이 소설을 쓰기 시작했다. 그의 집필 의도는 비참한 전쟁의 와중에 인간이 세상과 자기 자신을 향한 능력을 가지고 새롭게 시작할 수 있다는 희망을 사람들에게 심어주려는 것이었다고 전해진다.

193) ▲그러나 우리가 착각하는 부분이 있을 수 있다는 점을 늘 유념해야 한다.

비인간적인 기술들을 시행하는 것이었다. 또한 그 일은 지극히 권태로운 세분화된 일이면서 결코 만족을 모르는 욕심에 사람이 사로잡히게 한다. 필수적인 삶의 동력으로서 욕망은 확실히 좋은 것이다. 단, 이 말은 그리스도의 자유 안에서 그리스도를 향한 신앙으로 소망 속에 욕망이 재탄생하는 것을 전제로 한다.

무상성

욕심에 대한 자유에서 두 번째로 나타나는 특징은 무상성으로 보인다. 나는 늘 우리의 삶에서 하나님의 은총을 직접적으로 표현하는 유일한 방식은 우리 스스로 무상성을 발휘할 수 있다는 데 있다고 생각한다. 은총은 두 가지 의미에서 전형적인 무상적 행위이다. 하나님은 우리에게 아무 보상도 요구하지 않고 우리에게 준 것에 대한 대가를 치르게 하지 않는다. 또한 하나님은 우리를 향해 하나님의 사랑으로 행하듯이 자유롭고 무상으로 행동하기로 결정했다. 사랑은 언제나 무상적이다. 예수는 항상 완전한 순종과 완전한 무상성으로 살았다. 기필코 결과를 얻어내려는 뜻을 결코 가지지 않았다. 하나님의 은총은 인간의 반역적인 독립성을 그대로 두기에 은총이 되는 것이다. 하나님의 무상성은 자신의 권능으로 결과를 얻어내고자 하지 않고 인간의 역사의 부침에 맡긴다는 사실이 보여준다. 모든 것은 사실상 이미 이루어져 있다. 예수의 무상성은 보상을 요구하지 않고 예수가 성부 하나님을 섬긴다는 것이다. 그리스도의 무상성은 문 앞에 서서 닫힌 문이 열려 들어갈 수 있도록 거지처럼 기다리면서 문을 두드린다는 것이다. 그래서 하나님의 모든 행동은 은총인 까닭에 무상성이 주조를 이룬다.

우리도 또한 하나님과 모든 존재를 향해 무상성을 유지하며 살아가야 한다. 우리가 어떤 조그마한 선행을 했다고 여길 때 결코 어떤 대가를 요구하거나 바라지 말아야 한다. 우리는 하나님에게 우리의 행위에 대한 대가를 요구하지 말아야 한다. 우리가 이득, 보상, 성공 등을 바라보면서 행한다면 우리의 행위는 믿음의 열매가 되는 대신에 율법의 행위가 되어버린다. 더욱이 우리가 그런 계산에 빠져버리게 되면 우리는 하나님의 엄위함 앞에서 다 잃고 말 것이다. 우리가 무상으로 행하는 것을 멈출 때 우리가 은총 안에 머무는 것이 끝난다. 그러면 우리는 마지막 한 푼까지 다 갚아야 한다. 우리에게 요구되는 것은 무상으로 하는 행위이다. "너는 아무 대가도 바라지 않고 하나님을 섬기느냐?" 욥기 전체를 요약하는 것으로 이 구절을 택한 퓌리de Pury의 선택은 올바른 선택이다. 그렇다. 우리는 아무 대가도 바라지 않고 하나님을 섬긴다.

우리는 요나서에서 정반대의 경우를 본다. 요나는 하나님이 시키는 대로 선포한 자신의 예언이 실제 결과로 나타나지 않자 죽을 만큼 괴로워했다. 자신의 예언은 실제로 실현되어야만 했다. 니느웨는 무너져야만 했다. 그렇지 않으면 그 예언은 정말 아무 가치가 없는 것이었다. 그 구절들은 우리가 이 단원에서 써나갈 글의 방향을 정해준다. 나는 여기서 돈의 무상성이 아니라 선물로서의 무상성이라는 문제를 다룰 것이다. 진정한 무상성은 욕심의 소멸이자 자유의 표현으로서 행위 자체의 무상성을 뜻한다. 다시 말해서 그 행위는 사람들의 눈에는 유용하지 않고, 명백한 성과도 없는 것이어야 한다.

나는 그리스도인의 삶 전체에서 무용성의 의미는 근본적인 것이라고 생각한다. 194) 그러나 여기서 내가 말하는 것은 보통 사람들이 경험하는 음울하고 무겁고 맥 빠지는 무용성이 아니다. 그런 무용성을 경험하는 사람들은 어깨를 한 번 올렸다가 내리면서 "무슨 소용이 있겠어? 더 해

---

194) 엘륄의 저서 『하나님의 정치와 인간의 정치』에서 "무용성에 대한 묵상 méditation sur l'inutilité"에 관한 단원을 참조하라.

볼 것도 없이 이미 다 끝난 일이야."라고 하고 만다. 반면에 우리가 말하는 것은, 모든 일과 행위는 최종적으로 오로지 주 안에서 확실한 의미를 가진다는 사실을 알기 때문에, 기쁘고 활기 있고 힘이 있는 무용성이다. 그러므로 여기서 말하는 무상성의 개념은 앙드레 지드와 초현실주의자들이 말하는 '무상적 행위' 이론과는 아무 연관성이 없는 것이다. 앙드레 지드의 '무상적 행위'의 경우는 자기 자신 이외의 목적성이나 동기가 없는 것으로서 자기 자신에게만 의미가 있는 행위였거나, 혹은 동료 부르주아들을 향해서 자신의 행위의 불합리성을 통해서 그들의 행위의 불합리성을 납득시키려고 하는 도발적인 행위였다. 무상적 행위를 찬양했던 사람들은 효율성을 추구하는 사회에서 착취적 사회를 발견했다. 그러나 그것은, 설령 자유로운 인간으로 자처하는 사람이 부르주아를 도발하려는 것이었을지라도, 어떤 목적을 추구한다는 점에서, 이미 더 이상 무상적인 행위가 아니었다.

사실 나는 그리스도 안에서 자유의 진정한 표현인 무상성을 결과에 대한 욕심이 없는 것으로 규정할 수 있을 것이다. 물론 우리는 할 수 있는 한 최선을 다해서, 할 일을 지시하는 명령이나 규범에 따르는 것[195]이 아니라, 방향과 수단을 우리가 자유롭게 선택하여서 행동을 취한다. 우리는 행동한다. 그리고 우리는 결과를 신경 쓰거나 우리 행위의 효과를 확보하거나 우리 힘으로 목적을 달성하는 데 개의치 않는 자유를 부가적으로 누린다. "나는 심었고 아볼로는 물을 주었으나, 자라나게 한 분은 오직 하나님이셨다."고전3:6 이것이 새로운 자유로서, 하나님의 뜻대로 결과를 낼 수 있도록 하나님에게 내 행위를 다 맡기는 것이다.

그래서 우리는 우리 자신의 욕망을 따라 행한 행위에서 최종적으로 아주 초연하게 된다. 그러면 우리는 어떤 성과와 결과가 따르든지 낙담하

---

195) ▲그래서 당연히 결과에 대한 약속이 결부된다.

지 않을 수 있게 되고, 커다란 변혁이 일어난다 하더라도 그 영광을 우리 스스로에게 돌리지 않을 수 있게 되면서, 결과에 대해 불안해하지 않고 평안을 유지하면서 다시 행동을 재개할 준비를 갖출 수 있게 된다. 무상성은 우리 스스로 우리 행동에 부과한 모든 목적성과 부가적인 목표들을 철저하게 삭제해버리는 것이다. 물론 목표를 설정하지 않은 채로 행동할 수는 없다. 그러나 그 목표에서 아주 초연하게 되어서 우리는 미련 없이 포기할 수 있게 된다. 그 이유는 그 목표가 아무 가치도 없기 때문이 아니라, 일을 이루는 것은 하나님이기 때문이다. 우리는 하나님이 우리에게 부여한 자유 가운데 하나님에게 그 모든 것을 다 맡기는 것이다.

부차적인 의도가 없는 행위란 무슨 말인가? 오늘날 모든 그리스도인들은 선교가 복음 선포의 부차적인 의도로 설정될 수 없다는 말에 동의할 것이다. 복음 선포는 하나님의 은총을 전달하고, 화해를 선포하며, 하나님의 사람들을 위로하는 것이지, 어떤 방식으로든지 기독교에 가입시키려는 것이 아니다. [196] 복음의 선포는 모든 관점에서 무상적인 것이다. 거기서는 눈에 띄는 놀라운 결과들이나 우리의 능력을 드러내는 가능성을 찾지도 않고, 누가 은총에 의해 구원을 받을 것인지 우리는 알 수 없기 때문에 실제적인 효율성도 구하지 않는다. 그러나 이 무상성을 그리스도인의 행위에 국한시키는 것을 경계해야 한다. 그리스도인들은 겸손함으로 그렇게 하려는 유혹을 아주 많이 받을 것이다. 이 무상성은 목적성, 가치, 목표 등에 대한 집착을 없애는 것이다.

다시 한 번 말해서 목적을 가지는 것은 필요한 일이지만, 그 목적에 대

---

196) 이것은 교회 안에서 그리스도인들 간의 관계에도 확대되어야 한다. 거기에 어떤 권위주의나 위선이 지배하는 일은 없어야 하듯이, 다른 신학적 입장들을 가지고 교회 안에서 권력을 잡으려고 두 인물이나 두 진영이 계략이나 작전을 펼치는 일은 없어야 한다. 교회 안에서 권력을 쟁취하려는 계략은 전부 다 교회의 진정성을 아주 철저하게 부정하는 것이다. 그런데 시대마다, 또한 정확히 바로 이 시대에, '신신학'을 대변하는 사람들은 그런 방식으로 행동했다.

해 우리는 철저하게 초연하고 어느 정도 무관심해야 한다. 그리스도 안에서 자유로운 사람은, 어떤 결과를 도출하기 위해서가 아니라, 그리스도가 자신을 자유롭게 했기 때문에 행동하는 것이다. 그 결과는 괄목할 만한 것이다. 먼저 우리는 더 이상 추구해야 할 목표들에 선택의 비중을 둘 수 없게 된다. 우리의 삶이 은총을 반영하고, 은총이 우리 행위의 무상성을 통해 구현된다면, 목적이 수단들을 정당화하는 말은 결코 진리에 부합한 것일 수 없다. 목적들은 어느 정도 무차별적이다. 행동이 성격, 의미, 가치 등을 얻게 되는 것은 목적들이 아니다. 목적성은 더 이상 우리가 신경 써야 할 대상이 아니다. 어떤 상황이든지 무언가를 바꾸기 위해서 목적성에 의지해서는 안 된다. 예컨대 우리는 더 이상 모든 것이 제자리를 잡기 위해서는 기술에 적절한 목적성을 부과하는 것으로 충분하다고 말할 수 없다. 오직 하나님만이 성과와 결과를 산출하고 행동이 목적을 달성하느냐 아니냐를 결정한다면, 유일한 원칙은 우리 자신이 정한 목적이 아니라 하나님의 뜻과 목적 안에서 행동하는 것이다.

이 목적은 꿈과 희망에 지나지 않지만 언제나 우리의 독립적인 태도를 말해준다. 스스로 목적을 정하고 목표를 제시하고 목적성을 수립하는 것은 모두 다 결국 자기 자신이 목적이라는 걸 천명하는 것이다. 나는 알파는 아니지만 오메가이다. 왜냐하면 모든 부차적인 목적성은 주된 목적인 나 자신에 뒤따르는 부스러기 같은 것이기 때문이다. 그런데 은총의 자유는 그것으로부터 나를 정말로 자유롭게 한다. 그러나 그 자유는 행동을 중단시키지 않고, 반대로 자유가 소망의 표현이라는 점에서 나로 하여금 행동에 나서게 한다. 그것은 사람들이 해온 것과는 전혀 다른 유형의 행동이라는 점은 자명하다. 우리는 다음 장에서 그 결과들을 살펴볼 것이다. 목적성에 대한 자유는 자유이다. 다시 말해서 나는 결과는 나에게 달려 있지 않다는 사실을 알면서 행동을 취한다. 그러므로 나는 내 행동에 비극적이거나 감정적인 요소를 들일 수 없다. 나는 내가 하는 일을 전적으로 결정적인 중요성을 지니는 것으로 볼 수 없다. 따라서 나는 나의 행동을 가로막는 것을 문제 삼을 수 없다. 나는 내 행동이 성공한다고 해서 교만의 정점에 오를 수 없고, 내 행동이 실패한다고 해서 절망의 나락에 빠질 수 없다. 나는 내 행동을 성공시키기 위해서 내 친구들이나 내 가족이나 하나님과의 교제나 더욱이 하나님의 계명을 희생하지 않을 것이다. 이것이 목적성에 대한 자유이다. 나는 행동하고 나서 내 행동을 하나님의 손에 맡긴다. 나는 가능한 한 최선을 다해 행동한다. 그러고 나서 나는 나의 행동으로 이루어진 일에 관심을 끊는다. 왜냐하면 이제 하나님이 그 일을 관장할 것이기 때문이다. 그것은 삶의 아주 세세한 활동부터 시작해서, 직업 및 정치 활동과 같은 행위에 다 적용된다.

욕심의 부재는 또한 자신의 노동에 대한 인간의 태도에도 변화를 유발한다. 거기서도 무상성이 나타난다. 결과 및 효과에 대한 집착이 사라지면, 노동은 정상적인 가치를 회복하고 제자리를 찾는다. 노동은 이제 여유로운 방식으로 실행될 수 있다. "억압 속에서 행하는 노동은 하나님을 거스르고 사람을 파멸시키는 불건전하고 악한 노동이다." "노동의 압박은 사람이 반역과 무신론에 빠져있다는 사실을 의미한다. 어떤 충성심이나 열정이나 정당성이나 선의라도 압박 속에 노동하는 인간은 아주 심각한 잘못을 범하고 있다는 사실을 조금도 바꿀 수 없다."[197]

무상성은 여가활동을 제자리에 돌려놓고 휴식의 올바른 의미를 되찾아준다. 현대적인 의미의 여가활동도 또한 욕심에 의해 망가졌다. 우리는 필수적인 것으로 여기는 거대한 장치를 갖추지 않고는 아주 단순한 휴식마저도 더 이상 누릴 줄 모른다. 그 거대한 장치는 우리의 내적인 결핍에 대한 외적인 증거가 될 뿐이다. 무상성은 우리로 하여금 하나님이 뜻

---

197) K. Barth, *Dogm. XVI*, p. 250.

하는 휴식은 오로지 소비로 특징지어지는 여가활동과는 전혀 비교될 수 없는 것이라는 사실을 다시 발견하게 해준다. 그러므로 목표들에 대한 자유로 나타나는 이 무상성은 완전히 다른 유형의 행동을 이끌어낸다. 이제 목적에 대한 집착이 전혀 없는 마음과 마지막 행동이라는 간절함으로 행동을 취해야 한다. 거기에 자유가 있다. 그러나 또 하나의 율법이나 강제나 의무가 아니라 하나님이 주시는 자유로서 살아가야 한다. 그 자유는 우리로 하여금 해야 할 임무에 의해 짓눌리지 않게 해준다.

목적성에 대한 이 자유는 효율성에 대한 자유도 확실히 내포한다. 거기서부터 행동의 법은 효율성이 아니다. 행동이 무상성을 띠게 되면 사람들은 효율성을 최우선으로 구하지 않는다. 물론 하는 일은 잘 해야 한다. 이 무상성은 우리에게 무관심과 회의와 태만을 유발하지 않는다. 우리는 하는 일에 최선을 다해야 하지만, 효율성에 집착하지 말아야 한다. 왜냐하면 은총 가운데 있기에 우리가 한 행동에 대한 결과는 우리와 직접적으로 연관되지 않기 때문이다. 특히 효율성을 무조건적으로 추구하며 거기에 집착하고 우려하는 일은 그만 두어야 한다. 물론 우리는 효율성을 지닌 도구들을 사용할 수 있다. 그러나 단순히 다른 도구보다 효율성이 더 높다는 이유만으로 당연히 어떤 도구를 선택하는 일은 없어야 한다. 다른 많은 평가 요인들이 고려의 대상에 들어가야 한다. 현대세계에서 모든 것이 이 효율성의 법에 종속되어 있는 까닭에, 효율성의 추구에 대한 자유만으로 벌써 우리의 삶에 대한 전망이 완전히 수정된다. 이것은 물론 우리의 성공과 사회적 지위에 심각하게 불편한 상황들을 초래할 수 있다. 그러나 이것은 우리와 같은 사회에서는 그리스도의 자유에 대한 증언의 일부가 된다.

가용성

자유에서 세 번째로 나타나는 특징은 가용성 198)이다. 가용성은 시간에 대한 욕심에서 자유롭게 된 것을 뜻한다고 말할 수 있다. 가용성에 반대가 되는 것은 자기 자신을 위해서도, 남들을 위해서도 낼 수 있는 시간이 결코 없는 현대인의 태도이다. 현대인은 결코 자기 자신을 마음대로 둘 수 없다. 그는 자신의 미래를 치밀하게 연결되도록 계획하여서, 그렇게 연결된 삶이 하나의 역사가 될 수 있는 여지를 결코 남기지 않는다. 여기서 그리스도 안에서의 자유를 통해서 인간은 자신의 과거와 자신의 미래로부터 구원을 받는다는 점을 말할 때 우리가 검토했던 점이 구체적으로 적용된다고 말할 수 있다. 그래서 인간은 그리스도 안에서 하나의 역사를 이룰 수 있게 된다.

그러나 이 자유에는 윤리적인 결과들이 따른다. 이 영역에서는 그것이 가용성이다. 그러므로 가용성은 어제의 활동들과 삶의 조건들에 결정되는 것을 거부하고, 그것들을 따라 같은 길을 계속 가라는 명령에 따르지 않는 것이다. 어제의 내 모습이 오늘의 나를 만드는 것이 아니다. 이것이 그리스도 안에서의 자유에서 크게 나타나는 양상들 중의 하나이다. 나는 물레방아의 축을 따라 도는 나귀처럼 끊임없이 내 발자취를 따라 동일한 발걸음을 이어갈 수 없다. 어제 나의 가정이나 직장에서 행했던 것으로 오늘 내가 사는 것이 결정될 수 없다. 이것은 확인된 사실, 심리학자들의 진단, 사회적 필연성, 나 자신의 게으름, 안일 등에 역행하는 것이다. 왜냐하면 어렵게 얻은 상황을 끊임없이 다시 문제 삼는 것은 쉬운 일이 아니기 때문이다. 그러나 우리가 구체적으로 그리스도 안에서의 자유를 삶으로 살아가려 한다면, 이 가용성으로 돌아가야 한다. 물

---

198) [역주] 프랑스어로는 'disponibilité'이다. 역자는 이 단어를 문맥에 따라 가용성이나 융통성으로 옮겼다.

론 우리는 관례199)대로 살아가는 것으로 만족할 수 있다. 그러나 그렇게 되면 우리의 신앙에 대한 문제가 심각하게 제기된다.

　동시에 가용성은 나의 미래가 남들에 의해 지배되는 것을 거부하는 뜻을 담고 있다. 가용성은 특히 나 자신에 의해 나의 미래가 지배되는 것을 거부한다. 이것은 내가 나의 삶을 계획화할 수 없다는 뜻이다. 나는 합리적으로 수입이 어떤 수준에 이르고 내가 몇 살이 될 때 결혼할 것이라고 선언할 수 없다. 혹은 "4년 동안 아주 힘들게 시험 준비를 해서, 나는 종교적인 문제에 관심을 둘 시간이 없다. 나는 이 일을 다 끝내고 나서 하나님에게 돌아갈 거야."라는 식으로 말할 수 없다. 이와 같이 계획화하는 것은 자유와는 상충되는 것으로 보인다. 그런데 자유는 우리가 우리 수첩에 적힌 시간과 우리가 수립한 기획의 노예가 되는 것을 그치는 것을 의미한다. 그런데 우리는 현대 철학에서 기투pro-jet 企投가 가지는 중요성을 알고 있다. 그러나 기투가 자유와 융통성이 없는 사람에게 유용하고, 인간이 자유의 환상을 가지는 데 필수적인 것이라고 한다면, 그리스도인의 자유를 살아가도록 부름 받은 사람에게 기투는 뒷전으로 밀려난다. 그러나 이것은 개인적인 문제와 더불어서 사회체계와 상반되는 모순이 된다.

　우리 사회에서 시간의 배치에 대해 결사코 반대한 르페브르Lefebvre의 말은 정말 맞는 말이다. 그는 기술전문가와 지식인의 '테러리즘'을 물리쳐야 할 적으로 보여준다. 그러나 이 테러리즘은 결국 시간 없는 모든 사람이 하는 행위이다. "테러리즘에 대항하여 몇 번 승리하고 나면, 개개인과 모두의 시간을 가장 소중한 것으로 인식하고 제시하는 것이 가능해질 것이다. 시간을 탐욕스러운 소비에서 빼내는 것이 고려될 수 있을 것이다. 왜냐하면 사람들이 모든 소비 재화 속에 감춰진 최고의 상품으로

---

199) ▲관례들이 실용적이라는 것은 다 알고 있다.

일상생활에서 소비하는 것이 바로 시간이기 때문이다." 200) 물론 그렇다. 그런데 거기에 도달하기 위해서는 사회적 행동에 귀속되지 않는 것으로 보이는 자유를 필요로 한다.

물론 과거의 대한 집착과 미래에 대한 계획 때문에 결정을 거부하는 것은 그 자체로 가치 없는 일이다. 201) 그 가치는 그리스도 안에서 주어진 자유를 나의 실제 삶 가운데 나타내는 데서 나온다. 그 자유는 이제 나 자신이 하나님과 다른 사람들을 위해 일할 수 있는 가용성이 있다는 것을 의미한다. 뒤에 살펴보겠지만, 가용성 있는 태도 자체는, 자기 자신을 위해 일할 수 있는 가용성과 마찬가지로 그리스도인의 태도는 아니다. 자유가 자기 자신을 마음대로 하는 것임은 확실하다. 하나님은 나에게 이 놀라운 선물을 부여했고, 나는 나 자신을 마음대로 하여 내 선택을 따라 나아간다. 나는 실제로 주변 사회와 가족에 대해서조차 자유로운 상황에 놓여 있다. 그것은 더 이상 자기 자신을 마음대로 한다는 유치할 정도로 오만한 주장에 그치는 것이 아니다. 그러나 다시 한 번 말하자면, 그것은 선물인 것이지, 로렌스D.H. Lawrence가 말하는 격렬한 욕망과 같은 것이 아니다. 자기 자신에 대한 가용성이 존재한다면 그것은 하나님을 위한 것이다. 가용성을 이와 같이 대하는 경우에만 우리는 하나님의 말씀을 진실하게 들을 수 있게 된다. 내가 내린 결정들에 대한 확증과 응답을 찾으려는 목적이나 혹은 내가 해야 할 것으로 이미 정해진 일에 집착하는 가운데, 내가 성서를 읽는다면, 성서읽기에 진정으로 다가갈 수 없다. 왜냐하면 나는 이미 성서읽기가 나의 기투와 계획과 활동을 직접적

---

200) Henri Lefebvre, *Position: contre les technocrates*, 1967, p. 53. 또한 시간의 가용성에 대한 문제에 대해서 카스텔리의 책은 시간 속의 자유의 부재 상황에 관한 훌륭한 성찰을 제시하고 있다. Castelli, *Le temps harcelant*, 1952.

201) ▲다시 말해서 모든 사람들을 위한 하나의 삶의 규칙을 정할 수 없다는 점을 이유로 사회에서 경제적 계획을 짜는 것을 거부할 수는 없다.

으로 하나도 변경하지 않을 것이라고 전제했기 때문이다.

성서읽기는 다만 내가 내린 결정 내에서 나에게 용기와 힘을 더해 줄 뿐이다. 그런데 하나님이 나에게 그리스도 안에서 자유를 주는 것은 내가 이 자유를 하나님의 결정에 내 삶이 쓰일 수 있는 가용성으로 이해할 것을 기대하기 때문이다. 바르트가 하나님의 결정을 객관적인 차원으로 귀결시키고, 모든 인류를 위해 영원히 행해진 일의 중요성을 강조한 것은 훌륭한 것이다. 그러나 바르트는 성서가 증언하는 바대로 '지금, 여기서' 하나님의 뜻이 계시되는 개인적 체험을 너무나 과소평가했다. 이것과 연관된 그리스도인들의 체험은 차고 넘친다. 이 '신비적 계시론 illuminisme'은 오늘날 그리 달갑게 받아들여지지 않는다. 그런데 사도행전을 예로 들어 보더라도 어떤 시점에서 하나님의 뜻을 계시 받아 인도함을 받은 체험을 가진 사람들이 많이 등장한다. 그래서 빌립은 가사로 보냄을 받았고행8:26, 베드로는 가이사랴로 보냄을 받았고행10장, 바울은 마케도니아로 보냄을 받았다.행16:9

한편으로 그런 이야기들을 통해서 우리는 그것이 가용성 있고 언제나 재고할 수 있는 기투들을 수립하는 것을 가로막지 않는다는 사실을 발견한다. 다른 한편으로 이런 이야기들을 단순한 환상들이나 원시적 심리의 투사체들이라고 헐뜯지 말아야 한다. 나에 관한 하나님의 결정에 대한 믿음은 '지금, 여기서'의 하나님의 뜻을 수용하는 개방성을 낳는다. 물론 이 결정에 매달린 채 아예 움직이지 않는다거나, 행동을 위해 하나님이 해야 할 일을 하나하나 말씀할 때까지 기다린다거나 '하늘의 전화'가 오기를 기대한다든가 하는 일은 없어야 한다. 그것은 게으름이나 잘못된 신앙에 기인한 것이다. 그러나 우리는 우리의 삶에서 이 폭넓은 개방성, 시간 사용의 융통성, 기투의 비경직성, 상황 대처의 유연성, 새로운 사명에 대한 적응성, 돌발 상황에 대한 면밀한 대비성, 계획들을 변경하는 능력, 퍼즐조각들의 상호작용과 같은 방식 등을 유지해야 한다. 이는 매순간 실제로 일어날 수 있는 하나님의 부르심에 대해 나 자신이 매순간 실제적으로 응답할 채비를 갖추게 한다. 이는 성서에서 우리에게 너무나 자주 언급하는 깨어 있는 상태를 말하는 것이지만, 우리는 그 구체적인 양상을 잘 알지 못한다.

그런데 이 가용성은 확실히 편리한 것은 아니다. 이 가용성은 삶과 일에 관한 나의 상황들에 대한 많은 자유를 뜻한다. 물론 다시 한 번 말해서, 우리는 은총에 의해서 그런 삶의 태도에서 벗어나게 되었다. 다만 우리는 자유로운 사람이라고 주장하지 말아야 하고, 우리의 증언을 듣는 사람이 거의 없다 해도, 놀라지 말아야 한다. 우리는 나에 관해서 하나님이 '지금, 여기서' 결정하는 것에 대한 개방성을 앞에서 언급했다. 그러나 대부분의 경우 이 하나님의 결정은 사도행전에 기술된 꿈, 환상 등과 같이 신비스럽고 기적적인 방식으로 표현되지 않을 것이다. 물론 결코 그런 것을 배제하지는 말아야 한다. 그러나 하나님은 우리에게 개인적으로 성서를 읽는 가운데 말씀하여, 하나의 구절이 갑자기 깨달음을 주어서 나에게 내 일생에 걸쳐 하나님의 진리가 되게 한다. 혹은 이웃의 존재를 통해서도 하나님은 내게 말씀한다. 이는 우리로 하여금 다른 사람을 위한 가용성을 존중하게 한다.

간단히 말해서 이것은 다른 사람을 위해 쓸 시간이 있다는 말이다. 현대사회에서 그 사실은 나머지 모든 걸 의미한다. 시간이 있다는 것은 관심과 사랑을 가진다는 뜻이고, 다른 사람들의 기쁨과 고통에 함께 하고, 자신의 마음과 자신의 집을 개방하며, 다른 사람에게 없는 일이나 우정과 같은 것을 찾아주는 것을 의미한다. 시간은 현대인에게는 가장 희소한 물건이다. 가용성을 지닌다는 것은 시간이 있다는 말이다. 왜냐하면 시간이 없다면, 어떤 진실과 사랑과 소망의 말도 우리 사이에 나눌 수 없기 때문이다. 이웃 앞에서 나는 내 시간이나 내 노력이나 내 돈을 요구하지 않는다. 바로 이와 같은 태도가 가용성이 나로 하여금 욕심에서 자유롭게 하는 측면을 보여준다. 이것은 아주 정확히 예수가 "누가 너에게 오리를 가게 하면 십리를 가라."고 산상수훈에서 가르치는 내용이다. 그러므로 내가 타인인 이웃을 만날 때, 이 사람의 필요와 걱정과 만남과 대화가 내가 시간을 들여서 수립한 기획들보다 훨씬 더 중요한 것으로 인정하는 자세로 그 이웃을 대해야 한다. 물론 일이든 오락이든 내가 하려고 했던 일이 나에게는 더 필요하고 더 소중하다. 그러나 타인이 내게 하는 아주 작은 요구가 중대한 관계의 문제에 연관된 것으로서 하나님이 내게 보낸 신호일 수 있다. 그러면 타인에게 이같이 융통성을 발휘하여 타인의 요구나 필요를 수용하는 것은 나 자신과 내가 속한 사회와 사물들에 대해 내가 자유롭다는 사실을 입증하는 것이다. 그뿐만 아니라, 이같이 나의 자유[202]를 입증하는 것은 단지 타인의 존재만으로서 나에게 주어지는 놀라운 선물이 된다. 내가 이것을 거절한다면 그것은 내가 자유롭지 않다는 사실을 말해주는 것이다. 즉, 나는 하나님이 나에게 주는 자유를 수용하지 않았기에 여전히 세상의 노예로 살아가는 것이다.

물론 다가오는 타인들을 차별화하는 것은 안 된다. 이웃이 선한 이웃이 아니라는 사실을 늘 유념해야 한다. 이웃은 언제나 '던져져 있는 대상ob-jectus'으로서 우리의 길에 던져져 내가 가는 길을 가로막는 방해물인 것이다. 따라서 이웃은 누구든지 아주 불쾌한 존재이다. 그러나 이웃의 존재는 나를 향한 하나님의 부름을 뜻한다. 나는 이 사실을 결정적으로 받아들여야 한다. 그것은 내일이나 아니면 한가할 때 해야지 하고 뒤로 무를 일이 아니다. 타인을 위한 융통성은 여가시간의 문제를 또 다른 시각으로 보게 한다. 여가시간은 하나님이 바라는 안식을 취하는 일요

202) ▲이 자유는 내 안에 하나님이 행한 역사라는 사실을 알면서,

일과 전혀 부합하지 않는다. 여기서 여가시간은 융통성으로서 경험하는 자유와는 상반되는 것이라는 사실을 깨달아야 한다. 여가시간은 여전히 시간에 대한 욕심이다. 다만 그것이 텅 빈 시간에 대한 욕심인 점이 다를 뿐이다. 우리는 흔히 여가시간을 일에 대한 보상으로서 자아실현의 장으로 본다. 그것이 공식적인 사회학적 이론이기도 하다. 203) 이에 대한 타당한 비판도 있었다. 204) 다만 여기서 내가 강조하고자 하는 점은 여가시간은 그리스도 안에서의 자유와 아무 상관이 없을뿐더러 그 정반대가 된다는 사실이다.

사실 여가시간이란 시간에 대한 새로운 점유를 나타낸다. 중요한 것은 언제 '내 시간'이다. 나는 내가 하고 싶은 일을 한다고 주장한다. 205) 나에게 권리가 있다고 여기는 만큼 나는 여가시간을 더욱더 거칠게 옹호한다. 일은 나의 의무이고 여가시간은 나의 권리라는 것이다. 그것을 짓밟고 해치는 존재인 내 이웃에 대해 내가 어찌 격분하지 않을 수 있겠는가? 더군다나 그것은 나의 자유에 대한 권리로서, 내가 하나의 인격체가 될 수 있는 것은 바로 여가시간에 있다고들 하지 않았는가 말이다. 그래서 내가 여가시간을 가질 때 내가 하나의 인격체가 되는데 어떻게 그걸 포기할 수 있겠는가? 내 인격과도 같이 그렇게 유일하고 소중한 이 여가시간을 어떻게 버릴 수 있겠는가 말이다. 그러면서 나는 "자기 목숨을 지키고자 하는 사람은 목숨을 잃을 것이다."라는 말씀이 정확히 가리키는 사람이 되고 만다.

오늘날 이 말씀은 특히 여가활동의 예에 적용된다고 나는 믿는다. 또한 그 여가활동에서 우리는 아주 조그마한 자유의 표징도 찾아볼 수 없

---

203) Hourdin, Dumazedier 등의 저서들을 참조하라.
204) B. Charbonneau, *Dimanche et Lundi*, 1965.
205) ▲실제로는 나는 아무것도 하지 않는다.

다. 실제로 개인의 여가활동이라는 것은 엄밀하게 사회적 순응에 수반된 산물이다. 텔레비전, 영화, 유람선, 자동차, 문화, 취미활동 등의 이 모든 것은 자유의 부재를 보여주는 단순한 표지이다. 그것은 '클럽 미디테라네Club M diterran e'와 같은 여행사들의 패키지 투어 가이드에게 모든 것을 다 맡기고 형편에 따라 배정받는 자유 시간에서 그 극단적인 사례를 노출한다. 자유로운 사람은 자유롭게 여가시간을 활용할 수 있다는 반론도 있을 수 있다. 나는 그 말을 세 가지 사항을 전제 조건으로 하여 받아들일 수 있다. 첫째는 이 자유로운 사람이 자신의 자유를 행사하기 위해서 빈 시간을 필요로 하지 않아야 한다. 둘째는 아무 일도 없는 빈 시간에 갖는 이 사람의 자유로운 휴식은 조직적 여가활동체계의 거대한 하부구조를 필요로 하지 않아야 한다. 셋째는 이 여가활동은 이 사람이 행하는 시험과 유혹에 의해 자유를 파괴하는 것이 된다. 자신의 시간을 써서 내내 자유를 얻기 위해 투쟁한 이 자유로운 사람은 이 시점에서 모든 사람이 그러듯이 자유를 포기하려는 유혹에 빠진다. 왜냐하면 그게 결국 확실하게 주어진 자유와 여가시간이기 때문이다. 이제 이 사람은 '클럽 미디테라네' 여행사로 간다.

여가시간이 보여주는 외적인 자유의 모습과 사회 전체의 거대한 무게 때문에 여가시간은 진정한 자유를 가로막는다. 사회 전체는 우리로 하여금 외적인 자유의 모습을 자유로 믿게 하면서 그 이상의 것을 찾지 않도록 우리를 설득한다. 나는 여가시간이 있으므로 자유롭다는 것이다. 거기에 노예적인 예속상태가 존재한다. 여가활동 중에 있는 인간은 결코 타인을 위한 자유가 없다. 바르취Bartsch는 잘 지적하듯이 이것은 결정적인 것이다. "나에게 무언가를 강요하는 내 이웃과의 만남은 나의 신앙을 증언할 마지막 기회가 된다. 종말론적 기다림은 사실상 내가 하나님의 뜻에 완전히 나를 맡긴다는 사실을 입증할 유일한 실제적 방법이다.

그것은 나 자신을 위해서는 어느 때도 자유로울 여지가 없게 한다. 하나님의 말씀을 들을 때는 언제나 마지막이라고 여기고 들어야 하듯이, 그리스도인이 행동을 취할 때도 마찬가지로 그렇게 해야 한다. 이것이 윤리적 명령에 긴급성을 부여하는 것으로서, 종말론적 긴장을 통해서 윤리적 권면이 긴급성을 띠게 된다." 206) 그래서 융통성은 종말론적 긴장에 상응한다. 매순간의 나의 삶은 종말에 일어날 일들에 따라 조절되어야 한다. 매순간이 정말 마지막인 것이기에 나는 그 순간을 열어놓아야 한다. 이어지는 매순간은 하나님의 선물이므로 은총으로 받아들여야 한다. 그것은 나를 향해 다가오는 종말이 나의 삶 가운데 개입하는 것이다. 따라서 그것은 하나님의 뜻에 온전히 맡겨져야 하고, 또 하나님이 나에게 다가오는 통로인 이웃에게 개방되어야 한다. 사람들은 이것이 구체적으로 우리 사회에서 실제적인 행동방식에 일으키는 엄청난 반향들을 알아보게 된다. 그리스도인들이 겨자씨 한 알 만큼의 자유만 가진다 하더라도, 이 사회는 근본적으로 급변할 것이다. 이념, 경제, 정치 등의 모든 사회적 구조들이 바뀔 것이다.

두 가지 점을 또 분명히 해야 한다. 앞에서, 목적성과 효율성을 폐기시키는 무상성을 거론하면서 우리는 그것이 무관심과 무위를 뜻하는 것이 아니라고 했다. 여기서 우리는 융통성은 불합리성이나 불안정성을 뜻하지 않는다는 사실을 알아야 한다. 그것은 임의로 아무 일이나 하는 것이 아니고, 나의 환상207)에 따르는 것도 아니며, 이런저런 것에 다 개입하면서 무차별적으로 아무렇게나 행하는 것이 아니다. 불합리성과 불안정성은 단지 개인의 성격에서 비롯된 것이다. 그런데 불안정한 사람에게 자기 자신으로부터 자유롭게 되는 것은 질서, 계속성, 기획, 자기

---

206) Bartsch, in *Eglise et Société*, tome I, p. 55.
207) ▲이 경우 아직 나 자신으로부터 구원받지 않은 것이다.

통제를 받아들이는 것을 뜻한다. 불안정한 사람을 위한 융통성은 아무데나 뛰어다니면서 직업과 직장을 계속 바꾸는 것이 아니다. 거기에는 융통성은 전혀 없다. 다만 자신의 성격과 본능적 충동에 대한 추종만이 있다. 그런 불합리성 가운데 하나님이 스스로를 계시한다거나 하나님의 '지금, 여기서'의 명령에 대해 순종한다고는 믿지 말아야 한다. 우리는 서론에서 하나님은 무질서와 불합리의 하나님이 아니라는 사실을 말했다. 하나님이 '지금, 여기서' 계명들을 부여한다는 사실은 아무 이유 없이 계명들을 변경하는 것을 전제로 하지 않는다.

그래서 하나님과 다른 사람들을 위한 융통성은 불안정한 것이 아니고, 단지 우리로 하여금 상황마다 우리의 행위를 평가하고 판단하게 하는 것이다. 융통성은 가까이 다가오는 사람은 다 이웃이라 하면서 가벼운 관계를 맺는 것이 아니다. 융통성은 나의 선택을 전제로 한다. 나는 여기 이 일208)에 개입한다. 나는 이웃과 함께 이 길을 간다. 나는 이 하나님의 말씀을 듣고 이 말씀대로 살아간다. 이런 것이 나의 융통성으로서 나의 참여를 내포한다. 나는 다른 누군가에 의해 외부로부터 참여에 이르게 된 것이 아니다. 나 자신이 참여하는 것이다. 나는 자유로운 까닭에 내가 활동할 장소와 내가 따르게 될 방식을 선택한다. 융통성은 자기통제와 상반되는 것이 아니다. 융통성은 자유를 내놓을 위험을 전제로 하는 것이다. 그러나 내가 융통성을 가지지 않는다면, 나는 그런 결정을 내리며 그런 선택을 이어나갈 수 없다. 즉, 나는 예수 그리스도 안에서 내게 주어진 자기통제를 사용할 수 없게 된다. 왜냐하면 융통성의 부재는 먼저 이 모든 것을 배제하기 때문이다. 여러 번 말했다시피, 이 융통성은 자기 자신을 위해 스스로 여유를 갖는 자율성과 같은 것이 전혀 아니다. 자기통제도 스스로 자기 자신의 주인이 되어 행사하는 것이 전혀 아

---

208) ▲당연히 다른 일은 배제된다.

니다. 여기서 자살에 대한 문제가 당연히 제기된다. 나는 이 문제를 전체적으로 다룬다거나 뭔가 새로운 걸 제시한다거나 하지 않을 것이다. 자살의 문제에 관해서는 이미 본회퍼와 바르트의 훌륭한 글들이 존재한다. 209)

나는 여기서 본회퍼와 바르트의 사상을 세 가지 주제로 요약하는 것으로 그칠 것이다. 첫째는, 그리스도인과 非그리스도인의 차이점210)과 연관이 있다. 자신의 생명을 스스로 포기하는 능력은 인간의 특징이다. 본회퍼는 말한다. "인간은 어떤 짐승도 할 수 없는 일을 할 수 있다. 그것은 스스로에게 죽음을 부여하는 것이다. 동물은 자신의 육적인 생명과 하나가 되지만, 인간은 자신의 육적인 생명과 자신을 분리시킬 수 있다." 그런데 거기서부터 그리스도인과 본성적 인간 사이에 차이가 생긴다. 본회퍼에 따르면, 본성적 인간은 자살을 통해서 절망 가운데 처한 인간으로서 극도로 자기정당화를 구한다. 자살은 자신의 명예를 지키는 보증이 될 수 있고 세상으로 하여금 자신의 권리를 인정하게 할 수단이 될 수 있다. 자살에서 비난받을 점은 인간적 시각에서는 어디서도 나타나지 않는다. 어떤 도덕적·사회적 반론도, 어떤 감정적 호소도 자살하려는 사람에게 닿을 수 없고 설득력을 가질 수 없다. 살아야 할 의무라는 말은 아무 의미도 없다. 기독교적 도덕이나 말씀을 내세우는 것은 최악이다. 자살을 목전에 둔 사람에게 "너는 살아야 해."라는 말은 그 사람의 의지를 견고하게 할 뿐이다. 여기서 놀랍게도 본회퍼의 잘못이 하나 확인된다. 그는 자살하려는 사람에게 삶에 대한 의무를 나타내는 단어를 끊임없이 사용하고 있다. 211) 하나님이 주권자라는 선언이나, 인간의 삶에

---

209) D. Bonhoeffer, *Ethique*, p. 133 및 그 이하; K. Barth, *Dogm. XVI*, p. 87 및 그 이하.
210) ▲본회퍼와 바르트는 암묵적이지만, 이것이 언제나 존재한다고 본다.
211) ▲이 세상에서의 삶을 다시 계속해야 할 의무가 있다는 식이다.

대한 심판자는 인간이 아니라는 말은 믿지 않는 사람에게는 아무 의미도 없다. 그러므로 자살이 의심의 여지없이 죄212)라고 해도 그것을 인정할 수 있는 사람은 非그리스도인이 아니다. 따라서 자살의 죄를 지은 세상 사람에게 기독교적 관점에서 어떤 심판도 내릴 수 없다. 로마가톨릭교회가 규정한 자살에 대한 부정은 그리스도인들에게는 맞지만, 다른 사람들에게는 아무 의미도 없다.

둘째는, 자살은 우리가 기술한 융통성과는 상반되는 것이다. 바르트는 말한다. "예수 그리스도 안에 있는 인간에게 은총으로 주어지는 하나님 앞에서의 자유는 결코 자살하는 자유가 아니다." 자살은 인간이 스스로를 자기 자신의 주인으로 여기고 하나님의 주권을 거부한다는 사실을 나타낸다. 바로 그것이 잘못이다. 그러나 분명한 것은 단지 하나님의 주권을 인정하는 사람에게만 그것이 잘못이라는 점이다. 스스로를 죽이는 것은 자기 자신에 대한 주권을 행사하는 것이 된다. 이것은 성서에 등장하는 자살의 사례들을 통해 명확하게 나타난다. 여기서 유다에 관한 바르트의 적절한 평가를 다시 돌아볼 필요가 있다. 바르트에 따르면, 유다는 단 하나의 잘못을 범했다. 그것은 예수를 따르면서 유보적인 태도를 취한 것이었다. 그래서 그는 예수에 대해서 자유롭고 독립적이었다. 예수 그리스도 안에 계시된 값없는 은총 앞에서도 끝까지 스스로 자기 자신의 주인으로 남고자 했던 것이 유다가 신약성서의 커다란 죄인이 된 이유였다. 여기서 우리는 왜 자살 행위가 하나님과 이웃을 위한 융통성과 상반되는 것인지 구체적으로 알게 된다.

셋째는, 그리스도인이든 아니든 자살의 유혹을 받는 사람 앞에는 단 하나의 가능성이 열려있다. 본회퍼에 따르면, 그것은 은총의 복음을 선포하는 것이고, 믿음과 구원과 회개를 향한 하나님의 사랑의 부름을 선

---

212) ▲자살이 용서받을 수 없는 죄는 아니라는 바르트의 말은 맞는 말이다.

언하는 것이다. "너는 살아야 할 의무가 있다."는 말은 "하나님은 네가 살아갈 수 있는 길을 열어주신다.", "너는 살아갈 자유가 있다."는 말로 대체되어야 한다. 자살하려는 사람에게 영향을 미칠 수 있는 것[213]은 하나님 안에서 자유의 가능성을 열어주는 것이다. 자살은 오직 예수 그리스도의 십자가와 부활을 통해 계시된 하나님의 은총에 의해서만 인간이 할 수 있는 행위에서 배제된다. "자살의 권리는 살아계신 하나님 앞에서 사라진다." 바로 여기서[214] 자살을 목전에 둔 사람을 향한 그리스도인의 융통성이 발휘된다. 그것은 그 사람에게 살아갈 가능성을 전달해주는 일이다.

증여와 봉헌

이제 욕심이 없는 또 하나의 상태를 살펴볼 것이다. 그것은 증여 및 봉헌[215]으로서 재물과 돈에 대한 욕심이 없는 것이다. 또한 그것은 세상에 대한 욕심이 없는 것이다. 봉헌은 무엇보다 자유의 행위이다. 이는 봉헌의 근본적인 특징이다. 봉헌은 은총에 대한 응답이다. 귀스도르프G. Gusdorf를 따라 뷔트A. Butte는 희생은 자유롭게 하는 해방인 동시에 자유를 촉진하는 것이라고 역설한다. 자유롭게 하는 해방인 것은 희생이 정확히 회개와 죄의 고백에 부합하기 때문이다. "용서에 대한 믿음에 따른 것일 때 비로소 회개는 자유롭게 하는 해방이 된다. 대속과 십자가는 신비이다." 하나님은 인간의 수준에 맞는 행위를 요구한다. 은총에 대한 응답의 일상적 행위는 구체적 상황 속에서 실제로 죄에서 자유롭게 하는 봉헌이다. 왜냐하면 봉헌은 전적인 타자를 향한 몸짓이자 시선이기 때문

---

213) ▲하나님의 결정에 따라,
214) ▲율법, 논증, 판단 등을 통해서가 아니라,
215) A. Butte, *L'offrande*(봉헌), 1965. 이 책은 이 문제에 관해서는 내가 보기에 아주 탁월한 최고의 연구서이다.

이다. "예배에서 희생과 헌신의 봉헌 행위는 용서의 필연적 결과로서 죄의 고백이 지니는 필연적이고 긍정적인 양상이다."

그러나 이 희생은 우리로 하여금 자유 가운데 나아가게 하고, 결코 의무나 계산이나 형식이 아닌 자유를 표현하게 한다. 진실한 희생은 예외적인 시간이고 행위일 수밖에 없다. 희생은 의무와 효용성을 넘어서는 것이다. 희생은 무모한 모험과 불확실한 효용성을 감수하는 자유로운 행동에 나서는 것이다. 희생은 끊임없이 교조주의와 도덕주의와 율법주의와 제도만능주의에 대항하여 투쟁하는 것이다. 봉헌은 끊임없이 그리스도 안에서 우리의 자유를 무력화하는 종교적 태도들에 대한 치유를 불러온다. 진실로 봉헌할 때 인습, 종교적 안주, 의례적 신조 등이 타파된다. 그런데 희생 행위 자체가 희생하는 사람이 실제로 가용성이 있다는 사실을 뜻한다. 봉헌은 가용성을 보여주는 가장 단순한 구체적 신호가 된다. 그런데 희생이 뜻하는 하나님과의 관계 속에서 우리는 하나님의 역사에 우리의 삶을 개방하게 된다. 우리는 하나님이 우리의 자유를 통해 역사하는 것을 용납한다. 이것은, 뷔트가 말한 대로, 희생은 소유가 존재로 전환되게 한다는 의미를 분명하게 드러내는 것이다. "소유물의 증여는 존재 차원의 관계로서 참된 관계와 대화를 성립시킨다. 아무리 작은 증여일지라도, 마음이 담겨 있다면, 그것은 깊은 대화와 친밀한 교제를 가능하게 한다. 대화를 불러일으키는 것은 하나님의 선물이지만, 그 응답인 인간의 증여도 못지않게 필요한 것이다."

이와 같이 간략하게 돌아봄으로써, 우리는 희생과 봉헌과 증여가 우리가 살펴본 모든 자유의 길들이 만나는 교차점에 있다는 사실을 발견하게 되었다. 증여가 넘쳐날 때 비로소 자유는 경험될 수 있다. 이 증여는 결코 계산이나 강요에 의해 이루어질 수 없는 것이다. 왜냐하면 이것은 은총과 무상성 안에서 성립되는 것이기 때문이다. "십자가를 기점으로 해서, 그리스도인은 더 이상 스스로 의롭고 정결하게 되기 위한 목적이나, 보상을 얻기 위한 목적으로 희생할 수 없게 된다. 그리스도인은 모든 것이 은총인 은총의 언약 속에 있다. 하나님의 은총은 인간으로 하여금 하나님을 향해 나아가게 한다. 봉헌을 불러오는 것은 하나님의 부름이다." 증여와 봉헌 등의 희생이 없다면, 우리는 우리의 자유와 신앙의 진정성에 대해 착각하게 된다. 그것은 하나님이 우리를 위해 하신 일을 우리가 얼마나 소중하게 여기는지, 궁극적으로 하나님을 우리가 얼마나 소중하게 여기는지 우리 스스로 알아볼 수 있도록 보여주는 거울로서 우리에게 주어진 것이다. 그런데 우리의 봉헌은 우리가 그리스도의 값을 30데나리온 이상으로는 평가하지 않는다는 사실을 너무도 자주 명백하게 보여준다. 그런 가운데 믿음과 자유를 말하는 것은 공허한 것이다. 차라리 부끄러움으로 침묵하는 것이 낫다. 우리의 증언은 그래서 실제로는 곧바로 반증이 된다.

뷔트는 성서에 나타난 봉헌의 다양한 형태와 함께 그 실제적 의미와 우리를 향한 뜻을 분석했다. 자기 자신을 완전히 봉헌하는 표시인 번제는, 신약에서 "그러므로 형제들아 내가 하나님의 모든 자비하심으로 권하노니 너희 몸을 하나님이 기뻐하시는 거룩한 산 제물로 드리라. 이것이 너희가 드릴 영적 예배니라."롬12:1라는 구절에 부합한다. 그런데 하나님께 자기 자신을 헌신하는 것은 의미와 가치가 훨씬 덜하지만 필수적인 일상적 증여와 같은 다른 봉헌들을 금하지 않는다. 뷔트의 아주 적절한 표현을 빌리자면, 그것들은 사소한 값어치의 번제물들이자 칭찬을 피하게 하는 구체적인 표지들로서 의무적인 것을 넘어선 봉헌들이다. 그래서 재물의 증여는 일반적인 헌신 안에 포함된다. 그러나 이 재물의 증여는 양가적인 의미를 갖는다는 사실을 우리는 보게 될 것이다. 우리는 좀 뒤에 가서 이 문제를 살펴볼 것이다.

그러나 그리스도인이 제공하는 희생 안에는 하나님을 향한 세상의 봉헌이라고 부를 수 있는 것도 또한 존재한다. 맏물과 십일조는 노동의 산물의 일부분과 땅의 산물의 일부분으로서 세상 전체를 위해 하나님에게 드리는 세상의 일부분이 된다. 그 때 증여를 통해서 그리스도인은 사람들과의 무조건적인 완전한 유대를 천명한다. 신자와 非신자, 순종하는 사람과 불순종하는 사람의 구분이 없다. 그러나 모든 사람들과 한 몸이 되어서, 이 땅에서 살아가는 모든 존재들을 하나님에게 드리는 행위를 하는 사람은 바로 신자이고 순종하는 사람이다. 신자는 이미 또 다른 본향인 천국의 시민으로서 자신의 봉헌이 모든 사람들로부터 오는 것이 되도록 다른 모든 사람들과 유대를 가지는 쪽에 스스로 선다. 신자는 그 때 모든 사람들을 위한 맏물이 된다. 그렇게 함으로써 신자는 "너희는 세상의 소금이다."라는 예수의 언약을 성취한다. 소금은 희생을 수반하는 것으로서 언약의 상징이다.

그러나 맏물이 되고, 공동의 봉헌을 통해서 하나님에게 인류 전체를 드리며, 그 봉헌을 대표하려면, 그리스도인은 두 가지 자유를 향유해야 한다. 그 두 가지 자유는 세상에 대한 자유와 하나님에 대한 자유를 말한다. 이 땅의 소금이 되려면, 먼저 이 땅과 구별되어야 한다. 제사장과 사제의 나라가 되려면, 사람들 가운데 구별되어야 한다. 구별되어야 하지만 또한 동일해야 한다. 왜냐하면 예수 그리스도 이래로 제사장은 동시에 희생제물이 되기 때문이다. 그런데 이 동일성과 구별성은 오직 자유를 통해 이루어진다. 그리스도인은 동일하면서도 다르다는 점에서 맏물이 된다. 그리스도인은 다른 모든 사람들과 같지만, 근본적으로 다르다. 그리스도인은 자유롭기에 다르다. 제사를 드리면서 동시에 제물이 되는 제사장이 되려면, 그리스도인은 세상과 인간 조건에 대해 자유로워야 하는 동시에 세상 속의 사람이 되어야 한다. 그러나 이는 동시에 그리스도인은 하나님에 대해 자유로워야 한다는 것을 뜻한다. 성령의 전으로서 순종하는 사람인 그리스도인은 하나님과 연합하는 교제를 하면서도 거리를 유지해야 한다. 216) 인간 편에서 하나님을 향한 참된 봉헌이 성립되기 위해서는 이 거리를 필요로 한다. 그러므로 봉헌은 이 두 가지 자유의 표지가 된다. 봉헌은 또다시 자유의 의미의 중심에서 발견된다. 왜냐하면 봉헌은 하나님의 영광을 나타내는 것인 동시에 이웃 사랑을 구현하는 것이기 때문이다. 아주 근원적인 의미에서 봉헌이 없다면, 하나님을 향해 언제나 새롭게 세상을 드리는 것도 불가능하고, 사람들 가운데 이 세상에 대한 하나님의 주권을 증언하는 것도 불가능하다. 따라서 자유의 가능성은 전혀 존재하지 않게 된다.

물론 봉헌은 무용하다. 217) 하나님은 어떤 것이든 인간이 바치는 것을 필요로 하지 않는다. 하나님은 희생제물도 번제물도 필요 없다. 하나님은 그 사실을 이사야서1:11, 호세아서6:6, 미가서6:7, 예레미야서6:20 등에서 반복해서 전한다. 하나님은 모든 것이 하나님의 것이므로 만물을 받을 필요가 없다. 희생 그 자체는 무용하며 아무것도 얻지 못하고 명확한 효과도 없다. 희생은 단지 하나님의 요구에 대한 순종이기에 하는 것이다. 희생 그 자체는 어떤 효력도 없고 다만 의미를 전하는 데 그친다. 더욱이 희생은 자유의 행위라는 점에서 무용성과 무상성을 지니고 또 지녀야 하며 마땅히 그래야 한다. 왜냐하면, 이미 살펴보았다시피, 자유는 무상성을 내포하기에 결국은 무용성을 띠게 되기 때문이다. 그러나 모든 형태의 희생이 무용한 것일지라도, 우리는 하나님이 예수 그리스도 안에서 희생에 부여한 효력을 믿어야 한다. 정확히 말하자면 자유의 표지로서 희생은 결코 그 자체로 효과가 없다. 성서적으로 봉헌과 희생

---

216) ▲교제는 먼저 거리가 있는 상대를 전제로 한다.

217) 자끄 엘륄의 『하나님의 정치와 인간의 정치 *Politique de Dieu et politiques de l'homme*』에서 "무용성에 대한 고찰 *Méditation sur l'inutilité* " 단원을 참조하라.

은 신기한 효능이 전혀 없다. 그러나 예수 그리스도에 의한 희생은 우리의 희생에 의미와 힘을 부여한다. 그리스도를 통해서 우리는 하나님 앞에 설 자유를 가지면서 우리가 가진 최선의 것을 하나님에게 드릴 수 있게 된다. 이것은 이방종교가 봉헌과 희생에 대해 가르치는 것과 완전히 상반된다. 어떤 행위를 통해서 하나님과 관계를 맺게 되는 것도 아니고, 하나님에게 무언가를 드리게 되는 것도 아니고, 우리가 어떤 권리를 획득하게 되는 것도 아니다. 출발점은 예수 그리스도 덕분에 하나님이 우리로 하여금 하나님께 다가가고 봉헌하며 하나님 앞에 서서 하나님을 경배할 수 있도록 허용한 데 있다. 하나님이 허용하지 않았으면, 우리는 봉헌할 자유도 가지지 못하고, 봉헌은 아무 가치도 없게 될 것이다. 봉헌은 하나님에게 드려지는 것이 아니라 허공에 던져지는 것이 될 것이다.

그러나 이 증여 행위의 무상성은, 특히 돈을 증여하는 것이 될 때는, 돈의 악마적인 권세를 무너뜨리는, 하나님으로부터 부여된 유일한 효력을 지니게 된다. 이 주제에 대해서 여기서 나는 다른 책에서 발전시킨 내용을 간략하게 요약하는 것으로 그칠 것이다. 218) 돈은 세상에서는 반드시 무상성과 반대되는 표지가 된다. 왜냐하면 돈은 부의 상징이자 매매의 수단이기 때문이다. 돈은 모든 것을 얻을 수 있고 살 수 있다는 걸 뜻한다. 그런데 이 돈은 경제적인 권세만이 아닌 권세를 갖는다. 돈은 그 이상의 권세를 가진다. 돈은 인간에게 행사하는 권세인 동시에 인간에 의해 신성시된다. 경제적으로 필요한 삶의 일부분을 구성하는 단순한 도구라는 측면에서 돈은 유용한 것이다. 그 사실을 부정하며 돈 없이 살 수 있다고 하는 것은 쓸데없는 말이다.

그러나 소유의 수단인 권세라는 측면에서 돈은 파기되어야 한다. 그런데 그 돈의 권세라는 것은 돈이 신성시되는 데 있다. 돈을 비신성시하

---

218) 자끄 엘륄의 『하나님이냐 돈이냐 *L'homme et l'argent*』를 참조하라.

는 것은 돈의 본래의 가치를 위해서라도 절대적으로 필요한 일이다. 그러나 돈을 탈신성화하는 것은 마법이나 내적인 태도나 경건성에 의해서 되는 일이 아니다. 그 일은 행위를 필요로 한다. 돈을 탈신성화하는 행위는 증여하는 행위이다. 다시 말해서 그것은 돈의 본질 그 자체인 매매하는 것과는 정반대가 되는 행위이다. 돈을 무상으로 쓰이게 하는 것은 돈이 돈 자체를 부정하는 것이고, 돈 자체에 대해서 뿐만 아니라 실질적으로도 돈의 권세를 무너뜨리는 것이다. 무상으로 주어진 돈은 그 증여가 영향을 미치는 영역에 있는 모든 돈을 탈신성화하고, 그런 관계에 있는 사람들을 구원한다. 그것이 정확히 불충한 청지기의 비유가 의미하는 바이다. 그 의미에 따라 우리는 돈의 법에 맞는 합당한 돈의 사용과는 다른 데 돈을 사용하여 돈의 주인인 맘몬의 부를 돌려서 진정한 주인인 하나님을 위해 사용되게 한다. 세상의 법에 따르면 그것은 사실상 재물을 유용하는 것이다. 그러나 하나님을 향한 충성으로 세상에 불충한 것이기에, 돈은 인간에 대한 실질적인 권세를 박탈당한다. 여기서 우리는 명확하게 증여와 자유의 관계를 다시 발견한다. 우리가 먼저 맘몬과 불의로부터 자유롭게 해방되고 세상의 법과는 다른 법에 순종할 때, 비로소 돈을 증여에 쓰는 것이 가능하게 된다. 세상에서 돈의 권세를 물리치고 싶다면, 개혁에 관한 이론 및 계획을 수립하는 것은 헛된 일에 불과하고, 가진 돈을 무상으로 주어야 한다. 권세들에 대한 자유를 입증하고 싶다면, 특별한 행위들을 꾀하는 것은 헛된 일에 불과하고, 가진 돈을 무상으로 주어야 한다. 증여를 통해서 우리는 실제로 우리가 가진 돈에서 자유롭게 되는 동시에, 다른 사람들을 위해 돈의 신성성을 제거하는 일거양득의 성과를 내게 된다.

끝으로 봉헌에 관한 또 다른 아주 중요한 문제를 살펴보아야 한다. 구약에서 말하는 대부분의 봉헌은 번제물, 맏물 등과 같이 직접적으로 하나님을 향한 것이다. 봉헌물은 불태워지고 허비되어버린 상실된 재물이다. 그것은 바타유가 '저주의 몫'이라 부른 것이다.[219] 그러나 그것은 사실 '축복의 몫'이다. 이것은 중세 교회에 보존되었었다. 신자들은 하나님에게 금, 보석, 자수천, 성당건립기금 등을 봉헌했다. 신자로서의 이런 증여 행위는 가치 있는 합당한 일이었다. 그런데 교회에는 난제를 던져주었다. 이 헌물들을 받은 교회는 이를 통해 부를 축적하면 안 되었지만 안타깝게도 잘 알려진 보물실을 세웠다. 그런데 현대의 실용주의적 정신을 가진 개신교인으로서 우리는 증여를 누군가에게 쓰이고 유용한 것으로만 생각한다. 우리는 증여하기를 원한다. 하지만 거기서 가난한 사람을 돕고 도움을 주고 부득이한 경우에는 목회자의 사례비를 지불하는 것과 같은 목적을 정해야 한다.

사실 뷔트가 강조하듯이 두 가지 점을 유념해야 한다. 첫째 실제로 가난한 사람을 위한 증여는 봉헌이 아니라는 것이다. 둘째 이 태도는 합리적인 경건성을 띤 것이라기보다는 불경한 것이다. 첫 번째 사항을 보자. "예수는 물론 가난한 사람을 위한 증여를 역설하면서 바리새인들눅11:41과 제자들눅12:33에게 요구한다. 예수는 산상수훈에서 그 일을 권고한다. 에수는 형제들을 섬기는 데 대해 엄청난 상을 약속한다. 그러나 그것이 봉헌을 말하는 것일까? 그런 것 같지 않다. 구약에서도 적선과 가난한 이들을 돌보는 것과 긍휼활동을 봉헌으로 여기지 않았다."

이 모든 것은 봉헌 이외에 더 부가한 것이다. 추수 때 이삭들이나 올리브 열매들을 흘려서 가난한 사람들이 주어가도록 하는 자선 규정들은 희생제의의 맏물과는 분명히 구분된다. 증여에 대한 실용적인 평가는 그것을 평가절하한다. "희생제의의 봉헌은 은총과 화목이다." 봉헌 그 자체가 보상을 지닌다. 희생은 증여를 하나님의 사랑의 차원으로 승화시

---

219) [역주] Georges Bataille, *La Part maudite*(저주의 몫), 1949.

킨다. 희생은 주는 자와 받는 자로 하여금 그들 자신의 정체성과 필요를 넘어서서 천국의 경제원리 안에서 동등한 위치에 서게 한다. 증여는 실용적인 것이고, 희생은 상징적인 것이다. 그래서 희생은 자유롭게 해방되는 자유의 표현이다. 증여는 실용적인 정신으로 행하지 않고 참된 희생으로 드려질 때만이 자유의 표현이 된다. 이웃에 대한 실용적인 도움을 예측한 것이라 할지라도, 실제로 하나님을 배제하지 않을 때 증여도 희생이 될 수 있다. 가난한 사람들을 위한 모든 증여는 다 하나님에게 드려진 것이라고 여길 때 그 증여는 하나님을 배제하는 것이 된다. 그것은 마태복음 25장의 유명한 비유를 곡해하는 것이다. 증여를 통해서 이웃의 물질적인 문제를 해결하려고 할 때 그 증여는 하나님을 배제하는 것이 된다. 하나님과 이웃을 동일선상에 놓을 때 그 증여는 하나님을 배제하는 것이 된다.

"가톨릭교회의 보물들은 가난한 사람들에게 주어졌다면 훨씬 더 유용했을 것이다."라는 말은 수도 없이 들린다. 우리의 실용주의적 사고방식으로는 아주 자명한 이 말은, 하나님에게 드린다는 것이 무엇인지 모르고 사람과 사람의 수평적인 관계만을 가지는 사람들이 하는 말이다. 이미 복음서를 통해 우리에게 전해진 이 말은 예수에 의해 정죄의 대상이 된다. 알다시피 그것은 베다니의 향유 옥합과 관계된 일이다. 죄인인 여인은 고급 향유 옥합을 깨뜨려서 예수의 몸에 삼백 데나리온[220]에 해당하는 값비싼 향유를 붓는다. 사도들은 실용적인 자선에 비해 무상의 증여이자 낭비라고 합리적인 비난을 한다. 그것은 어리석고 터무니없는 일이었다. 그런데 이 비상식적인 봉헌은 곧바로 환하게 빛을 발했다. 경배의 물결이 일기 시작하여 주위에 증폭되었다. 먼저 그 집안 전체가 향유의 향기로 가득하여서, 심지어 비난하던 사람들조차도 그 향이 배이

---

220) ▲일반적인 노동자가 300일 동안 일해서 얻는 수입에 해당한다.

게 되었다. 그 날이 지나 다음 날로 이어지며 일이 밝혀진다. 주를 경배하는 가운데 그녀는 예감을 받아 은밀한 영감에 의해 인도되어 장면을 연출한다. "그녀는 장례를 위해 내 몸에 미리 향유를 발랐다." 이제 그 소식은 시대를 뛰어넘는다. "세상에서 복음이 전파되는 곳마다 사람들은 그녀와 그녀가 한 일을 기억하며 전할 것이다." 그 놀라운 말씀은 하나님이 그 경배의 몸짓에 대해 내리는, 이 세상과 천국에서의 엄청난 상을 우리에게 말해준다.

물론 이것이 우리로 하여금 가난한 사람, 이웃, 친구, 적 등 도움을 필요로 하는 사람들에 대해 증여하는 것을 멈추게 해서는 안 된다. 요한복음에서 그것이 낭비라는 비난이 가룟 유다의 입술에서 나온 것은 우리에게 두 가지를 경고해준다. 우리가 경배의 헌물을 비난하거나 하나님을 위한 그런 낭비를 거부할 때, 우리는 가룟 유다가 된다. 그런데 요한복음은 유다가 진정으로 가난한 사람들을 염려한 것이 아니었다고 덧붙인다. 유다는 돈주머니를 착복한 도둑이었다. 221) 사실 문제는 하나님에게 드리기 위해서 가난한 사람에게 주는 것을 거부하는 것이 아니었다. 그런데 우리는 실용성을 내세우며 하나도 기부하지 않는 구실을 삼는 것이다. 우리가 가난한 사람들에게 기부하는 것은 아주 좋은 일이지만 한편으로 그것이 경배의 헌물, 희생을 가로막아서는 안 된다는 사실을 깨달아야 한다. 다른 한편으로 우리는 아직 자유의 행위를 시작하지 않았다는 것이다.

이웃에 대한 증여의 한계를 넘어서야 비로소 자유의 행위가 나타난다. 이웃을 향한 증여가 의미 있게 되어 사랑의 행위와 봉헌과 자유의 표지가 되는 것은 하나님을 향한 봉헌에서 출발할 때이다. 유용성을 지닌 이웃에 대한 증여는 실용적인 것으로서, 위선적이고도 진실한 것으로

221) ▲그는 욕심에 사로잡혔던 것이다.

이중적 의미와 이중적 목적을 지니게 된다. 그것을 넘어서서 하나님을 위해 낭비도 불사하는 봉헌은 완전히 무상으로 계산을 하지 않는 자유의 행위이다. 이 봉헌을 기점으로 해서 결국 한줄기 빛이 이웃을 향한 우리의 증여에 드리워진다. 이제 이웃을 향한 증여는 정화되어서 위선적이고 실용적이기를 그치고, 봉헌에 담긴 찬양에 의해 자유의 행위가 된다. 그것이 하나님이 백성이 맡은 특별한 역할이다. 222) 이제 우리는, 하나님을 향한 봉헌이 없다면, 프롤레타리아나 저개발국가 사람들을 향한 증여가 스스로를 인정받고자 하는 위선적 마음이나, 영적인 언어로 위선을 숨긴 정치적 주장에 기인한다는 사실을 깨닫게 된다. 오직 무상으로 증여하는 것만이 부르주아의 위선과 혁명적 정치적 위선을 무너뜨린다.

222) 참고삼아 나는 오늘날 유행하는 개념을 인용하고자 한다. 그 개념에 따르면 두 가지 증여 행위는 합쳐져야 한다. 왜냐하면 오직 예수를 통해서 하나님을 만나고, 또 오직 이웃을 통해서 예수를 만나기 때문이다. 이는 마태복음 25장을 왜곡시킨 것으로서, 이웃에게 주면 예수에게 드리는 것이 되어서, 하나님을 향한 봉헌이 된다는 것이다. 막달라 마리아의 향유 옥합에 관한 구절들은 예수의 육체적 현존을 전제한 것이기에 우리에게 별로 의미가 없다. 현재 예수의 현존은 오직 약하고 가난한 사람들에 의해 확실하게 된다. 내 생각에, 이와 같은 신신학의 주장은, 큰 논쟁을 벌일 것도 없이 아주 단순하게 사랑에 관해 하나가 아닌 두 개의 계명이 있다는 것을 지적함으로써 물리쳐야 한다(사실 이 이단사설은 기독교만큼이나 오래된 것이다). 그 두 번째 계명은 이웃에 관한 것으로서 첫 번째 계명과 유사하다. 따라서 첫 번째 계명이 두 번째 계명의 모범이자 의미이고 가치이다. 마찬가지로 "지극히 높은 곳에서는 하나님께 영광"이 먼저 있고 이어서 "땅 위에 하나님이 기뻐하는 사람들에게 평화"가 뒤따르는 것이다. 그러므로 실제로 두 가지 증여가 있고 두 가지 봉헌이 존재하는 것이다.

2장 • 좌 절

"세상 물건을 사용하는 사람들은 다 사용하지 않는 사람처럼 하라."고
전7:31는 식의 삶은 우리 시대의 인간에게 중대한 사건을 불러온다. 그 사
건은 바로 좌절이 사라지는 것이다. 이것은 명백히 좌절의 증가보다 더
심각한 정신적 특징들 중의 하나이다. 인간은 복지 수준이 더 높이 올라
갈수록 점점 더 행복의 가능성이 높아지고, 안전 보장이 더 확고해진다.
그러나 동시에 불만이 증가하는 것도 사실이다. 그런데 인간이 재물의
소유에 중대한 결정적인 중요성을 더 많이 부여하면 부여할수록 불만은
더욱더 중심적인 문제가 된다. 그것은 더 이상 쉽게 망각되는 실망에 그
치지 않는다. 결핍감이 집어삼킬 듯이 위세를 부린다. 어떤 재물이 나에
게 결핍되어 있는 까닭에 아무것도 더 이상 의미나 가치가 없다. 좌절은
소유하는 물건들이 증가하는 것과 연관되어 일어난다. 그런데 이 좌절
은 새로운 유형으로 보인다. 먹을 것이 없어서 정말 굶주린 사람은 자신
의 인격과 삶에 심각한 침해를 받는다. 그 사실 자체가 심각하다. 그 이
외의 것을 생각할 수 없게 된다. 자신의 굶주린 상황이 계속되면 그 사람
은 반란을 벌일 수도 있을 것이다. 그러나 그 사람은 현대인들이 좌절이
라고 부르는 것을 경험하는 것은 아니다. 왜냐하면 그가 필요로 하는 것
은 전적으로 실재하는 것으로 그의 삶이 걸려있기 때문이다.

좌절은 실제로 이데올로기적이고 의무적인 것을 넘어선 과도한 것으
로 나타난다. 우리 현대 사회에서 최소한의 필수적인 생활조건이 실현

되지 않을 때 이 좌절이 생겨나는 것 같다. 223) 좌절은 욕구들에 의거하지만, 우리는 이 범주를 심리학자들이 격렬하게 비난하지 않았더라면 왜곡된 욕구들이라고 했을 것이다. 우리는 이 문제를 뒤에 다시 살펴볼 것이다. 아무튼 나는 좌절은 결핍감과 현실 상황의 불균형을 나타낸다고 본다. 좌절은 이데올로기적이다. 왜냐하면 우리는 이미지나 이데올로기에 따른 표상에 의해서만 좌절을 경험하기 때문이다. 그 표상은 상상의 것일 뿐만 아니라 이데올로기적인 것이다. 다시 말해서 그것은 사회로부터 우리에게 주어지는 표상들인 어떤 전제들에 관계된 것이다. 좌절은 의무적인 것을 넘어선 과도한 것이다. 왜냐하면 좌절은 우리의 인격을 문제 삼지 않는 대상들에 대해서 생겨나는 것이기 때문이다. 부르주아 사회에서 18세의 청년에게 자동차가 없는 것은 아주 가혹하게 느껴진다. 그는 정말 좌절을 느낀다. 현재의 프랑스 대학생은 어쨌든 어느 정도는 원활한 금전적 지원을 받고 있지만 대학은 신용대출이 없다224)고 끊임없이 항의한다. 얼마간의 복지혜택을 받더라도 그는 프랑스 사회에서 대학생의 지위를 좌절감으로 경험하는 것이다. 그는 아주 극단적으로 격렬하게 분개하며 그 좌절감을 표출할 것이다.

좌절은 실제로 두 가지 가능한 태도로 발전한다. 하나는 자기혐오 속에 자신 안으로 들어가 자폐상태에 빠지면서, 맥스 셸러Max Scheler가 말한 의미의 증오를 유발하는 것이다. 이 태도는 결국 인격에 대해 완전히 부정적이면서도 유일한 동력으로 감지된 이 결핍감으로 자아를 형성하게 된다. 다른 하나는 격렬한 분노의 태도이다. 신문에 자신의 분노를 표출하기 위해 글을 쓰는 선량한 사람들은, 그것이 프랑스의 국위에 관한

---

223) 이 주제에 관해서는 보드리야르의 훌륭한 저서를 참조하라. Jean Baudrillard, *Le système des objets*, 1968. 그러나 내가 이 단원 전체를 쓴 것은 1966년이었다는 사실을 환기시키고 싶다.

224) ▲이는 사실이 왜곡된 것이다.

것이든, 개인적인 불편사항에 관한 것이든, 공동 지출에 관한 것이든 간에, 대체로 좌절을 겪은 것이다. 그 모든 것은 재화와 삶의 지수와 선택지와 소비가 더 많이 늘어남에 따라 상호보완적인 두 가지 현상이 생겨난 데 연유한다.

좌절의 두 가지 현상

첫 번째 현상은 격앙된 감정의 출현이다. 음식, 수면, 난방, 성욕, 안전 등과 같은 현실적 욕구들이 문제가 될 때 좌절은 없고 삶을 위한 현실적 투쟁이 존재한다는 점은 참 신기한 일이다. 급여를 위해 생사를 걸고 투쟁한 19세기 노동자들은 좌절한 사람들이 아니었다. 반대로 가장 기초적인 요구사항들이 확보되고 나서, 그다지 필요 없는 욕구들을 충족시키려고 나설 때, 좌절이 나타난다. 헛된 욕구들이고 필요 없는 욕구들이라고? 사람들은 대개 반박할 것이다. "인간 본성에서 안정적이고 항구적인 욕구들이란 존재하지 않는다. 욕구들은 사회 환경에 의해 만들어지는 것이다. 텔레비전을 갖고 싶은 욕망을 가진 사람은 헛된 욕구에 빠진 것이라고 말하는 것은 어처구니없는 일이다. 왜냐하면 그 사람은 자신이 살고 있는 사회적 환경 탓에 그것을 기본적 욕구로 느끼기 때문이다. 더욱이 욕구는 사람에 따라서 다양하다. 어떻게 당신은 참된 욕구와 헛된 욕구를 구별하겠는가?"

나도 그걸 알지만, 그럼에도 나는 살아가기 위해 먹을 것을 찾는 욕구와 매일 옷을 갈아입고자 하는 여성의 욕구를 따로 구분하지 않을 수 없다. 그런데 그 여성은 그렇게 할 수 없게 되면 좌절을 겪을 것이다. 유행이 강요하기 때문에 그녀가 그것을 기본적 욕구로 느낀다는 점은 나도 받아들일 수 있다. 그러나 그렇다고 해서 사회가 제시하는 모든 모델들을 합당한 것으로 여긴다는 것은 문제의 여지가 있다. 비비225)의 노출적인 행위나 앙트완느226)의 장발도 또한 갈수록 더 많은 사람들이 기본적 욕구로 느낀다. 나는 많은 젊은 청소년들이 장발을 자신의 인격의 핵심으로 느끼며 결정적인 욕구로 표현하는 것으로 확신한다. 누군가 그들의 머리를 자른다면 그들은 엄청난 좌절을 느낀다. 문제는 참된 욕구들과 헛된 욕구들의 목록을 작성하는 것이 아니다. 그것은 자유의 윤리에 어긋나는 것이다. 중요한 것은 우리 사회에는 속도, 심심풀이, 오락, 제품의 참신성, 신속한 대체물, 신기한 제품 등과 같이 필수적이지 않은 것들에 대한 욕구들이 엄청나게 늘어나고 있다는 사실을 인정하는 것이다. 좌절은 그런 욕구들에 대해서 생겨난다. 그런데 사회적인 것을 제외하고는, 그런 욕구들은 대부분이 근본적으로 실체가 없고 쓸모없는 것이다. 그건 여가활동조차도 마찬가지이다.

좌절은 광고와 선전과 과잉정보에 의한 인격의 말살에 기인한 격앙된 감정의 산물이다. 또한 그것은 우리 사회 전체가 우리와 이웃 간에 독려하는 비교에 기인한 것이다. 이 비교는 언제나 있어왔고 인간의 일반적인 속성이라고 말하는 사람도 있을 수 있다. 그러나 나는 이 비교는 인간 자신의 마음속에서 나오는 것이라고 말할 것이다. 그런데 자기 자신과 남들과의 비교는 우리 사회 전체에 의해 체계적으로 발전되어 온 것이다. 227) 이 두 가지 요인들은 점점 더 많은 물품들을 소비하고 소유하는 필요성에 대해 극단적으로 민감하도록 사람들을 자극한다. 삶 전체가, 특히 노동에 관한 부분은 이 소비에 따르고 연관되지 않으면 의미를 찾을

---

225) [역주] B.B.는 프랑스 여배우 Brigitte Bardot의 애칭.

226) [역주] 본명은 Pierre-Antoine Muraccioli로서 1966년에 데뷔하여 곧바로 스타 반열에 오른 프랑스 가수.

227) ▲콩쿠르와 시험, 봉급의 격차, 지위, '왜 당신은 아니란 말인가?'라는 압박은 광범위하게 퍼져 있다.

수 없다. 이 잉여적인 물품들을 소비하지 못한다면, 노동에 얽매인 거대한 현대의 노예적 예속상태는 근본적으로 의미를 상실하게 되면서, 나는 결코 행복할 수 없게 된다. 아무 재미도 기쁨도 의미도 없는 일을 하느라 더더욱 좌절을 겪기 때문에 나는 결국 이 소비의 세계에 가담하는 것을 받아들일 수밖에 없게 된다. 아무 쓸모없는 물품들에 대한 좌절은 마침내 내 삶의 의미에 영향을 미치는 것으로 끝난다.

좌절의 근거가 되는 두 번째 현상은 내가 소비하거나 소유할 수 있는 것과 내가 속한 사회가 나에게 제공할 수 있는 것 사이에 점점 더 명백한 격차가 나타나는 것이다. 내가 물건을 더 많이 사고 더 많이 소비하면 할수록 그 속도가 빨라져서 나에게 결핍된 것이 더더욱 많이 드러나게 한다. 그러나 분명히 알아차려야 할 것은 내가 이 끝없는 소비의 사이클에 들어가서 쓸데없는 욕구들을 충족시키기 시작한 시점부터 내가 이 격차와 결핍을 느끼게 되었다는 사실이다. 내가 이 소비의 사이클에서 벗어나 있는 한, 상품을 진열한 쇼윈도의 세계는 멀리 떨어진 딴 세상이 된다. 이스탄불 보물관의 값비싼 보물들이 나와 상관없는 만큼이나 화려한 쇼윈도의 세계와 나는 관계가 없다. 그것은 나의 관심사가 아니다. 그런데 반대로, 그 상품들을 구입하고 그런 스타일의 삶을 원하기 시작할 때부터는 그 모든 것이 나의 관심사이자 걱정거리가 되고, 하나라도 없으면 좌절을 부른다.

자동차를 가지기 전에는 실제로 자동차가 필요 없었다. 차 한 대를 구입하고 나서부터는 자동차가 없는 나의 삶은 상상할 수도 없게 될뿐더러 차를 바꾸고 성능을 비교분석하는 것이 나의 주요 관심사가 되어버린다. 바꿀 때마다 더 좋은 성능을 지닌 차를 고르는 것은 당연지사이다. 매번 성능이 더 떨어지는 차를 성능이 더 나은 차로 바꾸지 못하게 되면, 좌절감이 생긴다. 그러나 10년 전에 가졌던 차와 지금 가진 차를 비교하는 일은 결코 없다. 비교는 언제나 지금 가진 차와, 내가 속한 고도의 생산 사회가 내 나이와 사회적 지위에 맞는 것으로 내게 추천하는 차 사이에 이루어진다.

그러므로 거기에는 이데올로기적 좌절이 존재한다. 왜냐하면 내가 경험하는 좌절은 인지된 사회적 이데올로기와 연관된 것이기 때문이다. 그것은 철학자들이나 위인들이나 현자들이 제시한 것이 아니라 광고에 의한 것으로서, 대량생산한 상품들을 유통시켜야 할 필요성과 사회의 모든 네트워크와 공공업무를 작동시켜야 할 필요성에 따른 것이다. 이와 같이 형성된 좌절은 그야말로 하나의 질병이다. 그것은 개인적인 것인 동시에 사회적인 것이다.

좌절로부터의 해방

나는 그리스도 안에서의 자유가 낳는 주요한 효과들 중의 하나는 우리를 근본적으로 좌절에서 자유롭게 해방하는 것이라고 본다. 우리가 이 시대를 따르지 않으면서 "세상 물건을 사용하는 사람들은 다 사용하지 않는 사람처럼" 하고, 돈의 자유로운 사용법이 곧 증여라는 것을 실천에 옮기기 시작하면, 좌절은 사라지고 말 것이다. 내 말은 그리스도에 대한 믿음이 좌절이라는 정신적 질병을 치료한다는 뜻은 전혀 아니다. 내 말은 그리스도 안에서 살아가는 자유는 좌절의 모든 뿌리들과 요인들을 다 제거하여 좌절이 더 이상 생겨날 수 없게 한다는 뜻이다. 좌절과 싸우거나 좌절을 치료할 필요가 없다. 왜냐하면 좌절은 더 이상 생겨날 수 없기 때문이다. 좌절이 아주 적게라도 그리스도인에게 나타난다면 그것은 자유가 결여되어 있다는 사실을 그에게 깨우쳐 주는 것이어야 한다.

자기 자신으로부터 구원받은 사람이 남들과 무슨 비교를 하겠는가? 우리는 남들을 우리보다 더 나은 사람으로 여겨야 한다는 사실을 알고 있지 않은가? 그러므로 남들이 가진 것과 내가 가진 것을 비교할 필요가 없다. 사회가 내놓는 모델들이 삶에 유일하게 가치 있는 것들인가? 그런데 내가 진실로 예수 그리스도를 유일한 삶의 모델로 삼고 있다면, '하얀 치아'를 가진 모델이나 레이놀즈[228] 식의 여성 모델이 나에게 무슨 영향을 미칠 수 있겠는가? 나의 관심사가 하나님을 사랑하고 자유로운 사람으로 살아가는 것이라면, 내 자동차를 바꾸는 일이 내게 무슨 관심거리가 될 수 있겠는가? 그것은 내 인격과 상관없이, 다시 말해서 열징이나 진정한 흥미를 두지 않고도 할 수 있는 일이다. 내가 진정으로 이 땅에서 '이방인이요 나그네'라면, 사회가 내놓는 거대한 소비목록이나 생활수준의 지속적인 향상이 무슨 소용인가? 이 모든 성가신 것들은 나에게서 자유를 빼앗아가고[229] 조금씩 나의 '이방인'의 지위를 잠식하는 굴레들이다.

그것들이 주는 유혹은 나에게 현실적으로 그리스도인의 자유의 가능성을 제일 크게 위협하는 요인으로 보인다. 내가 하는 일이 결국 예수 그리스도에 대한 순종으로서 의미를 가지고[230], 내가 아주 하찮은 일을 하면서도 자유롭게 살아간다면, 그 의미를 주는 것은 소비나 생활수준의 향상이 아니다. 나는 자유로운 존재이다. 우리가 세상에 속하지 않으면서 세상에 참여한다면, 우리는 세상이 주는 이데올로기적 표상들에 관심을 두지 않게 된다. 이와 같이 그리스도 안에서의 자유의 요소들은 좌절감을 사라지게 하는 작용을 한다. 그러나 좌절감이 아주 신실한 그리스도인들 가운데도 얼마나 많이 일어나는지 나는 알고 있다. 좌절감은

---

228) [역주] Joshua Reynolds(1723-1792), 영국의 화가로서 여성 모델의 초상화를 잘 그린 것으로 유명하다.
229) ▲게다가 나를 이 땅에 뿌리내리게 하지도 않으면서,
230) ▲그 일이 무의미한 데서조차,

결국 고도의 소비사회에 속해 있다는 사실231) 자체에 기인한다. 좌절에서의 해방에 대한 연구는 결국 우리로 하여금 역시 아주 구체적인 행동양식으로 향하게 한다. 우리는 그 구성원들에게 오로지 더 많이 소비하는 것만을 허용하도록 작동하는 사회에 속해 있다. 아주 간략하게 말한 바대로, 제공된 대부분의 상품들은 텔레비전이나 자동차도 포함해서 아주 하찮고 헛된 것들이다. 우리는 그저 사회적 풍조를 따라가면서 이 소비를 증가하는 일에 우리 스스로 빠져버리지 않을 수 있을까? 이미 우리는 소비 풍조에의 참여가 이 사회에 소외232)를 초래하고 내 마음속 깊이 좌절을 낳는다는 사실을 완벽하게 알고 있으면서도 말이다.

그리스도인의 자유는 우리로 하여금 좌절이 생겨나는 그런 유혹과의 연결고리를 근본적으로 끊어버리게 해야 한다고 본다. 233) 소비사회는 우리를 구매하는 사회이다. 이 사회는 우리의 굴종과 순응과 생산적 열의에 대해서 신기한 제품들로 보상한다. 우리는 모두가 다 팔려나간다. 더 나아가, 우리는 사람들이 우리에게 지불하는 대가가 충분하지 않게 보일 때 좌절을 겪는다. 그리스도 안에서의 자유는 우리로 하여금 그런 상태를 받아들일 수 없게 하고 그런 상황을 용납할 수 없게 한다. 나는 그리스도인의 자유가 기반으로 하는 아주 중요한 태도들 중의 하나가 소비사회의 과정에 가담하기를 근본적으로 거부하는 것이라고 믿는다. 그건 금욕주의라고 사람들이 비난할 수도 있다. 그러나 그것은 스스로 어떤 걸 끊는 것에 내가 아무런 구원적인 가치를 두지 않는다는 의미에서 금욕주의가 아니다. 그것은 덜 누리고 사는 것이나 거부라는 부정적인 태도

---

231) ▲이는 거의 문제제기가 되지 않고 있다.
232) ▲사회와 개인 사이를 매어놓는 수많은 굴레들과, 궁극적으로 그것이 개인에게 강요하는 행동방식들에 의해 소외가 일어나고, 냉혹하게 전개되는 과정에 진입하게 됨으로써 소외가 생겨난다.
233) ▲그 유혹은 나는 당신에게 모든 것을 제공한다는 식이다.

가 아니라는 점에서 금욕주의가 아니다.

　내가 소비사회와의 단절을 언급하는 것은 그것이 현대인을 자유롭게 하는 구체적인 길들 중의 하나이기 때문이다. 그것은 심리적인 자유와 노동 차원의 자유와 이 사회에 소속된 굴레에서의 자유이다. 또한 그것은 가장 중요한 혁명적 방법들 중의 하나이다. 소비를 축소하는 것은 이 언어도단의 사회에 현재의 모든 혁명 운동들[234]보다 훨씬 더 강한 타격을 입힐 것이다. 끝으로 소비를 축소하는 것은 어쩌면 가난의 정신에 다시 의미를 부여하는 것일 수 있다. 내가 가난을 말할 때 그것은 언제나 다음과 같은 의미를 지닌다. "물론 그것은 믿음에 따라서 사실이다. 그러나 그것은 아무것도 가지지 않은 사람들의 가난이 아니다. 믿음이 요구하는 것은 가진 사람들의 가난이다." 나는 다른 데서 이 명제에 대해 논의한 적이 있다. 그러나 여기서 나는 이 명제를 받아들인다.

　우리는 그리스도인으로서 막다른 상황에 처해 있다. 소비사회는, 심지어 프랑스나 미국에서 규정한 가난한 사람들에게서도, 옛날 수준의 가난[235]을 월등히 뛰어넘게 했다. 미국의 흑인들이 가난하다거나 프랑스에 천만 명의 가난한 사람들이 존재한다는 말은 거짓말이다. 고도의 소비 수준에 비해서 자신들이 가난하다는 그들의 말은 맞는 말이다. 고도의 소비사회는 그리스도 안에서 가난한 사람이 되는 자유의 행위를 할 수 있는 가능성을 우리에게 제공한다. 그러나 그것은 오늘 당장 소유물들을 팔아 기부한다는 것이 아니다. 그것은 휴대용 텔레비전, 안락의자, 별장, 대규모주택단지의 공동수영장 등과 같이 필수적인 것이라고 하지만 없어도 되는 잉여적인 것들을 소비하는 것을 포기하면서 그 돈을 증여

234) ▲결국은 순응주의에 그친다. 왜냐하면 이 운동들은 언제나 더 많은 사람들이 참여하게 하는 커다란 소비행태를 지향하기 때문이다.

235) ▲예수 시대의 유대지방이나 중세에 존재했던 가난의 수준으로서, 현재는 인도의 가난한 사람이 겪는 가난에 비견할 수 있는 수준이다.

하는 것이다. 그것은 자유를 실천하는 것인 동시에 좌절을 치유하는 것이다. 그 둘은 서로 연결되어 있다. 236)

소비사회와의 단절은 무엇보다도 먼저 이데올로기적인 차원에 영향을 미친다. 자유의 첫걸음이 실행되어야 할 곳은 바로 이 이데올로기적인 차원에 있다. 동시에 바로 그 차원에서 좌절이 사라지게 될 것이다. 제거되어야 할 것은 물질적 복지에 의한 행복한 인간의 모델이다. 비판받아야 할 것은 무조건적인 생산성 향상의 모델이다. 재물, 치유책, 오락, 여행, 안락, 신기한 제품, 풍족한 음식, 대중문화라고 하는 공동설비, 고속도로, 청년문화센터 등의 소위 효용성을 지닌다는 것들이 비판할 대상들이다. 그 모든 것들은 폐기되어야 할 것이 아니라 이데올로기로서 가차 없는 아주 강력한 비판을 받아야 한다. 그러면 곧바로 그 모든 것들이 가지는 중요성의 대부분이 순전히 가공의 것이라는 사실이 밝혀질 것이다. 정말 하나도 빼지 않고 그것들을 단번에 지워버리면 좋을 것이다.

그러나 먼저 율법주의와 금욕주의에 다시 빠지지 않으려면 이데올로기적 비판을 거쳐야 한다. 문제는 결코 "붙잡지도 말고 만지지도 말라"는 것이 아니고, 그것들을 사용하는 것이 전적으로 무의미하다는 사실을 밝혀주는 것이다. 그것들에 중요성을 부여하는 것이 철학적인 정의대로 부조리하다는 것이지, 세상이나 인간관계가 부조리하다는 것이 아니다. 그 비판은 우리가 검토하는 영역에서 자유를 향한 첫걸임인 동

---

236) 이 주제에 관해서 나는 헛된 기대를 하지 않는다. 보스크(J. Bosc)가, 핵에너지 사용에 대한 진정한 대응이라고 여기면서, 프랑스개혁교회 총회에서 신자들에게 가난의 정신에 참여하라는 목회적 서신을 제시했을 때, 우리는 모든 종류의 이데올로기적인 정당성을 동원하여 다 도망치고 마는 현상을 목격하게 되었다. 그것은 말로 주장하던 사람들이 실제로 정치적 참여에는 빠지는 의미심장한 일이었다. 그것을 핵폭탄에 대한 투쟁이 더 중요하다는 그리스도인들의 변명으로 포장하는 것은 좀 역겨운 것이었다. 우리는 확실히 가난한 사람이 될 준비가 되어 있지 않은 것이다.

시에 자유의 표현이 된다. 왜냐하면 그리스도인의 신앙은 우리에게 아주 확실한 기준점에 근거해서 비판을 진행할 가능성을 제공하기 때문이다. 그것은, 이미 살펴보았다시피 헛된 것들에 대한 거대한 소비욕이 인간의 사물화237)를 유도한다는 점에서, 인간의 자유와 관계된다. 그래서 그것은 인간과 인간의 가능성들을 위축시켜 금욕적 유형으로 축소하기는커녕, 인간이 발전할 수 있는 가능성과, 인간의 탈사물화와, 소비와 좌절의 과정에서의 구원과, 일상생활에서의 자유의 실현 등을 펼쳐간다. 이것은 다시 한 번 세 개의 요소들의 연관성을 보여준다. 즉, 영적인 자유는 이데올로기적 비판으로 연결되고, 이데올로기적 비판은 자유로운 개인의 행동방식을 유도하면서, 총체적인 혁명적 항거의 태도로 나타난다.

정신분석학적 관점

또 다른 관점에서 그리스도인의 자유의 실현이 좌절에서 구원한다는 주장은 정신분석학에 대해서 커다란 역할을 한다. 알다시피 좌절감과 보상심리 등의 현상들은 인간의 원초적이고 기본적인 경험들에 기초하고, 아주 어린 시절에 연유한다. 저 앞에서 내가 기술한 내용을 정신분석학자들은 인정하지 않는다는 것은 명백한 사실이다. 사회적 맥락에 기인한 그런 현상들은 그들의 눈에는 아주 부수적인 것들이다. 나는 문외한인 그런 분야의 논쟁에 끼어들 마음은 없다. 다만 여기서 나는, 내가 읽은 바에 따르면, 물론 다 이해한 것은 아니지만, 정신분석학자들238)의 설명은 결코 결정적인 것으로 보이지 않는다는 점을 말하는 것으로 그칠 것이다. 정반대로 나는 인간과 환경과의 계속적인 관계가 훨씬 더 근

---

237) ▲그 내적인 심리적인 이면은 좌절감이다.
238) ▲특히 프로이드계의 학자들

본적인 것이라고 생각한다. 정신분석으로 하나의 근원적인 좌절을 치료하기에 이른다 하더라도, 정신분석을 받은 사람이 살아가는 상황은 일련의 좌절들이 생겨나게 한다. 내가 보기에 그 좌절들은 더 심각하고 결정적인 것들이다.

신앙적 회심이 상당한 개인적 불안요인들을 치유하여 정신분석적 치료를 하지 않고 넘어갈 수 있는지를 규명하는 문제는 여기서 다루지 않겠다. 그것은 나의 목적이 아니다. 그러나 내가 설정한 좌절의 범위 내에서는, 나는 그리스도인의 자유가 그 문제와 그 난관을 해결한다고 확언할 수 있다. 그리스도 안에서 사는 사람은 더 이상 좌절을 낳는 세상의 욕심들에 굴종할 수 없다. 그것은 사물들의 세계에 대한 아주 구체적인 태도이다. 그것이 진정한 치유가 된다. 정신분석에서 해결책을 찾는 것은 전적으로 헛되고 무익한 것이다. 정신분석은 신앙을 보조하는 역할조차도 할 수 없다. 먼저 해야 할 것은 신앙의 진정성을 심화하고, 실천 단계로 넘어가서, 그리스도 안에서의 자유 안에 내재된 것들을 전부 다 발견하는 것이다. 정신분석이 어떤 문제를 잡아내는데 도움을 줄 수 있는 경우들도 있을 수 있다. 그러나 그리스도인이 그리스도 안에서의 자유로 나아가지 못하는 것을 확인하고 난 후에야 아주 조심스럽게 접근해야 한다. 그것은 율법의 문제와 동일한 문제이다. 그리스도인의 자유가 그것을 뛰어넘지 못하고 더 잘 대응하지 못한다면, 그리스도의 자유를 살지 못하는 것을 인정하고 겸손하게 율법에 순종해야 한다.

정신분석이 필요한 경우가 있다. 신앙적 회심이 영적인 근원의 변화의 결과로서 우리 존재의 정신적 근원을 변화시키지 않고, 우리를 공격하는 것으로부터 실질적으로 구원하지 않으면서 우리로 하여금 그리스도의 자유를 누리도록 인도하지 않는다면, 우리는 그것이 믿음의 연약함을 나타내는 표지라는 사실을 인정하면서 정신분석적 치료를 받아야 한다. 그것은 회심의 유효성이나 구원의 확실성을 침해하지 않는다. 그러나 좌절에서의 구원이 중요한 까닭에 오늘날 수많은 그리스도인들이 그런 상황에서 살아가는 것을 지켜보며 우려하지 않을 수 없다. 나는 적은 사례비로 겪는 고통 때문에 그런 상황에서 살아가는 수많은 목회자들을 생각한다. 한편으로, 교회는 그런 고통스럽고 비참한 상황을 그대로 둘 수 없고 자신들이 고용한 그리스도의 종들을 그렇게 부적절하게 응대할 수는 없다. 우리는 그런 상황을 용인해서는 안 된다. 나는 그 사실을 프랑스개혁주의교회 총회에서 거론한 바 있다. 그러나 다른 한편으로, 적은 사례비를 받는 목회자는 그런 조건에서 그리스도인의 자유를 따라 살아가는 것이 무엇인지 배워야 한다. 그는 가난 가운데 사도바울처럼 살아가는 법을 익히며 좌절에서 벗어나야 한다.

우리는 다시 한 번 성서적인 커다란 원칙을 발견한다. 그 원칙에 따르면, 같은 그리스도인인 상급자와 하급자의 관계에서, 상급자는 모든 의무와 책임을 부담해야 하고, 하급자는 단지 의존성과 자유의 부재를 나타낼 뿐인 간청과 불평과 요구를 하지 않고 자유롭게 살아가는 임무를 맡는다. 그러나 다시 한 번 말해서, 의존성과 자유의 부재를 나타내는 청구와 불평과 요구는 그리스도인의 관계에 맞지 않는다. 세상 사람들에게는 상급자는 억압하고 하급자는 청구하는 것이 당연하고 자연스러운 일이다. 반발하는 가난한 사람이나 비천한 사람에 대해서 어떤 비난도 하지 말아야 한다. 그런 사람에게 도덕적인 교훈을 하는 것은 안 된다. 좌절은 그런 사람이 겪는 비극이지 그 사람이 범한 잘못이 아니다.

3장 • 순종과 자발성

　욕심이 사라지는 데서부터 순종과 자발성의 변증법239)이라 부를 수 있는 것이 작용할 수 있다. 이것은 분명히 개인적인 자유의 차원에서 중대한 발현들 중의 하나가 된다. 순종과 자발성은 철저하게 상호 연관성 속에 두어야 한다. 왜냐하면 그 둘은 각각 자유와 관계되지만 둘 중 어느 하나도 그 자체로서는 그리스도 안에서의 자유로 규정될 수 없기 때문이다. 그 둘의 연관성은 특유의 것이다. 물론 우리는 그리스도인의 행동방

------

239) 루터는 다음과 같은 명제를 통해 순종과 자발성의 변증법을 훌륭하게 밝혀주었다 (M. Luther, *La liberté du chrétien*). "그리스도인은 만사를 관장하는 자유로운 주인이고, 아무한테도 복종하지 않는다. 그리스도인은 만사에 쓰이는 종이고, 모든 사람에게 복종한다." 또한 이 단원에 대해서는 단지 본회퍼의 훌륭한 저서를 참조하는 것으로 충분할 수 있다(D. Bonhoeffer, *Le prix de la grâce*, éd. fr., 1967). 본회퍼는 이 책에서 근본적으로 순종과 자유의 관계를 파악했다. 여기서 나는 단지 그 중 몇몇 주제들을 환기하고자 한다. 자유는 소명에서 나온다. 소명을 받은 사람은, 소명에 대한 믿음이 유일하게 가능한 상황으로 들어가기 위해서는, 그 소명을 믿을 수 없는 자신의 상황에서 벗어나야 한다. 소명에 응답하는 순종의 첫 번째 걸음은 외적인 행위이다. 홀로 스스로 회심할 수 없고, 자유롭게 될 수 없지만, 자신이 사로잡혀 있는 것을 포기할 수는 있다. 자유는 소명에 대한 순종으로 믿음이 가능하게 되는 순간에 나온다. "소명에 대한 불순종에 머물러 있는 한, 당신은 믿음을 가지지 못할 것이다." 두 번째는 문자 그대로의 단순한 순종과 자유의 변증법이다. 예수의 구체적인 소명과 단순한 순종은 돌이킬 수 없는 의미를 갖는다. "예수는 구체적인 소명을 전하고, 받은 사람이 있는 그대로 이해하여 말씀대로 순종하는 것을 원한다. 말씀대로 순종할 준비가 안 된 사람은(자신의 재산을 소유하는 대신에 포기하라는 말씀에 돌아선 관원과 같이) 예수의 말씀을 역설적으로 이해할 권한이 없다." "예수의 명령을 역설적으로 이해하는 데는 언제나 문자 그대로 이해하는 것이 필요하다." "예수의 소명에 (아주 구체적인 측면에서) 실질적으로 순종해야만 비로소 율법주의를 극복할 수 있다." 끝으로 본회퍼에게 순종은 개인의 절대적인 행위라는 점을 상기할 필요가 있다.

식을 구성하는 핵심적 요소로서 늘 순종을 내세운다. 그렇지만 어떻게 이 순종이 그 자체로 자유의 표현이 될 수 있겠는가? 간혹 그렇게 말하기도 하는 걸 알지만, 구체적인 행동방식으로서는 좀 비현실적인 것이다. 순종은 언제나 자아의 확장을 억제하고 엄격한 원칙주의로 유도된다. 거꾸로 자발성은 기독교 바깥에서는 흔히 자유의 표지 및 표현으로 간주된다. 오늘날 교회 안에서 자발성은 별로 큰 관심을 끌지 않는다. 그러나 나는 자발성이 핵심적인 것이라고 생각한다. 그러나 그 자체만으로는 자발성은 흔히 표면적인 태도나 순간적인 순종에 그치고, 그리스도 안에서의 자유와 양립할 수 없다. 이 자발성은 너무나 자주 일반적인 인간의 자율성과 일치하는 것이 된다. 반대로, 그리스도 안에서의 자유의 실천 양식은 순종과 자발성이 연관된 것이다. 이 둘을 중재하는 것은 책임성이다. 이런 이유에서 우리는 이제 이 세 가지 주제들을 살펴보고자 한다. 그러나 독자들은 이 세 가지는 각기 따로 떨어져 있지 않다는 사실을 상기하려는 노력을 계속해야 할 것이다. 자발성에 관해 거론된 모든 사항들은 순종의 관점에서 이해되어야 하고, 순종에 관해 거론된 모든 사항들은 자발성에 따라 해석되어야 한다. 따로 떼어놓으면 이 말들은 의미를 상실하고 더 이상 자유를 뜻하지 않게 된다.

1) 자발성과 창의성과 기쁨

자발성

그리스도인이 자발성의 습관을 상실해버렸다는 것은 기정사실이다. 그리스도인은 언제나 선량하고, 신중하며, 자신의 신앙을 표명하려 하고, 조심성 있게 살아간다. 그는 말이 나오는 대로 감히 말하지 못하고 상황이 나타내는 대로 감히 행동하지 못한다. 그리스도인은 지식인일 경우에는 해석학으로 스스로를 고문하고, 행동주의자일 경우에는 정치활동으로 스스로를 고문한다. 그는 자신에 대한 확신이 거의 없어서[240] 확실히 신중의 미덕을 많이 실천하지만, 자발성을 다 잃는다. 가능한 한 선입견 없이 복음서를 읽는다면, 우리는 예수 안에서 완전히 자발적인 인간의 행동방식을 보게 된다. 만남과, 여정과 대화, 거부와 교훈, 기적과 저주 등 그 모든 것은 순종이자 완전한 자발성이다. 예수에게는 전략, 전술, 계산 등이 없다. 이 사실은 예수의 생애에 대해 잘 알려진 인간적인 해석들[241]을 무력화시킨다. 그 해석 속에는 성공이나 하나님 나라의 현재화를 목표로 하는 사역과 실망 등이 이어진다. 그 모든 것은, 예수는 전적으로 자유롭다는 점에서 완전히 자발성을 띤다는 사실을 외면하고 있다. 실제로 복음서에 나오는 이야기들은 그 사실을 감탄할 만큼 잘 보여준다.

　이제 예수의 생애를 시간적인 순서로만 이해하는 것을 포기해야 한다. 예수는 매순간 온전히 자신의 과거와 자신이 이룰 천국의 미래와 함께 현존했다. 매순간이 놀라울 정도로 독특하고, 완전무결했다고 할 수 있다. 거기에는 역사서술의 의미에서 역사는 없고, 사건들의 논리적인 전개는 존재하지 않는다. 복음서기자들은 순간순간들을 그저 나열했을 뿐이다. 하나의 진주목걸이에서 각각의 진주알이 그 자체로 완벽하듯이, 각각의 순간과 각각의 이야기는 그 가운데서의 예수의 순전한 자발성과 충일함 때문에 그 자체로 완전했다. 진주알들을 꿰는 줄은 진주알들과는 무관한 것이다. 이 줄을 꿰는 데서 인간이 의도적으로 조종하는 일이 발생한다. 그런데 이상하게도 역사가들은 각각의 진주알 대신에 이 줄에 특히 관심을 쏟는다. 그들에게 진주알은 그다지 큰 중요성이 없

---

240) ▲따라서 자신의 구세주에 대해서도 그렇다.
241) ▲사람들은 예수의 생애에서 계획, 단계, 감춰진 사역, 밝혀진 사역 등을 발견하려고 갖은 애를 쓴다.

다. 한 복음서기자가 어떤 이야기를 앞에 두고 다른 복음서기자는 그 이야기를 뒤에 두는 것은 아무 의미가 없다. 왜냐하면 예수의 자발성을 확인하는 데서 중요한 것은 그 사건 자체이지, 현재와 미래에 따른 그 사건의 역사적 연관성이 아니기 때문이다.

아무튼 간략하게 말해서, 자발성은 본능을 추종하는 것도 아니고, 세상에서 말하는 자발적인 태도[242]도 아니고, 늘 자기를 주장하는 것도 아니다. 먼저 자발성은 계산을 거부하고, 미리 모의한 행동을 하지 않으며, 계획이나 속셈이나 지도를 거부하는 것이다. 계산하고 지도하려는 것은 사랑과 상반되는 것이라는 사실을 유념하자. 누군가에 대해서 내가 어느 지점까지 그를 유도하려는 전략을 가질 때, 그에게 내 말과 행동의 의도를 감출 때, 나는 그를 사랑하는 것이 아니고, 후견하는 것이다. 원하든 아니든 간에, 비지시적인 교육도 정말 후견적인 간섭의 유형에 속한다. 사랑은 내가 그 사람의 삶속으로 들어가고, 거짓이 아니라 진실로 그 사람과 대등한 위치에 서서 그 사람의 관점과 흥미와 걱정을 받아들이는 것을 뜻한다. 그것은 오직 자유에서 나오는 자발성을 통해서만 가능하다. 그런데 자발성은 이익을 추구하고 목표를 미리 정하는 것을 거부하는 것이다. 자발성은 허위와 작위적인 연출과 연기를 거부하는 것이다. 자발성은, 예수가 유대민족이 오랜 세월 동안 세워왔던 메시아의 전형을 따르기를 거부한 것과 같이, 고정관념에 따른 그리스도인의 외양을 따르기를 거부하는 것이다.

역으로 자발성은, 복종과 다르게 성부 하나님의 뜻에 순종하는 것이다. 우리는 이 주제를 순종에 대해 논할 때 다시 살펴볼 것이다. 자발성은 예수가 하나님이었듯이 자신을 증여하는 데 있어서 자신이 진정으로

---

242) ▲즉, 경솔하고도 유쾌하지만 순간순간 머리에 떠오르는 대로 말하는 사람이 취하는 태도와 같은 것을 말한다.

자기 자신이어야 하는 것을 전제로 한다. 다시 말해서 내가 만나는 사람이 나에게서 발견하는 것은 모습이나 미덕이나 기능이나 역할에 그치지 않고, 온전한 한 사람으로서 전적으로 개입하고 참여하면서 함께 나누는 열린 인격체이다. 그것은 하나님과의 관계에서도 마찬가지이다. 나는 열망이나 회한이나 감정이나 두려움이 소망이나 경건성에 그치지 않고, 하나님을 향한 경청과 회개와 믿음과 투쟁에 전적으로 나선 한 인간이다. 자발성은 그리스도 안에서의 자유가 다시 찾은 존재의 일체성을 전제로 하는 것을 의미한다. 그 존재는 단순히 순수한 그대로, 만남 안에서, 기도 안에서, 믿음 안에서 자기 자신을 말한다. 여기서 자기 자신은 온전한 전존재로서 어떤 한 부분이나 사회적 역할이나 가면이나 또 다른 어떤 것이 아니다.

그러나 그것이 어떻게 가능하겠는가? 우리는 결코 우리가 그렇지 않다는 사실을 너무나 잘 알고 있다. 우리는 언제나 외적인 요인에 의해 제약을 받고, 늘 상황들에 의해 결정지어진 계속 변하는 진실들을 따라 살아가면서, 결코 우리 자신을 발견하지 못하고 있지 않은가? 사실 자발성을 찾으려는 모든 노력은 코미디를 연출할 수 있을 뿐이다. 사실 어떤 내적인 성찰을 통해서도 결코 우리로 하여금 이 '자기 자신'을 인식할 수 없게 할 것이고 어떤 노력을 통해서도 사회적인 조건에서 벗어나지 못하게 될 것이다. 그러나 그리스도에 의해 주어질 때, 그리스도 안에서 고행이나 노력 없이 존재의 일체성이 다시 발견될 때, 자발성이 그리스도에 의해 우리에게 주어진 자유243)에서 나온 열매가 될 때, 그것은 가능하게 된다. 다시 말해서 우리가 실제로 우리 자신을 내려놓는 것을 받아들일 때, 또 다른 존재인 그리스도가 내 인격의 부정적인 부분들을 책임져주는 까닭에 나는 더 이상 나 자신을 유도하거나 세우거나 통합시킬 걱정을

243) ▲단 이 자유를 삶으로 살아가는 결단을 전제로 한다.

하지 않아도 된다. 자발성은 자기 자신이 되기 위한, 가장된 것이 아닌 진정한 자유에서부터 나온다. 그런데 자기 자신이 된다는 것은 무엇을 뜻하는가?

계시를 통해 예수 그리스도가 사랑하고 지켜주는 나 자신을 깨닫게 될 때 비로소 내가 나 자신이 된다는 사실을 우리가 분명히 알고 있기에, 나는 모든 전통적인 개념들을 부인한다. 더도 아니고 덜도 아니다. 또한 그 것은 나 자신의 존재에 대한 걱정에서 벗어나는 것이기도 하다. 나는 나의 삶이 그리스도가 지켜보는 시선 아래 그 빛 가운데 그 너그러운 이해 속에 있다는 사실을 알고 믿으며 살아간다. 나는 그 시선이 분노의 시선이 아니고, 그 빛이 내가 행한 잘못들을 파헤치지 않고, 그 이해는 심판자의 이해가 아니라는 사실을 알고 믿으며 살아간다. 그 모든 시선과 빛과 이해는 사랑 그 자체의 시선과 빛과 이해이다. 그래서 나는 아무런 수치심이나 두려움이 없이 나 자신이 된다. "아담아 어디 있느냐?" 수치심은 성서가 존재의 중요한 표현으로서 언약궤 앞에서 춤을 춘 다윗과 하나님 앞에서 뛰놀던 지혜의 아들의 경우에서와 같은 놀이를 통해 나타나는 기쁨의 자발성과는 상반되는 것이다. 그래서 나는 나 자신이 오로지 전적으로 예수 그리스도가 지켜보고 사랑하는 존재라는 사실을 알 때, 내가 나 자신이 되는 것을 받아들일 수 있다. 244) 나는 좋은 느낌만이 아니라 중대한 결과들을 수반하는 이 자발성에 나 자신을 맡길 수 있다. 이 자발성은 실제로 단지 그 존재만으로도 인간관계를 다른 차원으로 옮겨놓는다. 이 자유를 통해서 자기 자신이 되고자 하는 인간의 한 작은 결단이 한 사회 안에서 일어나자마자, 그 결단은 그 사회를 뒤집어놓는다. 모든 거짓과 위선과 관습과 작위성이 붕괴된다. 사람들은 서로에게서 벗어나고, 일시에 조금씩 명확한 투명성이 생겨나고 진리가 드러날 수 있다. 우

---

244) ▲나는 물론 이후로도 많은 잘못을 저지를 것이다.

리는 『어느 시골 신부의 일기』나 『백치』에서 이에 대한 아주 분명한 사례를 발견할 수 있다.

자발성의 발현은 동시에 사회구조를 흔들어놓고, 자발적인 사람의 존재만으로 사회구조가 끊임없이 억눌러온 진정한 문제들이 모습을 드러낸다. 이에 대한 사례도 하나의 문학작품에서 볼 수 있다. 체스터톤 Chesterton의 작품은 자발성이 모든 집단 조직들을 어떻게 불안정한 상황에 이르게 하는지 보여준다. 그러므로 자발성은 단지 자유의 개인적인 표현에 그치지 않고 다른 사람들과 공동체들에게 총체적인 반향을 일으킨다. 내가 말하고자 한 바대로 오직 그리스도인들만이 그런 자발성을 가질 수 있다. 왜냐하면 오직 그리스도인들만이 그리스도의 자유 안에서 살 수 있고, 그들만이 참된 자아의 존재는 하나님 안에서 그리스도와 함께 감추어져 있다는 사실을 알고 있기 때문이다. 바로 그 일에 그리스도인들은 부름 받은 것이다. 이는 우리로 하여금 더더욱 안타깝고 심각하게 인간의 타락상을 헤아리게 한다. 무슨 일에 그리스도인들은 자발성을 발휘하는가? 이는 자유를 발휘하는 경우에서와 같이 모든 일이 다 해당될 수 있고 또 전혀 아닐 수도 있다.

순응주의를 채택하는 오늘날의 중심적인 기독교 사상가들은 무슨 일에 몰두하고 있는가? 그들은 사회윤리와 정치문제에 몰두하고, 발전을 위한 적절한 해결책들과 균형을 찾는 일에 전념한다. 그 모든 것은 자발성과는 전적으로 상반된 것이다. 그 사상가들이 기독교를 만드는 것은 아니라는 타당한 반론도 있을 수 있다. 다행스럽다. 그러나 내가 아는 바에 의하면 교회 자체도 자발성과 자유라는 측면에서 결코 더 낫지 않다. 어쩌면 어딘가에 그렇게 용감하게 살아가는 그리스도인들이 존재할지도 모른다. 바알 앞에 무릎을 꿇지 않은 칠천 명의 하나님이 숨겨둔 용사들도 있었지 않은가. 나는 그런 사람들을 모른다. 아무튼 그래서 자발성은 내가 너무 지나치게 걱정할 일은 아니다. 그럼에도 내 입장에서 자유 및 자발성의 결핍에 관한 보고서를 작성하는 일만은 할 수 있다. 그리스 도인들이 자유를 표명할 능력을 하나님으로부터 부여받은 사실을 나는 잘 알고 있다. 그런데 그들은 감히 그럴 용기를 내지 않는다.

　이것을 어린아이들과 연관시켜서 이해해볼 수도 있을 것이다. 나는 이것이 유효한 해석이라고 주장하는 건 아니다. 그러나 아버지가 그 연약함을 책임지는 어린아이에 관한 전통적인 해석과 같이, 우리는 그 어린아이는 그런 상황에서 분열되지 않은, 완전히 자발적인 온전한 자기 자신으로서의 존재라고 말할 수 있다. 245) 어린아이의 자발성은 그 단순한 마음에 따라 미움도 사랑도 가질 수 있다. 그래서 차가울 수도 있고 뜨거울 수도 있다. 미지근한 사람은 결코 자발적일 수 없다. 나는 그리스도 안에서의 자발성은 천국을 향하여 앞으로 달려가게 하는 전존재의 열렬한 움직임이라고 믿는다. 그것은 천국에 대한 열정으로 따르게 되는 억누를 수 없는 욕구이다. 자발성은 우리를 이 유일무이한 길에 들어서게 한다. 우리는 자발적인 사람들을 '천국을 침노하는 자들'로서 단 하나의 목표를 가지고 거기에 전적으로 헌신하는 사람들이라고 보아야 하지 않을까 한다.

　그런데 그것은 여기서 개인적 심리와 같은 사소한 문제가 아니라는 점을 알아야 한다. 우리의 기술사회에서 인간이 고통 받는 결핍요소들 중의 하나가 바로 자발성이다. 사회적 기술은 정치적·산업적 응용심리학, 사회심리학, 집단역학, 사회적·경제적 계획화, 여가활동 등과 함께 모든 자발성을 파괴한다. 우리는 점점 더 모든 자발성이 배제되는 계산적 사회에 살아가게 된다. 그런데 인간이 자발성을 가지지 못한다246) 하더

---

245) ▲그 아이는 아직 문화화가 덜 되었기 때문이다.
246) ▲내가 밝히려고 한 바와 같이, 오직 그리스도 안에서의 자유만이 자발성을 낳기 때문이다.

라도, 인간은 자발성을 바란다. 균형을 깨고 사건을 일으키는 자발성이 없다면, 인간은 질식한다. 실제로 고도로 조직화된 환경 속에서 인간은 질식한다. 자발성은 우리 사회에서 모든 조직체계에 대한 역반응으로 경험된다. 또한 어떤 조직체이든 간에, 심지어 혁명적인 조직체일지라도, 모든 조직체는 중앙집권체제로 진입하고 기술사회로 통합된다.

오늘날 자발성을 지향하는 행동은 '검정색 가죽잠바', '비트족', '이유 없는 반항', '스톡홀름의 폭동' 등으로 나타난다. 젊은 청년들에게 그것은 유산을 거부하는 것이고, 사회조직에 편입되기를 기피하는 것이고, 에로티즘과 마리화나를 예찬하는 것이다. 그것은 1968년의 폭동이다. 확실히 그것은 왜곡된 거짓 자유로서 몇 년이 지나지 않아서 참담하게 순응주의로 좌초한다. 여기에는 사회 전체의 순응주의가 포함된다. 그것은 과도한 어리석음이나 지나친 기교에 의해 망쳐버린 왜곡된 거짓 자발성이다. 그러나 그 표지들은 진지하게 고찰해야 한다. 거기에는 인간의 필사적인 욕구가 존재한다는 것을 인식해야 한다. 그 욕구는 잘 알려진, "굶주려 죽는 3분의 2의 인류"[247]가 가진 식량에 대한 욕구보다도 더 큰 것이라고 나는 서슴없이 단언할 수 있다. 그것이 더 중대한 것은, 기근사태는 어제의 상황에 따른 결과이고, 이유 없는 폭동의 급증은 내일의 상황을 예고하는 것이기 때문이다. 무엇보다 중요한 것은 현대인의 눈앞에 자발성을 띤 삶을 살아가는 정말 자유로운 사람이 나타나야 한다는 것이다. 이는 삶의 진정한 모습을 밝혀주는 것이다. 그리스도인들은 그런 것을 아예 고려하지도 않는다. 그것 때문에 그들이 응분의 책임을 져야 한다고 해도 충격 받지 않기를 바란다. 여기서 그리스도인들이 또다시 세상 사람들의 애원을 저버리고 있지 않은가 한다.

끝으로 지적해야 할 사항이 하나 있다. 자발성의 중요성에 반대하는

247) ▲이는 사실이 아니다.

독자는 지혜를 내세우고, 또 탑을 세우기 전에 비용을 예측하는 것이 먼저라는 예수의 말씀을 내세울 것이 분명하다. 내가 지혜에 관해서 말하고 싶은 것은, 지혜가 철학, 교조, 원리, 교훈, 신조 등이 아니고, 하나님의 지혜를 아주 깊이 아는 것이라면, 그것은 임시변통 수단이나 교묘한 이해타산으로 표현되지 않을 것이라는 점이다. 지혜는 자발성을 가지는 인간의 마음에서 생겨난다. 예측의 필요성에서 보자면, 자발성은 불합리하고 어리석은 사람과 같이 처신하는 것도 아니고 성찰을 거부하는 사람과 같이 행동하는 것도 아니라는 사실을 알아야 한다. 오히려 정반대로, 자발성은 내가 하는 일을 아주 잘 알고 있다는 걸 뜻한다. 그렇지만 내가 지금 이 순간의 삶을 통해서, 선물과 교환과 놀이와 예측을 통해서 온전한 나 자신이 되는 것이 그 일을 가로막지 않는다. 예측을 해도 그것은 전혀 방해받지 않는다. 나는 모험을 무릅쓴다. 그것은 하나의 행동 안에서 자유와 자발성이 단순하게 결합되는 것이다. 왜냐하면 그리스도 안에서의 자유 가운데 사람들은 이렇게 신중하고 단순하게 되어 입술로 말하고 손으로 행동하는 것으로 충분하게 되기 때문이다. 마음이 가득하게 되면 입술은 말하게 된다. 그것이 바로 자발성이다.

창의성

창의성은 그 결과로서, 자발성의 한 양상이면서 확장된 것이다. 그리스도인의 삶의 표지는 언제나 새로운 창의성이라고 해야 한다. 그것은 전통적인 의미에서 미덕이나 순수성보다 훨씬 더 큰 것이다. 248) 창의성은 그리스도인의 삶의 모든 부분에 걸려 있다. 이미 말했다시피, 창의성이 없는 사랑은 존재하지 않고, 소망은 창의성을 내포한다. 그러나 율법

---

248) 바꾸어 말해서 상상력을 발휘해야 하는 것이다. 이 주제에 관해서는 웨버의 글을 참조하기 바란다. H. R. Weber, "Appel à l'imagination éthique," in *La Communauté des desséminés*, 1960.

에 반하는 믿음은 또한 키르케고르가 말하는 절대적인 모험으로서 그 구체적인 표지는 곧 창의성이다. 내 생각에 예수와 바리새인들이 서로 상반되는 점이 바로 이것이다. 예수는 자발성의 사람인 것과 마찬가지로 언제나 새로운 창의성의 사람이다. 그런데 바리새인들은 엄격하고 폐쇄적이고 고정적이다. 율법에 관한 그들의 해석은 분석적인 방법에 따른 창의성을 거부한다.

그리스도 안에서의 자유 가운데 창의성이 무엇인지 알아보기 전에 먼저 두 가지 사항을 분명히 해야 한다. 첫째는 먼저 창의성은 언제나 꼭 새로운 것을 만들어야 하며 새로운 것은 그 자체로서 월등한 가치와 효력이 있다는 걸 뜻하지 않는다는 것이다. 우리는 객관적인 새로운 대상을 찾아야 할 필요가 없다. 그리스도 안에서 만물이 새로워진다. 만물은 새롭다. 회심한 인간은 새로운 사람이다. 그는 새로운 존재이다. 우리는 새로운 것을 만들 필요도 없고 새로운 사람이 될 필요도 없다. 새롭게 하는 것은 그리스도의 일이다. 그것은 이미 다 성취되었다. 우리가 창의성을 기울여야 하는 것은 이 새로운 것 안에 있다. 달리 말하자면, 창의성을 통해서 이 새로운 것을 현실화하면서, 그 새로운 것을 고갈시키는 관습과 전통을 가로막는 것이다. 우리의 창의성은 하나님이 창조한 새로운 것 안에 들어간다. 그러나 우리의 창의성이 없다면, 그것은 자신 앞에 세계가 열리는 것을 깨닫지 못한 인간을 위해 하나님이 세계를 창조했다는 의미가 된다. 하나님은 그런 몰이해와 허황된 마음을 슬퍼한다. 그래서 새로운 것은 그 자체로는 아무런 가치가 없다. 중요한 것은 창의적인 행위이지 새로운 대상이 아니다. 그러므로 새로운 사물이나 상황의 실질적인 축적에 따른 것으로 인식되는 진보는 아무 특별한 의미가 없다.

둘째는, 교회 안에서 연구센터들을 많이 세워서 사회적 윤리적 영역에서 새로운 것을 만들어내려고 노력하는 사실에 기인한 것이다. 거기서 비롯된 대부분의 연구들에서 나타나는 잘못은 전통적인 교회생활이나 신학을 쉽게 비난하고 폐기하려는 데 있다. 249) 예기치 않은 것, 놀라운 것, 충격적인 것이라면 어떤 것이든 광적으로 찾아내려는 의지를 가지고서, 사람들은 그리스도인들의 삶을 기묘하고 괴상하고 놀라운 것으로 만든다. 그렇게 하면서, 그들은 일부분의 목회자들이나 새롭게 여기는 것들을 너무나 자주 만들어낸다. 그 새로운 것들은 대개 아주 오랫동안 전해져 내려온 非기독교적 사상에서 나온 것이다. 그렇지 않으면 과거의 교회에서 수도 없이 회자된 사상에서 비롯된 것이다. 그 사상은 모르는 사람들에게나 새로운 것이다. 나는 내가 알고 있는 그런 연구센터들이 진정한 창의적인 정신을 지니지 않는다고 생각한다. 그러나 누구나 각기 다 독특한 개성이 있기에, 그것을 일반화할 수는 없는 노릇이다.

우리는 그리스도 안에서 자유의 창의성을 네 가지 특징으로 나누어볼 수 있다. 우선 자유는 언제나 우리를 기원으로 돌아가게 한다. 그것은 낯선 상황이다. 그리스도인의 삶은 확실히 하나의 여정이다. 믿음에는 점진적인 성장 과정이 있다. 250) 그리스도인은 '장성한 분량'에 이르기까지 발전해나간다. 오늘 내가 가진 신앙, 복음에 대한 이해, 하나님과의 교제 등은 어제와 동일하지 않다. 연속성은 존재하지만, 동시에 다시 시작하고 근원으로 다시 돌아가는 일이 일어나며, 걸음을 내디딜 때마다 마치 이전에는 아무것도 없었던 것처럼 행하는 것이다. 그리스도인의 삶에서 매순간은 이전의 순간에 매이지 않고, 이전에 일어난 상황에 따른 결과도 아니고 이전의 상황을 원인으로 돌릴 수 있는 것도 아니다. 그리스도인에게 매순간은 그리스도인의 삶의 원천인 예수 그리스도에게 직접적으로 연결되어 있다. 그러므로 그리스도인의 삶에는 논리적인 인

---

249) ▲그런 연구들은 아주 쉽게 지금까지 그리스도인들이 잘못해왔다고 간주한다.
250) ▲사도바울은 믿음 안에서 아직 어린아이에게는 젖을 준다는 구절을 통해서 우리에게 그 사실을 밝혀준다.

과적 연속성은 없고, 발걸음 하나하나가 원점을 향하는 것으로서 더 확장된 곡선을 이루게 된다.

따라서 그리스도인의 삶의 양식은 삶의 다른 모든 개념들과는 완전히 반대되는 것이다. 그리스도인의 삶은 결코 똑바른 직선으로 전진하는 것이 아니고, 원점으로 계속 회귀함으로써 전진하는 것이다. 거기에는 출발점과 단계들이 없다. 251) 거기서 우리는 바리새인들과 상반되는 차이점을 또다시 발견한다. 바리새인들은 율법주의적인 양식으로 삶의 진보를 이해했다.

첫 번째 창의성의 특징은 먼저 계시와 신앙의 원천과 기원으로 끊임없이 돌아갈 수 있는 데서 나온다. 그것은 앞으로 나아가는 것을 멈추는 것이 아니다. 그것이 창의성이 분명한 것은, 새로운 상황마다 내딛는 한 걸음이 유일하고 고유한 살아있는 인간, 예수 그리스도라는 원천을 향한 회귀로서 당연히 다른 방식으로 실행된다는 데 있다. 매번 새로운 여정이나 과정을 따라서 원천을 향한 새로운 회귀가 일어난다. 이미 얻은 예전의 모든 진전들은 아무것도 아닌 것으로 여겨진다. 우리는 지성적인 영역에서 이에 대한 탁월한 예를 바르트에게서 발견한다. 바르트의 거대한 교의학은 이와 같은 방식으로 도출된다. 진전이 있을 때마다 다시 출발하기 위해서 그리스도를 향하여 되돌아간다. 이는 때로는 계속 말이 중복되고 끊임없이 반복된다는 인상을 주기도 한다. 그 이유는 다만 도식적 논리를 늘어놓지 말아야 할 필요성 때문이다. 각각의 진전된 진리는 이전에 획득한 결과들을 함축하면서, 예수 그리스도라는 진리에 직접적으로 기초해야 한다. 252)

두 번째 창의성의 특징은, 모든 상황에서 그리스도인은 가능성을 달

251) ▲오지 그리스도가 있을 뿐인데, 단계들이 있다면 그리스도에게서 점점 더 멀어지게 할 것이다.
252) ▲논리적인 추론을 통해서가 아니다.

지 않고 열어준다는 것이다. 모든 상황에서 가능성을 배제하고, 주어진 소재들을 화석화시키고, 관례를 경직화시키고, 모든 것을 고착화하는 경향이 반드시 존재한다. 마찬가지로 모든 인간 집단에서 폐쇄하고 자기 안에 틀어박히고 전체주의화하는 경향이 존재한다. 그런 경향들은 자연발생적인 것이고, 사실상 엔트로피의 법칙의 일단을 보여주는 것으로서 죽음을 향하는 것이다. 그런데 많은 경우에 그리스도인은 개인들의 삶253)에 관한 것만큼이나 공동체 생활, 특히 교회 생활254)에 대해서도 폐쇄적인 태도를 취한다.

창의성은 개인을 위해 새로운 가능성을 찾고 집단들이 폐쇄적이 되는 것을 멈추게 하는 것이다. 자유의 실행을 통해서 자신의 습관에 갇힌 인간이 습관과는 다르게 살 수 있는, 즉 진정으로 살 수 있는 기회를 붙잡게해야 된다. 물질적인 결핍과 인간관계의 부족으로 근본적으로 장래가막혀 있고 자기 자신으로 살아갈 수 있는 가능성이 사라져버린 인간이 그런 기회를 얻어야 한다. 달리 말해서, 여기서 그리스도 안에서 자유에 의한 창의적 정신은 기상천외한 활동이나 획기적인 이론들의 제기를 도모해야 하는 것이 아니라, 주변 사람들에게 삶과 표현과 새로운 발전의 가능성들을 구체적으로 제공하는 일에 나서야 한다. 그 일이 결코 쉬운 일은 아니다. 궁극적으로 사랑의 영감을 받은 탁월한 능력이 있어야 한다. 인간이 죽음으로 경험하는, 무의미하고 어처구니없고 절망적인 닫힌 상황에 열린 출구가 나타나야 한다. 그 출구를 창의적으로 개발해야 하고, 그 가능성을 열어주는 것이 자유이다.

---

253) ▲개인들에게 그들이 할 수 있는 것과 할 수 없는 것에 대한 금지규정들을 만들어서 그들을 틀에 맞추려고 한다.
254) ▲그 교회 안에 스스로를 가두는 가운데 그 안에서 관계를 늘 더 깊이 유지하면서 공동체에 속하지 않는 다른 모든 것들을 부지불식간에 배제한다.

집단들에 관해서는, 내가 수차례에 걸쳐 개진한 이론255)을 여기서 소개한다. 그리스도인은 각기 자신이 속한 집단에서 이의를 제기함으로써 개방성과 삶의 가능성을 여는 주장을 대변해야 한다. 교회, 정당, 조합, 가정, 대학 등의 모든 사회에서 자유는 그리스도인으로 하여금 그 집단의 구성원인 동시에 반대자가 되게 해야 한다. 그것은 재미로 하는 것이 아니라 그 집단의 변화와 성장을 위한 것이다. 유익을 끼치는 길은 폐쇄성과 정통성을 도우면서 부화뇌동하고 다수에 속하는 데 있지 않다. 그 것은 단지 최고의 정통성이 아닌 자유에서 나오는 비판에서 온다. 그것은 지금 다른 사람들에게 개방적이고 양립적인 가능성으로 기술적 조직 체계와 효율성에 반기를 드는 것이다. 그러나 이는 결코 쉬운 일이 아니며, 많은 창의성과 함께 약간의 영웅적인 행동을 필요로 한다.

결국 창의성은 해답 대신에 문제를 제기하는 것이다. 非그리스도인들이 그리스도인들은 인간이 제기할 수 있는 모든 문제들에 대한 해답집을 가지고 있으니까 삶을 쉽게 산다고 비난하는 것은 아주 이상한 일이다. 거기에는 교리나 교의학에서 계시의 체계화가 이루어지는 까닭에 일면의 타당성이 있다. 사실 그리스도인들 스스로가 그런 오류에 빠지곤 한다. 그들은 계시를 해답들로 구성된 아주 일관적이고 정통적인 하나의 체계로 다듬으려고 노력했다. 더 나아가서, 그리스도인들은 자발적인 태도로 성서를 해답을 얻는 수단으로 이용한다. 그런데 이 모든 것은 신학적으로 잘못된 것이다. 모든 신학자들은 하나님은 계시를 통해서 인간에게 하나의 단일한 질문256)을 던진다는 사실을 알고 있다. 거기에 결코 해답이 없는 이유는 하나님이 인간으로 하여금 다른 어떤 문제도 아닌 자기 자신의 문제에 대해 스스로 답을 찾아가게 하기 때문이다.

255) 나는 나의 저서 『정치적 착각L'illusion politique』과 *Fausse présence au monde moderne*(세상 속 그리스도인의 잘못된 삶)에서 이 문제를 깊게 다루었다.
256) ▲하나의 질문이지만 무한하게 확대되는 질문이다.

그런데 인간적인 차원에서, 체계화하여 해답들을 찾는 노력은 필연성의 길에 들어서는 것이다. 역설적으로 보이지만, 정신적으로나 사회적·정치적으로나, 인간의 구체적인 삶을 통해서나, 해답들을 찾는 것보다 더 쉬운 일은 없다고도 할 수 있다. 거기에는 창의성도 자유도 필요치 않다. 해답들은 지적, 사회적, 관계적 메커니즘에서 나온다. 해답들은 결국 스스로 터를 잡는다. 신앙의 영역에서 그리스도인이 해답들을 발견했다고 믿는 순간부터 그의 신앙은 끝난 것이다. 이제 그는 바리새인이다. 해답들은 우리에게 불러일으키는 모든 만족감[257]과 더불어 필연성의 산물이다. 우리는 단순히 무작정 언제나 허공에 발을 내딛고 있을 수 없다.

반대로 뛰어난 창의성을 요구하는 것은 상황에 부합하는 진정한 문제들을 찾아내는 일이다. 그것은 확실히 모든 사람에게 주어진 것이 아니다. 비교를 위해서, 한 대의 컴퓨터가 있어서 극도의 정확성과 복합성을 지닌 해답들을 제공할 수 있다고 하자. 그것은 기계적인 산물이다. 그러나 모든 것은 그 컴퓨터에 제공된 프로그램에 달려 있다. 진정 창의적인 일은 프로그램에 있다. 다시 말해서 사람들이 제기하는 문제를 공식으로 작성하는 것이다. 그런데 여기서 내가 말하는 문제는 지적인 문제들이라기보다는 인간적이고 영적이며 정치적이고 사회적이고 경제적인 문제들을 뜻한다. 사람들은 있는 그대로 산만한 모순적 요소들로 이루어져 혼란스럽고 불확실한 상황에 처해있다. 그런 상태에서 예측 가능한 해결책은 거의 없다. 우리는 일어나는 사태들이 상황을 변화시키도록 그냥 내버려둘 수 있다. 그러나 인간은 당연히 상황을 자기 힘으로 통제하려고 한다. 그 일은 적절성과 타당성을 가지고 해야 한다. 바로 여기서 문제를 제기하는 방식이 어쩔 수 없이 개입된다. 상황을 인간에게 타

---

257) ▲이제 질서를 수립했으니 그 면에서는 마침내 안정을 찾았다는 식이다.

당하게 제기된 문제로 변환시키는 데에는, 창의성으로 발현되는 자유가 불가피하게 필요하게 된다. 그것은 결코 쉬운 일이 아니다.

인간은 참된 질문들을 내놓지 않고 그 문제들을 왜곡하는 데는 정말 악마적인 재능이 있다. 올바르게 문제를 적시하는 것은 주변사람들, 사회 심리적 결정 요인들에 대해 완전한 자유를 가지는 것을 전제로 한다. 그렇지 않으면 계속 오류가 일어날 뿐이다. 완전한 자유 가운데 모든 선입견과 모든 양심의 가책에서 벗어난 창의적인 정신이 발휘되어야 한다. 그것은 그 사안의 핵심적인 사항을 찾고 분간하여, 마침내 사람들에게 진실로 대답해야 할 문제를 제기할 수 있다. 이것이 그리스도인들에게 계속해서 새롭게 주어지는 임무이다. 물론 이는 다른 사람들에게도 해당된다. 나는 그리스도인들이 이것을 독점해야 한다고 주장하지 않는다. 그러나 우리 사회를 돌아보면, 나는 한편으로는 극히 적은 소수의 사람들만이 이 일을 담당할 능력이 있다는 점을 발견하게 되고, 다른 한편으로는 그리스도인들은 그리스도 안에서 그들에게 주어진 상황에 의해 그 일을 할 수 있는 능력을 지닌다는 점을 알게 된다. 그러나 사실을 검토하면서 나는 좀 실망하게 되었다. 실제로 그리스도인들은 창의성을 통해서 자신들이 가진 자유를 사용할 수 있는 능력이 없다. 그리스도인들은 모든 세상 사람들이 자유나 창의성이 결여된 가운데 닥치는 대로 정치적·사회적 분야와 더불어 영적·인격적·심리적 영역에서 제기하는 문제들을 되풀이하는 데 그친다. 예언자적 정신이 깊이 잠들어버린 것이다.

기쁨

세 번째 자발성의 특징은 기쁨258)이다. 알다시피 침울한 그리스도인은 한심한 그리스도인이다. 오랜 세월 동안 기독교는 엄격성과 심각성을 표방했다. 259) 사람들은 30여 년 전부터 위대한 신비가들의 고전적인 신앙적 전통을 따르면서 기쁨을 재발견하게 되었다. 그렇다. 기쁨은 그리스도 안에서 살아가는 삶의 표지이고 표현이다. 그러나 아직 여기에는 많은 오해가 남아있는 듯하다. 나는 바르트가 기쁨에 대해 서술한 글들을 읽고서 실망감을 감출 수 없었다. 260) 무엇보다 먼저 바르트는 명백하게 기쁨과 행복과 쾌락을 혼동하고 있다. 그는 인간의 자연적인 본성으로 기쁨을 추구하는 욕구에서 출발한다. 바르트의 커다란 목표는 한편으로는 기쁨이 하나님 앞에서 합당한 것이라는 점, 다시 말해서 인간은 하나님 앞에서 기뻐할 수 있고 기쁨 속에서 살아갈 수 있는 권리를 부여 받았다는 밝히는 것으로 보인다. 그의 목표는 다른 한편으로는 기쁨의 원인들이 무엇인지 보여주는 것이다. 바르트는 은총의 선물로 나타나는 삶의 현실을 분석하면서, 예술과 자연과 일과 우정에서 얻게 되는 기쁨들을 언급한다. 그러면서 그는 그 한계들을 설정한다. 즉, 기쁨은 건강이나 일이나 이웃이나 양심을 해치면서까지 누려서는 안 되는 것이다. 261) 바르트는 기쁨은 일상적인 삶이 일시 정지되는 것이고 내적인 휴식이며 여유를 가지는 것이라고 말한다. 그것은 확실히 일종의 한가로운 기쁨으로 은밀하게 홀로 누리는 기쁨이 아닌가 싶다. 바르트는 이 기

---

258) 틸리히는 기쁨에 관한 훌륭한 성찰을 담은 그의 저서에서 기쁨을 자유에 관한 단원에 집어넣지 않았다(P. Tillich, *The New Being*, 1955). 내가 보기에 이것은 정말 말도 안 되는 일이다.

259) ▲이는 신앙적인 것에서 연유한 것이 아니라 도덕적인 것에서 비롯된 것이다.

260) K. Barth, *Dogm. XVI*, p. 57 및 그 이하; *XV*, p. 69 및 그 이하; *XVIII*, p. 216.

261) ▲그렇다면 그가 여기서 말하는 바가 기쁨이라는 것이 확실한가? 그것은 차라리 쾌락이 아닐까?

뜸을 안식일에 의한 일상적인 삶의 정지에까지 비견한다. 그는 인간은
이 기쁨을 위한 여유를 가져야 하고, 늘 기쁨을 누릴 채비를 갖추어야 한
다고 말한다. 다시 말해서 삶이 은총의 선물로서 나타나기를 바라고 그
것에 감사할 모든 기회를 포착하려고 해야 한다. 그런데 이 기쁨은 자기
만의 이기주의적인 것이 아니다. 혼자만의 기쁨은 존재하지 않는다. 기
쁨은 나누는 것이다. 바르트는 기쁨이 사회적인 성격을 지닌다고까지
얘기한다. 그렇다면 자신의 기쁨이 무엇인지 찾아내려면, 남의 입장에
서야 하는 것이 된다.

　　바르트는 기쁨을 인간적인 축제들과 연관시키는 걸 빼먹지 않았다.
그는 안식일에 기쁨의 문제를 제기한다. 그리고 그는 기쁨에 일종의 제
도적인 성격을 부여하여, 기쁨을 누리는 시점들과 기간들이 존재한다고
한다. 안식일에 사람들은 기쁘다. 바르트는 기쁨의 가능성은 하나님 편
에서 허용해야 한다는 점을 역설한다. 먼저 기쁨을 얻으려는 욕구는 천
국의 지복을 지향하는 것이어야 하고 그런 지복을 향한 태도에서 비롯되
어야 한다. 그래서 우리의 기쁨은 '어린양의 혼인잔치'의 궁극적인 커다
란 기쁨이 일시적으로 실현된 것으로 보인다. 현재 우리의 기쁨은 언제
나 대망하는 가운데 생겨나는 것으로서 미래 지향의 기쁨이다. 이어서
이 기쁨은 예수 그리스도를 바라보는 데 그 원천이 있다. 우리는 거기서
예수가 받은 모든 것을 우리를 위해 내어주는 걸 지켜보면서 한없는 기쁨
을 얻는다. 우리는 특별히 이 그리스도인의 기쁨, 하나님이 예수 그리스
도 안에서 우리에게 나타낸 사랑과 은총의 기쁨을 그 동기들에 따라 여럿
으로 확대시켜볼 수 있다. 그래서 이 생명이 하나님의 생명에 참여하는
것임을 삶으로 살고 또 알아가는 기쁨이 있는가 하면, 교회의 형제들이
서로 연합하는 데서 오는 기쁨이 있고, 창조와 구원에 기인한 기쁨이 있
으며, 성령의 선물로서 주어지는 기쁨이 있다. 아시시의 프란체스코, 야

코포네, 십자가의 요한은 그 기쁨에 대해 시편을 따라 인간의 언어로 표현할 수 있는 모든 것을 글로 썼다. 하나님이 기쁨을 원하며 인간에게 기쁨을 일으키고, 인간이 아주 기뻐하는 것은 하나님 앞에서 당연하다는 사실을 환기시키는 것은 분명히 의미가 있다. 또한 그리스도인의 기쁨에 관한 동기들을 환기시키는 것도 의미 있는 일이다.

그러나 그 모든 것이 나에게는 아주 부족하게 여겨진다. 왜냐하면 기쁨은 자유의 양상262)이고 자발성의 표현이기 때문이다. 부족한 것은 바로 그것이다. 중요한 문제는 사실 기쁨에 관해 말하는 것이 아니라 기쁨을 삶으로 살아가는 것이다. 결국 기쁨이 있느냐 없느냐가 문제인 것이다. 바로 이 문제에서 바르트와 나의 차이점이 시작된다. 기쁨이 가능한 여건이 물론 주어져야 한다. 그런데 그 원인들에 관해서는 어떤가? 그 원인은 집단적인 것인가? 또는 어쩌면 제도적인 것인가? 혹은 어떤 상태인가? 바르트가 제기한 이런 여러 가지 질문들에 대해서, 나는 부정적으로 대답해야 한다고 생각한다. 기쁨의 원인들을 나열하는 것은 부질없는 일이다. 행복이나 쾌락과 그 원인들은 확실히 직접적인 연관성을 지니고 있다. 그러나 기쁨은 그 원인들과 무관하다. 사람들은 원인들을 제시하고 상황들을 기술할 수 있다. 그렇지만 기쁨은 그런 것과 하등의 관계가 없다. 나는 가족, 우정, 예술 등에서 기쁨이 직접적으로 생겨나는 것을 보지 못한다. 심지어 하나님의 사랑과 다가올 천국을 바라보는 것을 경험으로 알 수 있고 믿을 수 있지만, 그렇다고 기쁨이 따라오지는 않는다.

반대로 기쁨은 그 모든 원인들을 뛰어넘어 아무 이유도 없이 물질적이거나 영적인 조건과는 상관없이 나에게 엄습할 수 있다. 이 주제는 뒤에

---

262) ▲그래서 바르트는 자유에 관한 그의 논문에서 이점을 언급한다.

가서 다시 살펴볼 것이다. 기쁨은 어떤 상태나 상황이 아니다. 263) 사람들은 기쁨을 영구적으로 누리지 못한다. 우리의 기쁨은 계속성을 띠지 않는다. 기쁨은 와서 폭발하고 엄습하고 뒤흔들면서 인간으로 하여금 자기 자신을 뛰어넘게 하고는, 곧 사라져버린다. 영은 바람처럼 원하는 곳으로 분다. 기쁨은 본질적으로 자유와 자발성의 표현으로서 일순간에 자유의 의식에 도달한다. 내가 자유를 받아들이는 순간 나는 해방된다. 어떤 조건도 필요치 않다. 기쁨은 은총의 자유와 연관된 것이다. "기쁨, 기쁨, 기쁨, 눈물 나는 기쁨이여." "내게서 잠시 멀어져 있다 해도, 그것이 영원히 계속되는 것은 아니다. 확신, 확신, 느낌, 기쁨, 평화." 모든 것은 이런 움직임 가운데 있다.

기쁨은 삶이 제 자리에서 올바른 방향을 향하는 움직임으로 사람들이 그렇게 느끼는 것이다. 사실 성서는 기쁨이 상황이 아니라 움직임과 연관되는 것을 우리에게 빈번하게 보여준다. 그것은 삶의 기쁨이고 탄생의 기쁨이고 축하의 기쁨이고 주는 선물의 기쁨이고 부활의 기쁨이다. 기쁨은 일어나는 어떤 일이나 사건과 연관되어 있다. 성서적으로 기쁨의 순간은 계시와 영원한 하나님의 임재의 순간이다. 그래서 기쁨은 한

---

263) 틸리히는 기쁨에 관해서 주목할 만한 여러 장의 글을 썼다(P. Tillich, *L'être nouveau*). 거기서 틸리히는 쾌락이 실재에서 벗어난 것이라면, 반대로 기쁨은 우리로 하여금 실재의 중심에 있게 한다고 말한다. "기쁨은 자신의 참된 존재 안에서 이루어지는 의식상태 이외에 다른 것이 아니다. 그것이 가능해지는 것은 오로지 우리가 다른 사람들의 실재와 일체성을 찾았을 때이다. 실재하는 것만이 기쁨을 준다. 성서가 때로 우리에게 기쁨을 언급하는 것은 성서 자체가 가장 실재적인 것을 기록한 책이기 때문이다. 기뻐하라는 말은 실재처럼 보이는 것에서 정말 실재하는 것으로 넘어가라는 뜻이다. 쾌락은 환상에 속하는 것이고, 기쁨은 실재와 일치하는 데서 생겨난다." 이 기쁨에서 출발해서, 쾌락도 그 역할과 가치와 가능성을 다시 얻게 된다. 쾌락은 그 자체로서는 전혀 배제할 것이 아니다. 쾌락이 하나님으로부터 나와서 우리를 실재와 연결시켜주는 기쁨과 연관성을 지니게 되면, 그 쾌락은 우리의 자유를 표현하는 것이고 자유에 따라 뭐든지 할 수 있는 능력을 발휘하는 것이다. 틸리히는 아주 적절하게 쾌락의 수용 여부를 정할 기준을 설정한다. "기쁨을 동반하는 쾌락은 좋은 것이다. 기쁨을 저해하는 쾌락은 나쁜 것이다."

순간이나 한 기간 동안 존재의 일체성을 표현하는 것이고, 자기 자신과의 분리와 단절과 이중성이 끝난 것을 나타내는 것이다. 하나님과 화해한 인간은 자기 자신과 화해한다. 그는 아담의 일체성을 다시 얻게 된다. 그래서 사랑은 기쁨을 주는 것이다.

그러나 이 존재의 일체성은, 이미 예수 그리스도 안에서 성취된 것으로서, 이미 확보한 지속적인 상황도 아니고 그렇게 될 수도 없다. 기쁨은 나누는 것이고, 개개인은 이웃에게 기쁨을 줄 수 있는 것을 찾으려고 노력해야 한다는 말이 맞긴 하지만, 기쁨은 집단적인 것이 될 수 없고 사회적인 문제가 될 수 없다. 264) 기쁨이 있다면, 하나님을 찬양하면서 다른 사람에게 그것을 전달하는 것이 좋을 것이다. 그러나 그 기쁨이 다른 사람이 가진 슬픔과 낙담에는 모욕이 될 수 있다는 사실을 유념해야 한다. 이웃을 사랑한다면 이웃으로 하여금 기쁨을 얻도록 노력하는 것이 좋을 것이다. 그러면서 명심해야 할 것은 이웃이 기쁨을 얻을 수 있는 길은 오직 그리스도의 자유에 스스로의 삶을 맡기는 데 있다는 사실이다. 그러나 잘 하면 개인과 개인의 관계에 의한 기쁨은 가능할 수도 있겠지만, 집단적인 기쁨은 결코 있을 수 없다. 마찬가지로 제도화된 기쁨도 있을 수 없다. 우리 시대에는 더 이상 엘리아드, 카이와, 바타유, 르페브르 등이 말하는 의미에서의 축제는 없다. 원초적인 카오스로 회귀하는 무절제한 축제는 기쁨이 아니라 광란을 낳는다. 265) 대중적인 축제들은 쾌락이나 쾌활함을 불러일으킬 수 있지만 결코 기쁨을 불러올 수는 없다. 기쁨의 시간이어야 하는 안식일이나 주일의 축제는 제도화된 탓에 더 이상 그렇지 못하다. 이 주제는 뒤에 다시 살펴볼 것이다. 바꾸어 말해서 기쁨을 삶으로 살기 위해서는 기쁨의 조건들을 맞추는 것으로 충분하지 않다는

---

264) ▲바르트는 이점에서 확실히 행복과 혼동하고 있다.
265) 이 글은 1968년 5월 이전에 쓴 것이다.

것이다. 기쁨을 접하기 위해서 기쁨의 시간과 장소에 참여하는 것으로 충분하지 않다. 정확히 말해서 기쁨은 규칙, 조건, 시간, 장소 등을 벗어난다. 기쁨은 자유의 자발적인 방식으로 생겨날 때 나타나는 것이다.

그러나 여기서 우리는 그럴듯한 잘못된 착각에 주의해야 한다. 이미 살펴보았듯이 행복은 행복의 이데올로기를 낳았다. 이 행복의 이데올로기라는 가공의 상부구조 안에 현대인의 덕행은 사라진다. 이것을 추구하는 것은 자유에 역행하는 것이다. 여기서 항구적인 인간적 유혹에 따라 기쁨의 이데올로기를 세우지 말아야 한다. 우리는 지오노Jean Giono 나 문트Axel Munthe의 작품들에서 그 사례들을 발견한다. 그 자체로 가치화된 기쁨은 단지 디오니소스적인 태도를 취하도록 인간을 유도한다. 그것은 자유가 아니다. 기쁨을 모두가 의지하고 반드시 찾아야하는 일종의 신성을 띤 것으로 만들면, 인간은 절반은 참되고 절반은 거짓된 자발성을 따라 완전히 기교를 부리며 살아가게 된다. 기쁨의 이데올로기는 인위적인 정교성을 유도한다. 그런 까닭에 우리는 또한 기독교적인 기쁨의 이데올로기를 멈추어야 한다. 그것은 아주 무미건조한 도덕주의만큼이나 비참한 결과를 초래할 것이다. 도덕주의도 시작할 때는 겉으로는 기독교 진리와 그리스도인의 삶을 나타내는 외양을 갖추었었다.

그리스도인의 기쁨을 이데올로기화하지 말아야 한다. 왜냐하면 그 기쁨은 지금 여기에 그리스도의 현존이 우리를 구원하고 자유를 얻게 하여 삶으로 살아가게 하는 데서 나오는 것이기 때문이다. 그러므로 우리는 기쁨이 아니라 그리스도를 지향해야 하는 것이다. 이데올로기를 피하게 되면, 기쁨이 우리에게 가득 넘쳐나도록 주어진다. 기쁨은 한이 없고 단순하고 눈에 띄면서, 내가 처한 상황에 흘러넘치고, 목소리와 감각 등의 모든 경로들을 통해 표현된다. 기쁨은 원시적으로 보일 수 있다. 또 사실 그렇다. 이 기쁨은 하여튼 순수하지 않은 조심성을 띠며 눈을 아래로 향한 채 애매한 미소 속에 절제된 의도적이고 신중한 그런 기쁨이 아니다. 대부분의 그리스도인들이 취하는 그런 태도는 기쁨을 이데올로기나 의무사항으로 만들어 버린 것이다. 우리의 보잘것없는 삶에 맞는 너무나 침착하고 조용한 이 기쁨은 다윗이 춤추며 나타내는 기쁨도 아니고, 인간의 역사에서 보이는 하나님의 커다란 웃음에 표현된 기쁨도 아니다. 좋게 말하자면 그것은 친절함, 부드러움, 원만한 성격, 좋은 관계를 나타내는 것이다. 그러나 그것은 기쁨이 아니다. 266)

나와 내가 아는 모든 그리스도인들에게서 내가 확실히 인정할 수밖에 없는 점은 보잘것없는 우리의 삶 가운데, 구원을 받았다는 확신에서 나오는 당연한 만족감을 제외하고는, 기쁨이 결여되어 있다는 사실이다. 그런 까닭에 나에게 중요하게 생각되는 과제는 바르트와 같이 기쁨의 정당성 267)을 입증하는 것이 아니라 반대로 그리스도인들에게 기쁨이 결여되어 있는 사실을 밝히는 것이다. 기독교적 계시가 우리에게 불러오는 기쁨의 원인들을 나열하는 것은 우리의 대답이 될 수 없다. 기쁨이 자발성의 형태로 자유를 발현하는 것이기 때문에 기쁨에는 어떤 원인이 존재하지 않는다는 사실을 알아야 한다. 기쁨은 도래하는 것이다.

기쁨의 결여는 정확히 세 가지 상황 가운데 나타나는 것으로 보인다. 268) 우리는 먼저 "항상 기뻐하라."살전5:16는 명령을 만난다. 이 명령은 기쁨의 자발성과는 모순되는 것으로 보인다. 기쁨은 원인 없이 생겨나는 것인데 어떻게 명령이 있을 수 있는가? 성령의 임재와 연관되는 명령이라면, "주 안에서 항상 기뻐하라."빌4:4는 구절이 있다. 이는 기뻐하

---

266) 1968년 이래로 젊은 청년들 가운데서 기쁨의 이데올로기는 불쾌하고 공격적이며 냉소적이고 도발적인 태도를 야기한다. 그것은 기쁨이 아니고 이데올로기이다(또한 그들은 정말 끔찍하도록 침울하다).

267) ▲이것은 물론 심각한 신학적 문제이고, 또 진실한 개혁주의적인 기독교 국가에서는 중요한 문제일 수 있다.

268) ▲사실의 확인이라기보다는 주관적인 느낌이다.

기 위해 항상 노력하라는 말은 물론 아니고, 성령의 임재 안에서, 주 안에서 살라는 말이다. 그렇다면 그것은 인간이 조처할 수 있는 것이 아니다. 성령의 임재가 있고 우리가 주 안에 거한다면, 우리는 기쁨의 삶을 누린다. 이것이 주 안에 거하는 방식이다. 따라서 우리가 할 수 있는 모든 것은 언약을 받아들이고 이 기쁨의 삶이 우리가 맡은 것임을 깨닫는 것이다. 우리의 삶은 非그리스도인들이 그토록 꺼려하는 하나님의 임재라는 맥없는 권태로움을 따르는 삶이 아니다. 주 안에서 살아가는 사람은 기쁨을 누리는 사람이다. 만약에 내가 그렇지 않다면, 그것은 스스로 생각할 수 있는 어떤 죄악들보다 더 커다란 아주 중대한 문제가 된다.

  기쁨의 결여는 또한 기쁨의 날인 주의 안식의 날에 대해 성서에서 말하는 바를 떠올리게 한다. 앞에서 이미 언급한 바와 같이 주일이 기쁨의 날이 되는 경우는 아주 드물다. 정통 유대교의 안식일이 뛰어난 점은 그것이 기쁨의 축제일이라는 것이다. 이제 주일에 대한 우리의 개념을 판별해 보아야 한다. 대체 무엇이 이 주일을 권태롭고 불편하고 부적절하게 만들어버리는가? 경건행위의 권태와 세상의 쾌락에서 얻는 기쁨 사이에 주일의 양심 성찰이 개입된다. 거기서 또한 우리 앞에 제기되는 문제가 있다. 주일에 예배 때문에 내가 지루하게 된다면, 그것은 무슨 뜻일까? 내가 스키나 영화에 시간을 할애한 까닭에 주일이 약간의 즐거움을 나에게 가져다준다면, 그것은 무슨 뜻일까? 일을 하지 않아서 나 스스로 무엇을 해야 할지 모르게 되기 때문에 주일이 불편하다면, 그것은 무슨 뜻일까? 그것은 진정 주 안에서 자유로운 사람이라는 표지가 되는 것일까? 내가 앞에서 기술한 것과는 반대로, 우리는 어떻게 이 날을 만인이 함께 누리는 진정한 기쁨의 날이 되게 할 수 있을까?

  양심 성찰의 세 번째 사항은 기쁨과 고통의 연관성에 관한 것이다. 269)

---

269) 여러 글에서 키르케고르는 기쁨과 고통의 끊을 수 없는 관계를 밝혀주었다. 그는

그 연관성은 성서 속에 언제나 나타난다. "사도들은 예수의 이름 때문에 능욕을 당하기에 합당한 자로 여김을 기뻐하면서 공회 앞에서 떠나갔다."행5:41 "너희가 갇힌 자들의 고통에 함께 하였고 너희의 재산을 빼앗기는 것도 기쁨으로 당하였다."히10:34 "너희가 여러 가지 시험을 당하거든 온전히 기쁘게 여기라."약1:2 물론 그것은 매번 믿음 때문에 주 안에서 겪는 고통과 관계된 것이다. 그러나 그 고통도 또한 기쁨을 불러일으킨다. 단순한 질문을 던져본다. "우리가 누릴 수 있는 기쁨은 우리 스스로 삶의 밑바닥으로 여기는 상황 가운데서도 계속 남아있을 정도로 성숙함을 지니는 것일까?" 기쁨을 누리는 능력은 동시에 고통을 감당하는 능력인 것을 보여줌으로써 우리는 우리의 기쁨을 입증해야 한다. "고통 앞에서 중요한 것은 믿지 않는 사람과 같은 체념이 아니라 기쁨이다. 우리의 살아가는 기쁨이 하나님이 우리에게 명령하는 기쁨인 것을 입증하려면, 우리는 예수 그리스도의 십자가에 의해 드리워진 어둠을 피하려고 하지 말아야 한다. 그것은 우리에게 주어진 고통 가운데서도 기쁨을 드러냄으로 우리가 표명할 것이다." 270) 이 세 가지 문제들을 통해서 우리는 자유에 관한 임계점에 이르렀다고 말할 수 있을지도 모른다. 세 번에 걸쳐서 우리는 우리가 누리는 자유가 어떤 것인지 시험하고 알아보기 위해 우리에게 주어진 일종의 시험271)을 치른 것이다. 자유를 수용하면서 우리에게 기쁨이 생겨나지만, 이 세 가지 문제에 우리가 긍정적으로 대답할

특히 고통의 복음서의 서문을 제시했다. "Ⅲ. 기쁨은 고통의 학교가 우리에게 영원히 배양시켜주는 것이다. Ⅳ. 기쁨은 하나님 앞에서 인간이 언제나 죄인으로 고통받는 것이다. Ⅴ. 기쁨은 좁아지는 길이라기보다는 고난이 곧 길이라고 할 수 있는 것이다. Ⅵ. 기쁨은 일시적인 고통이 아주 극심할지라도 영원한 환희가 그것을 압도하는 것이라 할 수 있다. Ⅶ. 기쁨은 솔직한 용기가 고통 가운데 세상에서 그 위력을 빼낼 수 있고 스스로 수치를 영광으로, 실패를 승리로 바꾸어놓는 힘을 지니는 것이라고 할 수 있다."

270) K. Barth, *Dogm. XVI*, p. 66 및 그 이하.
271) ▲나는 이것이 형이상학적인 것이 될까봐 늘 두려워해왔다.

수 없는 우리의 실상은 우리가 지닌 자유가 빈약한 상태에 그치고 있음을 나타낸다.

　예수가 우리에게 보여주는 길은 순종의 길이다. "내가 아버지의 계명들을 지켜서 그의 사랑 안에게 거하는 것과 같이, 너희가 내 계명들을 지키면 내 사랑 안에 거할 것이다. 내가 너희에게 이것을 말하는 것은 내 기쁨이 너희 안에 있고, 또한 너희 기쁨이 충만하게 하려는 것이다."요 15:10-11 또한 순종은 다음의 명령에 따르는 것이다. "구하여라. 그러면 받을 것이니 너희 기쁨이 충만하게 될 것이다."요16:24 기도는 주 안에 있다는 표지가 된다. 따라서 우리는 두 번째 단계에 들어선다. 기쁨은 자발성의 표현이지만, 순종을 통해서만 존재하는 것이다. 계명에 순종하는 것이 기쁨을 주는 것이다. 인간적인 면에서 보자면, 자발성과 순종은 상반되는 두 가지 태도들이다. 그리스도 안에서 그리스도인으로 살아가는 데에는 자발성과 순종은 함께 하지 않을 수 없다. 기쁨의 결여는 우리를 자유의 임계점에 다다르게 하면서 동시에 우리에게서 우리의 기쁨을 앗아가는 것은 계명에 대한 우리의 불순종이라는 사실을 깨닫게 한다. 우리의 불순종이 어떠하든 간에 우리는 그리스도에 속하고 그리스도를 위해 살아가는 것이며, 구원 받은 것이다. 이는 이미 우리에게 주어져 있고 이루어진 것이다.

2) 순종

　계명에 대한 순종272)이 자발성과 거리가 멀고 자유가 결여되어 있다

---

272) 물론 나는 여기서 바르트의 순종에 대한 신학적 연구를 다시 꺼내들 마음은 없다 (K. Barth, *Dogm.* XVII). 바르트는 거기서 "참 하나님은 순종한다."는 것을 밝히면서 그것이 하나님의 존재 자체를 구성하는 일부분이고, "성부 하나님과 다른 성자 하나님의 길은 순종이다."라고 주장한다.

면, 필연적으로 율법주의가 되거나 생각 없는 행위가 된다. 하나님의 뜻
에 순종하면서 우리로 하여금 도덕주의에 빠지지 않게 막아주는 것이 바
로 자유이다. 그러나 이미 살펴보았듯이, 역으로 자발성은 제멋대로 행
동하는 것이 아니다. 자발성은 순종이 없으면 기쁨을 낳지 못한다. 그것
은 곧 기쁨을 주는 순종과 자유가 갖는 연관성을 보여준다. 동일한 성서
구절들이 우리가 순종과 동시에 자유를 취해야 한다는 점을 말한다. 아
주 강력하게 우리에게 자유를 역설한 사도바울은 또한 자기 자신을 '그
리스도의 포로'엡3:1라고 기술한다. 또한 우리는 때때로 사도바울이 우리
에게 기술하는 내용이 자유롭게 되는 해방이 아니고 한 주인에게서 또 다
른 주인으로 옮겨가는 것에 지나지 않는다는 느낌을 받는다. 우리는 율
법 아래 있었지만 자유롭게 해방되었다. 그러나 그것은 전혀 우리가 원
하는 바를 행하기 위한 것이 아니다. 우리는 때때로 우리가 해야 할 모든
덕목과 선행이 결국은 익히 아는 율법과 그렇게 다르지 않다는 점을 발견
한다. 우리는 사단이라는 냉혹한 주인의 지배하에 있었다. 그런데 이 까
다로운 하나님은 과연 냉혹함이 훨씬 덜 할까? 물론 앞의 성서구절에서
단순하게 보면 사도바울이 로마인들에게 붙잡혀서 로마인들의 포로가
되었다고 할 수 있다. 그러나 사도바울은 자신이 그리스도의 포로라고
말한다. 또한 이것은 이제 우리는 하나님의 주권 하에 있다는 사실을 전
하는 많은 다른 본문들에 부합한다.

　자유로운 사람인 우리가 어떻게 갇힌 포로가 될 수 있을까? 우리가 우

　"자유가 없는 순종은 노예적 굴종이고, 순종이 없는 자유는 방종이다. 순종은 자
유를 창조주에 연결시키고, 자유는 순종으로 자신의 형상에 따라 사람을 지은 창조
주와 마주하게 한다. 순종은 사람에게 선한 것과 하나님이 자신에게 명령하는 것을
청종하게 하고(미6:8), 자유는 인간에게 스스로 선을 이루어가게 한다. 순종은 선한
것을 알고 성취하고, 자유는 행동하고 하나님에게 선악의 판단을 맡긴다. 순종은
의문을 제기하지 않고 행동하고, 자유는 행동의 의미를 알고자 한다. 순종은 구속
적이고, 자유는 창조적이다."(D. Bonhoeffer, *Ethique*, p. 206).

리를 해방시키고 또 그 근본적인 뜻이 우리를 자유롭게 하며 자유 그 자체라고도 할 수 있는 그리스도의 포로가 된다는 말에는 빠져나갈 어떤 핑계거리도 있을 수 없다. 이 점을 고려하면서 우리는 여기서 말하는 순종이 어떤 것인지 검토할 것이다. 바르트는 이 내용을 더할 나위 없이 효과적으로 요약한다. 273) "우리는 두 가지 차원에서 창조주 하나님의 계명에 대한 순종을 고찰했다. 순종은 인간 공동체 속에서 하나님을 위한 인간의 자유가 된다. 창조주 하나님은 인간을 불러서 기쁨을 누리면서 믿음을 고백하고 기도하도록 초대한다. 또한 하나님은 인간으로 하여금 이웃을 향하게 한다. 그러나 여기서 제3의 차원도 고찰해야 한다. 하나님의 계명에 대한 순종은 단순히 인간이 가진 실존의 자유이기도 하다."

예수 그리스도의 순종

스스로 자유로운 까닭에 우리에게 자유를 주는 예수 그리스도의 자유가 우리의 자유가 되는 것과 마찬가지로, 우리의 순종은 그 원천이자 기원인 예수 그리스도의 순종에 명백히 부합한다. 예수는 완전히 순종적인 아들이었다. 그런데 성부 하나님 274)의 뜻에 순종하면서, 예수는 우리에게 하나님이 무엇을 요구할 수 있는지 보여주었다. 예수는 우리 각자로 하여금 자신의 구원과 순종을 향해 나아가도록 스스로를 투신했다. 어찌됐든 우리는 예수가 살아있고 통치한다는 사실 때문에 우리에게 요구되는 단 한 가지 일에 순종한다. 다른 모든 의무들은 다 왜곡된 것들이다. 그런데 우리를 향한 하나님의 명령과 그리스도의 순종이 밀접한 연관성을 가진다면, 그것은 하나님에 의해 계시된 중대한 원칙 때문이다. 이 원칙은 우리가 알고 있는 것으로서 하나님은 하나님이 명하는

---

273) K. Barth, *Dogm. XVI*, p. 2.
274) ▲하나님은 자비함으로 우리를 돌아보셨다.

것을 주고, 하나님이 우리에게 바라는 것은 우리를 위해 하나님이 원해서 행한 것이라는 원칙이다. 순종적인 아들이 우리를 위해 모든 의를 이루었기 때문에 우리는 하나님의 한 가지 요구를 받아들이게 된다. 하나님은 먼저 그리스도 안에서 필요한 모든 일을 다 행했다. 그래서 하나님은 우리에게 매몰찬 채권자가 아니라 이미 모든 것을 행한 존재로서 원하는 것을 제시할 수 있다. 우리는 사면을 받았다. 우리는 우리의 '원함과 행함'을 통해서 이 은총을 갚아야 한다. 왜냐하면 이 은총으로 인해서 우리는 그 요구를 받아들여야 하는 존재가 되었기 때문이다. 하나님은 우리에게 주어진 은총인 그리스도의 순종이 전제되지 않는 순종의 요구를 하지 않는다. 정확히 그것이 은총의 요구인 까닭에 우리는 그리스도의 지배하에 들어간다. 그것은 우리를 예수 그리스도의 소유가 되게 한다.

그러나 하나님의 계명에 의해 우리가 예수 그리스도와 관계를 맺게 되는 것이 "우리의 삶이 해방된 자유로운 삶이 되게 하려는 것이라면, 모든 관계는 하나님의 말씀에 대한 관계로 받아들여질 수 있다. 다만 그 관계에서 우리가 가지게 되는 특별한 의무는 우리로 하여금 무엇보다 예수 그리스도와 결속하며 그와 일대일로 관계를 맺고 자유를 얻게 하는 것이어야 한다." 275) 그렇다면, 유일하게 순종적인 예수는 또한 유일하게 의로운 인간이 된다. 왜냐하면 하나님의 창조세계 속에서 의로움은 피조물의 순종 276)이기 때문이다. 죄는 피조물의 반역으로서 불의한 것이다. 순종함으로써 인간이 하나님의 피조물의 실상에 합당하게 될 때에 비로소 인간은 자유로운 가운데 살아가고 활동한다. 인간의 개인적인 결정들은 하나님의 결정에 부합해야 한다. 독립적인 결정을 내리려는 의지 때문에 인간은 실제로는 자신의 자유를 상실하고, 하나님의 피조물의

---

275) K. Barth, *Dogm. IX*, p. 102.
276) ▲물론 굴종은 아니다.

실상에 합당하지 않게 된다. 그것이 불의한 것이다. 그래서 모든 인간은 불의하다. 유일하게 의로운 삶은 순종적인 동시에 자유로운 인간의 삶으로서 하나님을 위한 피조물의 마땅한 본분을 보여준다. 그렇게 해서 그는 화해를 이룩하는 동시에 하나님의 의가 이 땅위에 실현되게 한다. 그러므로 예수 그리스도 안에서 우리는 자유와 순종이 일치를 이루는 것을 발견하게 되고, 예수 그리스도를 통해서 그런 삶이 가능하게 된다.

　그러나 우리가 말하는 순종은 하나님의 계명에 전적으로 투신되는 삶을 의미한다. 모든 계명들에 삶 전체가 투신된다. 그것은 또한 그리스도 안에서 우리가 목격하는 것이다. 그리스도는 모든 의를 성취했다. 복음서가 언제나 강조하는 것은 성서 전체의 말씀이 성취되기 위해서 하나하나의 일이 이루어져야 했다는 점이다. 따라서 순종은 우리의 일시적인 기분에 따른 것도 아니고 부분적인 것도 아니다. 우리의 순종은 하나님을 대신하는 외적인 혹은 임의적인 요구에 따른 것이 아니다. 그런 요구 앞에서는 우리는 우리의 입장을 분명히 취해야 한다. 은총과 율법을 분리시키고 계명과 인간을 분리시키려는 강박관념에서 벗어나야 한다. 계명은 취하거나 버리는 물건과 같은 것이 아니다. 우리는 우리를 부르고 사랑하고 용서하는 하나님의 말씀을 통해서 부름을 받고 사랑과 용서를 받은 사람들이다. 그러므로 우리의 존재는 우리 각자 안에 역사하는 이 말씀에 대한 응답 이외의 다른 것이 될 수 없다. 그 응답은 필연적으로 그 말씀에 대한 순종이나 불순종이 될 것이다. 주 하나님을 마음과 뜻과 정성과 힘을 다하여 사랑하라는 계명이 우리에게 말하는 바가 바로 이것이다. 나는 단지 있는 그대로의 내 존재로서 주 하나님을 사랑할 수밖에 없다. 277) 하지만 확실히 그것은 내 존재 전부를 다 바치는 것이다. 만약에 전적으로 순종적이지 않다면, 나는 순종적이지 않은 것이다.

---

277) ▲다시 말해서 순종하는 것이다.

순종은 내가 할 수 있는 모든 것들과 연관되어 있다. 따라서 나는 내 적성과 능력이 무엇인지 찾아서 하나님 앞에서 그것들을 통한 순종의 길을 숙고해야 한다. 거기에 핵심적인 요소가 있다. 사회는 나에게 어떤 특정한 일과 어떤 특정한 활동을 요구하면서 내 능력의 어떤 부분들을 개발한다. 그러나 그것이 과연 나 자신인가? 그렇게 함으로써 어쩌면 나는 내 소질과 재능의 어떤 부분들을 경시하고 포기하며 부정하게 된 것이 아닐까? 그런데 하나님을 위해서는 어떤 것도 부정되거나 포기되어서는 안 된다. 그러므로 계명에 내 존재 전부를 다 하여 순종하기 위해서, 나 스스로 새로운 행동과 전적인 참여를 위한 나 자신의 실제 능력들을 발견하고, 오랫동안 잊고 있었던 어린 시절의 재능을 다시 찾아야 한다. 그렇지 않으면 사회가 요구하는 것과 동일한 현재의 능력으로 하는 우리의 순종은, 실제의 우리 자신에 비해 저하된 자의적이고 우발적인 능력으로 순종하는 것이 된다.

그렇다면 순종은 외적인 행위만이 아니라 우리 존재 전부에 해당하는 것이기 때문에, 그것은 나 자신 안에, 서문에서 이미 말했듯이, 중립적인 것은 있을 수 없고 중립적인 행위란 아예 존재하지 않는다는 사실을 뜻한다. 계명을 통해 표현된 은총을 앞에 두고서, 나는 필연적으로 순종하거나 불순종한다. 그것이 나의 응답이다. 다른 것은 있을 수 없다. 하나님 앞에서 결정의 의무를 면제 받았다는 걸 의미하는 중립적인 행동이란 존재하지 않는다. 왜냐하면 그것은 행위의 영역이 아니라 존재의 영역에 해당하기 때문이다. 관건은 순종의 행위가 아니라 순종적인 존재이다. 하나님이 어떤 일을 명하실 때 하나님이 요구하는 것은 그 인간의 삶 전부이다. 세세한 것은 내가 하나님에게 속한다는 사실을 실제적으로 구체적으로 인정받게 하기 위한 것일 뿐이다. 따라서 나는 전적으로 순종하는 사람이거나 전적으로 불순종하는 사람이다. 아무래도 상관없는 요소는 없고, 특히 생각의 중립성이란 있을 수 없다. 하나님이 원하는 것과 원하지 않는 것 사이에, 하나님이 예수 그리스도 안에서 우리를 위해 택한 것과 버린 것 사이에, 제3의 항목이 존재할 수 있겠는가? 그래서 주일에는 그리스도인이고 평일에는 직장인이라는 식으로 삶을 부분들로 나누는 것과 같은 습관적인 태도는 당치않은 것이다. "실험실에 들어가기 전에 탈의실까지만 자신의 신념을 간직해라."는 말은, 곧 평범한 한 사람이 될 수 있도록 어떤 시간에는 그리스도인인 것을 포기하라는 말과 같다. 주께 봉사하는 일을 충분히 했기에, 삶의 어떤 시점에서 안식278)을 취한 권리가 있다고 생각하는 것은 아주 일반적인 태도이지만, 새로운 존재인 자유로운 인간의 순종이라는 관점에서는 받아들일 수 없는 것이다. 그러므로 '가벼운 멍에'에 대해 이탈이나 중립이나 독립의 입장을 취하는 것은 있을 수 없는 일이다.

순종과 자유의 관계

우리 존재와 관련해서 이 철저한 순종에 대한 일반적 반응이 어떨 것인지 나는 잘 알고 있다. 합리적인 인간적인 관점에서 자유와 순종은 당연히 모순된다. 그런데 하나님 편에서 이는 틀린 말이며, 정반대로 자유와 순종은 끊을 수 없이 밀접하게 연관되어 있다. 보봉279)은 이점을 명확히 제시한다. 그는 자유를 순종의 열매로 삼는 바리새인들과는 반대로, 예수는 순종을 자유의 한 항목으로 삼는다고 한다. 순종이 자유가 되게 하는 것은 바로 하나님의 말씀280)의 자유이다. 우리가 이미 서두에 언급한 내용을 다음의 인용문으로 다시 확인한다. "절대적이고 본질적

---

278) ▲자기 안에 틀어박히는 것을 뜻한다.
279) [역주] F. Bovon, 『자유의 윤리』의 각주 220에 나온 내용을 참조할 것.
280) ▲이는 언제나 계명이다.

인 참된 자유는 오직 하나님의 말씀의 자유일 뿐이다. 이 말씀의 자유는 우리 자신의 자유를 인증하고 제한하는 것과 동시에 그 간접적이고 상대적이고 비본질적인 성격을 부각시키는 근거가 된다. 하나님의 말씀 자체가 자유이자 자유의 근원인 까닭에 그 말씀을 듣고 받아들이는 곳에 인간의 자유가 존재한다. 하나님의 말씀에 의해 야기되어 생겨난 인간의 자유는 그 근거인 실재하는 말씀에 어긋날 수도 없고 거스를 수도 없다. 인간의 자유는 완전히 하나님의 말씀에 따르는 자유이다. 하나님의 말씀을 믿고 받아들이고 증언할 때, 사람들은 그 말씀에 복종하고 순종하는 것만이 아니라 복종하고 순종하는 가운데 말씀의 자유에 참여하게 된다."281) 그것이 신학적인 근거가 된다.

그러나 순종은 언제나 선택이고 결단이라는 바르트의 주장에 대해서 나로서는 그 타당성을 인정하기 어렵다. 바르트는 그래서 인간은 그리스도의 주권을 인정하게 되고, 순종은 곧 자유가 된다고 한다. 나는 그의 주장에 대해 두 가지 점에서 반대한다. 하나는 먼저 이미 살펴보았듯이 자유는 사실 선택 상황에 부합하지 않는다. 더 나아가 비록 시작은 자유로운 행동이지만 이어지는 상황은 의존적인 상황이 될 수 있다고 말할 수 있다. 그런데 내가 핵심적으로 중요하다고 보는 것은 순종 없는 자유는 존재하지 않고 동시에 자유 없는 순종도 존재하지 않는다는 사실을 깨닫는 것이다. 나는 그 연관성은 아주 달리 수립된다고 본다. 사실 우리를 자유롭게 하고 더더욱 자유롭게 되라고 명령하는 것은 우리가 순종해야 하는 계명 그 자체이다. 한편으로 하나님의 계명은 우리를 굴종시키는 것이 아니고 굴종의 상황에서 우리를 벗어나게 하는 것이다. 계명에서 멀어지는 것은 소외의 세계에 들어가 있는 것이다. 무언가를 지시하는 계명은 우리에게 자유와 생명의 길이 어떤 길인지 유일하게 알고 있는

---

281) K. Barth, *Dogm. V*, pp. 216-127.

하나님의 말씀이다. 하나님은 우리에게 외적인 하나님의 뜻을 강요하지 않고, 우리가 자유롭게 살아갈 수 있는 방법 282)을 우리에게 보여준다. 하나님은 우리를 새로운 세계인 하나님의 나라에 들어가게 하여 그것이 우리의 삶이 되게 한다. 계명은 은총으로 우리가 들어간 세계의 경계를 우리에게 보여준다. 우리는 단지 그것을 받아들이면 된다. 선택에 의해 부름 받은 우리가 얻은 자유 안에서만 하나님은 우리에게 무언가를 하라고 말씀한다. 왜냐하면 우리가 얻은 자유 안에서 삶을 굳건히 하고 자유를 표현하는 일이 우리에게 가능하게 되기 때문이다.

계명은 정확히 그리스도 안에서 얻은 자유를 수용하는 방법을 제시한다. 계명을 통해서 하나님은 이 자유를 실제적으로 행사하도록 우리를 초대한다. 이미 살펴보았듯이 스스로는 이 자유를 수용할 수 없는 우리 자신의 무능력과 나약함과 어려운 장애 때문에, 확실히 우리는 하나님의 초대를 필요로 한다. 계명과 계명에 대한 순종이 없이는, 우리 스스로 이 자유를 수용할 수 있는 능력은 실질적으로 제로에 가깝다. 그것이 자유가 순종 없이는 불가능한 이유이다. 283) 역으로 계명에 대한 순종은 우리로 하여금 자유 가운데 들어서게 한다. 왜냐하면 이미 살펴보았듯이 하나님의 모든 계명은 우리에게 자유를 명하는 것으로 귀결되기 때문이다. 여기서 자유를 명하는 수많은 성서구절들을 나열하는 것은 무의미하다. 이미 분석했다시피 계명들이 곧 자유를 명한다. 계명들은 전부가

---

282) ▲우리 스스로는 알 수 없는 것이다.

283) 네헤르는 자유의 순종의 관계를 완벽하게 설명했다(A. Neher, *L'essence du prophétisme*). 예언자는 하나의 짐을 지고 있다. 그것이 예언자가 가지는 자유로운 사람으로서의 특징이다. 그 짐을 내려놓고 벗어나려고 하자마자, 예언자는 자유로운 사람이기를 멈추게 된다. "자유와 필연성의 변증법을 담고 있어야 예언은 참된 것으로 인정된다... 거짓 예언은, 길이 멀고 경치가 수려하며 하나님이 보이지 않게 숨어있는 까닭에 예언자가 완전히 독립적이 되어서 행하는 예언이다." 예언자는 자유와 독립과 인간의 영원성이라는 환상에서 벗어남으로써 비로소 자유로운 사람이 된다.

다 자유를 향한 순종으로 수렴된다.

그러므로 실제적으로 순종이 없는 자유는 존재하지 않는다. 계명에 대한 순종이 자유를 억제하지 않는다는 점은 확실하다. 왜냐하면 자유는 결코 하나님이 명하는 자유 이외의 다른 것이 될 수 없기 때문이다. 따라서 자유는 모든 점에서 그 안에 순종을 지니고 있다. 하나님과 다른 존재나 명령에 따르는 다른 모든 순종은 자유의 반대가 된다는 것은 자명한 사실이다. 그러나 이미 살펴보았듯이, 인간을 향한 하나님의 뜻이 구체적이고 개개인에 따라 특별하고, 하나님은 무턱대고가 아니라 특정한 사람에게 특정한 일을 원하기 때문에, 자유는 한계가 있다. 하나님은 한 인간에게 명령과 계명을 낼 때 선택한다. 인간의 자유는 이 하나님의 선택의 테두리 안에 있다.

그러나 이 하나님의 선택이 없으면 자유도, 자유의 가능성도 없게 된다는 점을 잊지 말아야 한다. 왜냐하면 그것은 그리스도 안에서 구원의 선택이기 때문이다. 칭의와 성화의 복음을 받아들일 때 우리는 동시에 거기서 연유하는 하나님의 명령을 받아들이게 된다. 우리가 성화의 복음을 받아들이지 않는 만큼 우리는 선과 악을 자유롭게 선택하는 것을 생각할 수 없다. 그러나 거꾸로 우리가 복음을 들었을 때 우리는 그 명령에 순종하도록 인도되고, 최종적으로 우리를 자유롭게 하는 유일한 일을 실행한다. 그것은 자유의 열매이다. 바르트는 말한다. "자유롭지 않았을 때만 우리는 불순종할 수 있었다. 불순종은 선택이 아니다. 불순종은 진정한 자유를 가지고 선택할 수 없는 인간의 무능력을 나타내는 것일 뿐이다." 그러나 그것은 자유와 하나님의 영광과 이웃 사랑의 관계에 대해서 우리가 앞에서 이미 언급한 모든 바와 일치한다. 자유는 순종과 분리될 수 없는 까닭에 인간의 변덕이나 현대인이 주장하는 독립성 284)이나

---

284) 독립성과 자유의 차이에 관해서는, 1966년 4월에 대학 교구의 가톨릭의 날에 열린

영성가와 신비가들의 신비적 계시론에 전혀 부합하지 않는다.

순종의 영향

순종과 자유가 서로 연관성을 지니고 있다면, 그 영향들을 알아보아야 한다. 먼저 첫 번째로 여기서 말하는 순종은, 어쩌면 강조해서 말할 필요도 없겠지만, 성서를 통해 우리에게 전해지는 하나님의 말씀에 대한 순종일 수밖에 없다. 우리 자신이 하나님의 말씀이 어떻게 우리에게 전달되는지, 하나님의 말씀이 어떻게 교회를 다스리는지 스스로 자문해 본다면, 그 유일한 대답은 자유로운 순종으로 우리가 순종하는 가운데

리쾨르(Ricoeur)의 강연을 언급하는 것이 적절하다. 여기서 나는 그 강연의 원문은 보지 못했고 다만 두 개의 보고서를 통해서 알게 되었지만 그 내용이 리쾨르의 전체적인 사상에서 벗어나지 않은 것 같았다는 점을 밝힌다. 리쾨르는 믿음의 순종이 현대인이 알고 있는 독립성에 반하는 것이 아니고 오히려 그 진정한 근거가 된다는 점을 밝히려고 했던 것 같다. 순종의 뿌리는 침묵 속에서 경청하는 데 있다는 것이다. "나는 침묵하면서 경청하는 가운데 존재한다." 그러나 말씀이 의미들의 교환 수단이라는 점에서 경청을 통해 순종하는 것은 현명한 것이다. 순종은 의미들을 받아들이기 위해서 그 뜻을 해독하는 데 있다. 그러므로 순종은 독립적인 사유의 요소들을 포함한다. 그래서 리쾨르는 "경청 속의 순종과 지성의 자유로운 자발성이 끝없이 순환하는 운동"을 언급했던 것 같다. 그러나 말씀은 단지 경청하고 이해하는 대상에 그치는 것이 아니다. 말씀은 활동하고 살아있고 힘을 지닌 것이다. 말씀은 마음보다 더 깊은 곳에 닿아 회개를 부른다. "말씀의 놀라운 점은, 그것이 인간이 순종과 독립성이 분리되지 않고 일체를 이루는 삶을 살아가는 장소이자 환경이자 요소가 된다는 점이다." 이것이 리쾨르의 주장을 요약한 것이라면, 나는 전체적으로 동의하지 않는다. 리쾨르는 인간적인 태도(순종-경청-독립성)에서, 즉 하나의 전체적인 철학적 개념(말씀과 현상학에 관한)에서 출발하여 신학적인 결론들을 추론하거나, 기독교적인 결론들(예수의 말씀은 인간의 말을 뛰어넘는 것이다)에 이르려고 한다. 나는 그것을 거꾸로 뒤집는 것이 맞다고 본다. 중요한 것은 경청이 아니라 은총이다. 내가 전체적으로 동의하지 않는 또 다른 사항은 리쾨르가 인간의 사회적인 상황을 고려하지 않는다는 점에 있다. 인간은 지성의 자유를 어디서 끌어오는가? 지성은 죄 가운데 있으므로 노예이다. 현대인이 주장하는 독립성은 순종과는 거리가 먼 것으로서 아담의 행위, 즉 불순종을 단순히 반복하는 것에 지나지 않는다. 우리의 주장은 확인된 사실에 부합한다. 나는 어디서 지성의 자유를 발견하는가? 나는 어디서나 순응주의만을 목격할 뿐이다. 나는 어디서 독립성을 실현시킬 것인가? 나날이 현대인을 계속해서 결정짓는 것은 필연성일 뿐이다.

그런 일이 일어난다는 것이다. 사실 하나님의 말씀에 따르는 자유285)는 독립이나 해방이 될 수 없다. 그럴 때에야 비로소 성서는 자유롭게 받아들여지면서 하나님의 말씀이 될 수 있다. 286)

두 번째로 이 순종의 자유는 인간으로 하여금 새로움으로 나아가게 한다. 요한이 말하듯이 계명은 언제나 '옛것'인 동시에 '새것'이다. 하나님의 부름과 인간의 순종은 인간을 새롭게 하고 또한 그 행동과 행동 여건을 새롭게 한다. 순종의 상황들은 결코 율법이 되어버리는 하나의 죽은 계명으로 고정되어 있지 않다. 하나님의 말씀을 듣는 인간은 결코 미리 자신의 행동의 영역을 알지 못할 것이다. 그는 그걸 찾을 수 없고 계명이 자유로운 순종이나 순종하는 자유에 열어놓는 가능성들을 발견할 수 없다. 바꾸어 말하자면, 순종은 결코 우리가 역설하는 바, 창조와 혁신과 미래로의 기투라는 자유의 특성을 제약하지 않는다. 반대로 계명이 우리에게 그런 역할을 한다면, 그것은 우리가 계명을 율법으로 해석하여 죽은 율법으로 축소시켰다는 걸 의미하는 것이다. 따라서 우리는 그 계명에 순종하지 않았던 것이다. 거꾸로 진정한 순종은 우리가 언제나 계명을 새롭게 받아들이는 것을 전제로 한다. 계명이 단순히 우리가 해야 할 바를 규정하는 율법이 아닌 까닭에, 또 우리는 계명을 자유로운 가운데 즉, 지금 여기서 해석하여 받아들여야 하는 까닭에, 우리는 순종과 함께 이 자유의 태도를 발견하게 된다. 이미 앞에서 기술한 바와 같이 이 자

---

285) ▲말씀에 따르지 않는 그리스도 안의 자유는 있을 수 없다.

286) 그 근본적인 이유는 예수 그리스도 안에서 이루어진 하나님과 인간의 관계 안에 있다. 예수는 하나님 앞에서 자유로운 가운데 순종하는 사람으로 서 있다. 순종하는 가운데 예수는 자신에게 부과된 율법을 철저하게 준수하면서 성부 하나님의 뜻을 성취한다. 자유로운 가운데 예수는 눈을 크게 뜨고 기쁜 마음으로 완전히 개인적인 결단을 통해 하나님의 뜻에 '예'라고 대답한다. 그것은 마치 예수가 스스로 그 뜻을 다시 수립한 것과 같다(D. Bonhoeffer, *Ethique*). "순종하는 가운데 인간은 하나님의 십계명을 준수하고, 자유로운 가운데 인간은 새로운 십계명을 만들어낸다."(Luther).

유의 태도는 새로운 상황에 열려있는 융통성을 준다. 하나님의 말씀에 대한 진정한 순종은 관행에 대한 무자비한 투쟁이다.

　세 번째로 순종이 자유에 대해 우리가 알 수 있었던 것과 얼마나 많은 연관성을 갖는지 밝히기 위해 우리가 강조할 수 있는 점은 다음과 같다. 이미 말했듯이 자유는 당연히 자유 자체에 대해 비판적이어야 한다. 그런데 그 점에서 우리는 바로 순종의 역할을 발견한다. 왜냐하면 하나님의 말씀에 대한 순종은 우리의 독립적인 결정이 얼마나 큰 문제를 안고 있는지 우리가 알아야 하는 것을 의미하고 함축하며 독려하기 때문이다. 우리는 물론 인간적인 지혜를 가지고 언제나 결정들을 내린다. 그러나 그 결정들이 조금이라도 하나님의 사랑과 연결되어서, 그리스도 안의 자유에서 연유한 것인지 우리는 확신할 수 있는가? 사실 우리는 하나님의 말씀에 대한 순종적 태도를 통해서 그 확신을 얻게 될 것이다. 실제로 이 순종은 하나님의 결정에 의해서 문제제기가 되는 것은 바로 내가 내린 결정이라는 사실을 우리가 알게 되는 순간부터 시작된다.

　"우리는 계명의 제약이 없이는 우리 스스로 결정을 감히 내릴 수 없다. 우리가 오늘도 어제와 같이 하나님의 심판 아래 있듯이, 어찌됐든 간에 우리는 내일도 같은 처지에 있을 것에 대비하고 있다. 어떤 방식으로 우리는 하나님의 계명 안에서 우리 자신의 결정을 기다리는 하나님의 결정에 맞게 대처할 수 있을까? 이론적이지도 않고 관조적이지도 않은 자기 점검을 우리가 할 수 있게 될 것이라는 점에서, 이 태도는 우리의 결정들 사이에 일종의 빈 공간을 두게 하지 않는다. 이 태도는 그 결정들을 구성하는 일부분이 된다. 그 태도는 언제나 이론이 아니라 실천에서 나온다." 287) 이와 같이 순종은 엄격히 자유에 대한 결정적인 기준점이 된다. 그렇지 않으면, 앞에서 이미 말했듯이, 자유는 존재하지 않게 된다.

----

287) K. Barth, *Dogm. IX*, p. 128.

왜냐하면 우리가 순종하는 하나님의 말씀은 우리의 자유의 기반이 되는 동시에 우리의 자유를 심판하기 때문이다.

순종과 자발성

우리가 자유와 순종의 관계에 대한 연구를 자발성이라는 자유의 특별한 측면에서 진행했던 것은 실질적으로 자유와 순종의 관계가 이론적이지 않고 실천적이기 때문이다. 우리는 그 사실을 순종에 관계되는 면에서는 쉽게 포착할 수 있다. 왜냐하면 순종은 다만 실천적인 순종적 행위로 나타나기 때문이다. 그러나 전반적인 자유를 언급할 때 우리는 언제나 자유의 추상적인 관점에 다시 빠질 위험이 있다. 우리는 자유롭게 살아가는 습관이 거의 없기에 자유는 우리에게 형이상학적이거나 영적인 것을 연상시킨다. 그런데 구체적인 순종 앞에는 동일하게 구체적인 자유를 제시해야 한다. 그런데 가장 구체적이고 가장 직접적으로 경험되는 형태로서 아주 빠르게 그 존재 여부를 확인할 수 있는 것은 다양한 양상을 띠는 자발성이다. 또한 순종이 의미를 가지는 것은 바로 이 자발성의 차원에 있다. 다시 말해서 하나님의 말씀이 우리의 삶 안으로 들어오고, 돌 같은 가슴이 부드럽게 변화하고, 율법이 돌판에서 우리 마음속으로 옮겨진 것을 나타내는 표지는 바로 이 자발성 안에 있다. 우리의 순종은 자발성을 띠지 않는다면, 의무와 강제를 망연히 답습하는 것에 지나지 않게 된다. 자발성은 우리로 하여금 계명을 즐거운 놀이와 기쁨과 감사와 새로움과 상상력으로 경험하게 하지 않는다면, 조롱과 탈선과 그리스도 안의 자유를 흉내 내는 것에 그치게 된다. 그것은 의심의 여지없는 시금석이 된다. 우리는 그리스도 안의 자유에 대한 담론을 한없이 펼칠 수 있지만[288], 관건은 그것을 우리가 삶으로 실천하는 것에 있다. 우

---

288) ▲나 자신이 그렇게 했다.

리는 우리의 자유에 대해서 스스로를 끝없이 속일 수 있다. 이미 살펴보았듯이, 그것이 그리스도인들과 교회가 끝없이 반복하는 것이다.

그러나 자발성에 대해서는 작은 테스트만 하면 된다. 여기서 사람들은 스스로를 속일 수 없다. 우리가 힘든 의무를 대하듯이 순종하는 자세로 예배에 임한다면, 우리가 맥 빠지는 고역처럼 여기며 순종하는 자세로 주일을 지킨다면, 우리가 그리스도인으로 해야 할 의무이기 때문에 성서를 읽거나 기도를 드린다면, 우리가 믿음 안의 형제들을 지겨운 마음으로 대한다면, 우리가 돈을 아까워하면서 증여한다면, 우리가 정치에 열정적으로 참여한다면, 우리가 다른 여자들을 취하고 싶은 은밀한 욕망을 숨긴 채로 우리의 아내들에게 정직하고 충직하다면, 그 모든 우리의 순종적인 행위들은 명백하게 자발성이 결여된 것으로 드러난다. 다시 말해서 우리의 행위에는 어떤 자유도 없으며, 따라서 순종도 존재하지 않는다. 왜냐하면 순종은 실제로 자유에 의해서 존재하는 것이기 때문이다. 그래서 자발성은 자유의 가시적인 표지인 동시에 순종의 결정적인 기준점이다.[289] 자발성은 우리로 하여금 코미디를 연출하지 않게 하고 위선을 부리지 못하게 한다. 우리가 자발성에 의해서 자유의 삶을 산다면, 우리의 순종은 괜찮은 것이다. 그렇지 않다면, 순종하는 것이 무의미하다. 우리는 실제로는 순종하지 않는 것이다. 그걸 이해하기 위해서는 이런 측면에서 자유를 바라보는 것이 중요하다. 왜냐하면 그렇게 하여 쉽게 분간할 수 있는 자유의 실천적인 측면을 통해서 순종의 실천적인 측면을 알아볼 수 있게 되기 때문이다.

---

289) ▲앞에서 얘기했던 말, 즉 순종은 자유의 결정적인 기준점이라는 말이 역으로도 성립된다.

3) 책임

하나님의 질문과 인간의 응답

우리는 앞에서 자유와 순종의 관계를 그려보았다. 그러나 사실상 그 둘 사이에 중심축이 되는 것은 책임290)이다. 책임은 사실 자유와 순종에 개입해 있고, 자유와 순종의 변증법은 책임을 통하여 작용한다. 본회퍼가 잘 분석했듯이 자유와 순종은 책임과 연계되어서 구체적인 입지를 얻는다. 사실상 윤리에서 책임을 다루는 것은 오로지 자유와 순종을 결합할 때 가능하다.

그렇다면 우리가 말하는 책임의 의미는 무엇인가? 확실한 것은 먼저 판에 박은 의미들은 멀리 해야 한다는 점이다. 성서는 아주 분명하게 인간의 책임은 정확히 하나님이 묻는 질문에 응답하는 것을 받아들이거나 거절하는 데 있다고 전한다. 하나님이 인간에게 말할 때는 먼저 질문으로 시작한다. 하나님은 아담에게는 "너는 어디에 있느냐?"고 묻고 가인에게는 "네 형제를 어떻게 했느냐?"고 묻는다. 그럼으로써 하나님은 아담을 향한 질문을 통해서 우리 자신에 대한 우리 스스로의 책임을 설정하고, 가인을 향한 질문을 통해서 이웃에 대한 우리의 책임을 수립한다. 이와 같이 하나님은 연대성과 같은 자동적이고 당연한 방식으로가 아니라

---

290) 20여 년간 책임에 대한 연구논문들과 저서들이 수도 없이 많았다는 사실은 아주 놀라운 일이다. 그것은 지속적으로 원용되는 개념이다. 내 방식으로 해석하자면, 어쩌면 실제로는 책임을 그만큼 적게 지고 있기 때문인지도 모른다. 에큐메니컬 공회는 '책임 있는 사회Société Responsable'라는 핵심 개념을 만들었다. 그러나 정작 그것이 의미하는 것이 무엇인지 잘 알 수 없다. 왜 사람들이 책임을 느끼게 될까? 무엇 때문에 사람들에게 책임이 있는가? 대체 책임이란 무엇이란 말인가? 내가 읽은 책들의 저자들은 모두 다 모호함 속에서 그 말 자체가 어떤 내용을 지니기라도 한 듯이, 명백한 뜻이 있는 듯이, 일체의 추론들을 개진한다. 심지어 시몬 보부아르조차도 프롤레타리아 앞에 책임이라는 개념을 부각시키고 있다(Simone de Beauvoir, *Pour une morale de l'ambiguïté*). 그러나 그 근거가 무엇인지는 정말 알기 어렵다.

우리를 향한 질문을 통해서 이웃과의 관계를 세운다. 인간은 그 질문에 응답하는 것을 받아들이는 순간 자신의 책임을 수용하게 된다. 그런데 성서는 아담과 가인과 같이 때로 인간이 응답을 거절하는 경우를 보여준다. 거기서 인간이 응답을 하지 못하는 정확한 까닭은 자신의 응답이 곧 자신을 정죄하는 것이 되기 때문이다. 응답함으로써 인간은 자기 자신을 정죄하게 되는 것이다. 그러면 인간은 참으로 책임을 지게 된다. 그런데 응답하지 않음으로써 인간은 자신이 책임 있는 존재가 아니라는 걸 천명하는 것이다. 다시 말해서 그는 더 이상 교제와 대화와 사랑을 필요로 하는 하나님의 형상을 지닌 존재도 아니고, 창조세계의 책임을 맡은 관리자도 아니고, 결국 사람도 아니라는 것이다. 이것이 아담과 가인이 응답을 포기함으로써 우리에게 알려주는 내용이다.

그런데 하나님이 인간에게 묻고 책임을 지우는 질문들은 성서에서 계속 새롭게 주어지며, 예수 그리스도에서 정점에 달한다. "너희는 나를 누구라 하느냐?" 이 질문은 결정적으로 우리를 책임 있게 하는 것이다. 여기서 우리는 아무런 핑계도 댈 수 없으며 우리 스스로 결정해야 한다. 그런데 이 질문 앞에서 인간은 그냥 대답할 수 없다. 응답을 받아들이는 것은 곧 우리의 불의를 인정하고 유죄를 수용하는 것이다. 인간이 응답할 수 있다면, 그것은 예수 그리스도가 그 모든 질문들을 대신 받아서 우리를 위해 응답했기 때문이다. 우리가 응답할 수 있다면, 그것은 예수 안에서 하나님과 우리 사이에 공통의 척도가 수립되었기 때문이다. 그렇게 됨으로서, 우리는 응답할 수 있게 되고 책임을 가질 수 있게 된다. 그러므로 결코 우리는 인간을 무책임하다는 이유로 비난하지 못한다. 인간은 정상적으로 당연히 무책임한 존재이다.[291] 예수가 대신해서 하나님이 묻는 질문을 맡았기 때문에 우리는 예수가 우리에게 묻는 질문에 응

---

291) ▲인간이 독립을 원해서 불순종하여 소외를 낳았다는 사실에 기인한다.

답할 수 있다. 바로 그 이유 때문에, 오직 그 이유 때문에 우리가 책임을 맡는 것이 가능하게 된다. 우리가 응답하는 것을 받아들이면, 우리는 우리의 책임을 맡게 된다.

이는 좀 배타적인 완고함으로 보일 수 있다. 그러나 책임의 개념은 전적으로 기독교적인 개념이다.292) 오직 계시를 통해서 인간은 자신이 마주 대할 수 있는 실재하는 참된 존재를 가진 것을 알게 된다. 예수 그리스도 안에서 하나님의 계시는 인간이 마주 대할 상대가 없는 단독적인 존재로서 진정한 응답을 하지 못할 가능성을 완전히 배제시키는 유일한 인간의 존귀성을 이룬다. 다른 모든 윤리적인 것들은 인간을 거짓된 실재하지 않는 대상과 응답할 필요가 없는 질문들로 유도한다. 화목을 위한 하나님의 결정과 계명을 알고 깨닫는 지식이 없이는, 책임을 말할 수 없다. 그렇지만 우리는 그 '지식'을 언급했다. 사실 자신의 책임을 맡으려면, 인간은 하나님이 묻는 질문을 들어야 한다. 그러나 하나님은 모든 인간을 마주하며 존재한다. 그래서 그 사실을 알지 못하는 가운데서도, 모든 인간은 하나님 앞에서 어떤 태도를 취하게 된다. 그런데 그것은 도피하고 응답을 거절하는 무책임한 태도이다. 인간은 자신에게 책임을 맡도록 명한 하나님 앞에서만 무책임한 존재가 된다.293)

책임과 가용성

책임은 명백하게 자유와 연관되어 있다. 그러나 유의해야 할 점이 있다. 여기서 일반적으로 사람들은 책임이 있으려면 자유로워야 한다면서

---

292) 예수 그리스도 이전 그리스로마문명의 이방인은 결코 책임 있는 존재가 아니다.

293) 거꾸로 바르트는 모든 사람과 맺은 은총의 언약이 모든 인간 존재의 시작이고, 그래서 모든 인간은 책임 있는 존재로서, 책임 있게 행동하는 의무에 따른 시련을 받게 된다고 한다(K. Barth, *Dogm.* IX, p. 136). 이는 하나님이 개인적으로 묻는 질문을 인간이 실제로 듣지 못하는 한 불가능하다는 것이 나의 생각이다.

문제를 제기한다. 자유롭지 않다면 책임이 있을 수 없다는 것이다. 바꾸어 말하자면 자유는 일차적인 중요성을 가지며, 자유에 기초해서 사람들은 책임을 발휘한다. 그런데 성서는 우리에게 정반대로 말한다. 아담의 불순종과 가인의 범죄로 관계가 단절된 가운데 하나님은 인간에게 질문을 던지면서 책임을 지운다. 오늘날 소외 가운데 하나님은 우리에게 책임을 맡으라고 요구한다. 그렇게 해서 하나님은 우리를 완전히 불가능한 상황에 둔다. 그러나 바로 그 시점에서 하나님은 우리가 응답할 수 있도록 우리를 자유롭게 한다. 하나님이 묻는 질문은 우리가 져야 할 책임의 충격과 함께 우리에게 자유를 부여한다. 따라서 그것은 심리 치료나 해석학적 풀이나 덕성과는 전혀 다른 것이다. 결국 우리는 부활 가운데 생생한 그리스도의 자유가 우리를 자유롭게 한다는 사실을 환기해야 한다. 동시에 그것은 우리에게 단 하나의 유일한 질문을 제기하고, 그 질문에서 모든 우리의 책임들이 파생된다. 한마디로 요약한다면, 책임을 발휘한다는 것은 곧 그리스도의 자유를 행사할 줄 안다는 것이다. 하나의 책임을 부인할 때마다 우리는 우리의 자유를 상실하게 된다. 하나의 책임이라고? 물론 하나님이 우리에게 묻는 질문을 우리가 알게 되는 순간부터 모든 인간적, 사회적, 정치적 책임들이 파생되어 나온다. 그러나 그 모든 것은 단지 하나님이 우리에게 묻는 질문에서 연유하는 것이다.

그 모든 책임들은, 한 계급이나 한 사회집단이나 한 개인을 위해 하나님이 우리에게 응답해야 할 질문을 던지고 있음을 느끼는 데서 연유하는 것으로서, 부차적인 것들에 불과하고, 하나님이 던지는 결정적 질문에 기인할 수밖에 없는 것들이다. 그렇지 않을 경우, 제기된 질문들을 부인하는 것은 아주 쉬운 일이 된다. 그런 까닭에 책임은 사회적 윤리의 기반이 되는 지속적인 보편적 현상이 아니다. 책임 있는 사회를 거론하는 것은 자가당착으로 그걸 거론한 사람들의 실제적인 무지를 드러내준다.

책임 있는 사회의 실현은, 그 사회가 기독교 사회로서, 사회전체에 자신들의 삶의 방식과 삶의 개념을 부과할 수 있는 다수의 그리스도인들로 구성되어 있을 경우에나, 비로소 가능할 것이다. 294) 그 때 자유와 책임의 관계는 앞에서 지적한 대로 필연적으로 부정확한 용어들로 규정될 것이다. "자유는 그 책임들을 의식하는 자유로 이해되어야 한다. 우리는 다른 사람들과 함께 다른 사람들을 위해서 자유로운 것이다. 자유가 없는 책임은 더 이상 인격체의 인간적인 자유가 아니라, 남을 배격하고 배척함으로써 자아를 고립시키는 비인간적인 것이 될 것이다. 그것은 사실상 책임을 탈피하는 것이다." 295)

이 모든 것은 아주 합리적이고 진리의 일단을 지닌 것으로 보인다. 단 거기에 인간본성적인 자유와 인간본성적인 책임이 존재하는 것을 인정한다는 조건을 달아야 한다. 왜냐하면 웬드랜드는 보편적인 인간을 말하고 있기 때문이다. 그런데 엄밀히 말해서 우리 사회의 현상들과 구조들 가운데 그 어떤 것도 그런 자연적인 본성에서 나오는 자유나 책임이 존재한다고 믿는 것을 허용하지 않는다. 신학만이 아니라 경험을 통해서도 우리는 그런 것이 전혀 없다는 사실을 알 수 있다. 그러나 하나님이 묻는 질문으로 야기된 책임에 관한 것이라 한다면, 우리는 다음과 같은 본회퍼의 말에 동의한다.

"책임 있는 삶의 구조는 두 가지 요소들로 결정된다. 하나는 삶을 인간과 하나님에게 연결시키는 관계이고, 다른 하나는 개인적인 삶의 자유이다. 인간과 하나님에 관한 이 핵심적인 관계가 개인의 삶에 자유를

---

294) 이는 웬드랜드의 글에서 명확하게 제시되는 것 같다(H.D.Wendland, "Théologie d'une société consciente de ses responsabilités," Eglise et Société I, p.78). 공동의 사회적 관계들을 말하면서, 그는 책임을 져야 할 '이웃'을 거론한다. 그러나 믿음을 떠나서 이웃이 존재하는가? 또한 웬드랜드는 자유와 책임의 관계를 잘 파악하고 있지만, 단지 수평적인 차원에 머문다.

295) H. D. Wendland, *ibid*.

부여한다. 이 관계와 자유를 떠나서는 책임은 존재하지 않는다. 이 관계 덕분에 삶 자체에 대한 걱정에서 벗어난 삶만이 개인적인 삶과 행동의 자유를 경험하게 된다. 우리가 이웃에 대해 책임감을 가지면서 현실에 맞게 행동함으로써, 우리는 우리를 인간과 하나님에게 결합시키는 이 관계를 세상에 알릴 수 있다. 우리 스스로 우리의 삶과 행동을 검토하면서 구체적인 결정을 감행함으로써 우리는 우리의 자유를 알릴 수 있다.”296)

자유와 책임의 관계가 이 글에 생생하게 기술되어 있다. 본회퍼는 다시 강조한다. “책임과 자유는 서로 상응하는 행위이다. 자유는 책임을 통해서만 존재할 수 있다. 책임은 하나님과 이웃과의 결속이 인간에게 부여하는 자유이다. 책임 있는 인간은, 이웃이나 상황이나 원리에 의존하지 않고 인간적인 여건들을 고려하면서, 자신의 개인적인 자유 안에서 행동한다. 자기 자신과 자신의 행동들에 관한 것이라면 그 어떤 것도 그를 막을 수도 없고 단념시킬 수도 없다는 사실은 그가 가진 자유에 대한 증거가 된다. 그는 스스로 관찰하고 판단하고 평가하고 결정하고 행동할 뿐이다.… 어떤 법도 그를 정당화하고 무죄를 선고할 수 없을 것이다. 그렇게 되면 그는 더 이상 실제로 자유롭지 않게 될 것이다.”297) 아주 명확하게 기술한 이 글은 더 이상의 부연 설명을 필요로 하지 않는다.

자유와 책임의 관계는 가용성이라는 면에서 더 분명하게 나타난다. 삶의 상황들에 의해서 구체적인 결정이 이루어지는 것을 멈추지 않는다면, 사람은 진정으로 책임을 맡을 수 없다. 사회적 환경, 돈 걱정, 성공의 욕구, 정치적 욕망, 경제적 필요, 형편 등이 우리의 삶을 결정한다면, 이미 살펴보았듯이 우리는 가용성의 여지가 없다. 더더욱 우리는 책임을 언급할 수 없다. 왜냐하면 여기서 우리가 말하는 책임은 삶의 방향을 바

---

296) D. Bonhoeffer, *Ethique*, p. 180.
297) *Ibid.*, p. 203.

구는 것이 가능할 때 비로소 가능한 것이기 때문이다. 모세는 이집트 사람을 죽이고 도망하여 가용성의 여지가 있는 시점에서부터 비로소 책임을 맡게 된다. 아브라함도 우르를 떠날 때 비로소 그렇게 된다. 그러나 나는 여기서 가용성이 책임에 대한 선결 조건이라고 말하는 것은 전혀 아니다. 내 말은 인간이 스스로의 노력으로 가용성의 여지를 찾아서 하나님과 자신을 가로막는 장애들을 무너뜨리고 나서야 비로소 하나님의 말씀을 들을 수 있고 가용성을 가질 수 있다는 것이 아니다. 그건 확실하게 아니다. 왜냐하면 우리에게 가용성이란 단지 예수 그리스도 안에서 하나님에 의해 주어진 자유의 한 양상이기 때문이다. 어떤 인간적인 노력으로도 달성할 수 있는 것이 아니다. 그러나 가용성과 책임의 관계는 우리에게 가용성이 아무 방향으로나 다 쓰이는 것이 아니라는 사실을 분명히 해준다. 진정한 가용성은 결국 하나님의 말씀을 들을 수 있는 데 있다. 우리가 말한 이 초연함은 무관심이 아니고 책임과 연결된 것이다. 이는 이웃을 위한 가용성에 대해 고찰했을 때 이미 우리가 알게 되었던 것이다.

책임과 순종

다른 한편으로 책임은 순종을 전제로 한다. 하나님 앞에서 순종을 원하는 것은 명백하게 하나님이 우리에게 묻는 질문을 받아들이는 것이고, 따라서 책임 있는 존재가 되는 것이다. 내가 하나님으로부터 생명을 받았다는 사실을 깨닫고 인정한다면, 그것은 내가 나에게 생명을 준 하나님을 향해서 내 삶으로 응답해야 한다는 것을 의미한다. 바꾸어 말해서, 내가 순종하는 가운데 살아간다면, 나는 책임 있는 존재로서 살아가도록 부름 받은 것이다. 왜냐하면 나는 나의 삶을 우연에 맡기며 사회적 흐름이나 내 기분에 따를 수 없기 때문이다. 순종이 나의 자유의 양식이고 또한 자유가 이중적 의미를 가진다는 걸 내가 인정한다면, 그것은 내가 하나님이 나에게 끊임없이 묻는 질문에 순종으로 응답하는 것으로서 자유를 받아들이는 것을 뜻한다.

그런데 여기서 한 가지 잘못된 착각을 해소하고 넘어가야 한다. 대부분의 경우 사람들이 책임을 말할 때 그 책임은 사회적 책임을 뜻한다. 장군은 자신의 병사들에 대한 책임이 있고, 도지사는 자신의 관료들에 대해 책임을 진다. 다시 말해서 '책임 있는 자리'를 차지하는 사람들이 있는가 하면 순종하는 사람들이 존재한다. 군사적 반란이나 전후재판에서 사람들이 하는 변명이 있다. "나는 책임이 없기에 죄가 없다. 왜냐하면 나는 내 상관의 명령에 복종한 것뿐이기 때문이다." 결정하는 자리에 있어서 사회적으로 책임 있는 사람들이 있는데 그들은 상대적으로 자유롭다고 우리는 쉽게 생각한다. 그리고 순종하는 사람들이 있는데 그들은 순종하기 때문에 책임이 없다. 기술적이고 행정적인 요인들을 고려할 때 그들은 결정하는 데서 아주 작은 비중만을 차지할 뿐이다. 그러나 그것은 이미 앞에서 지적한 자유와 책임의 관계에 대한 잘못된 이해[298]에 따른 것이다. 아무튼 그것은 잘못된 책임이다. 왜냐하면 이 주장은 사회적 책임을 그 자체로 볼 때에만 성립되기 때문이다.[299] 그런데 사회적 책임은 하나님이 묻는 질문에서 파생된 것으로 보아야 한다. 그래서 우리는 순종이 배제되기는커녕 책임과 순종은 밀접하게 결합되어 있다는 사실을 알게 된다.

더 나아가 책임은 순종에 따라 나올 수 있는 부수적인 것이 아니라, 순종 안에 포함되어 있다. 왜냐하면 결국 하나님이 묻는 질문은 언제나 하나님이 이미 내린 명령과 연관되어 있기 때문이다. 하나님은 아담에게

---

298) ▲책임이 있으려면 먼저 자유가 있어야 한다는 것이다.

299) ▲'책임 있는 사회'라는 관념에 따른 오류이다.

먼저 "선악과를 먹지 말라."고 명령하고 난 뒤에 "네가 어디 있느냐?"고 묻는다. 또 가인에게는 "너는 죄를 다스리라."고 명령하고 난 뒤에 "네 형제에게 무슨 일을 했느냐?"고 묻는다. 예수는 제자들에게 "바리새인들과 사두개인들의 누룩을 조심하라."는 아주 중요한 명령을 내리고 난 뒤에 "너희는 나를 누구라 하느냐?"는 핵심적인 질문을 한다.마16장 순종이 있고 나서 바로 책임이 나타난다. 책임은 순종이 끝나는 곳에서 시작되지 않는다. 다만 우리는 책임을 맡은 가운데 순종한다. 명령인 동시에 언약인 계명은 우리 자신을 향한 질문이기도 하다. 물론 자연적인 본성으로 순종과 책임의 관계를 설정해볼 수 있다. 다시 말해서 아주 단순하게 사회적으로 자신의 상관에게 순종해야 하는 사람은 자신이 하는 일과 순종행위에 관해서 자신의 상관에게 책임을 진다는 것이다. 그러나 이것은 언제나 이중적인 의미가 있다. 하나는 바로 그렇게 해서 우리는 이웃에 대한 책임을 모면할 수 있다는 것이고, 다른 하나는 정확하고 엄격하게 규정된다면 책임이 우리에게 미치지 않는다는 것이다. 그러나 정반대로 계명에 대한 순종은 우리의 책임을 무한대로 확장시킨다. 왜냐하면 그런 관점에서는 우리의 책임은 곧 참여하는 것이기 때문이다.

우리는 성서에서 앞에서 언급한 변증법적 운동에서 완전히 이탈하고자 하는 사람을 만난다. 그가 빌라도이다. 그는 예수의 죽음에 대해 책임이 없다면서 손을 씻는다. 그렇게 함으로써 빌라도는 실제로 기본적으로 책임이 없다. 왜냐하면 그는 유대인의 왕의 현존이 자신에게 던지는 질문을 거절했기 때문이다. 동시에 그는 전적으로 불순종적이다. 그는 총독으로서의 인간적인 역할을 다하지 않으면서, 자신의 직업적인 책임을 거부했다. 그는 깨끗하고자 했다. 그러나 그것 때문에 그는 하나님 앞에 서는 것을 그쳤다. 왜냐하면 그는 하나님이 그를 깨끗하게 하기 위해서 선택한 길을 받아들이지 않았기 때문이다. 이와 같이 우리에게 책임을 부여하는 하나님은 우리와 하나님과의 대화에 그치지 않고, 이웃에 대해 관여하게 한다. 여기서 순종은 책임에 연결된다. 이 순종은 이웃과 함께 하라는 계명에 대한 순종이고, 이웃에 대한 순종이기도 하다. 거기서부터 하나님 앞에서 다른 사람들에 대한 우리의 책임이 시작된다. 실제로 우리는 우리가 사랑하지 않고 도와주지 않은 이웃들에 대해 하나님 앞에서 셈을 치러야 한다.^{마25장}

우리는 사람들 앞에서 우리가 이웃으로 받아들인 사람들에 대해 응답해야 한다. 예를 들자면, 선한 사마리아인이 다친 사람을 여관으로 옮기고 그 사람의 일에 스스로 관여한다. 그는 여관주인에게 말한다. "그 사람을 돌보며 지켜주세요. 당신이 치르는 모든 비용은 내가 돌아와서 다 갚겠습니다." 엄청난 백지수표가 아닐 수 없다. 과연 우리도 우리의 자유로운 뜻으로 남을 위해 비슷한 일을 할 수 있을까? 물론 非그리스도인들이 그런 식의 유사한 구체적 앙가주망을 할 수 있다. 그것은 특별히 기독교적인 행위는 아니다. 그러나 우리는 그런 행위들은 결코 그것만으로 가치가 있거나 그 자체로 평가될 수 없다는 사실을 유념해야 한다. 그 의미는 그런 행위들이 하나님의 계명 300)에 대한 순종에서 나온 것들이라는 사실에 기인한다. 물론 사람들은 그것을 세속화할 수 있다. 그러나 금세 사람들은 그 행위가 더 이상 순수성을 지니지 못하고, 이웃을 위한 인간의 앙가주망이 아니라 전혀 다른 것들을 향한 순종과 충성을 담고 있다는 사실을 깨닫게 된다. 남을 위해 책임을 지고 행동하는 것은 인간의 본성에서 나오는 것이 아니기 때문에, 인간은 언제나 더 높은 것을 향한 충성심에 의해 그렇게 행동한다. 그래서 중요한 것은 궁극적인 최고의 높은 것이 무엇인지를 알아내는 것이다.

---

300) ▲이 계명은 그 행위들의 근거이며 우리에게 책임을 맡게 한다.

이제까지 우리는 두 가지 사항을 밝히려고 했다. 하나는 책임은 자유 안에 기초해 있고 하나님은 응답할 수 있는 인간을 자신 앞에 두려고 우리를 자유롭게 창조했다는 것이다. 다른 하나는 책임은 우리에게 요구되는 순종에 정확히 부합한다는 것이다. 그래서 책임은 언뜻 보기에는 상반되는 명제들인 자유와 순종의 중요한 공통요소로 나타난다. 책임은 그리스도인의 삶에서 두 개의 덧창들의 경첩처럼 자유와 순종을 연결하는 역할을 한다. "책임 안에서 순종과 자유는 둘 다 구현된다. 둘의 긴장관계는 책임에 내재되어 있다. 거기서 순종과 자유 중 하나가 독립하면 곧 파국이다." [301] 다시 말해서 순종을 거부하며, 하나님이 묻는 질문에 따른 책임을 떠나서 행동하는 자유는 자유이기를 그친다. 실제적으로 그것은 성서가 자유의 의미로 제시하는 하나님의 영광과 이웃사랑이라는 두 가지 축에서 벗어나는 것이다.

그러나 또한 자유를 거부하는 순종은 책임 있는 순종이기를 그쳐서, 도중에 포기하는 셈이 된다. 자유롭지 않으면서 순종하는 사람은 모든 율법을 다 실천했다는 사람과 같은 교만한 태도를 취할 수밖에 없다. 그 사람은 율법의 실천에 지나치게 신경을 쓰면서 하나님 앞에서 얼굴을 들고 "나는 완벽하게 의롭고, 당신이 명령한 것은 모두 다 실행했다."고 말하는 사람이다. 그런 태도는 경건하고 의롭고 선한 사람이 빠질 수 있는 엄청난 유혹이다. 우리는 그런 사람을 안다. 곧바로 우리는 바리새인들을 떠올린다. 어쩌면 복음서에서 두 가지 교훈을 담은 작은 이야기눅17:7-10를 돌아보는 것이 나을지도 모른다. 밭에서 맡은 일을 다 하고 돌아온 종에게 주인은 "너는 내가 먹을 것을 준비하라."고 말한다. 바꾸어 말하자면, 하나님으로부터 언제나 또 다른 계명이 내려올 수 있는 까닭에 우리는 결코 율법을 다 실천하지 못하는 것이 사실이다. 성서를 올바르게

---

301) D. Bonhoeffer, *ibid.*, p. 207.

읽다 보면, 우리의 가장 정교한 해석을 뛰어넘어서, 우리가 결코 자유의 율법을 온전히 실천할 수 없게 하는 또 다른 계명이 언제나 존재한다는 사실을 알게 된다. 누가복음의 작은 이야기는 두 번째 교훈으로 끝마친다. "우리는 무익한 종들일 뿐입니다." 이것은 모든 노예적 순종을 정죄하는 말이다. 이와 같이 자유로운 순종은 하나님 앞에서 결코 만족해하지 않는다. 왜냐하면 우리 앞에는 언제나 우리에게 책임을 지우는 하나님의 질문이 남아있기 때문이다. 책임 때문에 우리는 순종이 없는 자유도 살아갈 수 없고, 자유가 없는 순종도 살아갈 수 없다. "책임 있는 행동은 구속되어 있지만 창조적이다. 독립적이기를 원하는 순종은 칸트 식으로 의무의 윤리에 이를 것이다. 거기서 나오는 자유는 천재적인 윤리를 산출할 것이다. 의무적인 사람은 천재와 같이 스스로 의로움을 찾는다. 구속과 자유 사이에 있는 책임 있는 사람은 구속된 가운데서도 자유롭게 행동해야 하고, 자신의 의로움을 사람에게서 찾지 않고 오직 하나님 안에서 찾는다. 그 사람을 인간적으로 불가능한 상황 가운데 둔 하나님은 그에게 행동을 요구한다."302)

누가복음의 이야기가 궁극적으로 제기하는 문제는 스스로를 의롭게 하는 자기의自己義의 문제로서 앞에서 우리가 '이탈적 자유'라고 기술한 모든 것에 대한 반증을 제시한다. 그 반증은 위선자에 대해 성찰하는 것이다.

---

302) *Ibid.*

4장 • 이탈적 자유의 실패: 위선

사실 위선은 자유의 문제에 결부시켜야 한다. 자유가 없으면 위선이 없기 때문이다. 위선은 하나님이 자유롭게 해방시킨 인간이 취하는 하나의 행동방식이다. 자유롭게 하는 말씀이 없이는 인간에게 위선을 지적할 수 없다. 그러나 여기서 말하는 것은 개인적으로 자유롭게 산다고 말하면서 실제로는 자신이 살고 있는 사회에 부합해서 스스로를 속이는 인간에 관한 것이다. 그것이 문제이다. 그러므로 이탈이 위선인 것은 아니다. 다만 실제적인 일치를 가장하는 기만적 이탈이 위선인 것이다. 이 것은 설명이 필요하다.

이는 위선에 대한 기초적인 판단들을 넘어서는 것이다. 전통적으로 위선은 자신에게 없는 훌륭한 덕성들과 관계된 행위이다.[303] 그것은 정의나 도덕을 연출하는 것이다. 우리 시대는 위선에 대해 특히 예민한 것 같다. 부르주아의 특징인 위선을 고발하는 것이 사회 통념이라는 것은 자명한 사실이다. 마르크스주의에 따르면, 모든 행동방식은 물질적인 조건들에 의해 결정되는 까닭에, 도덕적이거나 정신적인 동기로 행동을 취한다고 말하는 것은 기만적으로 자신의 행동방식의 원인들과 조건들을 숨기는 위선자가 되는 것이다. 정신분석학에 따르면, 인간존재의 본성은 학파에 따라서 성적이거나 공격적인 충동들로 이루어지고, 증오와

---

303) ▲예를 들자면, 자기 자신은 도덕적이지 않으면서 도덕성을 침해하는 것에 분개하는 것이다.

분노와 성애는 인간존재의 정상적인 요소들이다. 따라서 도덕적으로 살아가려고 노력하는 것은 겉모습으로 자신의 실상을 감추는 것에 만족하는 위선자가 되는 것이다.

부르주아의 행동방식에 대한 분석들에 의해 확증되어서, 도덕적인 겉모습과 비도덕적인 실상이라는 개념들은 문학작품과 영화를 통해서 널리 확산되었다. 이 개념들은 대중 가운데 아주 쉽게 파고들었다. 더군다나 그 개념들은 인간의 어떤 성향들에 대한 유일한 장애를 폐기시키는 데 있어서 이상적인 과학적·사회적 구실이 되었다. 그 시점부터 바르고 도덕적인 행동을 하는 모든 사람은 오직 그 이유 때문에 위선자로 몰렸다. 그래서 스스로 동성애자라고 공표하는 사람이나 자신의 할머니를 살해한 사람은 적어도 스스로를 속이지 않는 진실한 존재로 간주되었다. 진실성이 비도덕성 쪽에 기운 것이다. 우리 사회에서 비도덕성이 빨리 확산되면서부터 우리는 진실성과 인간성을 크게 키웠다. 우리는 우리 스스로 아주 만족했다. 왜냐하면 위선을 규탄할 자격을 가진 사람들인 공산주의자, 실존주의자, 기술전문가304) 등이 인원수와 함께 그 대담성도 늘어났기 때문이다. 부르주아는 더 이상 아무도 없었다. 부르주아는 위선이라는 보편적 규탄 아래에 진멸되었다.

그러나 이 모든 것은 단지 표면적인 일에 지나지 않는다. 마르크스주의자나 정신분석학자는 그저 일부분의 사람들에 지나지 않는다. 모든 사람이 정죄하며 내뱉는 위선은 겉모습에 불과한 것뿐으로 쉽게 혐오할 수 있는 대상이 된다. 왜냐하면 위선으로 정죄되는 사람은 1880년에 살았던 사람이기 때문이다. 그 사람은 이미 오래 전에 죽었다. 더 이상 실천되지 않는 개인적이거나 가정적인 덕목들을 가지고 아주 오래된 옛날

---

304) ▲이들은 행동은 기술에 의해 결정되기 때문에 도덕과 아무런 관계도 없다고 생각한다.

에 정죄한 것들 때문에 위협감을 느끼는 사람들은 이제 아무도 없다. 그러므로 더 심층적으로 들어가야 한다. 놀라운 것은 성서가 우리에게 인간의 위선에 대해 그 영원하고도 현존하는 실상을 깊이 소개해준다.

1) 보편적인 인간성으로서의 위선

성서는 위선이 인간존재의 보편적인 특성이고 인간을 결정적으로 혼란스럽게 하는 요소라고 천명한다. 예수 그리스도는 사람들을 질책하고 공격할 때는 언제나 사람들을 '위선자들'이라고 불렀다. 그것이 사람들을 향한 그리스도의 유일한 비난이기도 하다. 그러므로 위선은 결정적으로 중대한 것임을 인정해야 한다. 다른 한편으로 구약에서 일반적으로 위선으로 번역되는 히브리어 단어들은, 하나는 인간존재의 본질적인 부패를 가리키고, 다른 하나는 인격이 나뉘고 분리된 것을 뜻한다. 그것은 흔히 알고 있는 의미에서 벗어난 위선의 두 가지 측면을 우리에게 보여주는 것 같다. 그러므로 위선은 내적인 존재와 일치하지 않는 외적인 태도만이 아니라, 내적인 존재 자체에 미치는 인격의 특별한 상태이다. 한편으로 위선은 썩거나 해체된다는 의미로 인격의 부패를 뜻한다. 그것은 하나님과의 관계에서 나타나면 불경건이 되고, 사람과의 관계에서 나타나면 아마도 흔한 의미의 위선이 될 것이다. 다른 한편으로, 위선은 나뉘는 분열이다. 인격이 각각의 요소들이 유기적으로 연결되어 하나의 일체성을 이루기를 그친다. 인격은 깨어지고 분열된다. 각각의 요소들은 더 이상 서로서로 연결되지 않는다. 연이어 진실한 마음가짐들을 가지는 데도 사고와 행동의 대립, 사고와 감정들의 대립 등이 뒤따른다. 그것은 의지의 분열이다. 그런데 그 두 가지 양상들에서 특히 새로운 것은 내부와 외부의 대립이 아니라 인간 내면의 상태이다. 또한 그것은 인간의 의지적인 분열이 아니라 비의지적인 것으로 대부분 무의식적이라는 것이다. 의식적인 태도는 위선이 아니다. 그리스어의 어원이 우리에게 연극 속의 역할이라는 의미를 접하게 한다면, 성서는 우리에게 그것은 성실한 마음으로 연기하는 연극이고, 인간은 먼저 스스로에게 연기한다고 알려준다. 인간은 하나님의 말씀이 자신을 깨우치고 자기 자신의 실상을 거울처럼 마주 대할 때에야 비로소 자신이 위선자라는 사실을 깨닫는다. 이 모든 것은 위선의 범주가 어디에 있는지 우리에게 보여주지만, 위선이 무엇인지는 아직 밝혀주지 않는다.

성서적 의미의 위선

성서에서 위선은 먼저 인간이 스스로를 의롭게 하는 것이다. 305) 자기 자신의 삶과 존재의 틀 안에서 의롭게 되기를 바라는 사람은 위선자다. 그는 자신의 의와 함께 의와 의의 수단들을 정하는 선생이 되려고 하고, 스스로에게 선한 삶과 품행 증서를 부여한다. 그는 스스로를 판단하는 것을 거부하고 자기 자신에 대한 문제를 제기하는 것을 부인한다. 그는 다른 사람들을 판단하면서 자기 자신에 대한 판단은 거부하고, 자기 자신과 자신의 행동을 정당화하는 규범들을 수립한다.

"위선자여, 먼저 네 눈 속에 있는 들보를 빼내어라."눅6:42 그러나 위선자는 바로 자신의 눈 속에 있는 들보를 보지 못하고 그걸 빼낼 줄 모르는 사람이다. 스스로를 의롭게 하기 위해서 그는 다양한 방법들을 동원한다. 그는 하나님의 의에 대항하는 보루를 쌓기 위해서 어떤 도덕과 어떤 종교를 만들 수 있다. 그는 그런 도덕과 종교를 통해서 자기 자신과 다른 사람들이 보기에 자신이 의롭다는 것을 확보할 수 있다. 그렇게 되면

---

305) 우리는 이미 자유의 부정과 같은 또 다른 맥락에서 스스로을 의롭게 하는 '자기의'를 접했다.

도덕과 종교는 외적으로 의롭게 보이기 위한 것이 아니라 자기 자신이 정의한 의에 따라 실제적으로 의롭게 되기 위해 사용하는 수단과 도구가 된다. 스스로 의롭게 되기 위해 인간이 만든 종교와 도덕은 아마도 위선을 위한 최상의 수단들일 것이다. "위선자들아, 너희는 각각 안식일에 자기의 소나 나귀를 외양간에서 풀어 끌고 나가서 물을 먹이지 않느냐?"눅 13:15 하나님에게 헌물로 드린다는 구실로 이웃을 돕지 않는 사람은 위선자다.마15:1-19 사실 하나님 앞에서 모든 인간의 존재는 인간의 능력과 권한이라는 면에서 단지 자신의 불의와 수치를 드러내고 죄를 밝혀줄 뿐이다. 인간을 의롭게 하는 종교와 도덕은 인간에게 하나님의 임재를 회피하게 한다.

또한 잘잘못을 추궁하여 하나님을 곤란하게 하려는 논리들과 질문들을 무기로 하여 하나님 앞에 나아가는 사람도 위선자다. 예수에게 세금을 내야 하는지 묻는 사람은 위선자다.마22:18 인간이 하나님 앞에서 그런 질문들 뒤에 숨는 것도306) 하나님을 신뢰하지 않고 그걸 인정하지 않으면서 스스로 의롭게 되려는 것이다. 그것은 스스로 의롭다고 인정하고 자기 자신을 곤경에 처하게 하는 참된 문제들을 감추려고 거짓 문제들을 제기하는 것이다. 자신이 제기한 문제들을 가지고 많은 소란을 일으키는 것은 적어도 하나님이 묻는 질문을 듣지 못하게 하고 그래서 스스로 의롭다고 믿게 할 수 있다.

그러나 예수 그리스도가 우리에게 밝혀주듯이, 우리는 역사를 이용하여 스스로를 의롭게 할 수 있다. 역사를 통해 우리가 옳다는 것을 입증하기 위해서 우리는 역사 속에서 성공한 사람들을 숭배한다.307) 또한 우

---

306) ▲예를 들어 하나님이 전능하다면 하나님은 선하지 않은 것이고, 하나님이 선하다면, 하나님은 전능하지 않은 것이다, 라는 식이다.
307) ▲우리 자신을 기꺼이 그들과 동일시하지만, 막상 우리가 그 시대에 살았더라면 우리는 그들이 틀렸다고 했을 것이다.

리는 오늘날 우리의 의에 대한 보증으로 의롭다고 인정을 받았던 우리의 선조들을 이용하기도 한다. 또한 우리는 오늘날의 상황과는 아무 상관이 없는 까닭에 과거에 정의였던 것을 내세우면서 오늘날 그 정의를 크게 선포한다. 왜냐하면 우리는 현재의 상황 속에서 케케묵은 정의를 천명하면서 불의의 현실주의에 따라 행동하기 때문이다. 또한 우리는 오늘날 더 이상 의미 없으며, 시대에 뒤떨어진 정의를 우리에게 덧입혀줄 뿐인, 과거의 의로운 역사적 행위를 현실에 연결시킨다.

그 모든 것은 우리가 의롭다는 것을 확고하게 하는데 역사의 원용이 우리에게 제공하는 수단들이 된다. 예수 그리스도가 지적한 것이 바로 그것이다. "위선자인 서기관들과 바리새인들아, 너희가 화를 당할 것이다. 왜냐하면 너희는 선지자들의 무덤들을 세우고, 의인들의 기념비들을 장식하며, '우리가 조상들의 시대에 살았다면, 선지자들의 피를 흘리는 일에 함께 가담하지 않았을 것이다.'고 말하기 때문이다."마23:29-30 "그렇게 하여 너희는 증인이 되어 너희 조상들의 행위를 인정하고 있으니, 그들은 그 선지자들을 죽였고 너희는 그들의 무덤을 세우고 있기 때문이다."눅11:48 자기의를 위해 인간이 활용하는 모든 것을 질책하는 이런 내용 속에서, 놀라운 사실은 사실 예수는 그 사람들의 눈에 의롭고 선한 태도들을 공박한다는 것이다.

누가 감히 진리와 정의를 위한 순교자들의 묘지를 만드는 사람들을 비판할 수 있겠는가? 누가 감히 고통 가운데 진리를 추구하면서 절규하며 허공을 치면서 부르짖는 사람들을 공격할 수 있겠는가? 누가 감히 인간이 삶의 모든 경우마다 해야 할 것과 알면 좋은 것을 알려주는 도덕을 수립하는 사람들을 비난할 수 있겠는가? 누가 감히, 잘못을 저지른 나쁜 사람들을 질책하고, 사후에 오랜 세월이 지나서 지극히 높은 하나님의 선지자들로 판명된 훌륭한 사람들을 지지하면서, 정직하게 과거의 잘못을 인정하며 고치려고 하는 사람들을 정죄할 수 있겠는가? 누가 감히 꾸준히 남들에게 자선을 베풀고 그들을 다시 회복시키고 그들의 잘못과 허물을 교정할 수 있게 도움을 주는 사람들을 비난할 수 있겠는가?

그렇지만 그 모든 사람들은 위선자들이다. 예수 그리스도는 여기서 마르크스주의자들이나 실존주의자들보다 훨씬 더 멀리 나아간다. 왜냐하면 우리가 앞에서 제시한 모든 것들은 전통인 협소한 의미의 종교적인 것만이 아니고 일반적인 태도들을 가리키는 것이기 때문이다. 자기의를 위한 모든 수단들은 위선의 표지를 달고 있다. 그렇다면 스스로 자기 자신에 대해 문제제기하는 것을 거절하는 사람은 바로 스스로 모델이 되기를 바라는 사람이고, 자신의 모순성을 부인하고 자기 자신이 나뉘는 것을 부정하며 인위적인 일체성을 세우기 원하는 사람이라는 사실을 알아차려야 한다. 스스로를 의롭게 하는 것은 나뉘는 것을 거부하고 하나가 되려는 것이다. 이는 분리의 개념과 연관시킨 위선에 대해 우리가 내린 정의와 모순되어 보인다. 그러나 거기에는 전혀 모순되는 것이 없다. 왜냐하면 인간은 여하튼 분리되어 있기 때문이다. 위선자는 바로 이 분리를 부정하는 사람이다. 그는 그같이 보이려고 또 그렇게 보여주려고 마련한 장치들을 통해서 자신에게는 분리가 없다고 스스로 주장한다.

진리의 거부

위선자는 또한 의식적으로나 무의식적으로나 진리를 거부하는 사람이다. 그는 자신이 알게 된 결정적인 일들을 숨긴다. 그는 결정적이라는 걸 몰라서 그 일들을 무시하거나, 또는 아주 잘 알면서도 정말 위험한 것으로 간주하여 거부한다. 이는 다만 자기의를 구하는 것의 연장에 지나지 않는다. 왜냐하면 진리는 언제나 진리와 마주친 사람에 대해 문제를 제기하기 때문이다. 이 문제제기를 부정하면서 또한 자신을 그런 위험에 처하게 할 위험이 있는 것을 거부하는 까닭에, 위선자는 진리를 감춘다. 그는 거짓을 말하고, 사람들을 진리에서 벗어나게 한다.

"위선자인 서기관들과 바리새인들아, 너희가 화를 당할 것이다. 너희는 사람들 앞에서 천국의 문을 닫아버리고, 너희 자신도 들어가지 않고 들어가려는 사람들도 들어가지 못하게 하는구나."마23:13 "율법사들아, 너희가 화를 당할 것이다. 너희는 지식의 열쇠를 가로챘다."눅11:52 천국과 지식에 관해서 보면, 열심을 다하여 천국을 추구하는 사람들은 바로 율법을 진지하게 의식하여 모든 면에서 하나님의 뜻을 찾아 그걸 성취하려는 서기관들이고, 하나님의 지식을 열정적으로 탐구하는 사람들은 바로 율법사들이다. 추구하고 탐구하는 행위 자체로서 그들은 바로 위선자들이 된다. 그들은 성공을 향한 모든 인간적 체계들을 통합하면서, 어쨌든 하나님의 결정을 무력화하고 스스로 진리와 정의를 구현하려고 하고, 하나님의 주권적인 자유의 역사를 용인하지 않고, 인간의 모든 확실성을 무너뜨리는 하나님의 형언할 수 없는 실제 진리를 직면하지 않으려고 한다.

물론 위선자도 또한 영적인 일들에 마음을 쓰고 진리에 관심을 두며, 종교적 믿음을 가지고 아주 의로운 방식으로 행동한다. 바리새인들은 실제로 경건한 사람들이었고 실제로 도덕적인 사람들이었다는 사실을 결코 잊지 말아야 한다. 그들의 행동방식은 그들이 확신하는 신념과 일치했다. 우리는 결단코 그들을 "말만 하고 행하지 않는" 사람들이라고 할 수 없다. 그들은 엄격하게 자신들의 계율들을 지키며 실천에 옮겼다. 따라서 그들은 오늘날 우리가 말하는 의미의 위선자들이 전혀 아니었다. 하지만 그들은 위선자들이었다. 여기서 문제는 행동에 있지 않고 진리를 진리 자체로 인식하는 데 있다. 그들이 영적인 일들에 관심을 가지는 것은 그 영적인 일들이 사회적으로 인정받는 것이기 때문이다. "너희는 겉으로 보이도록 길게 기도한다." "그들의 모든 행동은 사람들에게 보이기 위한 것이다." "그들이 자비를 행할 때 그들은 나팔을 불어 사람들의 칭송을 받으려고 한다." 영적인 일들 중에 중요한 것은 그 일들이 사회 안에 지분을 제공하는 것이고, 사람들은 사회가 인정하는 영적인 일들만을 고수할 것이다.

앞의 성서 구절들에서 지적하는 것은 선행을 하고 그것에 대한 칭찬만을 바라는 사람의 단순한 허영심을 훨씬 더 넘어서는 것이다. 그런 사람은 위선자가 아니다. 그리고 지적이고 학문적인 세심한 정결함으로 하나님의 말씀을 해독[308]하기 위해 문제점들과 의문점들과 분석사항들을 축적하는 사람이 위선자가 된다. 왜냐하면 그는 크게 존경받는 학자들과 철학자들의 수준으로 우리의 학문계에서 영예로운 자리를 갖기 때문이다. 위선자는 본질적인 것 속에서 인간적으로 유용할 수 있는 것을 분간해낼 줄 안다. 그 이유는, 잊지 말아야 할 것으로, 그가 그 본질적인 것을 알고 있기 때문이다. 그는 진리를 받아들였다. 그는 잘못을 범하고도 알지 못하는 선량한 사람이 아니다. 그는 안다. 만약에 그가 그 본질적인 것을 몰랐다면, 그는 위선자가 아니다. 그러나 그는 그것을 알기 때문에 있는 그대로의 진리에 순종하지 않고 사회적 맥락에서 진리를 이용하는 것이다. 그는 자신의 성공으로 진리를 수익성이 있고 효과가 있는 것으로 만든다. 그는 진리를 수단으로 변환시키고, 또한 진리에 수반되는 모든 것, 믿음, 기도, 자선, 도덕 등도 수단으로 전환시킨다.

자기 자신과 사회에 대해 전적으로 초연한 가운데, 아무 대가 없이 자유롭게 무상으로 계산 없이 이 진리를 제시하는 대신에, 그는 사회적인 유용성을 찾는다. 그는 외적으로 유용하고 실용적인 일들을 분간할 줄 안다. 그는 진리를 그 전체로서 받아들이지 않는다. "위선자들아, 너희

---

308) ▲사실은 해석하는 것에 불과하다.

는 땅과 하늘의 현상은 분별할 줄 알면서 어찌하여 이 시대는 분별할 줄 모르느냐?"녹12:56 진리를 알면서 진리를 이용하고 영적인 진리를 수단으로 축소시키면서, 위선자는 생명과 진리의 외양을 취한다. "위선자인 서기관들과 바리새인들아, 너희가 화를 당할 것이다. 너희는 회칠한 무덤과 같다. 그것은 겉으로는 아름답게 보이지만, 그 안에는 죽은 자들의 뼈와 온갖 더러운 것이 가득하기 때문이다."마23:27 그들은 행동방식과 방법론과 연구와 도덕과 과학 등을 수립한다. 거기서 가장 중요한 것은 행동방식의 수립으로서 나머지 다른 것들은 부차적인 것이다. 이제 사람들은 이 행동방식을 지키는 데 아주 세심한 주의를 한다. 사람들은 최소한의 세금을 납부하고, 최소한의 부담을 진다. 사람들은 그 모든 것이 상관없이 자신들을 공격하지 않도록 거기에 가장 엄격한 해석기법을 적용한다. "위선자인 서기관들과 바리새인들아, 너희가 화를 당할 것이다. 너희는 박하와 회향과 근채의 십일조는 드리면서, 율법에서 더 중요한 의와 긍휼과 신뢰는 저버렸다."마23:23 이런 행동방식에는 사실 이중적으로 거부하는 내용이 담겨 있다. 하나는 있는 그대로의, 변화되어야 하는 자기 자신을 거부하는 것이다. 다른 하나는 자신이 받아들인 진리이자, 자기 자신을 돌아보게 하는 진리를 거부하는 것이다.

그러나 이와 같이 진리를 이용하는 사람에게 진리를 종속시키는 데서 위선자의 두 가지 특징들이 나타난다. 하나는 이용되는 진리의 수준이 높을수록, 수단으로 변환되는 효력이 더 완전해지고, 위선은 더 커지게 된다. 그런 까닭에 예수의 질책이 바리새인들에 대해서 특히 가혹한 것이다. 왜냐하면 그들이 이용하는 것이 하나님의 사랑과 믿음이기 때문이다. 다른 하나는 진리를 이와 같이 소유하는 가운데, 이 진리를 근본적으로 변화시키는 강조점과 관점의 결정적인 이동이 일어난다. 외부와 내부를 분리시키듯이 이제 진리는 사회적 맥락 안에서 이용된다.

여기서 우리는 분열된 인간이라는 위선의 통상적인 개념을 다시 보게 된다. 그는 가장 연약한 사람들을 억압하고 공개적으로 길게 기도하는 사람이다.마23:4 그는 성전의 금309)을 성전 제단보다 더 높이 평가하는 사람이다.마23:16 그는 잔과 접시의 겉은 깨끗하게 닦지만, 그 속에는 탐욕과 방탕으로 가득 차 있는 사람이다.마23:25 우리는 너무 빨리 안도해서는 안 된다. 우리는 그리 쉽게 우리가 속하는 범주를 찾을 수 없다. 그들이 우리와 다른 것은 그들이 내면적으로 사악하기310) 때문이 아니고, 외적으로 선하게 되려고311) 노력하기 때문이다. 그들은 정말로 선한 행동들을 한다. 그들은 정말로 훌륭한 일들을 행한다. 그들은 정말로 성서를 해석한다.

그러나 그들의 행위는 사회적 맥락과 능률이라는 목표가 있다. 그들의 행위는 가슴속에서 나온 동기가 아니라 사회적 인정에 의해 평가된다. 그것은 진리에 관한 모든 오해를 조성한다. 왜냐하면 그것은 위선자로 하여금 감추어져 있어야 하는 것을 활용하게 하기 때문이다. 그는 자신의 경건성과 자선과 진리에 관한 지식과 주를 향한 찬미와 헌신과 금식을 내세운다. 하나님과 인간의 은밀한 관계, 인간과 인간의 깊은 관계 등과 같이 신비스럽게 감추어져야 하는 그 모든 것들은 사람들에게 알려지지 말아야 한다. 거꾸로 위선자는 공표되어야 하는 것을 숨기게 된다. 그는 연약함과 무능력과 거짓과 불의를 내포하는 자신의 인간적 실상을 감춘다. 그는 심지어 자신 앞에 나타나 자신을 판단하고 문제 삼는 진리도 숨긴다. 사람들 앞에서 말해야 할 것은 단지 그런 사실이다. 그 사실만이 인간에게 도움이 되고 경고가 될 수 있다. 그러나 위선자는 그런 것을 밝

---

309) ▲눈에 보이는 것으로 사회적 권력을 나타내는 표지이다.

310) ▲그렇지 않은 인간이 어디 있는가?

311) ▲선하게 보이려는 것뿐만이 아니다.

혀줄 수 없다. 그래서 위선자는 하나님의 심판에 반대가 되는 일을 행할 수 있다. 하나님의 심판을 통해서 사람들이 보이고 입증하고 수립하며 증명하려고 했던 일들은 공허한 것이 된다. 사람들이 철저하게 숨기려고 했던 그들의 실상과 진리는 백일하에 드러나서 모든 사람들이 알게 된다. 하나님의 심판 가운데 위선은 종말을 고한다.

행동주의

그러나 성서는 더 정확하게 위선자의 세 번째 특징을 전한다. 위선자는 행동주의자이다. 물론 그들은 "말만 하고 행하지 않는" 사람들이다. "그들은 힘든 무거운 짐들을 묶어서 사람들의 어깨에 지우면서 자신들은 손가락 하나도 움직이려 하지 않는다."마23:4 이것이 그들은 아무것도 하지 않는다는 말은 아니다. 그러나 그들의 말과 그들의 행동이 정확히 일치하지 않고 그들이 다른 사람들에게 부과하는 짐들과 그들이 하는 행동들이 상반되는 것은, 진리와 현실이 완전히 불일치하는 것이다. 여기서 우리는 우리가 연구한 첫 번째 주제를 다시 만난다. 그들은 자신들에게 계시된 진리를 알고서 그것을 말하고 말로 표현할 수 있다. 그러나 그들은 그 말씀에서 그 앙가주망의 힘과 개인적인 준엄성을 없애버린다. 그들은 그 말씀을 보통의 말로 바꾸어버린다. 왜냐하면 그들은 그 말씀에 의한 심판을 거절하기 때문이다. 말씀은 다른 사람들에 대한 행동 수단이 되고, 다른 사람들을 판단하는 수단이 된다. 그 순간 말씀은 거짓말이 되어버린다.

그러나 역으로 그들은 행동을 취한다. 그들은 유별나게 능동적이다. "위선자인 서기관들과 바리새인들아, 너희는 화를 당할 것이다. 너희는 한 사람의 개종자를 얻으려고 바다와 육지를 두루 다닌다."마23:15 바다와 육지를 두루 다니고 열심히 행동을 취하는 것으로는 충분치 않다. 사람들을 개종시켜 교인으로 만들고 그들을 붙잡고 설득하는 것으로는 충분치 않다. 이 훌륭한 일에 자기 자신을 헌신하는 것으로는 충분치 않다. 먼저 그 '개종자들'이 어떻게 되었는지 알아보아야 한다. 붙잡은 그 사람들에게 일으킨 변화가 무엇인지 알아야 한다. 그것이 유일하게 중요한 사실이다. 아주 열심히 행동하고 정말 효과적으로 전도하고 갖은 애를 다 써서 활동한 사람이라도, 위선자가 될 수 있다. 그런 행동은 인간의 사회적인 현실의 차원에 정확히 맞는다. 그런 행동은 다른 사람들을 자기편으로 끌어들인다는 명백하게 규정된 목표를 가진다. 바리새인이 한 사람을 전도하는 것은 그 사람을 자기 자신과 같은 사람으로 만들기 위한 것이다.ᵐ²³:¹⁵ 바리새인이 위선자인 것은 그가 행한 행동이 결코 진리를 구현하는 것이 아니기 때문이다. 여기서 말과 행동의 분리는 인간 안에 일어난 진리와 현실의 분리이다. 우리가 처음에 기술한 다른 모든 결정들312)은 인간의 마음속에 있는 대립을 반영하는 것일 뿐이다.

그런데 바로 그 시점부터 행동은 더 이상 진리에 연결되지 않을 뿐만 아니라 진리를 회피하기 위한 수단이 된다. 거기에 행동의 위험이 있고 거기에 진정한 위선이 있다. 행동은 먼저 진리에 의한 문제제기를 피할 수 있게 한다. 말하자면 너무도 유용하고 너무도 필요하고 너무도 중대하고 너무도 현저히 중요하고 너무도 효과적인 일들에 계속해서 몰두하느라 시간이 없다는 것이다. 그 일들은 결국 인간의 삶을 바꿀 것이니 행동을 성찰하여 행동에 문제를 제기할 위험이 있는 진리에 귀를 기울이기 위하여 멈출 수 없다는 것이다.

또한 행동은 진리를 미리 전제로 하는 수단이다. 행동을 하는 것은 언제나 행동 동기로서 진리에 대한 신념과 확신이 존재하기 때문이다. 그런데 행동에 들어가자마자 진리와는 다른 문제들이 제기된다. 효율성이

----

312) ▲그 근원이 인간사회에 있다.

모든 것에 우선한다. 진리는 그 근원으로 남아있지만 이제는 더 이상 변화할 수 없는 것으로 진열장에 들어가고, 진리를 위한다는 행동에 만족해야 한다. 진리는 전제로 설정되어 내재되어 있고 획득과 소유의 대상이 된다. 그러니 행동하는 사람이 진리를 소유하지 않는다면 행동이 어떻게 가능할 것인가? 그래서 만약에 계속해서 뒤로 돌아가고 늘 기초부터 다시 시작해야 한다면 어떻게 할 것인가? 바꾸어 말해서 진리가 우리를 사로잡을 위험이 있으며, 능동적으로 활동하여 진리가 주체가 되고 우리가 객체가 된다면 어떻게 할 것인가? 그렇다면 더 이상 진리의 획득도 없고 안정적인 것도 없게 된다. 기술로 가능한 것도 없고 계획화도 없다.

그런데 행동은 중대한 것이다. 행동을 안 한다는 것은 있을 수 없다. 그러나 그런 판단을 내리자마자 인간은 위선자가 된다. 왜냐하면 그 판단은 곧바로 진리와의 단절을 불러오기 때문이다. 인간에게 행동은 효율성의 필요라는 명분하에 진리를 감추는 데 이용된다. 그래서 인간은 문제를 회피하고, 도리에 어긋나지 않게 되어 행동에 나서게 된다. 인간에게 무얼 더 바랄 것인가? 일단 확보한 이상 그 상황은 더 이상 문제가 안 된다. 행동은 목표와 목적에 대한 문제제기를 용인하지 않는다. 방향은 한 번에 다 결정된 것이다. 이것은 처음에는 타당성을 갖지만 목표와 목적이 아주 빠르게 사라지면서 비극적이 되어 간다. 목표와 목적은 명백한 행동 뒤로 희미해져 간다. 더 이상 문제는 없고 이미 다 해결되어 있다. 끊임없이 목적에 따라 행동을 평가하려고 한다면 행동이 어떻게 효율적이겠는가? 그래서 행동 자체를 판단할 필요성은 망각되고 만다. 우리는 끊임없이 행동에 나서서 가능한 모든 것을 성취하려고 한다. 그러면서 우리는 결코 행동 자체에 대한 평가를 하지 않고, 행동이 지향하는 목표가 무엇인지 혹은 행동이 타당성을 갖는지 묻지 않는다.

왜 교인 한 사람을 얻으려고 하는가? 왜 십일조를 내는가? 왜 잔과 접시의 겉을 깨끗하게 닦는가? 이런 질문들이 제기되자마자, 행동이 정지될 위험이 생긴다. 그것은 용납할 수 없는 일이다. 행동의 뼈대가 되는 가치체계를 제시할 필요가 없다. 십일조를 내는 것과 정의나 믿음을 따라 사는 것을 어떻게 대립시킬 수 있는가? 하나는 명확하고 행동을 취할 수 있는 것이라면, 다른 하나는 불확실하고 혼란스러우면서, 어떤 길을 택할 줄 모르고 행동에 목마른 사람에게 불만과 좌절감을 가져다주는 것이다. 그렇지만 명백해 보이는 이 선택에서 더 쉬운 쪽은 덜 중요한 쪽이다.

가치와 중요성을 택하는 결정을 소홀히 하면, 곧바로 행동은 위선이된다. 왜냐하면 행동은 이제 그 결정적인 현실에 의해 행동 자체에 대한 판단을 받지 않을 뿐만 아니라 행동하는 사람에 대한 판단도 거부하기 때문이다. 행동은 정당화의 수단이 된다. 313) 나는 행동한다. 그런 나에게 무엇을 더 원하는가? 참여하는 행동 이외에 또 다른 걸 나에게 어떻게 강요할 수 있는가? 나는 현실에 대처하고 있다. 314) 나는 나 자신을 불태우고 헌신한다. 그런 나에게 무얼 더 원하는가? 그 사실은 어떤 비난으로부터도 나를 지켜준다.

행동은 현대인에게 있어서 스스로를 의롭게 하는 가장 완벽한 수단이다. 행동은 문제제기와 책임에 대해 뛰어난 대응책이 된다. 이것이 특히 현대인에게 해당되는 것은 다른 무엇보다 외적인 측면에서 확실하다. 왜냐하면 행동이 현대와 같이 높은 영향을 미치는 때는 결코 없었기 때문이다. 그럼에도 불구하고 당대의 인간에 대해 그런 점을 지적한 것

---

313) ▲여기서 우리는 스스로 의롭게 되는 위선을 다시 만난다.
314) ▲경험으로 알고 있으니 나는 내 안에 실제로 진리를 담지하고 있는 것이 아닐까? 실제로 현실 속에 진리를 담고 있기 위해서는 내가 행동을 취하는 것으로 충분한 것이 아닐까?

은 바로 예수 그리스도였다. 하나님이 질문을 던지고자 할 때 인간은 외적인 행동 뒤로 숨어버린다. 그것은 자기 자신의 눈에도 본질적인 진리315)를 감추게 하는 방패막이가 된다. 행동과 실천을 통해서 적절한 사고 방식과 삶의 양식을 발견할 수 있다고 주장하는 사람은 위선자다. "위선자여, 먼저 네 눈에서 들보를 빼내어라. 그래야 네 눈이 잘 보여서 제 형제의 눈에서 티를 빼 줄 수 있을 것이다."마7:5 자신에 대한 판단은 참다운 행동의 유일한 길이다. 거기서 진리와 현실이 만나고 진리가 구현될 기회가 생긴다. 그것이 행동을 위한 조건이 되어야 하는 것은 물론이다. 왜냐하면 위선자의 행동이라고 앞에서 언급한 모든 것은 행동하지 않는 것이 심판을 피할 수단이라는 의미가 전혀 아니기 때문이다.

행동하지 않는 것은 진리와 현실이 분리되는 또 다른 모습이다. 우리가 그 사실을 역설하지 않은 것은 그것이 아주 잘 알려져 있고 아주 단순하고 아주 분명한 것이기 때문이다. 우리는 자연스럽게 떠오르는 아주 기초적인 의미로 "그들은 말만 하고 행하지 않는다."는 구절을 다시 인용할 수 있다. 이렇게 우리는 위선으로 둘러싸여 있다. 행동하지 않는 것만큼이나 행동하는 것도 위선의 길과 형태를 지니고 있다. 행위는 진실성을 보증하지 않고, 행위의 결여는 진정성을 보증하지 않는다. 그래서 우리는 우리 자신의 전부를 걸어야 하는 진리를 향한 사투 가운데 처해 있다. 거기서 인간 자신의 속성 안에서 찾는 모든 해결책은 거짓말일 뿐이다. 진리의 시간은 우리 인간의 시계들 안에는 없다. 진리는 우리 수단들 속에 없다. 진리는 우리 자신의 삶으로 직면해야 하는 것으로서 우리의 삶을 철저하게 발가벗긴다.

행동이라는 주제로 다시 돌아가자. 위선자는 외적인 것에 관심을 가

---

315) ▲진리에 따른 행동의 첫 번째 조건은 자기 자신을 판단하는 것으로 자신에 대한 심판을 받아들이는 것이다.

진 사람이다. 외적인 것은 내적인 것을 나타내는 것으로 전제되어 있다. 볼 수 있고 만질 수 있는 외적인 것을 통제할 수 있다면, 내적인 것도 통제할 수 있다. 외적인 것이 질서정연하면, 내적인 것도 질서정연하다. 위선자는 자신의 현실 속에서 그리스도의 말씀을 아주 중대한 것으로 받아들인다. "마음에 가득한 것이 입술로 나온다." "좋은 나무는 좋은 열매를 맺고, 나쁜 나무는 나쁜 열매를 맺는다." 그러나 그는 단지 말씀의 순서를 바꾼다. 하는 말이 의로우면 마음도 의롭다. 열매가 좋으면 나무도 좋다. 그러므로 말이나 열매를 위한 행동을 하는 것으로 충분하다. 질서와 의와 진리의 외적인 것을 취하는 것으로 충분하다. 이 외적인 것은 내적인 실재를 나타낼 것이다.

위선은 바로 이와 같은 단절에 있다. 그리스도는 말한다. "마음을 바꾸어라. 그러면 하는 말이 참될 것이다." "나무의 뿌리를 바꾸어라. 그러면 열매가 좋을 것이다." 위선자는 말한다. "열매나 말을 바꾸어라. 그러면 인간은 의롭게 깨끗하게 될 것이다." 마음과 뿌리를 바꾸는 것은 인간의 능력 밖의 일이다. 그것은 오직 그리스도만이 할 수 있는 일이다. 그런데 위선자는 행동을 내세우면서 또 진지한 까닭에, 스스로 최선을 다하려고 한다. 그는 의의 선한 목적을 이루고 진리를 활짝 꽃피우기 위해서 인간의 능력으로 가능한 모든 것을 행하고자 하는 의무감을 느낀다. 하나님의 손에 다 내려놓지 말아야 한다는 것이다. 그는 스스로 행동할 것이다. 그것이 그의 명예요 성실성이다. 그는 책임을 공표하고, 되는 대로 방임하지 않는다.

위선자에게서 의로운 태도와 믿음은 종이 한 장 차이다. 믿음이 진리의 구현을 위해 불가능한 일을 이룩하지 않는다면, 그리스도인의 능력이 실제적으로 스스로 이루어야 할 진리의 구현을 향해 극한적으로 발휘되지 않는다면, 믿음은 거짓에 불과하고 게으름의 핑계가 될 뿐이다. 그런데 인간으로 하여금 자기가 할 수 있는 것을 극도로 발휘하게 하는 믿음은 이어서 다음과 같은 말을 하게 한다. "이 모든 것은 아무것도 아닙니다. 나는 무익한 종에 불과합니다. 이제 가장 어려운 일이 남아 있습니다. 그 문제는 내가 행한 모든 일을 하나님이 받아들이시고 성령의 역사로서 그것들이 진리의 구현이 되는 것입니다." 이는 인간이 믿음으로 모든 것을 행한 뒤에 하는 말이다. 그러나 똑같이 모든 것을 행한 뒤에 위선자는 멈추어서 말한다. "이제 믿음이 구현되었습니다. 이제 진리가 눈에 보입니다. 마음은 변화되었습니다. 이 모든 것은 하나님316)을 위해 행해진 것입니다." 이 종이 한 장의 차이는, 위선자가 믿음의 말을 사용하여 성령의 개입을 확보하려고 마법적인 주문과 같은 말을 반복할 때, 더욱더 미세해진다.

위선자는 눈에 보이고 계산할 수 있는 외적인 것이 중요하다는 사실을 잘 알고 있다. 진리가 그렇게 드러나지 않는다면 진리는 그저 말에 지나지 않게 될 뿐이다. 그래서 그는 외적인 것에서 출발한다. 그렇게 함으로써 그는 내적인 것을 획득하려고 한다. 그는 주변에서 출발하여 중심으로 나아간다. "위선자인 서기관들과 바리새인들아, 너희가 화를 당할 것이다. 너희는 잔과 접시의 겉은 깨끗하게 닦지만, 그 속은 탐욕과 방종으로 가득 차 있다. 눈 먼 바리새인아, 너는 먼저 잔과 접시의 속을 깨끗하게 하라. 그리하면 겉도 깨끗하게 되리라."마23:25-26 그것은 겉모양과 실재, 외적인 것과 내적인 것 간의 모순보다 훨씬 더 큰 것이다. 그것은 삶 전체와 그 여정의 모순이다. 그리스도는 내적인 것에서 외적인 것으로 나아가라고 한다. 그런데 내적인 것은 그리스도가 주어야 하는 것이다. 위선자는 외적인 것에서 내적인 것으로 나아가라고 한다. 그런데 내적인 것은 외적인 것에 맞게 이미 설정되어 있다.

---

316) ▲여기서의 하나님은 인간이 행한 일을 바라보기만 하는 수동적인 하나님이다.

인간이 할 수 있고 또 유일하게 할 수 있는 것이기에 인간은 외적인 일을 행한다. 이는 다른 사람들도 위선자와 마찬가지다. 그러나 위선자는 용기 있고 적극적인 사람으로서 용감하게 외적인 일의 선봉에 나서고 나머지 사람들은 그 뒤를 좇는다. 그에 비해 흔히 내적인 것이 기적적으로 변화되기를 기다리는 다른 사람들은 아무것도 하지 않는다. 그래서 위선자에게 중요한 일들은 행동을 취할 수 있는 일들이다. 그런 일들은 사건과 시사적인 일과 정치와 삶의 방식과 같은 것들이다. 왜냐하면 그런 외적인 것에는 도덕적이고 개인적인 문제들만 있지 않기 때문이다. 바리새인들은 자신들의 신학적·도덕적 입장에서 정치적 교훈을 끌어냈다는 사실을 기억하자. 그들은 정치에 아주 활발하게 참여한 사람들이었다. 지금까지 우리가 거론한 모든 것은 사실상 인간의 환경 전체에 적용된다.

위선자는 도덕가가 아니고 모든 방면에서 행동주의자이다. 그는 경제적·정치적 환경과 같은 사회적인 구체적 상황들에 끌리고 매혹된다. 왜냐하면 그것이 개인적인 삶에서보다 훨씬 더 상황들을 바꿀 수 있는 행동이 나타날 수 있는 영역이기 때문이다. 그러므로 위선자는 외적인 것을 조직화하는 행동을 취할 것이다. 그것이 그의 유일한 관심사이다. 행동은 다양한 양상들을 띨 수 있다. 우리는 언제나 도덕을 떠올리면서, 도덕을 통해서 삶의 외적인 형태들을 주관할 생각을 한다. 그것은 정확히 맞는 사실이지만, 제한적인 측면에 그친다.

위선자는 조직을 통해서 똑같이 외적인 것을 주관하고자 한다. 그는 행정가이자 조직가이다. 그는 선하고 의롭고 참된 것은 현실에 대한 보다 나은 조직화를 통해서 얻어야 한다고 생각한다. 그러나 그렇게 하면서 그는 그리스도가 제시한 것과는 다른 방법을 채택한다. 그런 점에서 문제가 심각하다. 위선자는 그리스도와 진리를 향한 문을 완전히 닫아

버린다. 실제로 조직은 모든 일들에 질서가 있는 것을 상정한다. 모든 일들을 질서나 도덕의 법칙에 의해 부과된 명령들을 따라서 각기 자리를 잡고, 오로지 이런 방식에 의해서 완성에 이른다. 이 방식은 반드시 필요한 것이다. 왜냐하면 이 방식을 따르지 않으면 혼란과 악이 임하게 되기 때문이다. 그러므로 인간존재와 사물과 제도의 변화는 조직의 법칙들에 의해 엄격하게 결정되어야 한다. 거기에 자체적인 고유의 자유는 하나도 허용하지 말아야 한다. 왜냐하면 우리의 자유는 질서의 원천이 아니기 때문이다. 일단 계획이 수립되고 나면 어떤 자발성도 부여하지 말아야 한다. 모든 것들은 그 계획에 들어가고 질서가 지켜지는 그 안에서 각기 정해진 자리를 얻게 된다. 삶의 퍼즐이 재구성된다. 그것은 철저하게 내적인 것에서 외적인 것으로 나아가는 길을 배척한다. 왜냐하면 그 길이 궁극적으로 어떻게 나타날지 그 누구도 결코 알지 못하기 때문이다. 그것은 전적으로 하나님의 개입을 배제한다. 그 이유는 하나님의 개입은 형식과 행동의 다양성과 인간의 자유와 무질서의 존재를 전제로 하기 때문이다.

물론 위선자는 모든 것을 다 조직하고 나서 이같이 말할 것이다. "이제 하나님이 행동할 수 있다. 하나님은 우리가 행한 모든 일을 오직 축복할 수 있을 뿐이다." 그리고 그는 하나님이 아무것도 하지 않으리라고 굳건하게 확신한다. 실제로 그 단계에서 하나님은 그 완벽한 조직체계를 무너뜨리는 것 이외에 달리 할 일이 없다. 마음에서 행동으로 이어지는 생생한 변화가 가능하려면, 행동의 원칙이 마음에서 나와야 하고 조직체계의 객관적 원칙들에 근거하지 않아야 한다. 아주 다양한 상황들이 고려되어야 하고, 사회적, 정치적 유연성이 존재해야 한다. 적정한 수준의 혼란이 사회를 지배하고, 경제와 정치는 효율성의 추구에 중심을 두지 않고, 도덕주의가 사회집단들에 만연하지 않아야 한다.

조직체계에 신경을 쓰면서, 위선자는 진리와 정의를 부정하고, 내적인 것을 부인한다. 그 이유는 위선자 자신이 그런 것들을 소홀히 여기기 때문이 아니고[317] 행동의 필수적인 효과적 법칙들을 나타내는 세계에서 그런 것들이 구체적으로 발현될 가능성을 제거해버리기 때문이다. 더 나아가서 그가 그런 것들을 추상적으로라도 표명할 때조차, 그는 그 모든 결정적인 성격은 부인한다. 그는 단지 상황들 안에서 결정의 가능성을 인정한다. 오직 상황, 사건, 환경의 도전과 같은 것들만이 행동을 유발하고 인간의 개입과 적응과 창의성을 요구한다. 내적인 실재와 초월적인 진리는 위선자의 눈에는 인간에게 행동을 촉발시키는 강제력이나 위력이 전혀 없다. 정의에 대해서나 진리에 대해서, 그는 취미처럼 대한다. 마치 자신이 가진 하나의 기호인양 취급한다. 중요한 일을 마치고 나서, 그는 간혹 종교적 문제들이나 문화, 음악 등에 관해 논의하는 것을 즐긴다. 그러나 그와 같은 논의에서 언급된 모든 것은 몽상의 영역에서 벗어나지 않는다. 장르들을 뒤섞는 것은 적절하지 않다. 어떻게 하나의 종교적 견해가 경제적 능력을 부정하거나 정치적 입장을 표명하게 하는 것과 같은 중요한 비중을 가질 수 있겠는가? 위선자는 하나님의 말씀이 그 안에 결정력을 지닌다는 사실을 인지할 수 없다. 자신의 정치적, 경제적, 도덕적 세계에서 갑자기 일어난 사건은 아주 커다란 긴박성을 지닌다. 그래서 즉각적인 대응을 필요로 한다. 하나님은 기다릴 수 있다. 우리가 세계를 조직하는 일을 마친 후에 우리는 하나님과 마주할 것이다.

---

317) ▲더더욱 그가 그것들을 이론적·신학적·과학적으로 부정하기 때문은 아니다. 그 모든 것은 전혀 중요성이 없다.

2) 현대사회의 위선

종교적 위선

성서를 통해 우리가 돌아본 것에 따라 현대사회의 위선자들에 대해 생각해본다면, 우리는 그 범주가 넓은 것에 아주 놀라게 된다. 먼저 그것이 그리스도인들과 아주 직접적으로 연관된다는 사실에 주목하자. 왜냐하면 기독교 이전의 사회에는 위선이 존재하지 않고, 기독교화된 사회나 포스트기독교 사회에만 존재하기 때문이다. 진리를 접하지 않는 한, 위선자는 있을 수 없다. 왜냐하면 사람이 진리에 대하여 취하는 태도 탓에 그리스도에 의해 위선자로 불리기 때문이다.

우리는 먼저 첫 번째 범주의 위선자를 살펴볼 것이다. 이 범주의 위선자는 제일 잘 알려져 있고, 가장 많이 비난받고 또 가장 명백한 동시에 현대사회에 와서 그 비중이 많이 줄어들었다. 그는 종교적 위선자이다. 종교적 인간은 자신의 종교가 로마가톨릭이든 개신교든, 민족 종교든, 공산주의든, 모택동주의든 간에, 하나의 체계, 즉 스스로를 의롭게 하는 일련의 방식들[318]에 동조한다는 점에서 위선자가 된다. 그는 스스로를 정죄하는 것이나 남들로부터 정죄당하는 것을 피하려고 인간이 개발한 가치체계를 따른다. 또한 그는 자신이 속한 집단이나 사회의 구성원들이 거의 만장일치로 동의하는 것으로 여겨지며 실제로는 사회적 법규들에 해당하는 일체의 종교적 법규들을 만들어낸다.

그러나 곧바로 불가지론자도 또한 위선자가 된다는 사실에 주목하자. 그가 어렵게 얻은 내적인 신념의 열매를 표명할 때 그런 것은 아니다. 아무 근거 없이 아주 이성적이고 아주 인간적인 하나의 신을 만들어서는 곧 부서뜨리고 그 신이 존재하지 않는다는 걸 입증하려고 할 때 그

---

318) ▲영웅, 성인, 평화의 투사, 독립을 위한 순교자 등으로 화한다.

는 위선자가 된다. 그는 나무 한 조각을 보이며 신이라고 선포하고 나서, 그 나무 조각을 땅바닥에 버린다. 그런데 그 신은 아무 반응도 하지 않는다. 따라서 신은 존재하지 않는다는 것이다. 그런 태도는 완전히 위선적이다. 따라서 하나의 문제에 대해 어떤 태도는 위선이고 그 상반된 태도는 의롭고 진실하다는 것이 아니다. 그 두 가지 태도들이 다 타당할 수도 있고, 또 둘 다 위선일 수도 있다. 자신이 말하는 진리대로 살지 않는 종교적인 사람은 위선자가 되고, 이성의 종교와 과학의 종교와 같은 모든 종류의 종교들에 헌신하면서 그걸 종교로서 인정하기를 거부하는 불가지론자도 위선자가 된다.

현재 활동하는 공적인 인사들 중에서 의심의 여지없이 가장 주목할 만한 위선자의 예는 사르트르이다. 남들의 과거사를 통해서 그들의 위선을 정말 잘 파악하여 고발하는 사르트르는 그런 점에서 전형적이다. 예를 들자면, 『생 주네*Saint Genet*』에서 주네의 거룩함에 대해 분석하면서 사르트르는 주네를 타락한 사람으로 만든 것은 다른 사람들임을 입증한다. 그래서 그는 주네가 거룩하다고 주장한다. 그것은 정말 드물게 보는 극단적인 경우로서 개인을 의인화하는 일이다. 다른 예를 들자면, 사르트르가 『악마와 선한 신*Le Diable et le Bon Dieu*』에서 저속한 '종교적 문제'를 제기하는 방식이다. 이 두 개의 예에서 사르트르는 위선적이었다. 첫 번째 경우는, 자신에게 생사가 걸린 중대한 영역인 까닭에, 아마도 무의식적으로 그렇게 했을 것이다. 두 번째 경우는, 단순한 이데올로기인 까닭에, 아마도 의식적으로 그렇게 했을 것이다. 사르트르와 같은 지식인이 그런 어린애 같은 생각을 할 수 있으리라고는 아무도 믿지 못할 것이다. 하나님이 진정 하나님이라면, 인간이 정한 도전과 기한을 고려하지 않을 것이다. 하나님은 인간의 결정에 구속되지 않는다. 따라서 사르트르가 입증한 것은 전혀 의미가 없는 것이다. 그 사실을 아주 잘 알고 있음에도 불구하고 그는 입증319)을 시도했으니, 그는 의식적으로 위선자가 된 셈이다.

한 개인에게서 위선자의 두 가지 양상들을 다 발견하는 것은 좀 예외적이다. 사르트르는 우리로 하여금 더 넓게 그런 인물들을 고찰하게 한다. 그들은 반도덕주의자들이다. 17세기에서와 같이 19세기에는 위선자가 도덕주의자였다면, 오늘날에는 더 이상 그렇지 않다. 도덕을 존중하며 도덕적 규범을 따라 살아갈 것을 천명하는 사람은 오늘날 서구사회에서 어리석은 바보나 교양 없는 퇴보적인 불쌍한 사람으로 간주되며, 더 나아가 위선자로 여겨진다. 우리는 두 가지가 현대의 사고방식에서 어떻게 서로 연결되는지 보여주었다. 도덕적 인간에 대한 판단은 일반적인 사회적 판단으로서, 예술가들과 영화계의 판단이고, 지식인들과 청년들의 판단이며, 사업가들과 여인들의 판단이다. 그런데 이 판단에 직면하고 이 사회적 압력을 극복하려면, 어느 정도 용기가 필요하지만 무엇보다도 아주 확고한 이유들이 있어야 한다. 따라서 자신이 하는 일의 도덕적 가치를 평가해야 하고 그 가치를 확실하게 지켜야 한다. 오늘날 도덕주의자가 되는 것은 더 이상 순응주의가 아니다.

다만 지방 소도시의 소수의 부르주아들이나 자신들 안에 갇혀 있는 가톨릭 및 개신교 집단들과 같이 사라져가는 작은 사회집단들 속에 도덕적 위선자의 유형이 남아있다. 대부분의 우리 사회 속에서 위선자는 반도덕주의자이다. 반도덕주의자는 유행에 따라 그리된 것으로 사회의 전반적인 흐름을 좇으려는 것이다. 우리 사회는 전체적으로 경제적, 정치적 활동의 측면에서 비도덕적이고, 문화적 표현의 측면에서 반도덕적이다. 따라서 그런 태도를 취하는 것은 일반적인 흐름을 좇아가는 것이다.

---

319) ▲대중을 대상으로 하는 것으로서 자신의 관념들을 선전 방식을 통해서 전달하는 것이다.

또한 그것은 인간에게 가장 쉬운 길이고 가장 정상적인 길이다.

그러나 거기서 위선자가 되는 것은 일반적인 유행을 좇아 자신을 맡기는 데 있지 않고, 그러면서 스스로를 정당화하고 자긍심을 갖는 데 있다. 과연 우리가 얼마나 용기가 있는지 살펴보자. 1830년에는 있었지만 이제 더 이상 존재하지 않는 도덕적 강제를 바라보며, 우리는 도덕에 대한 조롱을 감행한다. 1860년에는 강력했지만 이제는 더 이상 그렇지 않은 아주 강력한 부르주아 계층을 바라보며, 우리는 부르주아적인 가치들에 대한 모독을 감행한다. 1880년에는 있었지만 이제는 더 이상 존재하지 않는 '질서유지대'를 바라보며, 우리는 경찰에 대한 조롱을 감행한다. 이렇듯이 우리는 자유를 누린다는 것이다. [320] 그들의 자유는 죽은 듯이 가장 큰 조류와 같은 유행을 좇아가면서 100년 전에 이미 죽은 사람들을 조롱하는 데 있다.

"좋은 의향으로는 좋은 소설을 낼 수 없다." 거기서 반도덕적 문학이 나온다. 그러나 나쁜 의향으로도 좋은 소설을 낼 수 없다. 그 유일한 차이는 좋은 의향의 소설들은 팔리지 않는 반면에, 추잡한 걸 쓴 소설들은 확실히 대박을 친다. 모두가 알다시피, 대박을 치려면 강하고 용감하고 진정성 있고 과감하고 진실해야 한다. 오늘날 반도덕주의는 문학적 사회적 성공과 자기 자신의 정당성 [321]과 인간적 진정성의 각인을 위한 가장 확실한 길이다. 어떻게 반도덕성의 매력에 저항할 수 있겠는가? 그러나 반도덕성을 추종함으로써 사람은 위선자가 된다. 밀러Miller, '살아있는 연극Le living theater', 주네Genet 등은 순응주의에 저항한 투쟁의 영웅, 도덕적 규범들의 해방자, 인류를 위한 새로운 길의 개척자로 보였다. 그런데 당시에 그들은 실제로는 최소한의 독립심이나 최소한의 냉소주의도

320) ▲그렇지만 소련의 소비에트 질서유지요원들에 대한 모독은 생각할 수 없는 일이다.
321) ▲반도덕주의를 기점으로 해서 사람은 비로소 하나의 인격이 된다.

없이 대중의 취향에 맞추어서 굴종적으로 사회적 유행과 흐름을 추종하는 것에 만족하고 있을 뿐이었다.

역사적 인물의 이용

자기 자신을 주장하려고 역사를 이용하는 그리스도인들은, 복음서에 따르면, 또 다른 차원의 위선자들이다. 위대한 조상들을 숭배하고 본받고자 할 때 그들은 예수가 묘사한 대로 기본적으로 역사를 이용할 수 있다. 위대한 조상들인 위그노들은 수많은 개신교인들로 하여금, 개신교 전통에 충실하다고 확언하면서도, 더 이상 그리스도인이 되지 않게 허용할 것이다. 역사적 숭배는 신앙적 앙가주망을 대체한다.

그러나 보들레르Baudelaire와 랭보Rimbaud 혹은 로트레아몽Lautréamont과 같이 배척당한 시인들도 수십 명이나 오늘날 우리 사회에서 아주 좋은 평가를 받고 있다. 보들레르는 대학입학자격시험의 일부분을 구성한다. 랭보는 〈주르 드 프랑스〉 322)에 실린다. 배척당한 시인은 명문가의 자산에 속하게 되고 우리 사회에서 훌륭한 이력이 된다. 또한 과거의 질서를 혹독하게 부정한 사람들로서 사회주의나 공산주의의 영웅들323)도 그렇게 된다. 오늘날 레닌의 호화로운 묘를 만든 러시아인들은 그의 입을 영원히 닫아 돌무덤으로 인증한 것에 더없이 안심한다. 레닌은 그들이 한 일에 대한 자신의 생각을 더 이상 그들에게 말할 수 없다. 그들은 그를 배반함으로써 그를 자신들의 것으로 만들었다. 그것은 고전적인 역사적 절차이기도 하다. 한 인간을 역사적 인물로 바꾸는 것은 그 인간 자신이 추구한 모든 것을 제거하고, 선조들을 부정하는 새로운 주인들의 애완

---

322) [역주] *Jours de France*(주르 드 프랑스, 1958-1989)는 프랑스의 여성 주간지로서 유명 인사들에 관한 소식을 전하는 잡지로 유명하다.

323) ▲오늘날 프랑스의 부르주아로서 [프랑스 사회주의의 기반을 마련한] 장 조레스(Jean Jaurès)를 크게 기리지 않는 사람은 아무도 없다.

용 동물로 변환시키는 것이다.

진정으로 위대한 인물들을 계속 기리는 길은 그들을 우상화하는 사람들이 그 인물들이 자신들의 사회에서 했던 일을 현재의 사회에서 재현하는 것이다. 이는 루터와 칼뱅이 로마가톨릭에 대해 했던 바와 같이 오늘날 개신교 교회를 개혁하는 것이고, 마르크스가 1850년의 사회적 금기에 대해 했던 바와 같이 오늘날의 사회적 금기를 공격하는 것이고, 레닌이 러시아 황제의 독재체제에 대항하고, 모택동이 장개석의 독재체제에 대항했던 바와 같이 오늘날 러시아의 국가적 독재체제 구조들을 무너지게 하는 것이다. 진정한 계승자는, 이미 죽은 영웅이 자신의 시대 관습에 대해 행했던 바대로, 현대의 관습에 대해 행하는 것이다. 그러나 소련에서 정말 사랑받는 몰리에르Molière의 계승자가 17세기의 부르주아와 귀족에 해당하는 소비에트체제의 수혜자들과 공산당 지도자들과 소비에트 사람들을 공격한다면, 몰리에르의 시대처럼 사람들은 파렴치한 짓이라고 외칠 것이다. 아누이 324)가 오늘날의 프랑스 노동자를 비난한다면 그것은 치욕이 될 것이다. 그것은 反인종차별주의 앞에서 가리 325)를 언급하는 것과 같다. 랭보의 계승자가 서구의 기술전문가들이나 생산성의 금기나 사회적 사업의 금기를 비난한다면, 그는 우리 사회에 의해 실제적으로 배척당할 것이다.

그들이 주장한 바를 재현하는 데 만족함으로서 칼뱅이나 랭보나 레닌의 계승자로 자처하는 것이 더 나은 일이다. 그들이 주장한 것은 이미 모든 사람들에 의해 인정된 것으로서 아무도 불편해하지 않고 이미 이루어진 상황이다. 우리는 아주 쉽게 칼뱅주의자도 되고, 배척당한 시인도 되고, 레닌도 된다. 그들이 대항했던 적대자는 이미 오랜 전에 다 죽었다.

---

324) [역주] 장 아누이(Jean Anouilh, 1910-1987), 프랑스의 극작가.
325) [역주] 로맹 가리(Romain Gary, 1914-1980), 모스크바 태생의 유태인 프랑스 작가.

우리가 적대자에게 조금 공격해도 그는 더 이상 대응하지 못한다. 우리는 영웅들의 자손들로서 영웅이 된다. "너희 조상은 선지자들을 죽였고 너희는 그들의 무덤을 만들었으니, 너희가 너희 조상의 자손임을 증명한 것이다." 레닌의 시대에 대부분의 현재 공산주의자들은 소소한 공화주의자들이었고, 랭보의 시대에 우리의 배척당한 시인들은 프랑수아 코페326)와 같은 편에 속해 있었고, 칼뱅의 시대에 위그노들은 성인들을 숭배했었다. 그러나 역사를 이용하는 위선은 역사 자체가 선한 역할을 자처하면서 모든 걸 설명하고 선한 자와 악한 자를 판정하고 스스로를 정당화하는 데서도 나타난다.

우리 시대에 역사는 16세기와 19세기 사이의 도덕이 담당했던 역할을 연출한다. 역사는 결정적인 기준이다. "역사가 역사의 흐름에 따른 것인지 역사에 거스른 것인지 판정할 것이다. 우리는 의무적으로 역사의 도전에 응답하고 역사적 관점으로 모든 상황을 살펴야 한다." 이것이 오늘날 지식인들과 공산주의자들과 기자들이 하는 명백한 다짐들이다. 거기서 말하는 역사가 결코 역사가들이 어렵게 기록한 역사가 아니고 사이비 철학자들이 해석한 역사의 총체적인 흐름이라는 사실을 다시 상기시킬 필요는 없지 않을까 한다. 한두 세기 이전에 모든 것이 선과 악으로 구분되어서 도덕을 기준으로 평가되어야 했고, 미덕은 인간성의 상징이 되었던 것과 마찬가지로, 오늘날 역사의식이 인간성의 상징이 되어서 역사의 흐름에 따르는 것은 선과 같고, 역사를 거스르는 것은 악과 같은 것이 된다.

그 모든 것은 과거의 도덕보다 더 큰 의미와 가치가 없다. 역사를 가치로 변환하는 것은 터무니없이 불합리한 일이다. 나는 우리의 명석한 反도덕주의자들에게 현대 사회에서 의미 있는 일을 하려면, 이미 오래 전

---

326) [역주] François Coppée(프랑수아 코페, 1842–1908), 프랑스 시인

에 사라져 소멸된 도덕을 공격하는 대신에 역사를 공격하여 反역사주의자를 자처하는 것이 더 낫다고 제안할 수 있다. 그것이 일리 있을 것이다. 그러나 어려운 일이다. 그런데 하나님이 묻는 질문을 인간이 피하기 위해 인간이 도덕을 하나의 수단으로 사용하여, 인간이 위선자가 되어버린 사실을 밝히면서 예수가 도덕을 공격한 것과 마찬가지로, 예수는 동일한 목적과 방식으로 사용되는 까닭에 역사를 공격했다. 현재의 사회적 여건 속에서 정의의 기준으로 삼거나, 기독교를 상대화시키거나, 어떤 사건의 불가피성을 옹호하거나, 행동의 지침과 동기로 쓰려는 등의 목적으로 역사를 활용하는 모든 사람은 위선이라는 비난을 받을 처지에 놓인다. [327]

스스로를 의롭게 하는 자기의

위선은 언제나 자기의自己義와 연관성을 갖는다. 자기의는 실제적으로 자유와 상반되는 것이다. 스스로를 의롭게 하고, 스스로 의롭게 되고 싶어 하며, 스스로를 의롭게 하려고 방법과 이론을 구하는 사람은, 그 목적과 그 영역이 무엇이든 간에, 자신에게 자유가 없다는 사실을 나타내는 것이다. 이는 자기의는 어찌됐든 간에 타인에 대해 자신이 옳다는 것을 포함하기에 필연적으로 사랑이 부족하다는 사실 때문만이 아니다. 더 큰 이유는 자기의는 언제나 자기 자신의 있는 그대로의 상태를 유지하기 바라는 욕심을 나타낸다는 사실에 있다. 자기의는 자기 자신과 사회에 대한 순응주의를 보여주는 것이다. [328] 스스로를 의롭게 하는 사람

---

327) 구조주의, 특히 푸코(Foucult)는 역사화된 신화를 축소시키려고 시도했다. 그러나 푸코는 역사와 유사한 것에 끊임없이 의존했고, 다른 사람들은 역사에 편입시켜야 생존할 수 있는 이차적인 신화를 만들었다.

328) ▲자신이 속해 있는 사회를 설득시키려고 하는 자기의는 그 사회의 가치들과 이데올로기들과 신념들을 사용할 수밖에 없기 때문이다.

은 자신이 의롭다는 걸 인정받기 위해서 자신이 속한 사회 앞에서 변론한다. 그는 자기 자신과 사회 사회에 차이가 없기를 바란다. 따라서 그는 자신이 사회에 부합한다는 증서를 기대한다. 그것은 그의 의가 된다. 그래서 자기의는 필연적으로 "너희는 이 세대를 본받지 말라."와 반대가 된다.

물론 그 계명은 자신의 눈과 사회 앞에서 자신을 의롭게 보이기를 포기한 사람에게만 의미 있는 것일 수 있다. 더 나아가 자기의는 죄인임을 인정하는 것과 반대되는 것이다. 뒤에 가서 우리는 죄인임을 인정하는 것이 그리스도 안에서 자유의 핵심적인 표현이라는 사실을 살펴볼 것이다. 그러나 죄인임을 인정하는 것은 자기 자신에 대한 근본적인 문제제기를 전제로 한다. 법을 어겼다는 주장과 그 법을 정한 사회 앞에 스스로 의롭다는 주장을 동시에 할 수는 없는 일이다. 그래서 이 세 가지 관점에서 우리는 자기의가 자유와 상반된다는 사실을 발견한다. 그래서 때로는 현재의 좌파적인 청소년들의 태도를 아주 어렵게 한다. 그들은 자유를 원한다. 그러면서 그들은 계속해서 자신들의 입장과 생각을 정당화하는 주장을 펼친다. 그들은 자신들이 정죄하는 이 사회와 그 성인들 앞에서 스스로를 정당화한다.

오늘날 혁명가들과 도덕을 부정하는 사람들과 신의 죽음을 선포하는 사람들과 부르주아를 비난하는 사람들과 질서를 조롱하는 사람들은 끊임없이 스스로를 정당화한다. 우리는 폭력에 대한 열렬한 지지자들이 늘 하는 반응[329]을 알고 있다. "우리가 폭력적인 이유는 남들이 먼저 폭력을 시작했기 때문이다. 우리는 단지 폭력에 대항하는 폭력을 행사할 뿐이다." 그들이 참으로 혁명가라면, 그들은 그런 수준으로 정당화하는 위선을 벌일 필요가 없을 것이다. 클리버는 폭력을 행사하는 사람들이

---

329) ▲조르지 소렐(Georges Sorel)의 노골적인 준엄성과는 거리가 멀다.

가지는 정당화에 대한 갈증을 보여주는 뛰어난 사례를 제공한다. 330) 그는 흑인들에 의한 백인여자들의 강간을 정당화하면서, 전권을 가진 백인 관리인이 남성호르몬이 넘치는 수컷인 흑인 하인을 지배하면서, 흑인 여장부와 성적인 관계를 맺으면서, 백인여자를 금기대상으로 정해 보살피는 역학관계를 진술한다. 이는 심층심리학을 교묘하게 사용하여 완전히 동물적인 것으로 인정되는 욕구의 아주 당연한 분출을 정당화331)하는 것이다. 그 욕구를 정치화하여 자기 자신의 강간을 혁명적인 행동으로 만들려고 할 때 그것은 기괴한 것이 된다. 오늘날 스스로를 정당화하여 의인화하는 사람들은 예수가 질책했던 바리새인들과 같다.

기술과 행동의 가치 변환

우리 사회에서 그런 질책의 대상에 포함되는 사람들로서 기술과 행동을 가치로 변환시키는 그리스도인들이 있다. 이는 아무튼 하나의 직무를 이행할 뿐인 기술전문가가 아니라 생각보다 행동에 우선권을 주어 행동주의자가 되는 모든 사람을 가리킨다. 물론 여기에는 행동주의자로서 자신의 기술을 도구가 아니라 구원의 길로 믿는 기술전문가도 포함된다. 조직설계자인 질서의 인간은, 문화나 지적 영적 삶과 같이 내면적인 것은 필연적으로 기술의 온전한 발달을 따라가고 배부르게 먹고 여가를 즐길 때 인간은 온전한 인간332)이 될 것이라고 생각한다. 모든 것이 정리되고, 땅위의 모든 재원이 개발되며, 모든 것이 효과적으로 관리되고, 과학의 모든 가능성들이 모든 사람들에게 열려있을 때, 인간의 모든 문제들이 해결될 것이다. 그 모든 문제들을 부정하게 하는 것은 위선이다.

---

330) ▲Eldridge Cleaver, *Un Noir à l'ombre*, 1969. [역주: 엘드리지 클리버(Eldridge Cleaver, 1935-1998), 미국의 급진적 흑인인권의 상징적인 인물.]

331) ▲겉으로 정당하게 보이는 위선적인 정당화의 의미에서.

332) ▲인간은 아직도 결코 온전하게 되지 않았다!

이는 내가 궁극적으로 모든 문제들을 해결할 행동주의자들의 편에 속해 있으니, 나는 그 문제들을 거부할 수 있다는 것이다. 또한 현실의 이름으로 진리를 부인하게 하는 것은 이중적인 위선이다. 기술이 인간의 물질적인 문제들을 해결하여 인간의 영적인 발달의 기반이 될 것이라는 끔찍한 사상을 진작시키는 모든 사람들은 그런 위선 가운데 있다. 현실적인 것과 영적인 것을 이분법적으로 나누는 것은 영적인 것을 소멸시키는 것이다. 문화를 위시한 많은 것들 속에서 지성적인 삶이 배척된다. 우리는 이미 그 모든 것을 살펴보았다.

이미 언급했다시피 성서에 따르면 행동주의자는 위선자이다. 그런데 현대에 대입시켜 보면, 그것이 가리키는 것은 예수가 만났던 바리새인과 같은 종교적인 성격의 행동주의자는 명백하게 아니다. 우리의 현대사회에서, 그것은 활동영역과는 무관하게 실제적으로 바리새인과 똑같은 성격을 보여주는 체계수립자로서의 기술전문가이다. 우리는 끊임없이 현재성을 주목해야 한다. 반도덕주의자, 역사를 우상화하는 사람, 체계수립자 등에 대해 우리가 언급한 내용은 영원한 것이 아니다. 그들은 위선자의 현재적 유형들을 나타낸다. 이는 백년이나 삼백년 전에 위선자가 도덕주의자, 부르주아, 종교인이었던 것과 마찬가지다. 각각의 사회에는 그 사회구조들에 따른 위선자들이 존재하고, 그 원형은 성서에 기술되어 있다. 오늘날 언제나 그렇듯이 위선자는 진리의 요소들을 사용하여 수단들을 만들어 이용하고 하나님의 질문을 부인하며 스스로를 의롭게 하려고 한다.

그런데 그 수단들은 시대에 따라 다양하다. 어제의 위선자는 미덕, 자선, 기도, 종교, 결혼 등을 활용했다. 오늘의 위선자의 입에서 가장 빈번하게 나오는 단어들은 질서, 생산성, 정의, 인종 평등, 평화 등이다. 이는 똑같은 일이 재현되는 것이다. 우리 현대사회에서 정의는 1830년의 자선활동의 역할을 맡고 있고, 생산성이나 역사는 지금으로부터 3세기 전의 종교의 역할을 맡고 있다. 거짓말도 동일하고 활용하는 것도 똑같다. 모든 경우에 관건은 궁극적인 인간조건을 숨기는 것이다. 모든 경우에 관건은 스스로를 의롭게 하는 자기의의 문제이다. 모든 경우에 그런 말들을 입에 담는 인간의 특징은 그런 말들이 요구하는 대가를 치르는 것을 거부하는 것이다.

여기서 우리는 결정적인 마지막 사실을 확인하게 된다. 위선자는 자신이 한 행동들과 자신이 한 말들과 자신이 헌신한 가치들에 대한 대가를 치르는 것을 거부하는 사람이다. 개인적인 대가일지라도, 사람들에게 보이도록 기도하는 사람과 사람들의 칭찬을 받으려고 선을 행하는 사람은 기도와 자선의 대가를 치르지 않는다. 그 대가는 침묵과 비밀과 사람들로부터 받는 경멸이다. 그 사람은 하나님의 강복과 인간의 칭찬 둘 다 원한다. 그래서 그리스도인인 동시에 사회에서 출세하고자 하는 사람은 위선자이다. 그래서 정의와 행복을 동시에 실현시키고자 하는 사람은 위선자이다. 기술에 관해 쓴 나의 저서에서, 나는 현재의 기술 진보가 치러야 하는 비용을 간단하게 보여주려고 했다. 우리는 많은 퇴보와 실패와 포기를 대가로 치러야 한다. 영적이거나 지성적인 삶의 요소보다 기술의 진보를 선호하는 것은 정당한 일이다. 그러나 위선자는 말한다. 실질적으로 기술의 진보는 모든 나머지 것에 혜택을 줄 것이다. "우리는 진리를 지킨다. 동시에 현실은 우리에게 그 힘을 건네줄 것이다. 우리는 인간성의 고양과 인간의 행복, 안락과 정의, 건강과 기도를 동시에 구현할 수 있다." 이런 식의 주장은 오늘의 위선의 가장 사악한 형태를 나타낸다.

우리 사회는 인간의 분열을 현대사회의 양상들로 용인하고, 그 분열을 변명과 신화를 통해 숨겨버린다. 인간은 자기 자신의 분열에 동의하고 자기의를 구한다. 우리 사회는 인간을 다시 대상화하려는 의지를 가지고, 인간의 삶에 치명적으로 왜곡된 의미를 부과하는 새로운 가치체계의 틀에 인간을 얽매려고 한다. 인간은 행복의 성취라는 명분하에 외적 요인에 의한 이 통합에 동의한다. 우리가 속해 있는 사회가 그리스도인의 자유를 위선으로 변환시키려고 그리스도인들에게 파놓은 함정들이 이와 같은 것들이다. 그러나 우리는 그 자체로 가치 있는 이탈적 자유는 결코 존재하지 않는다는 사실을 알고 있다. 이탈적 자유는 오로지 주어진 사회 안에서, 한 집단에 대하여, 하나님이 우리의 여정에 마련해놓은 집단과 마주하는 경우에만, 존재할 수 있는 것이다. 위선은 언제나 자기 자신에게 이탈적 자유를 귀속시키는 것이다. 반대로 우리가 거론한 가용성, 무상성, 창의성 등의 다른 요소들을 분석하면서, 우리는 언제나 이탈적 자유가 공통체적이거나 집단적이거나 사회적인 방식의 관계에 이르는 것을 발견했다. 그래서 이탈적 자유는 관여적적 자유와 분리될 수 없다.

엘륄의 저서연대기순 및 연구서

· *Étude sur l'évolution et la nature juridique du Mancipium*. Bordeaux: Delmas, 1936.
· *Le fondement théologique du droit*. Neuchâtel: Delachaux & Niestlé, 1946.
　→『자연법의 신학적 의미』, 강만원 옮김(대장간, 2013)
· *Présence au monde moderne: Problèmes de la civilisation post-chrétienne*. Geneva:
Roulet, 1948.
　→『세상 속의 그리스도인』, 박동열 옮김(대장간, 1992, 2010(불어완역))
· *Le Livre de Jonas*. Paris: Cahiers Bibliques de Foi et Vie, 1952.
　→『요나의 심판과 구원』, 신기호 옮김(대장간, 2010)
· *L'homme et l'argent* (Nova et vetera) Neuchâtel: Delachaux & Niestlé, 1954.
　→『하나님이냐 돈이냐』, 양명수 옮김(대장간. 1991, 2011)
· *La technique ou l'enjeu du siècle*. Paris: Armand Colin, 1954. Paris: Économica,
1990.
· (E)*The Technological Society*. New York: Knopf, 1964.
　→『기술 또는 세기의 쟁점』(대장간 출간 예정)
· *Histoire des institutions*. Paris: Presses Universitaires de France, plusieurs éditions
(dates données pour les premières éditions): . Tomes 1-2, L' Antiquité (1955); Tome
3, Le Moyen Age (1956); Tome 4, Les XVIe-XVIIIe siècle (1956); Tome 5, Le
XIXe siècle (1789-1914) (1956) →『제도의 역사』, (대장간, 출간 예정)
· *Propagandes*. Paris: A. Colin, 1962. Paris: Économica, 1990
　→『선전』하태환 옮김(대장간, 2012)
· *Fausse présence au monde moderne*. Paris: Les Bergers et Les Mages, 1963.
　→ (대장간 출간 예정)
· *Le vouloir et le faire: Recherches éthiques pour les chrétiens*: Introduction (première
partie) Geneva: Labor et Fides, 1964. →『원함과 행함』, 김치수 옮김(대장간
2018)
· *L'illusion politique*. Paris: Robert Laffont, 1965. Rev. ed.: Paris: Librairie Générale
Française, 1977. →『정치적 착각』, 하태환 옮김(대장간, 2011)
· *Exégèse des nouveaux lieux communs*. Paris: Calmann-Lévy, 1966. Paris: La Table
Ronde, 1994. → (대장간, 출간 예정)

- *Politique de Dieu, politiques de l'homme*. Paris: Éditions Universitaires, 1966.
  → 『하나님의 정치와 인간의 정치』, 김은경 옮김(대장간, 2012)
- *Histoire de la propagande*. Paris: Presses Universitaires de France, 1967, 1976.
  → 『선전의 역사』(대장간, 출간 예정)
- *Métamorphose du bourgeois*. Paris: Calmann-Lévy, 1967. Paris: La Table Ronde, 1998. → 『부르주아와 변신』(대장간, 출간 예정)
- *Autopsie de la révolution*. Paris: Calmann-Lévy, 1969.
  → 『혁명의 해부』, 황종대 옮김(대장간, 2013)
- *Contre les violents*. Paris: Centurion, 1972.
  → 『폭력에 맞서』, 이창헌 옮김(대장간, 2012)
- *Sans feu ni lieu: Signification biblique de la Grande Ville*. Paris: Gallimard, 1975.
  → 『머리 둘 곳 없던 예수-대도시의 성서적 의미』, 황종대 옮김(대장간, 2013).
- *L'impossible prière*. Paris: Centurion, 1971, 1977.
  → 『우리의 기도』, 김치수 옮김(대장간, 2015)
- *Jeunesse délinquante: Une expérience en province*. Avec Yves Charrier. Paris: Mercure de France, 1971.
- *De la révolution aux révoltes*. Paris: Calmann-Lévy, 1972.
  → 『혁명에서 반란으로』, (대장간, 출간예정)
- *L'espérance oubliée, Paris*: Gallimard, 1972.
  → 『잊혀진 소망』, 이상민 옮김(대장간, 2009)
- *Éthique de la liberté*, . 2 vols. Geneva: Labor et Fides, I:1973, II:1974.
  → 『자유의 윤리』, (대장간, 2018)
- *Les nouveaux possédés*, Paris: Arthème Fayard, 1973.
- (E)*The New Demons*. New York: Seabury, 1975. London: Mowbrays, 1975.
  → 『우리시대의 새로운 악령들』(대장간, 출간 예정)
- *L'Apocalypse: Architecture en mouvement*, Paris. Desclée 1975.
- (E)*Apocalypse: The Book of Revelation*. New York: Seabury, 1977.
  → 『요한계시록』(대장간, 출간 예정)
- *Trahison de l'Occident*. Paris: Calmann-Lévy, 1975.
- (E)*The Betrayal of the West*. New York: Seabury, 1978.
  → 『서구의 배반』, (대장간, 출간 예정)
- *Le système technicien*. Paris: Calmann-Lévy, 1977.
  → 『기술 체계』, 이상민 옮김(대장간, 2013)
- *L'idéologie marxiste chrétienne*. Paris: Centurion, 1979.
  → 『기독교와 마르크스주의』, 곽노경 옮김(대장간, 2011)

· *L'empire du non-sens: L'art et la société technicienne*. Paris: Press Universitaires de France, 1980. →『무의미의 제국』, 하태환 옮김(대장간, 2013년 출간)
· *La foi au prix du doute: "Encore quarante jours.."*. Paris: Hachette, 1980.
　→『의심을 거친 믿음』, 임형권 옮김 (대장간, 2013)
· *La Parole humiliée*. Paris: Seuil, 1981.
　→『굴욕당한 말』, 박동열 이상민 공역(대장간, 2014년)
· *Changer de révolution: L'inéluctable prolétariat*. Paris: Seuil, 1982.
　→『인간을 위한 혁명』, 하태환 옮김(대장간, 2012)
· *Les combats de la liberté*. (Tome 3, L'Ethique de la Liberté) Geneva: Labor et Fides, 1984. Paris: Centurion, 1984. →『자유의 투쟁』(솔로몬, 2009)
· *La subversion du christianisme*. Paris: Seuil, 1984, 1994. [réédition en 2001, La Table Ronde] →『뒤틀려진 기독교』, 박동열 이상민 옮김(대장간, 1990 초판, 2012년 불어 완역판 출간)
· *Conférence sur l'Apocalypse de Jean*. Nantes: AREFPPI, 1985.
· *Un chrétien pour Israël*. Monaco: Éditions du Rocher, 1986.
　→『이스라엘을 위한 그리스도인』(대장간, 출간 예정)
· *Ce que je crois*. Paris: Grasset and Fasquelle, 1987.
　→『개인과 역사와 하나님』, 김치수 옮김(대장간. 2015)
· *La raison d'être: Méditation sur l'Ecclésiaste*. Paris: Seuil, 1987
　→『존재의 이유』(대장간. 2016)
· *Anarchie et christianisme*. Lyon: Atelier de Création Libertaire, 1988. Paris: La Table Ronde, 1998→『무정부주의와 기독교』, 이창헌 옮김(대장간, 2011)
· *Le bluff technologique*. Paris: Hachette, 1988.
· (E)*The Technological Bluff*. Grand Rapids: Eerdmans, 1990.
　→『기술담론의 허세』(대장간, 출간 예정)
· *Ce Dieu injuste..?: Théologie chrétienne pour le peuple d'Israël*. Paris: Arléa, 1991, 1999. →『하나님은 불의한가?』, 이상민 옮김(대장간, 2010)
· *Si tu es le Fils de Dieu: Souffrances et tentations de Jésus*. Paris: Centurion, 1991.
　→『네가 하나님의 아들이라면』, 김은경 옮김(대장간, 2010)
· *Déviances et déviants dans notre société intolérante*. Toulouse: Érés, 1992.
· *Silences: Poèmes*. Bordeaux: Opales, 1995. → (대장간, 출간 예정)
· *Oratorio: Les quatre cavaliers de l'Apocalypse*. Bordeaux: Opales, 1997.
· (E)*Sources and Trajectories: Eight Early Articles by Jacques Ellul that Set the Stage*. Grand Rapids: Eerdmans, 1997.
· *Islam et judéo-christianisme*. Paris: Presses universitaires de France, 2004.
　→『이슬람과 기독교』, 이상민 옮김(대장간, 2009)

· *La pensée marxiste*: Cours professé à l' Institut d' études politiques de Bordeaux de 1947 à 1979 Edited by Michel Hourcade, Jean-Pierre Jézéuel and Gérard Paul. Paris: La Table Ronde, 2003. →『마르크스 사상』, 안성헌 옮김(대장간, 2013)

· *Les successeurs de Marx*: Cours professé à l' Institut d' études politiques de Bordeaux Edited by Michel Hourcade, Jean-Pierre Jézéquel and Gérard Paul. Paris: La Table Ronde, 2007. →『마르크스의 후계자』 안성헌 옮김(대장간,2015)

기타 연구서

· 『세계적으로 사고하고 지역적으로 행동하라』(*Perspectives on Our Age*: *Jacques Ellul Speaks on His Life and Work*), 빌렘 반더버그, 김재현, 신광은 옮김(대장간, 1995, 2010)

· 『자끄 엘륄 −대화의 사상』(Jacques Ellul, *une pensée en dialogue*. Genève), 프레데릭 호뇽(Frédéric Rognon)저, 임형권 옮김(대장간, 2011)

· 『자끄 엘륄입문』신광은 저(대장간, 2010)

· *A temps et à contretemps: Entretiens avec Madeleine Garrigou-Lagrange*. Paris: Centurion, 1981.

· *In Season, Out of Season: An Introduction to the Thought of Jacques Ellul*: Interviews by Madeleine Garrigou-Lagrange. Trans. Lani K. Niles. San Francisco: Harper and Row, 1982.

· *L'homme à lui-même: Correspondance*. Avec Didier Nordon. Paris: Félin, 1992.

· *Entretiens avec Jacques Ellul*. Patrick Chastenet. Paris: Table Ronde, 1994

대장간 **자끄 엘륄 총서**는 중역(영어번역)으로 인한 오류를 가능한 줄이려고, 프랑스어에서 직접 번역을 하거나, 영역을 하더라도 원서 대조 감수를 원칙으로 하고 있습니다.
이 일은 한국자끄엘륄협회(회장 박동열)의 협력으로 이루어지고 있으며, 총서를 통해서 엘륄의 사상이 굴절되거나 왜곡되지 않고 그의 삶처럼 철저하고 급진적으로 전해지길 바라는 마음 가득합니다.